INTRODUCTION

A L'ÉTUDE DU

MERVEILLEUX ET DU MIRACLE

MÊME LIBRAIRIE

DU MÊME AUTEUR :

A L'ÉTUDE DU

MERVEILLEUX

ET DU

MIRACLE

PAR

JOSEPH DE TONQUÉDEC

PARIS
GABRIEL BEAUCHESNE
117, Rue de Rennes, 117

1916

Nil Obstat :

J. Auriault,

Prof. hon. à l'Institut catholique.

Imprimatur :

Parisiis, die 18ª Martii 1916.

E. Thomas, vic. gen.

A LA CHÈRE MÉMOIRE

DE MON ANCIEN ÉLÈVE ET AMI

JEAN DE BEAUCORPS

GRACIEUX COLLABORATEUR

AUX RECHERCHES

QUI ONT PRÉPARÉ CET OUVRAGE

TUÉ GLORIEUSEMENT A L'ENNEMI

LE 2 NOVEMBRE 1914

PRÉFACE

Cet ouvrage n'est pas un inventaire désintéressé des phénomènes réputés surnaturels, quelque chose comme un fragment d'histoire des religions. Nous avouons trouver intérêt, non seulement à l'étude des croyances concernant le merveilleux, mais à leur objet. Nous pensons qu'il y a un problème du merveilleux, et qu'aucune évidence première ne permet de l'écarter immédiatement comme chimérique. Nous travaillons à le résoudre. Ce livre décrit donc une méthode de recherches, dont le but est d'arriver à savoir si les phénomènes en question sont réels et, au cas où ils le seraient, à quelles causes il conviendrait de les attribuer. Selon la réponse donnée à ces questions, l'idée qu'on se fera de la religion, et conséquemment la conduite pratique et la vie spirituelle de chacun se trouveront radicalement modifiées. C'est ce qui fait à nos yeux l'attrait passionnant du sujet. Dans ce qui va suivre, nous nous adressons surtout aux esprits dépourvus de convictions fermes sur la religion, mais touchés de quelque inquiétude à son *égard, et qui cherchent ici-bas leur voie : nous tâchons d'en jalonner une où leur raison puisse cheminer tout du long, sans avoir jamais à se renier elle-même.*

Tel est, en deux mots, dont la brièveté nécessaire sera développée et éclaircie dès nos premières pages, le caractère et le but de ce livre. — On ne trouvera donc pas ici ce qui s'appelle une théologie du miracle. Quantité de questions, intéressantes pour des croyants doctes, peuvent se poser à propos du miracle : par exemple sur le mode de l'action divine qui s'y déploie, sur la nature de la grâce déléguée au thaumaturge, etc. Tout ceci se trouve évidemment en dehors de l'horizon intellectuel de ceux pour qui nous écrivons.

Pas plus au reste qu'une théologie scolastique du miracle, nous ne voulons en élaborer une théologie positive[1]. Les pages qui suivent ne contiennent pas l'étude comparée de la notion du miracle dans l'Eglise catholique et dans les autres religions ou sectes, l'histoire de son évolution dans les divers groupes humains. Nous ne cherchons pas à établir que la notion adoptée ici est la notion traditionnelle dans l'apologétique chrétienne. Nous soumettons à nos lecteurs des idées et des raisonnements qui valent ce qu'ils

---

1. *Puisque nous ne nous adressons pas aux théologiens de profession, disons que la théologie positive consiste à établir quelles idées, quelles affirmations font partie de l'enseignement ecclésiastique. La théologie scolastique suppose ces données établies, les analyse, les met en formules rigoureuses et en tire les conséquences.*

valent, quels qu'en soient l'origine ou les tenants. Si les unes sont trouvées justes et les autres efficaces, il suffit : nous nous estimons satisfait.

Enfin, nous ne faisons pas non plus ici une psychologie de la croyance. En présentant nos arguments, nous ne nous demandons pas selon quel procédé de nature ou de grâce ils peuvent agir ; de quelles préparations ils doivent être précédés ; ni par quelles relations ils pourraient éventuellement s'articuler à une foi positive. Ces questions, d'ordre général, ont à la vérité des liens avec le problème spécial que nous examinons : elles ne le constituent pas.

Même ainsi délimité, le sujet demeure vaste et ses ramifications s'étendent dans bien des directions. Pour apprécier la valeur de telles ou telles allégations de miracles, il faut les situer à leur vraie place dans la réalité. Or elles n'y sont pas isolées. Il en vient de partout. Le merveilleux est un genre où les espèces pullulent, variées, touffues, bigarrées, nobles et belles, difformes, étranges, monstrueuses. On n'en peut étudier aucune sans être attiré à chaque instant par les voisines, qui viennent, malgré qu'on en ait, se placer sous le regard. Et ce n'est peut-être pas prendre la question tout à fait comme elle se présente, que d'établir d'abord un « argument du miracle » en

faveur d'une certaine religion positive, sauf à y join-
dre un bref appendice sur « les faux miracles », c'est-
à-dire sur le merveilleux qui porte une autre empreinte.
Rien que pour se procurer une vue exacte du sujet
dans son ensemble, un travail considérable est donc
nécessaire.

Ensuite, il faut caractériser la nature des faits, la
valeur des allégations recueillies, et c'est ici surtout
que la tâche se complique. Le merveilleux n'est pas
un de ces problèmes étroits et simples, qu'un spécia-
liste peut épuiser, pourvu qu'il y mette le temps et le
labeur convenables. Comme toutes les questions vita-
les et d'intérêt vraiment universel, il forme un nœud
où s'enlacent les données des principales connaissances
humaines. Pour le démêler à fond, il faut faire appel
à la métaphysique et à l'expérience, à la psychologie
et à la biologie, à la physique et à la médecine, à
l'histoire et à l'exégèse, même à la science sociale et
à celle du folklore. Celui qui met en œuvre ces disci-
plines diverses doit, par surcroît, être capable de les
dominer, de les balancer l'une par l'autre, de les
ordonner selon leur naturelle hiérarchie.

Aucun spécialiste n'est particulièrement qualifié
pour cela. Que de fois en effet ne rencontre-t-on pas,
chez des hommes éminents « dans leur partie », une
pitoyable ignorance des « parties » voisines : et ainsi
l'équilibre général est rompu dans ces intelligences.
Combien d'observateurs sagaces perdent pied dans le

raisonnement ; combien de raisonneurs impeccables n'ont pas d'yeux pour voir un fait ! En particulier, sur cette délicate et complexe question du merveilleux, que de travaux pleins d'une incontestable érudition, où des préjugés philosophiques sont embusqués dans des phrases incidentes négligemment jetées, dans des remarques qui semblent aller de soi ; que de gros problèmes tranchés en deux mots, avec une évidente irréflexion, sous l'inspiration du moment et pour les besoins d'un cas particulier, sans qu'on les ait jamais considérés eux-mêmes ! Par contre, combien d'œuvres systématiques, composées à l'écart des faits, où ceux-ci n'apparaissent plus que comme une nébuleuse lointaine qui se dissout progressivement dans l'éther de la pensée pure ! Et pourtant, à moins de renoncer à atteindre le vrai sur cette question du merveilleux, il faut, de toute nécessité, l'embrasser dans son ensemble, fondre harmonieusement, dans une vue unique et complète, tous les points de vue spéciaux dont nous avons parlé.

Celui donc que l'entreprise a tenté doit s'initier, dans la mesure du possible, aux sciences diverses qui intéressent la solution du problème, solliciter des collaborations variées, recourir à toutes les sources accessibles d'information, ne négliger aucune occasion de recueillir un document, surtout ne pas ménager le travail d'analyse et de réflexion, qui lui permettra de maîtriser cette ample matière. L'auteur de

cet ouvrage ne se donnera pas le ridicule de prétendre avoir rempli dans la perfection ce programme. Il
écrit ces lignes pour montrer qu'au moins il l'a envi-
sagé et il peut dire seulement qu'il en a poursuivi
avec conscience l'exécution pendant une dizaine
d'années.

Pour composer ce seul volume, — et bien qu'on n'y
fasse ex professo l'étude d'aucun cas particulier, —
il était en effet nécessaire de réunir d'abord une masse
considérable de faits. Il fallait compulser la vaste
histoire du merveilleux, connaître les livres sacrés
des divers peuples, l'hagiographie catholique et celle
des religions différentes, la magie, les possessions et
le spiritisme, la théosophie et les pratiques des fakirs,
etc. Cette enquête a été notre premier souci. Nous
avons eu soin surtout de ne négliger, dans la réalité
contemporaine, rien qui fût à notre portée en fait de
merveilleux. Nous nous sommes rendu plusieurs fois
à Lourdes, et nous aimons à exprimer ici notre
reconnaissance aux autorités ecclésiastiques et médicales qui nous ont permis d'observer de très près ce
qui s'y passe. Sur des théâtres moins fameux, les
circonstances nous ont mis à même d'assister à des
scènes extrêmement curieuses, d'en interroger les
témoins et les acteurs. Oserons-nous avouer que nous
n'avons même pas négligé les guérisseurs de village
et que nous avons transcrit quelques grimoires de
sorciers ?...

*Des collaborations, auxquelles nous nous confes-
sons grandement redevable, nous ont aidé dans cette
récolte de documents, comme aussi dans l'étude des
faits. Des hommes d'une compétence exceptionnelle,
médecins, érudits, spécialistes de toute sorte, ont
mis à notre service leur science et leur complaisance.
En les remerciant, nous sollicitons d'eux, et de nos
lecteurs, la continuation des mêmes bons offices, en
vue du perfectionnement possible de notre œuvre :
nous accueillerons avec gratitude toute remarque
compétente et toute nouvelle information de fait.*

*De tout le travail préliminaire dont nous venons
de résumer le plan, peu de chose cependant apparaîtra ici. En effet, après avoir pris connaissance de
ce qui composait le sujet à traiter, il importait par
dessus tout de vider d'abord les grandes questions
de principe qui gouvernent en pareille matière toute
conclusion de fait. C'est à quoi sera entièrement consacré le présent volume. La discussion d'idées y sera
soutenue à la vérité par les documents amassés au
préalable, mais ceux-ci, utilisés dans la mesure
nécessaire, ne feront point l'objet d'une analyse
directe et intégrale. Pour le moment en effet, il s'agit
de décrire et d'apprécier les diverses positions intellectuelles que l'homme peut prendre en s'occupant du
merveilleux comme philosophe ou comme historien,*

puis d'en choisir une en connaissance de cause. Ceci encore est considérable. Car le miracle a été, et est toujours, un des sujets les plus discutés parmi les hommes. On a tenu à étudier ici en détail chaque solution donnée au problème, chaque objection particulière, afin de ne rien laisser derrière soi d'irrésolu ou d'imprécis. Et en cette matière du moins on espère avoir été à peu près complet. Le lecteur trouvera donc, discutées dans ces pages, la plupart des difficultés qui peuvent empêcher un esprit loyal d'étudier, comme il convient, les faits réputés merveilleux, ou d'en tirer de justes conclusions. Ces opinions diverses seront représentées en général par de larges extraits des auteurs mêmes qui les ont formulées. Plutôt que de les réduire à leur squelette et à leurs articulations, on a préféré les montrer ici vivantes, avec, si l'on ose dire, la couleur de leur chair : quitte à en faire ensuite la dissection, et à dégager les types abstraits auxquels elles se réduisent. Ce procédé d'exposition augmentera, on l'espère, la portée réelle et pratique de l'ouvrage. Lui en substituer un autre eût été s'exposer à ce que des idées décrites en ce volume ne fussent pas reconnues dans la réalité.

**

Peut-être quelque âme loyale et inquiète aura-t-elle été effrayée, en nous entendant estimer comme nous l'avons fait, la somme de labeur indispensable à une

*étude complète du merveilleux. Nous osons lui deman-
der de vouloir bien faire taire ses craintes pour un
moment, et de lire d'abord, sans préventions, ce volume.
Les questions de fait, que concernent surtout les conditions multiples énumérées plus haut, n'y sont point
abordées. On n'y traitera que des questions de principe. Or celles-ci sont les plus accessibles. On peut,
ce semble, en venir à bout par une réflexion sérieuse,
pourvu seulement que l'on connaisse les données du
problème, — et ce livre les expose. Une fois que l'on
a pris parti sur ces grandes questions préalables, le
sort des faits est décidé. Les compartiments où ils
viendront tout naturellement se classer sont construits.
Et si la décision a été prise avec les précautions
indiquées ici, la préparation intellectuelle est accomplie. Dès lors, à supposer que la Providence divine
soit vraiment l'auteur de quelques-uns de ces faits,
qu'elle ait vraiment fondé sur eux un plan de salut
pour l'humanité, il lui appartient de faire venir ceux-
là à la connaissance de chaque individu.*

*Enfin, pour que même cette réflexion, à laquelle
nous convions notre lecteur, ne fût pas trop laborieuse,
certaines discussions, d'une sévérité technique, et
nécessaires seulement pour suivre en tous ses contours la pensée de tel écrivain, ont été reléguées dans
les notes et appendices, où il est loisible à chacun de
les laisser. D'autres discussions abstraites, qui mar-
quaient véritablement une étape dans la marche de*

la pensée, sont incorporées dans le texte. Celles-là
même ne sont pas toutes également indispensables à
connaître. Par exemple le Chapitre IV du Livre I, contient l'analyse de toutes les objections a priori contre
l'intervention de Dieu en ce monde. Ceux que cette
partie négative n'intéresserait pas, peuvent l'omettre,
et se reporter immédiatement à la partie positive qui
suit, et qui est véritablement le cœur du sujet. De
même, les esprits que n'attireraient aucunement les
philosophies de la contingence et à qui elles semble-
raient immédiatement inadmissibles, peuvent laisser
de côté le Chapitre III du même livre. La nécessité
d'être complet et d'aborder les objections de tout le
monde a forcé l'auteur à prendre le long chemin où
l'on ne passe qu'en abattant successivement toutes
les broussailles. Ceux qui n'ont pas les mêmes obligations peuvent couper au plus court.

Nous demandions tout à l'heure à nos lecteurs de
nous aider dans les recherches utiles à l'amélioration
de cette œuvre. S'il nous était permis, avant d'enta-
mer décidément notre sujet, de formuler encore un
autre vœu, ce serait que cette collaboration fût
intime et vivante. Nous avons écrit cet ouvrage pour
ceux qui cherchent la vérité dans les questions religieuses. Si quelque écho nous avertissait de l'influence
qu'il a pu avoir sur les âmes, des difficultés que sa

lecture a suscitées ou laissé subsister, des réflexions qu'il a fait naître, nous aimerions à préciser, à éclaircir, à adapter, à corriger même au besoin, dans un entretien d'homme à homme, ce que sa rédaction peut avoir d'imparfait. Et nous sommes persuadé que, dans une collaboration de ce genre, nous recevrions beaucoup en échange de ce que nous aurions à donner.

Note préliminaire

A. Nous appellerons MERVEILLEUX, au cours de cette étude, les *phénomènes, extérieurement vérifiables, qui peuvent suggérer l'idée qu'ils sont dus à l'intervention extraordinaire d'une cause intelligente autre que l'homme.* Cette définition ne préjuge rien sur la nature des faits, ni sur leur origine. Elle se borne à constater une simple apparence, fondement de l'opinion qui attribue les faits en question à des personnalités surnaturelles : Dieu unique ou dieux multiples, esprits, anges, génies, démons, âmes des morts. Elle ne préjuge même rien sur la réalité des faits : nous aurons justement à rechercher s'il y en a eu qui aient présenté ne fût-ce que cette simple apparence. C'est donc ici une définition toute nominale et extrinsèque, qui ne peut entrer en conflit avec aucune doctrine, et qui n'a pour but que d'indiquer ce dont nous allons nous occuper. Quelques mots suffiront pour en délimiter la portée.

a) Nous parlons de phénomènes *extérieurement vérifiables* au sens large, c'est-à-dire, non seulement de ceux qui sont susceptibles d'être directement observés, — comme une guérison soudaine, —

mais aussi de ceux dont la réalité serait simplement
conclue d'événements extérieurs, — comme une
prophétie qui s'accomplirait. Nous ne laissons donc
en dehors de notre champ d'investigation que les
phénomènes purement internes et psychologiques,
que seul le témoignage du sujet qui les éprouve
peut nous révéler : par exemple les visions subjectives ou ce que les mystiques appellent du nom
d'états surnaturels.

   b) Il est question, en outre, dans notre définition, de
l'intervention *extraordinaire* d'une intelligence. En
effet, l'aspect habituel du monde, l'ordre qui y règne,
les marques de desseins suivis qui y sont empreintes,
peuvent déjà suggérer l'idée qu'une Intelligence
supérieure y agit. Mais cette action constante, commune, attendue, n'ayant rien d'exceptionnel, se
trouve, par là même, en dehors de notre sujet.

   Pour introduire la distinction toute superficielle,
qui nous suffit à ce début d'étude, entre l'ordinaire
et l'exceptionnel, nous ne mettons en œuvre aucune
philosophie; nous ne faisons appel à aucune conception particulière des « lois » de la nature; nous ne cherchons point à définir ce que c'est que rareté ou fré-
quence. Nous prenons pour accordé un seul point,
que peu de personnes assurément seront disposées
à contester : c'est qu'il y a moyen de discerner les
interventions d'une liberté quelconque du train ordinaire des choses; c'est qu'un effet voulu en particulier, un arrangement intentionnel de circonstances
en vue de fins spéciales tranche sur l'ordre général.
Nous acceptons le terrain sur lequel Renan a posé le

problème. Dans l'univers, dit-il, « tout est plein
d'ordre et d'harmonie ; mais dans le détail des événements, rien n'est particulièrement intentionnel... S'il y avait des êtres agissant dans l'univers
comme l'homme agit à la surface de sa planète...,
on s'en apercevrait [1]» . C'est cela même. Mettant à
part les œuvres de la nature et de l'homme, nous
cherchons s'il y a encore autre chose. Tout le monde
admet sans difficulté l'existence de deux catégories
distinctes d'effets intelligents : les uns, où l'idée direc-
trice, immanente, incarnée et comme douée de vie
propre, se développe elle-même : on les appelle œuvres de la nature ; — les autres, où un esprit éveillé
et conscient modifie des réalités dont il reste entièrement distinct et qui, sans ses interventions, pren-
draient un autre cours : telles sont les œuvres de
l'homme. Il s'agit de savoir si ces deux catégories
sont les seules et si tout doit s'y réduire, ou plutôt si
la seconde ne contient rien que de l'humain.

c) Un phénomène ne sera point, pour nous, réputé
merveilleux par le seul fait qu'il sera nouveau, insolite, rare, ou que la cause en sera inconnue. Il faudra, de plus, qu'il présente quelque apparence d'être
l'effet des volontés particulières d'un être intelligent
autre que l'homme. La découverte de propriétés
nouvelles des agents physiques, — transmission des
ondes hertziennes, radioactivité, etc., — pour déconcertantes qu'elles soient, n'ont évidemment à aucun
degré ce caractère.

---

1. *Dialogues philosophiques*, 3e édit., p. 12 et 13.

B. Nous appellerons MERVEILLEUX RÉEL celui pour lequel cette apparence se trouverait conforme à la réalité.

C. Nous réserverons le nom de MIRACLE à une catégorie particulière de merveilleux : celle qui serait attribuable à l'intervention d'un Dieu unique et distinct du monde, tel que celui des chrétiens ou des simples spiritualistes.

LA

QUESTION DU MERVEILLEUX

Tandis que le monde suit son cours, déroulant la trame des événements ordinaires, ourdie par les lois naturelles et la liberté humaine, il est parfois question entre les hommes de faits mystérieux, d'apparence intentionnelle, qui seraient comme un accroc dans la trame unie, ou plutôt qui s'y inséreraient, comme l'ouvrage d'un collaborateur inattendu. Beaucoup de personnes sont convaincues qu'en réalité, ces faits sont l'affleurement dans notre monde des influences de l'au-delà ; et il est impossible de décider, sans forme de procès et sans aucun considérant, qu'elles ont tort toujours et dans tous les cas.

Cependant, l'ampleur et la complexité de ce sujet sont extrêmes, étant donnés le nombre, la variété et souvent l'étrangeté des allégations qui se produisent en faveur des faits dont il s'agit. A tort ou à raison on en signale à presque toutes les époques, au sein de civilisations fort diverses, et dans plus d'une religion. L'Eglise catholique considère l'argument du miracle comme un de ses titres propres ; mais

Le Merveilleux.   1

elle reconnaît, à côté des merveilles opérées par le Dieu qu'elle adore, des prestiges qu'elle attribue aux puissances du mal ; elle discerne les possessions diaboliques à certains signes « préternaturels », et tous ses traités de morale contiennent quelques pages consacrées à la sorcellerie et aux maléfices. Certaines sectes hérétiques, séparées d'elle, prétendent de leur côté que Dieu s'est déclaré en leur faveur par des interventions extraordinaires : Donatistes, Protestants des Cévennes, Jansénistes, etc., se réclament à l'envi du *sigillum Dei*. En dehors du Christianisme, la floraison des récits merveilleux n'est pas moins abondante. L'histoire du Bouddha en est pleine. Les voyageurs nous parlent des prodiges opérés, dans l'Inde ou en pays musulman, par les yoghis et les fakirs. La Grèce ancienne voit en Esculape un dieu guérisseur et couvre ses temples d'ex-voto. A Rome, toutes les calamités passent pour être annoncées par des phénomènes insolites, et Tacite n'a pas dédaigné d'insérer en son œuvre grave le récit de miracles opérés par Vespasien sous l'influence de Sérapis. Bien plus, le merveilleux déborde les enceintes des religions précises : les messages télépathiques, les lévitations des médiums n'ont, bien souvent, aucune couleur proprement religieuse.

Voilà, à l'état brut et dans son intégrité, la matière que nous avons à traiter. Elle nous est donnée telle, et il ne nous était pas permis d'en rien retrancher d'abord. Il faut débrouiller cet écheveau, où peut-être le vrai et le faux, l'explicable et l'inexplicable sont emmêlés. L'apologiste d'une religion ne peut pratiquer ici, pour les besoins de sa cause, des choix arbitraires, sous peine de frapper ses démonstrations d'inefficacité. Catholique, il ne saurait, par exemple, bâtir une thèse sur les seuls miracles tirés de l'histoire de Jésus-Christ et des saints, en feignant que nulle part ailleurs il n'a été question de merveilleux. La partie privilégiée une fois prélevée, un reste demeure qu'on ne peut absolument pas négliger : il faut ou bien en prouver l'inexistence, ou bien l'expliquer.

Plus généralement, aucune étude du problème religieux, quels qu'en soient le but ou l'esprit, n'a le droit d'écarter cette question du merveilleux. Beaucoup d'intelligences distinguées répugnent, il est vrai, à s'en occuper. En sa présence, elles éprouvent comme un malaise indéfinissable. Curieuses de la religion, elles souhaiteraient qu'elle n'eût pas de tels entours ; elles voudraient la dégager de ce qu'elles considèrent comme un accessoire disparate et de mauvais goût. Mais les religions positives ne se prêtent point à cette dissociation : elles font le plus grand cas du merveilleux et la plupart l'affichent en façade. Impossible de les aborder sans se heurter à lui.

Que si l'intérêt pour les choses religieuses se double d'inquiétude personnelle, la question s'impose sous un aspect plus grave encore. L'incroyant, dont la conscience éveillée sent le devoir d'une enquête loyale dans le domaine de la religion, ne peut, de parti pris, se détourner de ce qui s'y offre

à lui avec tant d'insistance. Certes, dans toutes ces
histoires de merveilles, bien des traits peuvent lui
paraître de prime abord suspects ou choquants ; mais
il n'est pas question de tel ou tel détail : il s'agit de
l'ensemble. Est-il permis d'écarter le bloc sans examen ? Pouvons-nous, sous l'empire d'un mépris
préjudiciel ou d'un dégoût instinctif, rejeter l'hypothèse même des interventions surnaturelles en ce
monde? Si pourtant, derrière quelqu'un de ces événements extraordinaires, le divin se cachait? Si, sous
ces humbles formes sensibles, une invitation, un
ordre peut-être, venait vers nous de l'Infini? Ne se-
rions-nous pas coupables de les avoir négligés? Tant
que la supposition n'est pas jugée évidemment
absurde, le devoir subsiste d'examiner. Dès là qu'on
admet qu'il y a une question religieuse et que tout
homme doit la poser et la résoudre, sans en biffer
aucune donnée, il est impossible de se réfugier ici
dans l'abstention. En présence d'une idée aussi
persistante et aussi ancrée parmi les hommes que
celle du miracle, en présence de faits qui, s'ils
étaient établis, modifieraient peut-être l'assiette de
notre vie morale, aucun homme sincère avec lui-
même ne peut se contenter de hausser les épaules
et de passer. Il faut qu'il aborde le troublant sujet,
ne fût-ce que pour se prouver à lui-même qu'il peut
légitimement s'en désintéresser.

Cependant il n'est au pouvoir de personne de se
débarrasser, en cette étude, de toute idée préconçue.
Chacun a sa métaphysique, rudimentaire ou développée, réfléchie ou improvisée, implicite ou explicite,

sublime ou puérile ; et ceux qui tiennent le plus
fermement à la leur ne sont pas toujours les métaphysiciens de profession. Impossible de transformer
les esprits en des tables rases; et cela, par bonheur,
n'est pas nécessaire. Mais il importe souverainement,
dans une discussion aussi délicate que celle-ci, de
prendre conscience des idées toutes faites que l'on y
introduit. Si la théorie se glisse déjà dans la recherche, si elle imprègne l'observation même d'idées et
d'hypothèses, il est indispensable que le chercheur
s'en aperçoive, sous peine de prendre le change; et
s'il croit devoir accepter ces influences, il faut qu'il
sache se donner à lui-même, — et donner aux autres, s'il en est besoin, — les claires raisons de sa
conduite.

Voilà pourquoi, avant d'examiner les faits eux-
mêmes, nous allons discuter les diverses attitudes
philosophiques que l'on peut prendre d'avance à leur
égard, et dire quelle sera la nôtre. Ensuite nous
scruterons de plus près les méthodes de constatation
et de contrôle qu'il convient d'appliquer aux phénomènes en question; car, là aussi, les divergences
d'appréciation peuvent naître de causes qui n'ont
rien d'objectif. Ces deux études suffiront à remplir
ce volume. C'est en elles que se rencontrent les
principales, les seules difficultés. Car, si l'intelligence en quête de lumière, pour laquelle nous
écrivons ces pages, arrive à se mettre d'accord avec
nous sur les principes, nous avons confiance que les
applications que nous pourrons en faire plus tard ne
soulèveront de sa part aucune objection.

LIVRE I

Les attitudes philosophiques présupposées à l'étude des faits

———

Il est bien rare que l'on nie l'existence du merveilleux sans avoir contre lui de parti pris doctrinal
et simplement parce qu'on ne le trouve pas réalisé
dans les faits. Que l'on mette en avant la déduction
ou, au besoin, l'induction, qu'on s'en prenne directement au merveilleux comme tel, ou qu'on l'atteigne de biais, en faisant évanouir l'une des notions
qu'il implique, on aboutit à des thèses générales,
avec lesquelles son existence se trouve inconciliable. Dès lors toute enquête sur les faits devient
oiseuse : il n'y a plus de problème à résoudre. Si
l'on est sûr que l'influence ici-bas d'êtres intelligents
autres que l'homme est une absurdité, il n'y a plus à
chercher si elle s'exerce. On gardera peut-être encore
le mot de miracle, mais ce sera en lui infusant un
sens complètement étranger à son sens ordinaire [1].
On examinera peut-être encore les événements
que certains déclarent merveilleux, parce que ce
sont parfois des faits intéressants, au point de vue de
la psychologie, de l'histoire des religions, du symbolisme, du folklore, etc. : mais on sera décidé d'avance
à ne les attribuer en aucun cas à l'intervention exceptionnelle de causes extra-cosmiques. Il faudra les
réduire à tout prix aux catégories seules admises,
ou — si l'on est forcé de les laisser provisoirement

1. Voir des exemples de ceci p. 20 sq.

inexpliqués, — il faudra prédire courageusement
qu'ils y rentreront, dès qu'ils seront mieux connus.

Nous ne croyons pas utile de faire ici l'inventaire
complet de toutes les philosophies qui peuvent logiquement inspirer une telle conclusion. Elles ne nous
intéressent que dans la mesure où elles dirigent
contre le merveilleux des arguments particuliers.
L'athéisme par exemple, ou le matérialisme, ou le
fatalisme l'excluent tous absolument, mais c'est par
voie de conséquence nécessaire et sans être obligés
de s'occuper directement de lui. La négation du surnaturel n'est, chez eux, que le pur corollaire, sans
intérêt ni difficulté spéciale, d'un système général du
monde. Et il est clair qu'avec ceux qui ont une fois
accueilli les prémisses de tels systèmes, c'est elles
qu'il faut débattre, et non pas la question du merveilleux. Mais il y a d'autres philosophies qui en
veulent particulièrement à l'idée du miracle, telle
que nous l'avons formulée. De celles-ci nous devons
examiner les principales et les plus actuelles.

CHAPITRE I

ATTITUDES PHILOSOPHIQUES EXCLUSIVES DU MIRACLE. LES PHILOSOPHIES NATURALISTES.

SOMMAIRE

§ I. Exposé, p. 11. — § II. Critique, p. 3o.

§ I. — Exposé

Un grand nombre d'écrivains, fort différents par tout le reste, s'accordent dans une hostilité commune à l'égard de la notion même de surnaturel, prise dans sa signification la plus directe et la plus essentielle. Ce qui leur déplaît, ce qui les choque, ce qui leur semble absurde, c'est tout simplement que l'on puisse penser qu'il y a un surnaturel, c'est-à-dire un à-côté ou un au-delà de la nature. La nature est, à leurs yeux, un système clos, où rien d'étranger ne peut se glisser : elle est même, en définitive, la seule réalité. Il n'y a pas plusieurs plans du réel, les uns ouverts à la connaissance de l'homme, et les autres retirés loin de ses prises, plans qui, en certaines circonstances et en certains points seulement, pourraient se couper. Tout est d'une seule venue et donné de la même façon. Tout est accessible à l'esprit, de droit et par essence : rien ne l'est par occasion ou par faveur. Par le seul fait que les choses sont, elles se trouvent situées dans la sphère de l'homme, et il n'est besoin d'aucun décret arbitraire pour les lui présenter.

Ces théories s'adaptent et se modèlent, se prolongent ou se raccourcissent à la mesure des différents esprits. Les plus modérés font entrer dans la nature, non seulement les événements et les êtres dont nous avons l'expérience directe, mais encore tout ce que l'exercice ordinaire de la raison peut nous faire connaître de leurs causes. Il est seulement bien entendu que ces causes ne se laissent point saisir ailleurs que dans leurs manifestations normales, ni autrement que par les procédés dont l'esprit a naturellement la disposition. Elles font partie de l'univers, toujours présentes et toujours agissantes de la même façon. Ainsi le divin, s'il existe, ne choisit, comme truchement, aucun fait positif spécial ; son action immanente, commune, universelle, dissimulée dans le cours normal des choses, n'en fait jamais éclater la continuité. S'il y a en lui des profondeurs où notre esprit ne parvient point tout seul, elles sont à jamais pour nous comme si elles n'étaient pas, et aucune révélation ne saurait nous y introduire. S'il existe des esprits, nous n'avons jamais affaire qu'à des esprits incarnés, et l'usage que d'autres pourraient faire de leur liberté échappe à notre observation, — ou du moins est impossible à discerner des événements habituels où cette activité s'enveloppe et avec lesquels elle s'amalgame. On veut bien que la liberté humaine existe (le naturalisme n'implique pas nécessairement le déterminisme) : c'est que cette liberté-là est du monde et qu'elle y entre comme un élément essentiel. Bien que son action soit le contraire de la nécessité, elle se révèle infailliblement, à un moment ou à l'autre, dans le train ordinaire des choses. On sait où la trouver, où l'on peut attendre ses effets et compter que, tôt ou tard, ils apparaîtront. Tandis que, pour une liberté d'ordre surnaturel, il en va tout autrement. Celle-ci ne fait point partie du monde où vit l'homme. Elle pourrait ne jamais s'y manifester ; elle ne s'y manifeste point pendant des durées indéfinies. Elle se trouve en dehors de ce monde, à part, et sa sphère d'action n'a point d'intersection normale avec celle des agents naturels[1]. Si elle intervient ici-bas, ce n'est qu'accidentellement, en vertu d'un acte de pur bon plaisir. Or les écrivains dont nous parlons ne veulent pas d'une telle fissure dans le réel. La philosophie qu'ils professent impose aux éléments de la connaissance une continuité rigoureuse. Elle n'accepte, dans le domaine fermé de l'esprit, aucune ingérence de ce qui n'y appartient pas de soi.

D'autres penseurs, plus logiques, s'avancent plus loin. Ceux-ci repoussent toute certitude portant sur

1. Ceci s'applique même à la liberté du Dieu créateur. Bien que ce Dieu soit continuellement présent et agissant dans son œuvre, son action ne se manifeste pas d'ordinaire à part de celle des causes secondes : et donc, en règle générale, sa liberté reste masquée.

un au-delà des phénomènes. Ces derniers constituent, à leurs yeux, la seule réalité, et rien n'est
extérieur à l'univers qu'ils composent. Un monde
nouménal, c'est-à-dire extra-expérimental, qui se
réfléterait ou se manifesterait en celui-ci, est une
hypothèse absurde. Pas de Dieu distinct du monde,
pas d'agent spirituel agissant dans le monde, soit
à l'ordinaire, soit par exception. Pas de causes
occultes; pas de mystère dans les êtres : ce qui ne
veut pas dire sans doute que tout soit expliqué, et
que notre science actuelle embrasse adéquatement
la réalité, mais que tout est explicable de la même
façon que ce qui est déjà scientifiquement expliqué.
Pour trouver les raisons d'un événement, nous
n'avons donc pas à tenir compte d'autre chose que
de ce qui se trouve contenu dans le Cosmos, de ce
qui en fait partie intégrante. Nous n'avons à tra-
vailler que sur les données physiques, chimiques,
biologiques, psychologiques de l'univers : en face
de nous, il n'y a qu'elles, celles que nous connaissons
déjà, et peut-être, au delà de celles-ci, d'autres
données analogues, que nous pourrons découvrir un
jour. Il est vain de chercher aux phénomènes une
raison lointaine, un support caché. Notre seule
tâche est de les organiser, de les harmoniser, en les
rattachant et en les subordonnant les uns aux autres.

Si quelques-uns éprouvent le besoin de donner à
ces vues une plus grande profondeur métaphysique,
c'est au delà de Kant, à Hegel (dont l'influence reste
si considérable) qu'ils iront d'ordinaire s'adresser.
Ils lui emprunteront ses raisons de nier le dedans

des choses. Ils verront, comme lui, le principe de
la continuité universelle dans un idéalisme qui dérive toutes choses de l'esprit. Ils proclameront l'identité de la pensée et de l'être, du rationnel et du
réel.

.*.

Sans avoir la prétention de dresser ici une échelle
chromatique des innombrables nuances du naturalisme, bornons-nous, à fournir quelques spécimens
de cette façon de penser commune à tant d'esprits
divers.

Plus d'un système métaphysique a dans ses axes
la négation du surnaturel. Tel est, par exemple, celui
que nous venons de nommer, l'hegelianisme, si hostile, si sévèrement fermé à toute idée d'extériorité et
de transcendance. Impossible également de trouver
une philosophie plus organiquement naturaliste que
celle de Spinoza, puisqu'elle identifie la nature à
Dieu, et qu'elle résorbe en cette unité toute individualité véritable.

Mais le naturalisme s'est répandu dans l'atmosphère intellectuelle bien loin au delà des couches
raréfiées de la métaphysique pure. Chez beaucoup
de savants par exemple, établi à la façon d'un axiome
indiscutable, il constitue l'une des assises de la
pensée. Présentons, comme type de ce genre d'esprits, le célèbre anatomiste et physiologiste anglais,
T. H. Huxley. Il s'exprime sur le sujet qui nous
occupe avec une extrême netteté. Rarement le point
de vue naturaliste a été développé en connexion

directe avec la question du merveilleux, de façon
aussi concrète et avec moins de crainte de provoquer
le sourire. Huxley professe l'agnosticisme. Y a-t-il,
sous les phénomènes, des substances, une âme par
exemple comme substratum de la pensée ? Quelles
virtualités se cachent derrière les aspects connus de
la nature ? On ne sait[1]. Personne ne peut donc affirmer que les événements rapportés comme miracles
soient impossibles. Ils sont seulement mal attestés.
Mais leur possibilité antécédente, ou du moins leur
non-impossibilité, s'établit exclusivement, — et c'est
ici que les explications de Huxley deviennent véritablement curieuses, — par leur rapprochement avec
des phénomènes naturels connus. Jésus, dit-on, a
marché sur l'eau ; mais il y a des insectes qui font de
même. Le changement de l'eau en vin n'est impossible
que si les premiers éléments chimiques sont intrans-
muables : or la chimie moderne incline à admettre
le contraire. La parthénogénèse est un fait que la biologie actuelle rencontre tous les jours en certaines
espèces animales[2]. Les démons chassés du corps des
hommes dans celui des pourceaux ont leurs analogues dans les ténias et les trichines qui accomplissent de semblables migrations[3]. On voit des ani-
maux, privés pendant longtemps de toute fonction
vitale perceptible, et secs comme des momies, présenter de nouveau les phénomènes de la vie[4]. Si

1. *Collected Essays.* Vol. V : *Science and Christian tradition.* 1895.
Essay VI : Possibilities and impossibilities, p. 196 sq.
2. *Ibid.,* p. 197 à 199.
3. *Ibid. Essay VII : Agnosticism*, p. 226.
4. *Ibid. Essay VI,* p. 199.

la même chose se produisait chez un être humain, « le fait ne prouverait pas qu'aucune loi de nature a été violée, mais que ces sortes de lois, même alors qu'elles expriment les résultats d'une expérience très longue et uniforme, sont nécessairement basées sur des connaissances incomplètes et ne doivent être tenues que pour des anticipations plus ou moins probables [1] ». Bref, le savant professeur est disposé à admettre, sur témoignages suffisants, n'importe quoi; mais il est, en revanche, fermement décidé à n'en chercher l'explication que dans les propriétés naturelles des choses. « En ce qui me concerne, écrit-il, je suis obligé d'avouer que le terme *nature* enveloppe la totalité de ce qui existe... Je suis incapable d'apercevoir aucune raison pour couper l'univers en deux moitiés, l'une naturelle et l'autre surnaturelle [2]. »

En France, tout le monde connaît la fameuse profession de foi de Marcellin Berthelot : « Le monde est aujourd'hui sans mystère : la conception rationnelle prétend tout éclairer et tout comprendre; elle s'efforce de donner de toute chose une explication positive et logique... La notion du miracle et du surnaturel s'est évanouie comme un vain mirage, un préjugé suranné. » [3] Ces idées sont demeurées courantes jusqu'à nos jours dans toutes les parties

---

1. *Collected Essays* Vol. VI. *Hume*, p. 135.
2. Vol. V. *Prologue*, p. 39 note. Cf. p. 5 sq.
3. *Science et Philosophie : Les origines de l'Alchimie*, p. 151. Berthelot admettait la liberté humaine et même, en un certain sens, l'existence de Dieu, voir *op. cit.*, p. 15 et 36.

du domaine scientifique. Un fondateur d'école socio-
logique, dont l'influence est grande sur notre enseignement officiel, M. Durkheim s'en réclamait tout
récemment. A propos de l'étude des questions religieuses, il pose « comme une règle de méthode, que
tous les phénomènes qui se produisent dans la nature sont naturels et dépendent de causes naturelles » ;
or « comme les religions sont du nombre, c'est dans
la nature qu'on devra chercher la source ou les
sources de la vie religieuse ». « Me reproche-t- [on],
poursuit-il, de concevoir ces forces [religieuses]
comme naturelles ? Je suppose en effet qu'elles font
partie de la nature. Mais c'est le postulat même de
la science des religions [1]. »

Le même « postulat » se retrouve dans les
cerveaux non scientifiques. M. Anatole France
l'énonçait naguère en un dilemme incisif. « Ou cela
n'est pas, disait-il en parlant du merveilleux, ou cela
est, et, si cela est, cela est dans la nature et par conséquent naturel. » Devant une jambe coupée qui
repousserait instantanément dans quelque piscine
sacrée, « un observateur d'un esprit vraiment scientifique... ne dirait pas : voilà un miracle ! Il dirait :
une observation jusqu'à présent unique tend à faire
croire qu'en des circonstances encore indétermi-
nées, les tissus d'une jambe humaine ont la propriété
de se reconstituer comme les pinces des homards,...

---

1. *Société française de Philosophie*, Mars 1913, p. 64 et 93. Cf. p. 68
et *Formes élémentaires de la vie religieuse*, p. 98.

mais beaucoup plus rapidement. C'est là un fait de
nature [1]. »

* *
*

Si étrange que la chose puisse paraître, ces doctrines ont largement pénétré certains milieux chrétiens. A cet égard, le nom de Schleiermacher représente une date dans l'histoire des idées religieuses.
Le premier, en effet, il tenta une adaptation d'ensemble dés vieilles conceptions théologiques au naturalisme intégral. Il transposa ces conceptions sur
un mode nouveau et il construisit hardiment une
dogmatique naturaliste [2]. Par sa préoccupation d'effacer la ligne de démarcation entre le naturel et le
surnaturel, de bannir de la religion tout élément dont
la conscience et le « sens » (Gefühl) ne seraient pas
les juges, il est le père authentique du protestantisme libéral et du modernisme [3]. Le miracle, dont il

1. *Le Jardin d'Epicure*, p. 213, 204, 205. Dans le dernier passage cité,
il y a deux choses : 1° l'axiome naturaliste *a priori* : pas de surnaturel ;
2° la question du discernement du miracle : comment distinguer de lui
l'action des causes naturelles inconnues. Nous nous occuperons *ex professo* de cette seconde question au cours de cet ouvrage. Cf. ci-dessous
p. 223 sq. Ici, nous traitons exclusivement de la première.

2. Sur un seul point, la question du Christ, la pensée de Schleiermacher garde une certaine réserve. Cf. F. Lichtenberger ; *Histoire des
idées religieuses en Allemagne* [2]. T. II, p. 207.

3. Voir ci-dessous p. 22 sq. — « Par la proclamation du principe de
l'immanence, la revendication des droits individuels, la primauté assi-
gnée à la conscience dans le domaine religieux, Schleiermacher mit fin
à la stérile antithèse entre le supranaturalisme et le rationalisme, et
donna à l'apologétique moderne son fondement inébranlable... Aujour-
d'hui tous les théologiens marquants [de l'Eglise évangélique], quelle
que soit la nuance à laquelle ils appartiennent, se réclament du grand
nom de Schleiermacher. » *Encyclopédie des sciences religieuses* publiée
sous la direction de F. Lichtenberger, article *Schleiermacher*, signé :
E. Strœhlin, pp. 507 et 524.

garde le nom, est remis par lui, comme l'inspiration et la révélation, au rang des événements naturels. Dans son second *Discours sur la religion*, il s'exprime ainsi : « Discuter pour savoir quel événement est proprement un miracle, et en quoi consiste précisément le caractère du miracle..., c'est une de ces occupations enfantines auxquelles se livrent, à propos de la religion, les métaphysiciens et les moralistes. Ils brouillent tous les points de vue et attirent le discrédit sur la religion, comme si elle portait atteinte à la valeur universelle des jugements scientifiques et physiques. Je vous en prie, ne vous laissez pas embrouiller par ces disputes sophistiques... La religion vous laisse... votre physique, et aussi... votre psychologie intactes. Alors qu'est-ce donc qu'un miracle?... Un signe, une indication... Toute chose finie est, au sens religieux, un signe de l'infini ; et par conséquent ces expressions [telles que le mot de miracle] n'énoncent rien que le rapport immédiat d'un phénomène à l'Infini et au Tout... Le miracle n'est que le nom religieux d'un événement. Tout événement, fût-il le plus naturel et le plus commun, dès qu'il se prête à ce que le point de vue religieux soit, à son sujet, le point de vue dominant, est un miracle [1]. Pour moi tout est miracle... Plus vous serez religieux, plus vous verrez le miracle partout. Ces disputes sur des événements particuliers,

---

1. Wunder ist nur der religiöse Name für Begebenheit: jede, auch die allernatürlichste und gewöhnlichste, sobald sie sich dazu eignet dass die religiöse Ansicht von ihr die herrschende sein kann, ist ein Wunder.

pour décider s'ils méritent ou non d'être appelés miracles, me donnent l'impression pénible de la pauvreté et de la sécheresse du sens religieux des adversaires en présence. Les uns laissent voir ce déficit en ce qu'ils protestent universellement contre le miracle, montrant par là qu'ils ne veulent rien voir du rapport immédiat des événements avec l'Infini et le Divin. Les autres manifestent le même déficit en ceci, que pour eux tel ou tel événement fait seul question et que, pour être à leurs yeux un miracle, un phénomène doit être conformé d'étrange façon : en quoi ils donnent à connaître qu'ils regardent les choses sans attention... Celui qui, du point de vue où il regarde le monde, n'aperçoit aucun vrai miracle,... celui-là n'a aucune religion [1]. »

1. *Uber die Religion: Reden an die Gebildeten unter ihren Verächtern*, 3ᵉ édit. Berlin. G. Reimer, 1821, p. 151 à 153. Cette édition est l'édition « revue, améliorée » et enrichie de notes par l'auteur au temps de sa maturité. Il y prend soin d'harmoniser ce qu'il écrivit jeune avec ses ouvrages postérieurs, en particulier avec le principal, *Der Christliche Glaube* (1821) (souvent cité sous les noms de *Glaubenslehre* ou de *Dogmatique*). Cf. E. Cramausel : *La philosophie religieuse de Schleiermacher*, 1909, p. 217. Sur le miracle, il ne rétracte rien. Que le point de vue religieux ou le point de vue naturel soit adopté à propos d'un événement, cela ne dépend que « de la direction de l'attention ». Il ne peut y avoir là « que des différences subjectives », quand bien même l'humanité tout entière s'accorderait pour choisir le même point de vue. « Il est vrai que tous les événements qui excitent à un haut degré l'attention religieuse et dans lesquels les connexions naturelles sont très peu apparentes seront surtout considérés par tous comme des miracles. Mais il n'est pas moins vrai qu'en eux-mêmes et considérés du point de vue de la causalité divine, tous les événements sont également des miracles. » *Note 16.* Cf. Dans la *Christliche Glaube*. T. I. Einleitung, § 21, nᵒ 3 ; § 40, nᵒ 2 ; § 47. Tome II § 124, nᵒ 3 (sur les miracles du Christ). Voir aussi, dans la *Realencyclopädie für prot. Theologie*, art. *Wunder*, signé Seeberg, p. 561.

Depuis Schleiermacher, ces idées sont devenues
familières aux théologiens du protestantisme libéral. Nous les retrouvons en France, sous la plume
de MM. Sabatier et Ménégoz. Ceux-ci blâment avec
liberté le « dualisme que le miracle [pris au sens
vulgaire] suppose dans la nature et dans l'action
divine », « la vieille et mortelle antithèse du naturel
et du surnaturel[1] ». Ils pensent que le Christ a
dédaigné le miracle et ils lui en font honneur ; ils
le louent d'avoir réalisé, par sa « piété pure et con-
fiante... l'unité du monde et de l'action universelle et
constante de Dieu, tout aussi bien que la dialectique d'un Scot Erigène, d'un Spinoza ou d'un Hegel[2] ».
Les mêmes théologiens répudient hautement l'idée
que la volonté divine change jamais quoi que ce soit
à l'ordre naturel des choses. Ils ne veulent pas qu'en
dehors de l'action continue et normale de Dieu dans
le monde, on puisse signaler son action particulière et miraculeuse « à un moment précis de la
chaîne des êtres et des choses plutôt qu'à un autre[3] ».
L'adoption du point de vue religieux dont parlait
Schleiermacher, et l'emploi du mot miracle, se trouvent justifiés, d'après eux, en particulier, lorsqu'un
événement réalise un désir formulé dans la prière.
Le miracle, c'est « l'exaucement de la prière[4] » ;

1. Sabatier : *Esquisse d'une philosophie de la religion*, p. 72, 73.
2. *Ibid.*
3. *Ibid.*, p. 82. M. Sabatier appuie cette doctrine sur des remarques
dignes de considération, que nous retrouverons plus loin, quand nous
examinerons la manière dont le premier principe des choses peut se
révéler en elles (Cf. ci-dessous, p. 129 sq.).
4. *Ibid.*, p. 87 et Ménégoz : *Publications diverses sur le fidéisme*. T. I,
p. 152

il « s'accomplit sans nulle violation des lois de la
nature », il est « un acte divin libre, [non pas] con
traire, [mais] conforme aux lois de la nature[1] ». Ce
qui revient à dire que Dieu, par sa providence éternelle, a disposé les événements de telle sorte qu'ils
paraissent quelquefois répondre à certains désirs et
à certaines demandes[2].

Comme les écrivains cités le confessent loyalement, ce n'est pas là l'ancienne et traditionnelle conception du miracle[3]. Ce n'est pas non plus celle que
nous entendons signifier dans cet ouvrage par le
mot de merveilleux[4]. A la vérité, quiconque croit
en un Dieu-Providence admet qu'en voulant ce
monde, Il veut aussi très spécialement tout le bien
qui s'y produit, qu'Il a l'intention très réelle de l'accomplir, et qu'en particulier, quand un événement
naturel se trouve être l'exaucement d'une prière,
Dieu veut, entre autres fins, l'événement pour cette
fin-là. Il n'y a là, au fond, rien de merveilleux ni de
miraculeux, parce qu'il n'y a rien d'exceptionnel.

1. Ménegoz : *loc. cit.* et p. 154.
2. Je trouve quelque ambiguïté dans la pensée de M. Ménégoz et j'ai
quelque peine à la concilier avec celle de M. Sabatier, bien que ces deux
professeurs de théologie se réfèrent l'un à l'autre. En effet, M. Ménégoz,
tout en tenant la nature pour immodifiable, veut que Dieu agisse sur
elle, comme le fait l'homme par sa liberté (*Op. cit.*, p. 153). M. Sabatier repousse cette assimilation (*Op. cit.* p. 82). C'est à bon escient, car
elle fait crouler toute la théorie. La liberté humaine modifie le cours
des choses et y introduit un facteur tout nouveau. Si Dieu fait de même,
nous sommes ramenés à la conception biblique et traditionnelle du
miracle. M. Ménégoz veut peut-être parler de cet acte de liberté par
lequel Dieu a choisi un certain cours des choses qui, en fait, répondrait
à certaines prières (?).
3. Sabatier, *Op. cit.*, p. 68 et 83, etc. Ménégoz, *Op. cit.*, p. 146 sq.
4. Voir ci-dessus la *Note préliminaire*, pp. XIII sq.

Les forces qui amènent l'exaucement de la prière étant, dans l'hypothèse, naturelles, pourront agir dans le monde toutes les fois que les circonstances s'y prêteront, et donc dans des cas quelconques, où ne sera en jeu aucun intérêt de religion ou de morale. Or, d'après la conception usuelle qu'adopte notre définition du mot, le miracle n'est pas une intention spéciale de Dieu enveloppant un événement par ailleurs ordinaire, mais une action spéciale de Dieu, différant *par son terme*[1] de toute autre action divine.

Le naturalisme signale aussi sa présence chez les protestants d'Angleterre. Par exemple, le mouvement d'idées connu sous le nom de *Nouvelle Théologie*, et dont le livre publié sous ce titre en 1907 par le Rév. R. J. Campbell fut le retentissant manifeste, se présente comme résolument hostile au miracle. Aux yeux des adeptes de la Nouvelle Théologie, le surnaturel est partout, mais pas plus ici que là. L'immanence divine est la merveille générale et unique, qui absorbe et englobe tous les prodiges. Aucun fait exceptionnel n'émerge du niveau uni de l'ordre naturel. Les vieux miracles reçoivent des explications qui les universalisent, c'est-à-dire qui les réduisent à être seulement des cas ou des expressions de l'action divine générale. Soit, par exemple, la « naissance virginale » de Jésus. Rien de ce qui

---

1. La raison de cette restriction est évidente, car si l'on suppose un Dieu infini, son action, prise en elle-même, est invariable.

est beau et grand dans l'humanité, nous dit M. Campbell, n'est conçu sans l'opération du Saint-Esprit : tout ce qui est divin ici-bas a, comme Jésus lui-même, une naissance virginale[1].

Dans le sein de l'Eglise anglicane[2], ces idées ont trouvé de vives oppositions[3], mais aussi des sympathies inattendues. Au cours d'une récente controverse, qui a mis aux prises les hommes les plus émi_ nents de cette Eglise, le célèbre exégète W. Sanday s'est rangé parmi les champions du naturalisme. Il veut bien admettre, dit-il, des événements « exceptionnels, extraordinaires, attestant la présence de forces spirituelles supérieures », à condition qu'ils n'impliquent « aucune brèche réelle dans l'ordre de la nature ». Mais il refuse d'accepter ceux qui impliqueraient une telle brèche et qui constitueraient « précisément une annulation de l'ordre physique naturel »[4]. Sur quoi l'un des adversaires du Dr Sanday remarque, non sans raison, qu'on ne voit guère en quoi une telle position diffère du naturalisme classique[5].

1. R. J. Campbell : *The New Theology*, p. 105 et 106. — Le fait de la Résurrection est interprété de même (p. 218), et d'une façon qui se rapproche beaucoup de ce que M. E. Le Roy a écrit sur le sujet (*Dogme et critique*, p. 161 sq.) — Sur la « Nouvelle Théologie », on peut consulter deux chroniques de M. Lebreton dans la *Revue pratique d'Apologétique*, t. V, p. 279 sq. et t. VI, p. 632 sq.
2. M. Campbell n'appartient pas à l'Eglise officielle d'Angleterre.
3. Cf. C. Gore : *The new theology and the old religion*, 1907.
4. *Bishop Gore's Challenge to criticism* by W. Sanday, 1914, p. 23.
5. « We do not see how a position thus explained differs from the old-fashioned, common, garden variety of naturalism. » B. Warfield, dans *The Princeton theological Review*, october 1914, p. 572.

De leur côté, les modernistes du catholicisme gardent, comme Schleiermacher et ses disciples, « les bons vieux mots » de la tradition, « un peu lourds peut-être », selon l'expression de Renan, pour leur pensée déliée. Ils prétendent même garder les concepts et les dogmes, mais c'est en les évidant de telle sorte qu'à la place de leur substance disparue, on puisse y introduire un contenu nouveau. Le surnaturel du modernisme n'est séparé du naturel par aucune barrière, par aucune solution de continuité. Il n'a rien d'*extrinsèque*. Le mystère est certes au fond des choses et Dieu est le grand mystère; mais Dieu n'a point plusieurs façons d'agir et de se communiquer. Chez ces écrivains, quand se condense et cristallise le nuage ondoyant et coloré des images ou des formules de piété, on n'aperçoit plus rien qu'un résidu très dur et très sec de rationalisme intransigeant et de naturalisme intégral. Autant qu'il est permis de chercher les idées d'un romancier dans celles de son héros, nous pouvons croire que ce sont celles-là que Fogazzaro a voulu signifier dans son livre *Il Santo* [1]. Il prête en effet le discours suivant à Benedetto, « le Saint », en qui la foule veut voir un thaumaturge : « Vous m'exaltez parce que vous êtes aveugles. Si cette jeune fille est guérie, ce n'est pas moi qui l'ai guérie, c'est sa foi. Cette force de la foi qui l'a fait se lever et

---

1. Ainsi plusieurs l'ont-ils compris, soit pour en blâmer l'auteur, soit pour l'en féliciter. Parmi ces derniers, il faut citer M. E. Le Roy : *Essai sur la notion du miracle*, III. *Annales de philosophie chrétienne*, décembre 1906, p. 250.

marcher, elle existe dans le monde de Dieu partout et toujours, comme la force de l'épouvante qui fait tomber et choir. Elle est une force de l'âme, pareille aux forces qui sont dans l'eau et dans le feu. Donc si la jeune fille est guérie, c'est parce que Dieu a disposé cette grande force dans son univers... Vous offensez Dieu si sa puissance et sa bonté vous paraissent plus grandes dans les miracles. Partout et toujours cette puissance et cette bonté sont infinies. Il est difficile de comprendre comment la foi guérit, mais il est impossible de comprendre comment ces fleurs vivent[1]. » C'est Charcot, traduit en style de

---

1. *Il Santo*, III⁰ Partie (*Revue des Deux Mondes*, 15 février 1906, p. 744). La même résorption du surnaturel dans la nature est sensible aussi lorsque le romancier décrit les tentations et les ravissements du « Saint » moderne.

Une nuit d'angoisse et d'insomnie qui suit un long jeûne donne naissance à des hallucinations. Les membres engourdis de Benedetto sont pleins de fourmillements : « Quels enroulements de serpents s'entortillaient autour de ses pieds, simulant l'innocence de l'herbe? Et quel démon sinistre l'épiait là-bas, au bas de la côte, accroupi sur l'herbe, simulant un buisson pour s'élancer sur lui? Les démons... n'étaient-ils pas nichés dans les yeux de la grosse tour?... Et ce bruit, était-ce le grondement de l'Anio ? Non, c'était le rugissement de l'Abîme triomphant... » Oui, « les serpents l'enlaçaient ; le démon rampait à quatre pattes vers lui, sur la côte rocheuse, toute grouillante de vie infernale et d'esprits féroces ; les flammes noires brûlaient dans les yeux de la grosse tour, tandis que l'abîme continuait à rugir de triomphe » (P. 501 et 502.)

Et voici comment « le Saint » se figure les visites divines : « Il allongea ses lèvres serrées, les appliqua contre la pierre, cherchant Dieu dans la créature muette, Dieu, Dieu, le soupir, la vie, la paix ardente de l'âme. Un souffle de vent courut sur lui, agita l'herbe autour de lui. — Est-ce Toi? gémit-il. Est-ce Toi? Est-ce Toi? » (P. 500.) Dieu se manifeste enfin : « Benedetto sentait le Dieu confusément mêlé à la créature et, pour ainsi dire, une secrète essence de paradis. Il avait la sensation de se fondre dans les âmes des choses, comme une petite voix dans un chœur immense, d'être un avec la montagne odorante, avec l'air bienheureux. Et, ainsi plongé dans l'océan de la douceur paradisiaque, les mains abandonnées sur les genoux, les yeux mi-clos, caressé par la pluie fine, il se délectait,

sermon. — M. E. Le Roy, qui cite avec faveur ce passage, en reprend les idées à son compte et les situe dans une théorie complète du miracle, dont nous ferons l'étude détaillée au Chapitre III. Disons dès maintenant que cette théorie est bien authentiquement naturaliste, puisque, d'après elle, l'agent du miracle n'est rien que la force psychique, portée à un degré exceptionnel de tension. M. Le Roy ne dissimule pas ce caractère de son système. « Considéré dans sa matière, dit-il, le miracle est un fait naturel explicable, dont seulement l'explication n'est pas du type physique, mais fait intervenir l'action créatrice de l'esprit [1]. » — M. Maurice Blondel, que nous retrouverons au même endroit, à propos de sa philosophie de la contingence, s'est montré, du moins dans ses premiers écrits, fort préoccupé d'effacer toute ligne de démarcation entre le miracle et les phénomènes ordinaires. « Comme chaque phénomène, dit-il, est un cas singulier et une solution unique, il n'y a sans doute, si l'on va au fond des choses, rien de plus dans le miracle que dans le moindre des faits ordinaires [2]. » « L'action divine est toujours infinie [3]. »

non sans un vague désir qu'une telle suavité fût connue de ceux qui ne croient pas, de ceux qui n'aiment pas. » (P. 502 et 503, *Revue des Deux Mondes*, 1er février 1906). — Cette mystique matérielle est une contrefaçon assez peu intelligente de sainte Thérèse et de saint Jean de la Croix. Sans porter ici aucun jugement sur la réalité ou l'objectivité des phénomènes décrits de part et d'autre, force nous est de constater au moins que ce ne sont pas du tout les mêmes.

1. *Le Problème du miracle : Bulletin de la société française de philosophie*. Séance du 28 décembre 1911, p. 103. — Voir ci-dessous la *Note additionnelle sur les philosophies de la contingence*. Appendice II.

2. *Lettre sur l'apologétique : Annales de philosophie chrétienne*, janvier 1896. 1er article, p. 345. *L'Action*, p. 396.

3. *Lettre à M Bricout : Revue du Clergé français*. 15 avril 1904, p. 405.

Aussi « les miracles ne sont miraculeux qu'aux yeux de ceux qui sont déjà prêts à reconnaître l'action divine dans les événements et les actes les plus habituels »[1]. L'interprétation d'une nature « équivoque », où l'on voit Dieu partout, et celle de « signes à double entente », où l'on découvre son action particulière, procèdent du même « besoin intérieur, qui est tout »[2]. — Enfin M. Loisy, se référant aux textes que nous venons de citer comme à l'expression de ses propres idées, écrit ce qui suit : « Si nous comprenons bien M. Blondel[3], il veut dire que, pour le philosophe et le savant comme tels, tout ce qui arrive est ce qui pouvait arriver, ce qui, dans les conditions du fait donné, devait arriver; d'où il suit que le miracle est un fait extraordinaire dont le sens divin n'est appréciable que pour qui croit à l'action de la Providence dans les faits de chaque jour... De même que le miracle, chez les peuples primitifs et au point de vue de la foi, n'est qu'une action divine un peu plus sensible que les autres, de même, au point de vue rationnel et scientifique, le miracle le mieux constaté n'est qu'un fait moins commun que les autres, mais qui doit rentrer dans le même ordre que les autres, puisqu'il y est réellement contenu[4]. » — On trouverait des vues analogues, pénétrées d'une

1. *Lettre sur l'apologétique* et *Action : locis citatis.*
2. *L'Action*, p. 397, 395, 396. — Voir mon livre *Immanence*, p. 39 sq. ; 200 à 221.
3. Je ne cite pas ce qui suit comme l'interprétation authentique de la pensée de M. Blondel, mais comme un renseignement sur celle de M. Loisy.
4. *Les preuves et l'économie de la révélation. Revue du Clergé français* 15 mars 1900, p. 128 (article signé du pseudonyme *Firmin*).

spécieuse philosophie du divin dans les écrits de
G. Tyrrell. Nous aurons plus loin une meilleure
occasion de les exposer[1].

§ II. — CRITIQUE

A. Dégageons maintenant la thèse naturaliste de
tout ce qui n'est pas elle. Le naturalisme repose,
avons-nous dit, sur une certaine conception de l'unité
du réel[2]. Il ne se définit donc point précisément par
l'exclusion des interventions *divines* dans le monde.
Car elles ne constituent qu'une des manières dont
l'unité pourrait être brisée, qu'une espèce particulière
du merveilleux : et le naturalisme les exclut toutes.
En outre, on peut refuser d'admettre ces interventions
pour des motifs spéciaux, et non pas simplement
parce qu'elles seraient l'intrusion dans la nature d'un
élément étranger. Par exemple, le miracle divin peut
être rejeté comme ne cadrant point avec la sagesse et
la majesté de Dieu, comme n'étant point un moyen
convenable d'instruire les hommes[3], etc. Sans doute
ces considérations aboutissent à exclure un agent
surnaturel, mais non pas à l'exclure seulement parce
qu'il est tel. Elles seront donc discutées plus à propos
à l'endroit où nous examinerons *ex professo* la possibilité d'une intervention divine en ce monde.
Le naturalisme ne doit pas davantage être confondu
avec le panthéisme, le monisme, l'idéalisme ou le

1. Cf. ci-dessous Chap. IV, *Partie négative*, 1°, p. 130.
2. Ci-dessus p. 11 et 12.
3. Cf. ci-dessous, Ch. IV, *Partie négative*, 2°, p. 136; 7°, p. 184.

déterminisme, bien qu'il emprunte souvent des arguments à ces doctrines. En effet, l'ordre naturel
pourrait exister seul (thèse naturaliste) sans que l'être
divin fût la substance des choses (thèse panthéiste),
sans que toute la réalité fût au fond homogène ou
issue d'un noyau unique (thèses moniste et idéaliste).
Le naturalisme ne repousse pas absolument la
notion d'un Dieu distinct, à condition que celui-ci ne
sorte pas de ses attributions générales, de ses fonc-
tions quasi impersonnelles, pour faire acte de bon
plaisir [1]. — De même, bien qu'ériger la nécessité
en loi universelle des choses (thèse déterministe)
soit un moyen efficace d'exclure le surnaturel du
monde, ce n'est pas le seul. Il peut y avoir de la
liberté dans un ordre purement naturel : le naturalisme s'accommode de la liberté humaine et même,
— nous venons de l'indiquer, — de la liberté divine
ordinaire. Bien plus, on peut concevoir un monde
tout de contingence et de liberté, d'où le surnaturel
extrinsèque serait rigoureusement banni. N'avons-
nous pas vu chez des philosophes contingentistes, par
exemple chez M. E. Le Roy, le miracle réduit à n'être
que l'explosion, rare mais naturelle, des forces de
la foi [2]? — D'autre part, au milieu de toutes les philosophies modernes qui se réclament des idées d'immanence ou de continuité, le naturalisme a sa place
à part. Et s'il se coule dans telle ou telle de ces formes, il ne l'épouse pas indissolublement, car il

---

1. Il y a un déisme naturaliste. Voir ci-dessous les opinions de Voltaire, ch. iv, p. 136.
2. Cf. le chapitre iii du livre I, et l'appendice II.

apparaît aussi sous les formes voisines. La continuité
qu'il affirme n'est pas précisément celle de tous les
êtres, de tous les éléments du monde entre eux ; il
n'affirme nécessairement ni leur identité, ni leur inté-
riorité mutuelle (thèse de M. E. Le Roy), ni leur
interdépendance (thèse de M. M. Blondel) [1]. Ce à
quoi il s'oppose par essence, c'est à la distinction de
deux zones inégalement accessibles à l'homme, au
tracé dans le réel d'une frontière que nous ne pourrions franchir seuls. Au point de vue de l'immanence
et de la continuité, ce qu'il enseigne, c'est l'existence
d'un même ordre où rien d'étranger ne s'infiltre, d'un
seul monde sans arrière-plans ni dehors.

B. Ainsi réduite à sa teneur propre, que vaut
décidément la thèse naturaliste ? Elle peut s'appuyer
sur les faits ou se donner pour un premier principe
dont l'évidence n'est pas sujette à discussion.

Dans le premier cas, nous avons affaire à un naturalisme de forme inductive [2], dont les arguments,
exactement semblables à ceux d'un certain déterminisme, seront examinés en détail au chapitre suivant.

Dans le second cas, dégagé de toutes les considérations adventices, le naturalisme se montre ce qu'il
est en vérité : un postulat. C'est bien ainsi du reste
qu'il est présenté, en toute candeur, par un grand
nombre de ses tenants. Ils dédaignent de s'expliquer
sur lui ; ils ne le déguisent point ; il leur semble
aller de soi. Il apparaît chez eux bien plus comme

1. Cf. *Ibid.*
2. Cf. Huxley, *Essays.*, vol. V, *Prologue*, p. 4 sq.

une vue de l'esprit qui se justifie par elle-même, que comme le résultat d'un raisonnement ou le fruit de l'observation. J'imagine par exemple que personne ne découvrira des arguments dans ce que M. Durkheim appelle un « postulat », dans le sermon de Benedetto, ou dans les aphorismes de M. Anatole France. « Si cela est, cela est dans la nature et par conséquent naturel. » En dépit du « par conséquent », il n'y a là qu'escamotage et verbalisme. Car, ou bien l'on entend *nature* au sens de *réalité;* la nature, en ce sens, comprend tout ce qui est; les êtres dits surnaturels, si vraiment ils existent, ont aussi leur nature, et les effets de leur action font partie du réel : et alors l'aphorisme ne prouve rien contre le merveilleux. Ou bien l'on entend *nature* au sens restreint, des êtres et des événements que régissent les lois cosmiques ordinaires : et alors on fait une pétition de principe, puisqu'il s'agit justement de savoir s'il n'existe rien d'autre. — De même, le souci de rendre la religion plus accessible à l'intelligence moderne, de se conformer aux tendances générales de l'Esprit du temps (*Zeit-Geist*), avoué par les chrétiens qui adoptent le naturalisme [1], part assurément d'un souci respectable, mais ne suffit pas à constituer un argument.

La thèse naturaliste n'est point évidente. Comment savoir d'emblée qu'il n'existe point, au delà du monde livré à nos libres investigations, un monde réservé,

1. Voir par exemple Matthew Arnold : *Litterature and Dogma*, ch. v; — E. Le Roy : *Essai sur la notion du miracle*, II, p. 188 et 189 ; — W. Sanday : *Bishop Gore's Challenge to criticism*, p. 30.

Le Merveilleux. 3

dans lequel nous ne saurions pénétrer de plain-
pied ? Huxley nous déclare qu'il n'y a point de raison
a priori pour couper l'univers en deux. Soit ; mais il
n'y en a pas davantage pour en faire un bloc unique.
Tant que nous restons en dehors des faits, la question demeure ouverte. Je ne vois point, pour ma part,
qu'il ne puisse y avoir divers plans de réalité, sans
intersection nécessaire. Je ne vois point que l'anthro-
pocentrisme s'impose dans le monde intellectuel et
moral plus que dans le monde physique, et qu' « exister » signifie « être situé par essence à la portée de
l'homme ». D'autre part, si la réalité comprend par
hasard ces divers plans, et s'ils ont entre eux quelque communication occasionnelle, je ne vois aucun
moyen d'en décider, sinon l'examen des faits et le raisonnement sur leurs causes possibles. —Cependant,
dira-t-on, dans l'ordre du réel, nous ne connaissons
immédiatement que les données de l'expérience ;
nous n'en concluons légitimement que ce qu'elles
impliquent. Evidemment ; et ce sont là des vérités de
La Palisse. Mais précisément l'hypothèse est que, si
le monde surnaturel se révèle, c'est par un événement qui est objet d'expérience et duquel le raisonnement dégage la cause qu'il implique. —Tout ce qui
existe, objectera-t-on encore, est, de droit, connaissable : l'être est le propre objet de l'intelligence. Je
veux bien l'admettre, à condition que deux choses
soient entendues. La première, c'est que l'intelligence ne connaît naturellement rien que par ses
procédés propres, — qui ne sont pas toujours ceux
de la connaissance immédiate, mais qui comportent

au contraire une grande part d'abstraction —; et que
par conséquent toute réalité, même celle dont nous
savons l'existence, ne tombe pas toujours, tout entière et telle qu'elle est, sous nos prises. La seconde,
c'est que tout objet n'est pas nécessairement et de
droit présenté à l'intelligence humaine, et que, peut-
être, un acte de liberté et de bon vouloir est requis
de certains êtres pour qu'ils viennent à portée de
notre connaissance.

Privé de la consistance qu'il peut emprunter à des
doctrines différentes ou à l'induction, le naturalisme
se réduit donc à une pure affirmation. C'est un décret
arbitraire de l'individu qui s'enferme dans son cercle
familier, en décidant qu'au dehors il n'y a rien. Sa
racine peut n'être qu'une paresse de l'esprit, un manque d'initiative et de hardiesse intellectuelle. Elle
peut être aussi, il faut le dire, une certaine superbe
inconsciente, un amour tenace de l'autonomie, qui ne
permet pas à l'homme de reconnaître autre chose que
ce qui est bien à lui, situé dans son domaine propre, maniable à sa volonté, — et non ce qui peut
lui être donné d'ailleurs ou de plus haut, par grâce.

CHAPITRE II

LE DÉTERMINISME :
L'INDUCTION CONTRE LE MIRACLE

SOMMAIRE

Préambules et Historique, p. 36 à 46.

I. INDUCTION CONSIDÉRÉE COMME UN SIMPLE RÉSUMÉ DU PASSÉ, SANS CONCLUSION, p. 46.

IJ. INDUCTION PROPREMENT DITE, INTRODUISANT DES CONCLUSIONS RIGOUREUSES, p. 47.

§ I. — *Etude générale de l'objection*

a) Induction fondée sur l'expérience ordinaire, p. 47 à 5o. — *b)* Induction fondée sur l'expérience des faits d'apparence merveilleuse. Face positive et face négative de l'induction, p. 5o à 6o. Conclusion : la nature intime de l'induction, p. 6o à 64.

§ II. — *Une forme spéciale de l'objection*

Le principe du déterminisme scientifique : le merveilleux et la science expérimentale, p. 64 à 76.

III. INDUCTION IMPROPREMENT DITE, AMENANT DE SIMPLES CONJECTURES, p. 76 à 85.

Le déterminisme est l'affirmation qu'il existe des connexions nécessaires entre les phénomènes de ce monde. Cette affirmation peut être plus ou moins absolue, s'étendre à des catégories plus ou moins

larges. Nous n'avons point à nous demander ici quelle
est son extension légitime. Elle ne nous intéresse
que dans la mesure où elle s'oppose à l'admission
d'un merveilleux réel. A ce point de vue, elle peut
se présenter, en particulier, sous deux formes.

La première serait un déterminisme métaphysique et *a priori*, qui, de la nécessité érigée en loi
essentielle de l'être, DÉDUIRAIT l'impossibilité du
miracle. C'est la position de Spinoza, qui fait de toute
réalité finie l'expression nécessaire d'une substance
nécessaire. C'est la conclusion de tout système *panlogiste*, c'est-à-dire de toute doctrine qui, prenant à
la lettre le fameux axiome hégélien sur l'identité du
rationnel et du réel [1], enseigne qu'en chaque parcelle d'existence se découvre une réalisation et une
conséquence infaillible des premiers axiomes intel-
lectuels. De nos jours, cette espèce de déterminisme est relativement peu répandue. Le type qui
s'en rapproche le plus fera, en ce chapitre, l'objet
d'une étude spéciale [2], mais nous laisserons de côté,
dans notre texte, le système lui-même [3]. L'objection
qu'il nous présente n'est, en effet, que le corollaire
d'une théorie générale, qui demanderait à être dis-
cutée pour elle-même, sans préoccupation particulière concernant le merveilleux.

1. *Was vernünftig ist, das ist wirklich; und was wirklich ist, das ist
vernünftig*. Plusieurs écrivains contestent actuellement que la véritable
pensée de Hegel soit panlogiste. Cf. René Berthelot, *Soc. fr. de Philos.*,
31 janvier 1907; Roques, *Hegel*, p. 215, 230, etc.
2. Voir ci-dessous p. 64.
3. On trouvera cependant, exposé à l'Appendice I, l'ensemble des
théories de Spinoza sur le miracle.

Une seconde forme de déterminisme, bien vivante celle-ci et bien actuelle, est le déterminisme INDUC-TIF de certains historiens et de certains savants [1]. On dit parfois que l'exclusion du miracle résulte chez eux d'un parti pris métaphysique avoué. C'est à la fois vrai et faux. C'est vrai, en ce sens qu'ils se croient en possession de certitudes définitives qui les dispensent désormais d'examiner, à propos d'aucun cas particulier, si le merveilleux existe. C'est faux, en ce sens qu'ils prétendent bien avoir tiré ces certitudes de l'expérience seule. Il reste bien entendu à chercher s'ils ne s'illusionnent pas sur ce point [2].

Cette seconde position a été prise d'abord, si je ne me trompe, par Hume, dont Stuart Mill a tenté d'améliorer les vues. Il allègue contre le miracle

1. L'induction dont il est question ici est l'induction scientifique, qui consiste à passer de quelques faits particuliers à une loi générale. Elle se tient dans la sphère de l'expérience; la loi qu'elle promulgue est intrinsèque aux phénomènes observés : ce n'est que leur manière d'être. Les liaisons ou les séparations qu'elle enregistre affectent ces phénomènes seuls, et non quelque autre objet situé hors des prises de l'expérience. Cette induction ne forme donc qu'une espèce très limitée et très définie du genre très vaste et un peu vague que quelques philosophes, comme le P. Gratry, appellent induction. Ce nom convient, d'après eux, à tout procédé qui passe du moins au plus, de l'inférieur au supérieur, d'un élément quelconque à ce qu'il ne contient point, par exemple, de l'effet à la cause. Cette induction, au sens large, s'applique particulièrement à la démonstration de l'existence de Dieu, où, du fini on conclut l'infini. (Voir Gratry, *Logique*, liv. IV, chap. I, p. 2. *Connaissance de Dieu*, Ire partie, chap. I, p. 59, etc. Franck, *Dictionnaire des sciences philosophiques*, p. 794, col. 2.)

2. Ce déterminisme peut coexister, par ailleurs, avec une croyance en la liberté *humaine*. Seules, les libertés étrangères, surnaturelles, seront exclues.

« une expérience uniforme ». « Aucun événement,
dit-il, ne passe pour miracle, si jamais il arrive dans
le cours ordinaire de la nature... [Le miracle, c'est
ce qu'on] n'a jamais observé à aucune époque ni
dans aucun pays. Il doit donc y avoir, contre tout
événement miraculeux, une expérience uniforme :
sans quoi l'événement ne mériterait pas cette appel-
lation. Et comme une expérience uniforme fait preuve,
il y a donc, en vertu de l'hypothèse même, une
preuve directe et complète contre l'existence de tout
miracle [1]. »

Une objection toute naturelle se présentait contre
cet argument : c'est que, même dans le domaine
purement scientifique, « on découvre souvent des
faits dont on n'avait jamais eu aucune expérience,
et dont la vérité se prouve pourtant par expérience
positive [2] ». Et cela constituait dans la preuve un
« point faible », que Stuart Mill avoue et qu'il s'efforce d'amender de la façon suivante : « Une nouvelle découverte en physique, alors même qu'elle
consisterait en la destruction d'une loi de la nature
bien établie, n'est que la découverte d'une autre loi
auparavant inconnue... Le nouveau phénomène,
quand il a apparu, s'est montré dépendant d'une loi;
il se reproduit toujours exactement quand les mêmes
conditions se trouvent réunies... Mais un miracle,
par le fait même que c'est un miracle, ne se donne
pas pour la substitution d'une loi naturelle à une

---

1. Hume, *Essays and treatises*; Edinburgh, 1809; t. II, *An inquiry
concerning human understanding. Section X : of miracles*, p. 121.
2. Stuart Mill, *Essais sur la religion*, trad. Cazelles, p. 206.

autre, mais pour la suspension de la loi même qui
comprend toutes les autres, et, selon les enseignements de l'expérience, s'étend universellement à
tous les phénomènes, à savoir que les phénomènes
dépendent de quelque loi; qu'ils sont toujours les
mêmes quand les mêmes antécédents phénoménaux
existent, qu'ils ne se produisent pas en l'absence de
leurs causes phénoménales, et qu'ils ne manquent
jamais de se produire quand leurs conditions phénoménales sont toutes présentes[1]. » Ainsi, d'après
le logicien anglais, se trouve restauré contre le miracle l'argument de l'expérience universelle[2].

En France, le plus notable représentant de cette
manière de penser a été, au dix-neuvième siècle,
Ernest Renan. Il l'a exprimée à diverses reprises.
« Les sciences historiques, dit-il,... supposent qu'aucun agent surnaturel ne vient troubler la marche de
l'humanité; que cette marche est la résultante

1. *Ibid.*, p. 207, 208.
2. Nous ne mentionnons ici que l'un des points faibles signalés par
Stuart Mill dans l'argumentation de Hume. Il y en a un autre : « Deux
points paraissent faibles dans cet argument. Le premier, c'est que le
témoignage de l'expérience, auquel Hume fait appel, est seulement négatif, et n'est pas aussi concluant qu'un témoignage positif, puisqu'on
découvre souvent des faits dont on n'avait jamais eu aucune expérience...
L'autre point qui semble prêter le flanc est celui-ci. L'argument paraît
supposer que le témoignage de l'expérience contre les miracles est unanime et indubitable... Au contraire, on affirme dans le camp des adversaires de Hume qu'il y a eu des miracles et que le témoignage de
l'expérience n'est pas tout entier du côté de la négative. » Stuart Mill,
op. cit., p. 206. A la première objection, Stuart Mill répond comme
nous avons dit. Ce qu'il répond à la seconde est étranger à l'objet du
présent chapitre. Cette réponse consiste, en effet, dans un effort pour
rabaisser le genre de preuves et la valeur des témoignages allégués en
faveur du miracle. Nous nous occuperons de ceci ailleurs. (Livre I,
Ch. iv, p. 148 sq., et Livre II, Ch. ii, p. 271 sq.)

immédiate de la liberté qui est dans l'homme et de la
fatalité qui est dans la nature; qu'il n'y a pas d'être
libre supérieur à l'homme auquel on puisse attribuer une part appréciable dans la conduite morale,
non plus que dans la conduite matérielle, de l'univers[1]. » « Ces deux négations [du miracle et de l'inspiration des Livres sacrés] ne sont pas chez nous le
résultat de l'exégèse; elles sont antérieures à l'exégèse... Ce n'est pas parce qu'il m'a été préalablement démontré que les évangélistes ne méritent pas
une créance absolue que je rejette les miracles qu'ils
racontent. C'est parce qu'ils racontent des miracles
que je dis : les Evangiles sont des légendes... Nous
repoussons le surnaturel par la même raison qui
nous fait repousser l'existence des centaures et des
hippogriffes : cette raison, c'est qu'on n'en a jamais
vu... Aucune intervention particulière de la Divinité,
ni dans la confection d'un livre, ni dans quelque
événement que ce soit, n'a été prouvée... Ce n'est
donc pas au nom de telle ou telle philosophie, c'est
au nom d'une constante expérience que nous bannis-
sons le miracle de l'histoire. Nous ne disons pas :
« Le miracle est impossible »; nous disons : « Il n'y
a pas eu jusqu'ici de miracle constaté[2]. » « S'il y
avait des êtres agissant dans l'univers comme l'homme
agit à la surface de sa planète, ou d'une façon plus
efficace encore, on s'en apercevrait... Ces interventions se constateraient. Or, on n'a pas constaté une

1. *La Chaire d'hébreu au Collège de France. Questions contemporaines*,
p. 224.
2. *Vie de Jésus*, 13e édition. Préface, p. vi. Introduction, p. xcvi.

seule fois la trace de l'action d'une main intelligente venant s'insérer momentanément dans la trame serrée des faits de ce monde [1]. » Littré, cité d'ailleurs par Renan, professe les mêmes idées : « Une expérience, que rien n'est jamais venu contredire, a enseigné à l'âge moderne que tout ce qui se racontait de miraculeux avait constamment son origine dans l'imagination qui se frappe, dans la crédulité complaisante, dans l'ignorance des lois naturelles. Quelques recherches qu'on ait faites, jamais un miracle ne s'est produit là où il pouvait être observé et constaté... Ainsi a parlé l'expérience perpétuelle [2]. »

Appuyés sur cette « expérience perpétuelle », nos auteurs croient pouvoir se refuser désormais, sans examen, à poser, pour aucun fait particulier, l'hypothèse du surnaturel. Renan vient de nous dire que son parti était pris quand il abordait l'étude des Évangiles. Quant à Littré, voici une jolie anecdote où se peint au vif sa manière. Ayant publié une étude sur les miracles opérés au tombeau de saint Louis, il reçut d'un jésuite, le P. de Bonniot, le dossier d'une guérison de Lourdes, réputée miraculeuse. Il répondit en ces termes : « Les miracles, et, en particulier, les guérisons miraculeuses, ont été signalés dans les temps anciens et dans les temps modernes, aux sanctuaires païens et aux sanctuaires chrétiens... Tout cela pouvait être vrai ; mais, vérification faite à l'aide de l'expérience scientifique, il s'est trouvé que tout

---

1. *Dialogues philosophiques*, p. 12, 13, 14. Cf., p. 20, 21.
2. Préface de la seconde édition de la traduction de la *Vie de Jésus*, par Strauss, p. v et vi, *ap*. Renan. *Questions contemporaines*, p. 222.

cela était une illusion, soit que les faits fussent simplement naturels, soit que la crédulité ou la supercherie leur eussent donné l'apparence surnaturelle.
Je pense que la démonstration est définitive; mais,
comme la philosophie dont je suis le disciple ne
reconnaît rien d'absolu, elle ignore si les lois naturelles recevront jamais un démenti. Pour le moment
présent, elle est sûre qu'elles n'en ont point reçu [1]. »
Du cas exposé par le P. de Bonniot, pas un mot.
Et cependant, malgré la réserve théorique formulée sur les possibilités de l'avenir, ce fait nouveau,
non discuté, était jugé et rejeté. C'est que, d'après
nos auteurs, « la condition même de la science est
de croire que tout est explicable, même l'inexpliqué.
Pour la science, une explication surnaturelle n'est
ni vraie ni fausse ; ce n'est pas une explication. Il
est superflu de la combattre, parce qu'une telle hypothèse correspond à un tout autre état de l'esprit
humain que celui qui a définitivement prévalu depuis
que *le principe d'induction* est devenu l'axiome fon-
damental qui règle nos actes et nos pensées [2] ». Que
penser de cet « état d'esprit » et de la légitimité de
cet appel au « principe de l'induction » ?

Tel qu'il est chez les deux écrivains français que
nous venons de citer, l'argument n'a pas un grand
air de sérieux. On comprend mal qu'une conviction,

---

1. *Ap*. J. de Bonniot, *le Miracle et ses contrefaçons*, 2ᵉ édition, préface,
p. x.
2. *La Chaire d'hébreu*, p. 223. Les italiques sont de moi.

qui se donne pour le résultat d'une enquête générale
sur le merveilleux, puisse se trouver établie avant
que l'on ait sondé, sans parti pris, au moins ces
grandes sources de merveilleux qui ont surtout ali-
menté la foi de l'humanité. Comment, sans pétition
de principe, peut-elle être « antérieure à l'exégèse »
de documents, qui sont précisément ceux auxquels
les croyants les plus cultivés accordent en fait le
plus de crédit? C'est, en vérité, une bien étrange
précipitation que de déclarer l'induction close —
comme Renan [1], — avant d'aborder l'étude des Évangiles, ou même — comme Littré, — avant de s'occuper des miracles de Lourdes. Par ailleurs, les autres
faits, — ceux qui sont censés fonder la fameuse induction, — nous sont présentés assez négligemment. On sent que ceux-là aussi étaient classés avant
que l'on daignât s'en occuper, et que, si on l'a fait,
ç'a été uniquement pour les considérer d'un regard
superficiel et amusé. A qui fera-t-on croire que
Renan a accordé une attention plus grave aux « miracles rapportés par Pausanias [2] », ou à l'affaire de
Rose Tamisier [3], qu'aux miracles de l'Evangile? Trois
références à la *Gazette des Tribunaux* sont un considérant un peu bref pour établir comme « avéré, qu'aucun miracle contemporain ne supporte la discussion [4] ». Les gens « éclairés » dont l'opinion, censée

1. Voir ci-dessous p. 76, note.
2. *La Chaire d'hébreu*, p. 225.
3. *Vie de Jésus*, 13ᵉ édition, introduction, p. xcvi.
4. *Ibid*. L'une de ces références est relative à un jugement de la cour
de Grenoble, déboutant d'une demande en dommages-intérêts Mlle de
Lamerlière, qui se jugeait lésée dans son honneur parce que certains

unanime, est appelée en témoignage[1], forment une
foule lointaine dont on ne discerne bien ni la
composition ni la compétence : il est seulement clair
que Renan en exclut tous ceux qui ne sont pas de
son avis. Et l'élégance du maître écrivain n'arrive
pas à voiler ce que cet appel emphatique a, malgré
tout, d'un peu « primaire » et d'analogue à un escamotage maladroit. Enfin, à prendre le merveilleux
comme un bloc, à conclure de Tite-Live aux Évangiles, et à prononcer là-dessus que « l'induction est
ici d'une accablante simplicité[2] », l'auteur de la *Vie
de Jésus* n'a certes pas mis en œuvre le sens raffiné
des nuances et le délicat esprit d'analyse dont il a
fait preuve ailleurs. « Accablante simplicité », dit-il.
Oui, en vérité, tout cela est un peu trop simple et
demande à être étudié de plus près. Laissons donc
de côté les auteurs et examinons la thèse pour elle-
même[3].

**
* *

Un procédé qui se donne pour inductif a toutes

écrivains lui avaient prêté un rôle de supercherie dans l'apparition de
la Salette. On trouvera l'arrêt tout au long dans les ouvrages du P. Car-
lier et de l'abbé Verdunoy sur la Salette. — Les deux autres références
concernent une certaine Rose Tamisier, qui prétendait posséder les
stigmates de la Passion, recevoir la communion sans le ministère du
prêtre, etc., et qui semble avoir été une simulatrice. — Renan ne donne
d'ailleurs aucun détail sur ces deux affaires et il est évident qu'il les a
considérées de fort loin.

1. *La Chaire d'hébreu*, p. 225.
2. *Ibid.*
3. Renan mêle aux arguments généraux qu'il tire, contre le merveilleux, de la certitude inductive, d'autres raisons plus particulières mais
différentes: celles-ci par exemple : que, si l'on admet la possibilité du
miracle, l'histoire et toutes les sciences deviennent impossibles ; qu'un
miracle, pour être dûment constaté, doit être opéré à jour et heure fixes,
devant une commission de savants, etc. Nous retrouverons cela plus loin.
(Cf. ci-dessous, p. 71, 72 et 318.)

les chances d'être accueilli avec une attention défé-
rente. Son nom seul écarte toute idée de préjugé ou
d'imagination *a priori*. L'induction garde, du contact
des faits et du frottement de l'expérience, un air
positif, sérieux, sensé, un peu vulgaire même, qui
rassure les esprits méfiants du rêve et du système. Et
puis, la superstition de la science qui, fort atténuée
dans les milieux vraiment scientifiques, est encore
si vivace dans tant d'esprits de culture moyenne,
donne à ce procédé des « savants » une auréole
d'exceptionnelle autorité. Pourtant ce nom heureux
couvre des procédés variés, des certitudes d'espèces
et d'objets fort divers, de simples opinions, et aussi
parfois de gros sophismes. Il importe de dissocier
tout cela.

I. Induction considérée comme simple résumé du passé, sans conclusion

Aujourd'hui, pour nombre de savants authentiques,
l'induction n'est rien qu'une manière provisoire de
grouper les faits. Sans faire profession d'aucune philosophie spéciale, ils considèrent bonnement les
« lois », auxquelles les conduisent leurs méthodes,
comme des énoncés toujours revisables. Ce qu'ils
prétendent, c'est simplement résumer les observations et les expériences faites jusqu'à ce jour, sans
universaliser, sans préjuger de l'avenir. Ils ne seront
point étonnés si des faits nouveaux élargissent, déforment, font même éclater les cadres anciens. Ils se

tiennent prêts, en conséquence, à améliorer, à corriger leurs formules, et au besoin, à les biffer. Ces savants-là ne seront évidemment pas tentés de conférer à leurs « inductions » ce caractère presque sacré, cette intangibilité auguste dont parlent Renan et Littré. S'il y a, dans des théories ainsi conçues, quelque difficulté contre le miracle, ce n'est évidemment pas sous la rubrique du déterminisme qu'il convient de la ranger.

II. Induction proprement dite, introduisant des conclusions rigoureuses

§ 1. — Étude générale de l'objection

De quoi donc sont faites les opinions qui accordent au procédé inductif une valeur décisive contre le surnaturel ?

A. Induction fondée sur l'expérience ordinaire

L'une d'elles se fonde sur l'expérience ordinaire, à laquelle il convient sans doute d'attribuer cette impression de dépaysement, cet instinct de méfiance que nous éprouvons tous devant une affirmation soudaine du merveilleux. En effet, il est bien vrai qu'une expérience longue, et qui porte sur des régions historiques très vastes, ne nous révèle, dans les événements de ce monde, que la continuité naturelle la plus imperturbable et la plus serrée. Beaucoup de personnes, par exemple, peuvent se dire : « Je n'ai

vu, pour ma part, aucun miracle. Personne non plus,
parmi ceux en qui j'ai confiance, n'avoue en avoir été
témoin. Dans tout le cercle social où ma vie s'écoule,
rien de tel n'a jamais été signalé. Les générations
qui touchent à la mienne, celles de mes parents et
de mes grands-parents, étaient sensiblement dans la
même situation. S'il est une chose que l'usage de la
vie nous ait apprise à tous, c'est que la nature a
un cours uniforme et banal qu'elle suit sans accroc.
Le mot de Renan est, en vérité, celui qui traduirait
de la façon la plus juste notre expérience pratique :
des miracles? *on n'en a jamais vu.* » N'y a-t-il pas
là réellement, pour le sens commun, une présomption très forte contre le merveilleux[1] ?

Mesurons cependant avec soin la portée de cette
présomption. Assurément, s'il existe quelque part
des faits d'apparence merveilleuse, il faut avouer
qu'ils ne tombent point sous l'expérience vulgaire.
Sur mille personnes, neuf cent quatre-vingt-dix-neuf
n'en ont vu et n'en verront jamais aucun. Mais ce
qui sort de là, c'est une conclusion tout justement
opposée à celle que l'on tire. L'expérience commune
porte exclusivement sur des faits étrangers à la
question : elle est, par conséquent, incompétente
pour en rien décider. Si la masse des hommes était
mise directement en présence des faits d'apparence
merveilleuse, elle pourrait avoir sur eux un avis motivé. Mais il n'en va pas ainsi ; et la plupart n'ont,
comme base de leur induction, que les événements

---

1. Hume fait argument de cette présomption. *Op. cit.*, p. 122 et 123.

dépourvus de cette apparence. De quel poids est dès
lors l'opinion qu'ils peuvent se former des autres?
Ce qu'établit l'induction du sens commun, c'est qu'il
y a un train ordinaire des choses, moralement constant, que la prudence nous commande de vivre et de
raisonner comme si le miracle ne devait jamais surgir sur notre route; et qu'enfin, pratiquement, « cela
n'arrive pas ». Or le merveilleux et le miracle se donnent précisément pour des exceptions, pour des
anomalies extrêmement rares et pratiquement négligeables dans l'usage de la vie. Ils supposent que
l'uniformité est la règle. L'expérience commune leur
fournit donc précisément la condition qu'ils requièrent pour être discernables; elle tend, pour ainsi
dire, le fond terne sur lequel ils viendront, s'ils
existent, se détacher en lumière. Mais à leur sujet,
pour ou contre eux, elle n'a rien à dire. Elle opère
dans le compartiment de la réalité où, par hypothèse,
ils ne sont pas contenus.

Cependant, — il importe de l'ajouter, — étant
donnée la diffusion de la croyance au surnaturel dans
l'humanité, les membres même de ces groupes
sociaux où, pendant un temps prolongé, aucune
observation directe du merveilleux n'aura été possible, ne pourront manquer d'en entendre parler. Des
récits venus d'ailleurs poseront la question devant
leur intelligence. Ils sauront que d'autres, qui ne
sont peut-être ni moins cultivés ni moins sages
qu'eux, y ont ajouté foi. Cela ouvrira une brèche
dans le cercle étroit de leur expérience, par où en-
treront de nouvelles données; celles-ci empêcheront

Le Merveilleux.   4

le cercle de se refermer sans attendre, et tiendront en suspens les conclusions de l'induction. Et
ainsi se trouvera ramenée la nécessité d'une enquête
impartiale sur le merveilleux lui-même.

B. Induction fondée
sur les faits d'apparence merveilleuse.
Face positive et face négative de l'induction.

Pour que l'induction ait au moins l'apparence de
se tenir, il faut donc, de toute nécessité, qu'elle
fasse entrer en ligne de compte, non pas seulement
les données de l'expérience banale, mais aussi les
phénomènes censés extraordinaires. Ainsi comprise,
peut-elle aboutir aux conclusions de Renan et de
Littré ? Qu'on veuille bien ne pas l'oublier : il s'agit
ici d'induction pure, et non de spéculation *a priori*
sur la répugnance ou la possibilité intrinsèque du
miracle. L'induction est le procédé qui tire d'un
certain nombre d'observations une loi générale ; elle
prétend ne perdre jamais le contact de la réalité concrète et n'avoir qu'un souci : celui de se mouler
exactement sur elle. Voici donc comment la question
se présente. Supposé démontrée l'inexistence d'un
certain nombre de faits réputés merveilleux, peut-on
induire l'inexistence de tous les autres ? peut-on,
par cette voie, arriver à des conclusions si radicales
et si universelles qu'elles discréditent d'avance —
comme le veulent les auteurs que nous citions —
tous les récits d'un certain genre, et dispensent
désormais, indépendamment de tout examen, de

poser, pour aucun fait nouveau, l'hypothèse du merveilleux réel?

Quand on parle de l'induction, il est nécessaire de ne jamais perdre de vue le vieux sophisme classique qui en est pour ainsi dire le singe et qui en usurpe au besoin le nom : *ab uno* ou *a quibusdam disce omnes*. Un voyageur rencontre quelques villageois montés sur des ânes : il en conclut que l'âne est la monture du pays et que le cheval y est inconnu. L'induction côtoie perpétuellement ce sophisme et parfois elle y glisse. La remarque, tout élémentaire qu'elle semble, est loin d'être ici superflue. Et la ressemblance entre les deux procédés, pour grossière qu'elle soit, a suffi plus d'une fois à piper des esprits distingués. Nous avons entendu Renan. Parce que deux personnes, vers le milieu du dix-neuvième siècle, ont été des simulatrices [1], « aucun miracle contemporain ne supporte la discussion ». Parce que les prodiges racontés par Tite-Live sont des fables, ceux que relatent les Evangiles le sont également. On conclurait avec la même logique : parce que certains mendiants contrefont des infirmités, tous les aveugles et estropiés sont des mythes. Que dirait-on d'un croyant qui raisonnerait ainsi : « Il y a de vrais miracles, c'est un point de doctrine certain, donc tout ce que racontent les légendes hagiographiques est arrivé » ? On admirerait un glissement si vertigineux de pensée, un chavirement si complet dans

1. Je fais ici une pure supposition et je n'entends nullement affirmer que les deux cas cités par Renan (voir ci-dessus, p. 44 et 45) soient deux cas semblables et deux cas de supercherie.

l'absurde. Pourtant, cette position, inverse de celle
que nous décrivons, lui est exactement symétrique.
Parmi une multitude de phénomènes d'apparence
très variée, on en choisit un petit nombre, on les
étudie, on les classe et on proclame que tous les
autres leur sont semblables, que la catégorie seule
examinée existe seule. C'est le comble de l'arbitraire. Bien des fraudes de pensée peuvent donc
s'abriter sous le couvert honorable d'une méthode
scientifique. Et l'on voit si le mot magique d'induction, jeté triomphalement dans le débat, suffit à le
décider. Cependant, nous ne pouvons nous en tenir
à cette vue préjudicielle. Car comment distinguer
les démarches indues et hâtives, de la véritable
induction ? Pour répondre à cette question, il nous
faut examiner à fond le mécanisme de cette dernière
et la façon dont on le fait jouer ici.

*
* *

L'ignorance des causes naturelles et la puissance
créatrice de l'imagination nous sont présentées comme
suffisant à expliquer, en général, la croyance au merveilleux. Et voici, prétend-on, comment les choses
se passent. Un phénomène naturel, à cause de son
caractère étrange et insolite, est attribué à l'action
d'un être surnaturel. Par exemple, de violentes convulsions mettent une femme hors d'elle-même ; dans
la crise, elle devient méconnaissable au physique et
au moral. Là-dessus, la foule païenne s'écrie : *Deus,
ecce deus !* tandis que les chrétiens se signent et

prononcent que c'est le démon. Le savant moderne
hausse les épaules et diagnostique tranquillement la
maladie d'où proviennent ces symptômes. Une autre
fois, ce sera un prestidigitateur habile qui, au moyen
de trucs perfectionnés, fera voir aux badauds assis
dans un salon où les lampes sont baissées, des spec-
tres émergeant d'un cabinet obscur. En ces deux
cas, ce qui s'est passé aura été correctement perçu,
mais mal interprété. Souvent aussi rien ne se sera
passé qui présente l'apparence d'un prodige. L'imagination, spontanée ou réfléchie, aura créé de toutes
pièces un récit qui acquerra, en circulant, des proportions et des couleurs extraordinaires. — Rien
n'empêche, évidemment, après avoir colligé un certain nombre de faits semblables à ceux-ci, d'essayer
sur eux quelque induction. Toutefois remarquons
que l'induction peut jouer deux rôles : elle sert à
discerner des rapports et à en exclure. Elle a une
face POSITIVE et une face NÉGATIVE.

1° Qu'un esprit avisé étudie les exemples cités et
y démêle les causes d'illusion, qu'il y voie le type
d'un très grand nombre de cas analogues, rien de
plus légitime. Les conclusions POSITIVES de son
induction seront excellentes. Il aura vraiment saisi
des causes et des lois générales. Posez, dira-t-il,
l'ignorance ou la crédulité, laissez jouer la fraude
ou l'imagination créatrice : vous obtiendrez la croyance
au merveilleux. Et selon que ces causes seront plus
ou moins actives, le merveilleux grandira ou décroî-
tra. Ce sera l'application au domaine psychologique
et historique de deux des méthodes de l'induction

scientifique : celle des concordances et celle des variations concomitantes.

Fort bien. Mais jusqu'ici au moins, rien ne s'oppose directement au surnaturel. Que l'ignorance ou la crédulité soient souvent à l'origine de la croyance au merveilleux, personne n'en doute ; mais la question est de savoir si elles y sont toujours et si elles y sont seules ; en d'autres termes, si avec elles, nous tenons l'explication unique et universelle. Pour le moment, il n'est pas prouvé que quelque chose d'autre, — par exemple, la réalité des faits, — ne les puisse suppléer dans la production de la croyance. En effet, dans cet enchaînement de causes et d'effets, nous n'avons pas affaire à des pièces de métal si exactement emboîtées les unes dans les autres que chacune soit la seule à pouvoir remplir sa place. La preuve de ceci est que les deux causes alléguées pour rendre raison d'une même croyance sont parfaitement hétérogènes. Il n'y a rien de commun entre un tour de Robert Houdin ou une crise nerveuse, faits réels réellement observés, et l'invention d'une légende fabuleuse. Peut-être, s'il s'agissait d'une induction se rapportant à l'ordre physique, pourrait-on croire, à première vue, que certains conséquents sont liés, de façon indispensable, à une seule catégorie d'antécédents. Il resterait encore un abîme à franchir pour passer de là aux réalités morales, telles qu'une conviction et ses motifs, dont les connexions sont incomparablement plus complexes, plus souples et plus variables. Mais même dans l'induction qu'emploient les sciences physiques, des

antécédents divers peuvent être interchangeables et
se suppléer mutuellement pour amener un résultat
identique. Nous avons dit que le terme générique
d'induction recouvrait bien des espèces diverses. Or,
l'espèce qui établit une liaison *réciproque* de l'antécédent et du conséquent, de telle sorte qu'on puisse
toujours conclure de l'un des deux à l'autre, n'est
pas la plus fréquente, même dans les sciences de la
matière. La chaleur dilate les corps, et, posé le
phénomène chaleur, on peut attendre à coup sûr le
phénomène dilatation; mais il peut y avoir dilatation
sans chaleur, grâce, par exemple, à des moyens
mécaniques. L'acide carbonique se liquéfie par le
froid, à une température très basse, mais il se liquéfie aussi par la pression, à une température plus
élevée. Il serait facile de multiplier les exemples.
La conclusion s'impose : un antécédent positif, dont
l'influence est démontrée pour certains cas, n'a point,
par cela même, la vertu d'éliminer tous les autres
antécédents.

Aussi bien, les récits merveilleux ne circulent pas
seuls à travers le monde : beaucoup d'autres les
croisent ou courent à côté d'eux, dont quelques-uns
sont solidement étoffés de vérité. Celle-ci, en définitive, a une place à côté de l'ignorance ou de la crédulité, dans l'explication des croyances humaines. Tant
qu'elle n'est point biffée, au nom de quelque principe *a priori*, du nombre des choses vraisemblables,
elle subsiste, à titre d'hypothèse, comme une des
issues possibles de toute enquête historique. Isoler
les récits merveilleux, pour en faire une catégorie à

part, et décider qu'ils ne pourront, en aucun cas, trouver leur raison suffisante dans des réalités objectives de même qualité, c'est une opération préalable à l'induction même et dont celle-ci ne rend aucunement raison. Ainsi, que l'on découvre certaines explications naturelles de la croyance au merveilleux, cela ne suffit point à exclure d'emblée, et pour tous les cas, la réalité du merveilleux. Le côté positif de l'induction se révèle donc ici inopérant.

2° Mais l'induction peut, nous l'avons dit, avoir aussi un rôle NÉGATIF. Elle est capable d'indiquer, non seulement ce qui agit, mais aussi ce qui n'agit point. Elle arrive parfois à éliminer définitivement certains phénomènes du nombre des causes possibles. C'est elle qui nous apprend, par exemple, que jamais un chêne ne sortira d'un grain de blé ; que jamais nous n'obtiendrons de l'acide chlorhydrique en faisant réagir de l'oxygène sur du carbone. Nous dégageons ces lois négatives, d'une portée générale, de quelques observations particulières. Pourquoi donc alors ne pourrions-nous pas conclure, de la critique d'un certain nombre de récits merveilleux, que jamais un fait surnaturel véritable n'est l'origine de semblables récits ?

a) Je réponds d'abord qu'aucune parité n'existe entre les cas que l'objection rapproche. L'induction qui exclut l'influence de certains antécédents sur certains résultats, ne le fait qu'à la suite d'expériences multiples, qui portent précisément sur les uns et les autres. Elle connaît de vue ce qu'elle élimine ; elle l'a rencontré, touché, manié. Un grain de blé, l'oxygène et le carbone sont des objets étudiés, scientifiquement classés, dont un nombre indéfini d'expériences nous a révélé les virtualités et les manières d'agir. Au contraire, les observations dont on voudrait tirer argument contre le merveilleux n'ont rien à nous en apprendre, puisque, — c'est l'hypothèse même, — elles ne l'ont jamais rencontré. Tout à l'heure, la conclusion négative résultait des renseignements amassés par l'expérience ; maintenant, on voudrait en faire sortir une toute semblable de l'absence totale des mêmes renseignements. En vérité, c'est brouiller les espèces ! Si l'on admet l'existence d'êtres surnaturels, si l'on croit pouvoir déduire *a priori*, de la notion que l'on s'en forme, les caractères que devront revêtir leurs interventions, bien mieux encore si l'on pense avoir déjà constaté des interventions de ce genre, je conçois que l'on puisse affirmer, — pour certaines circonstances données, — qu'elles n'ont point lieu [1]. Car alors on a, pour étayer son opinion, quantité de renseignements issus du raisonnement ou de l'expérience. Mais d'un manque absolu de données, on ne fera jamais rien sortir... Je conçois encore, à l'inverse, que si l'on se tient assuré, par quelque spéculation, soit de l'inexistence des êtres surnaturels, soit de l'impossibilité où ils sont, — à supposer qu'ils existent, — d'exercer en ce monde une influence

1. Ce sont des raisonnements de ce genre qui motivent les conclusions des enquêtes ecclésiastiques instituées pour rechercher l'origine des phénomènes d'apparence merveilleuse. Voir, à titre d'exemple, l'ordonnance de l'évêque de Carcassonne, à propos des événements d'Alzonne, 6 mars 1914. (*La Croix*, mars 1914.)

discernable, la question de fait se trouve, par là
même, tranchée. Mais ceci n'a rien à voir avec le
procédé que nous examinons. Conclure des événements cosmiques qu'il existe des êtres supérieurs à
l'homme ou qu'il n'en existe point, c'est employer
une méthode qui mérite peut-être, à un certain
point de vue, la qualification d'inductive [1], mais qui
n'est point la même, à coup sûr, que l'induction
scientifique, dont il est exclusivement question ici.
En sa spécificité, celle-ci consiste, non point à dégager tous les présupposés ou conséquences impli-
qués, au point de vue logique, par l'existence de
certains faits, — à remonter, par exemple, à leur
raison ontologique ou à prouver qu'elle n'a point tels
caractères, — mais à discerner la structure intime
des faits eux-mêmes. Cette induction ne relie et ne
sépare que des groupes de phénomènes *observés*.
Elle ne franchit point le seuil exhaussé de la métaphysique ; elle ne quitte pas la région où l'observation peut tout contrôler. Or l'objection met précisément en avant des expériences qui, dans cette région,
n'ont rien saisi du merveilleux : c'est manquer de
donner une base à l'induction que l'on souhaite établir. L'induction ne saurait prouver quelque chose
que par rapport à ce dont elle s'est occupée : sur ce
qui est resté hors de ses prises, elle n'a évidemment
rien à dire. Comment repousserait-elle ce qu'elle ne
touche pas ?

  b) Indirectement, à la vérité, l'induction parvient

---

1. Voir ci-dessus la note 1 de la page 38.

à éliminer l'inconnu. Mais c'est uniquement dans les
cas où elle a quelque chose de connu à mettre à sa
place. Par exemple, je sais que l'eau se produit im-
manquablement chaque fois que je mets en présence
dans un ballon de verre l'oxygène, l'hydrogène et
l'étincelle électrique. Ces antécédents-là sont donc
suffisants pour amener le résultat. Quand ils seront
là, il sera vain de chercher en dehors d'eux l'explication des phénomènes. Ce genre de conclusions
peut devenir irrésistible, grâce à un mélange occulte
de déduction qui s'y rencontre souvent, implicite,
inavoué, désavoué même quelquefois par les savants.
Sans toujours le remarquer, ceux-ci, en effet, spé-
culent; et tout en protestant qu'ils cherchent uniquement l'antécédent expérimental nécessaire, et
non la cause réelle et métaphysique, ils font intervenir l'idée de *proportion* entre les antécédents et les
conséquents, qui enveloppe celle de causalité. Par
exemple, si je doute que l'oxygène et l'hydrogène
soient véritablement les composants de l'eau, l'expérimentateur me fera remarquer que des poids déterminés d'oxygène et d'hydrogène ont disparu, tandis
qu'à leur place apparaissait un poids d'eau précisément égal à leur somme; qu'en outre, par un procédé d'analyse, on peut, en partant de l'eau, retrouver les poids d'oxygène et d'hydrogène qui ont disparu, etc. C'est donc, évidemment, que l'oxygène et
l'hydrogène ont servi à composer l'eau. De ces considérations et d'autres semblables, résultera la notion
de combinaison chimique qui, dans l'usage scientifique, contient certainement plus que celle de

simple succession. Cela posé, on voit tout de suite pourquoi l'origine de l'eau est attribuée à la combinaison de l'oxygène et de l'hydrogène plutôt qu'à l'influence des planètes ou à quelque cause inconnue dont l'action serait restée mystérieuse. Le savant écarte celle-ci avec confiance. C'est que la place est occupée ; la raison suffisante est découverte : les concomitants quelconques et l'inconnu lui-même sont écartés comme superflus, sans qu'on ait à s'occuper d'eux directement. Mais il n'y a rien en tout ceci qui ressemble à l'élimination totale du merveilleux, fondée sur l'observation de certains cas d'erreur ou de fraude. Appliqué à notre sujet, le procédé prouvera simplement qu'il est inutile de recourir à une cause surnaturelle quand on a découvert une explication naturelle suffisante, ce qui est une vérité de La Palisse. Le merveilleux sera exclu, indirectement, toutes les fois qu'une causalité naturelle sera démontrée présente. Rien de plus, et c'est peu.

*
* *

Conclusion : *la nature intime de l'induction*

En somme, il est impossible d'assimiler raisonnablement à aucune démarche de la science inductive l'argument par lequel Renan et Littré ont prétendu démontrer l'inexistence du merveilleux. L'induction est, pour ce propos, radicalement inefficace. Et ceci, la plus simple réflexion sur sa nature eût pu le faire deviner. Car l'induction ne fournit jamais qu'une

certitude de fait. C'est ainsi, dit-elle, que les choses
se passent d'ordinaire ; telle est la règle; telles sont
les coutumes de la nature. Elle ne dit point qu'il en
doive être nécessairement ainsi ; elle ne s'occupe
point des questions de possibilité ou d'impossibilité.
Toutes ses anticipations de l'avenir sont affectées
d'un double sous-entendu. Il en sera toujours ainsi,
dit-elle, si aucun élément nouveau ne se glisse
dans le circuit des influences enregistrées, dans
la complication des antécédents connus. Il en sera
ainsi, à condition encore que l'ensemble des circonstances ambiantes ne s'écarte point d'une certaine
moyenne, correspondant largement aux milieux où
les observations ont été prises. Taine le remarque
avec sagesse : « Si bien établie et vérifiée que soit
une de ces lois, si on veut l'appliquer hors du petit
cercle d'espace et du court fragment de durée dans
lesquels sont confinées nos observations, elle n'est
que probable. Il n'est pas absolument sûr que, par
delà les dernières nébuleuses d'Herschell, la loi de
la gravitation tienne encore bon. Il n'est pas du tout
certain que, dans le soleil, l'hydrogène et l'oxygène
gardent l'affinité chimique que nous leur connaissons
sur notre terre. Il est possible que dans le soleil la
température excessive, par delà les dernières nébuleuses, quelques circonstances inconnues, interviennent pour annuler ou altérer la loi [1]. » Et cette limitation est ce qui sépare les certitudes physiques des
certitudes mathématiques ou métaphysiques. « Les

1. *De l'Intelligence*. T. II, p. 330, 331.

propositions [mathématiques] ne sont pas seulement
probables, mais certaines au delà de notre petit
monde... nous ne pouvons ni croire, ni même concevoir qu'il en soit autrement. Même par delà les
dernières nébuleuses, deux faits ou objets, ajoutés
à trois faits ou objets de la même classe, font cinq
faits ou objets de la même classe ; s'il s'y trouve un
triangle, la somme de ses angles est, comme chez
nous, égale à deux droits ; si un corps y est mû par
deux forces dont les directions font un angle, il sui-
vra comme chez nous la diagonale[1]. »

Ceux qui resserrent le plus la rigueur des lois
naturelles, — c'est-à-dire des rapports établis entre
des phénomènes isolés par l'abstraction, — sont fort
loin de nier que les effets de ces lois puissent être
élidés ou modifiés, en certains cas, par la survenance
d'un élément imprévu. Et c'est ainsi que tous les
jours nous assistons à la complication des lois physiques, grâce à des additions ou corrections qui
situent, à l'intérieur de certaines grandes lignes
maintenues, un nombre croissant de détails ; qui
expriment cette clause que l'effet sera suspendu ou
modifié si telle ou telle circonstance survient. Par
exemple, les lois de la fusion sont fixes : l'eau se con-
gèle à 0° ; et cependant de l'eau privée d'air et sous-
traite à toute agitation, reste liquide à — 12°. Telle
substance toxique, introduite dans l'organisme,

---

1. *Ibid.*, p. 331, 332. Cf. Stuart Mill. *Système de Logique*, trad.
Peisse. T. II, p. 169 : « Les lois des nombres et de l'étendue (auxquelles
nous pouvons ajouter la loi de causalité elle-même) sont probablement
les seules assez universelles pour qu'une exception soit absolument et
toujours incroyable. »

amène infailliblement la mort ; et cependant l'issue
fatale ne se produira pas en certains organismes artificiellement préparés et auxquels on aura fourni le
contre-poison. Le vivant engendre son semblable,
et cependant il naît des monstres. La formule exacte
d'une loi de nature n'est donc pas : « Ceci accompagne ou suit toujours cela », mais « ceci doit, *posi-*
tis ponendis, suivre cela ; il y a en cela une tendance naturelle à amener ceci, une cause, si l'on veut,
capable de produire le résultat, à condition qu'elle
reste libre ». Sur la nature de l'agent qui peut occa-
sionner une suspension ou une modification de la
loi, jusqu'à ce qu'il se soit manifesté, l'induction
reste muette, et ce n'est pas à elle qu'il faut aller
demander s'il peut être surnaturel.

De même, nous l'avons vu, toute liaison entre
deux groupes de phénomènes n'est pas réciproque,
et, bien souvent, des antécédents divers peuvent
amener un même résultat. Cette restriction de la
nécessité n'affecte que certaines lois expérimentales :
tels antécédents sont interchangeables, tel autre
est absolument requis. Mais si, sortant du domaine
des faits, où se meut l'induction, nous pénétrons
jusqu'à celui où se posent les questions de possibilité, cette réserve grandit jusqu'à devenir universelle. En fait, nous dit-on, les choses se passent
ainsi. Mais pourraient-elles se passer autrement ?
Ne pourrait-on pas voir, par exemple, dans un état
de choses fort différent de celui-ci, les antécédents
actuels suppléés par d'autres ? A cela, l'induction ne
donne derechef aucune réponse. Pasteur a démontré

que, dans le monde actuel, la vie procède toujours
d'un vivant ; ses découvertes ont, en effet, éclairé le
seul point pour lequel la chose fût douteuse. Après
elles, pourtant, une question demeure réservée :
c'est de savoir si la vie pourrait, a pu, commencer
autrement. Et s'il y a là une impossibilité, ce n'est
point l'induction, mais la métaphysique pure, qui
le démontrera. Cela étant, quand nous prétendons
regarder plus loin que la nature, et chercher si
la suppléance des antécédents ordinaires peut être
fournie par quelque être surnaturel, l'expérience se
trouve doublement incompétente pour nous répondre, puisque le terrain où nous nous plaçons, en nous
occupant de possibilité et de surnaturel, lui est deux
fois étranger.

§ 2. Une forme spéciale de l'objection. — Le principe du déterminisme scientifique : le merveilleux
et la science expérimentale.

Il y a une forme rigide de déterminisme, qui exclut,
au même titre que le jeu d'une liberté surnaturelle
quelconque, celui de la simple liberté humaine[1].
Parfois elle contient une certaine dose d'apriorisme
et semble chercher jusque dans le principe de raison suffisante des armes contre le merveilleux. Elle
soutient, en effet, que tout événement doit avoir des
causes déterminées et qu' « une force aveugle et

1. Renan, on le sait, admettait cette dernière. De même, son ami,
Marcellin Berthelot. Voir dans *Science et Philosophie* : Science idéale et
science positive, p. 15.

sans loi est impossible[1] » : ce qui est une remarque
juste, mais inefficace en l'espèce, puisque la cause
du miracle est par hypothèse un être clairvoyant, se
déterminant lui-même, ayant donc sa loi idéale et
ses raisons d'agir. Laissons cela. Si l'on met à part
ces traces de métaphysique et ces allures déductives
intermittentes, il n'y a dans les motifs de ce déterminisme rigide, affectionné surtout par une géné-
ration de savants en train de disparaître, que ce que
nous connaissons déjà. Lui aussi est à base d'induction. Ses formules rappellent, en particulier, celles
de Hume et de Stuart Mill. Tout au plus pourrait-
on dire qu'il cherche ses exemples plutôt dans les
sciences expérimentales que dans l'histoire. Cependant, comme ce costume scientifique est un de ceux
sous lesquels il a le plus circulé et pénétré le plus
aisément dans les esprits cultivés, il est bon d'apprendre à le reconnaître ainsi vêtu.

Donc, on pense mettre en poussière la réalité fra-
gile et contestée du miracle en heurtant contre elle
la massive et indiscutable réalité de la science. La
science existe, nous dit-on, et réussit : elle constitue
un fait énorme et qui s'impose. Or l'âme de la science,
c'est le principe du déterminisme : c'est lui qui
meut ce corps puissant, qui le régit et qui en commande la croissance. De ce principe, Claude Bernard a donné des formules austères et intransigeantes. « *Les conditions d'existence de tout phénomène*, a-t-il écrit, *sont déterminées d'une manière*

1. Claude Bernard. *Introduction à l'étude de la médecine expérimentale*, p. 107.

Le Merveilleux.   5

absolue. Ce qui veut dire, en d'autres termes, que
la condition d'un phénomène une fois connue et
remplie, le phénomène doit se reproduire toujours
et nécessairement, à la volonté de l'expérimentateur.
La négation de cette proposition ne serait rien autre
chose que la négation de la science même. En effet,
la science n'étant que le déterminé et le détermi-
nable, on doit forcément admettre comme axiome
que dans des conditions identiques, tout phénomène
est identique, et qu'aussitôt que les conditions ne
sont plus les mêmes, le phénomène cesse d'être
identique. Ce principe est absolu[1] ». « L'admission
d'un fait sans cause, c'est-à-dire indéterminable dans
ses conditions d'existence, n'est ni plus ni moins
que la négation de la science[2]. » « On ne devra
jamais admettre des exceptions... réelles... Le mot
exception est antiscientifique ; en effet, dès que les
lois sont connues, il ne saurait y avoir d'exception,
et cette expression, comme tant d'autres, ne sert qu'à
nous permettre de parler de choses dont nous igno-
rons le déterminisme[3]. » « Notre raison comprend
le déterminé et l'indéterminé, mais... elle ne saurait
admettre l'*indéterminable*, car ce ne serait rien autre
chose qu'admettre l'occulte ou le surnaturel, qui doivent être absolument bannis de la science expérimentale[4]. » On l'entend assez : les conditions ou
causes dont il s'agit dans tous ces passages sont

1. *Introduction à l'étude de la médecine expérimentale*, p. 106-107.
2. *Ibid.*, p. 88.
3. *Ibid.*, p. 110.
4. *Ibid.*, p. 284.

uniquement des réalités accessibles, par nature, à
l'expérience scientifique. Les explications qui pourraient être amenées par les voies spéculative ou
mystique, sont déclarées non avenues. Faire appel à
une action divine, angélique ou diabolique, pour
expliquer un fait, serait précisément accueillir
l'occulte ou le surnaturel. Par ailleurs, que Claude
Bernard ait eu ou non l'intention de restreindre la
portée de ces affirmations, d'une teneur générale, au
domaine des sciences expérimentales de la matière,
sans rien préjuger pour ce qui se trouve en dehors¹,
peu nous importe ici. Il reste que les formules, à
première vue du moins, sont susceptibles d'un sens
absolu, qu'elles pourraient même être considérées
comme un refus d'admettre les données de l'expérience psychologique pure, et qu'en fait, c'est ainsi
que les mêmes idées et les mêmes expressions sont
employées par plusieurs écrivains. « La science, dit
M. Goblot, ne nous permet pas de croire à la possibilité de la contingence. Sans déterminisme, pas de
science... Ajoutons que la foi au déterminisme est
pour le savant une sorte de devoir professionnel.
Comment s'opiniâtrerait-il à chercher des lois cachées,
s'il n'était d'avance convaincu qu'elles existent ? C'est
un principe de sa méthode de ne jamais consentir à

1. Comme le soutient le P. Sertillanges, dans le commentaire dont il
a accompagné le texte du grand physiologiste, Claude Bernard n'aurait
pas voulu dire : « Tous les faits sont explicables par les méthodes de
la science expérimentale », mais : « Tous les faits que l'on veut expliquer
scientifiquement doivent être expliqués par des preuves expérimentales
rigoureuses, et non point, par exemple, par un appel aux vertus cachées
des substances. »

considérer comme contingent, arbitraire ou miraculeux, le fait dont la nécessité lui échappe... Du principe déterministe, on tire immédiatement ces deux
corollaires : 1° il n'y a pas de miracle ; 2° il n'y a pas
de libre arbitre [1]. »

Voici donc la vue de l'univers que nous obtenons
en le plaçant dans le cadre ainsi préparé. Prenons un
phénomène quelconque. En scrutant ceux qui le
précèdent ou qui l'entourent, nous devrons toujours
y découvrir la raison suffisante, l'explication complète de tout ce qu'il est. Cette explication sera donc
fournie par d'autres phénomènes analogues à celui
que nous étudions, c'est-à-dire connaissables comme
lui par expérience, et rigoureusement déterminés à
leur tour, comme lui, par leurs propres antécédents.

1° L'application de ces principes nous conduit à
reconnaître partout en ce monde l'*identité quantitative*. On doit pouvoir mesurer matériellement et
chiffrer les doses d'énergie employées dans la production des phénomènes [2] ; on doit arriver à établir
des équations entre les antécédents et les conséquents ; on doit retrouver dans l'effet, transformée,
mais rigoureusement égale à elle-même, l'énergie
motrice, calorique, électrique, lumineuse, etc., des
antécédents. Rien ne se perd, rien ne se crée, mais
tout se transforme selon des lois invariables. Et, par
conséquent, il est impossible qu'un agent étranger
au système y introduise un élément nouveau.

---

1. *Revue philosophique*, 1903. Tome II, p. 370, 371.
2. « Il ne se passe rien de connaissable à l'homme sans que se modifie
quelque chose qui est susceptible de mesure. » Le Dantec, *L'Athéisme*,
p. 165.

2° L'identité quantitative est recouverte et symbolisée par une *correspondance qualitative*. Car on n'obtient pas n'importe quel résultat avec n'importe quels antécédents. Il y a un rapport constant, non seulement entre les quantités, mais encore entre les qualités. La nature spécifique d'un phénomène dépend uniquement de la nature de ses antécédents. Non pas que les caractères de celui-là résultent toujours des propriétés de ceux-ci par pure addition ou soustraction, mais il y a correspondance invariable entre les unes et les autres. Pour une certaine espèce d'action physique ou électrique, par exemple, on obtiendra toujours une même espèce de résultat, soit certains phénomènes lumineux. Etant donnés tels éléments chimiques en présence, on aura toujours tel composé. Il en est de même partout : le choix n'a lieu nulle part. Ainsi conçue, la nature est un tissu aux mailles de fer que ne peuvent déchirer les volitions libres, soit de l'homme, soit de Dieu. Une liberté est, en effet, un élément qui se dérobe aux prises de la science expérimentale. Ce que le savant espère découvrir au fond des choses, ce n'est point l'indépendance fuyante et indisciplinable, mais la régularité routinière, la passivité indifférente, qui ne se permettent ni écarts ni saillies [1].

Il est bien évident qu'ainsi compris et employé contre le merveilleux, le principe du déterminisme

1. On trouvera cette conception exposée, par exemple, dans les ouvrages de M. Le Dantec.

ne fait que renouveler les abus et les fraudes de pensée que nous avons critiqués. Ce que l'on nous présente là n'est point le résultat net des recherches scientifiques, mais bien sa projection dans l'universel : il y a agrandissement et déformation [1]. Les hommes de science qui argumentent de la sorte commettent le sophisme vulgaire signalé plus haut, qui de l'expérience commune induit l'inexistence des exceptions. Parce qu'ils n'ont pas rencontré le merveilleux au laboratoire, ces expérimentateurs affirment qu'on ne le rencontre point dans les sanctuaires ; bien plus, parce que leur spécialité les tient constamment en face de la nécessité, ils proclament que la liberté est un vain mot. Une large part est à faire sans doute au déterminisme dans la direction de cet univers. Encore faudrait-il prendre garde de n'en point resserrer par trop la notion, en méconnaissant, par exemple, l'intersuppléance possible des causes, ou en prêtant au postulat de la conservation de l'énergie, les allures d'une loi rigoureusement vérifiée partout et radicalement exclusive de toute espèce de contingence [2]. Mais rien à coup sûr ne légitime le

1. Ceci se traduit, d'une façon parfois presque naïve, dans les expressions mêmes de ceux qui soutiennent la thèse : « Si je suis moniste, *je dois croire*, etc... Un moniste convaincu *doit considérer comme impossible* qu'un homme eût voulu à un moment donné autre chose que ce qu'il a voulu précisément en ce moment... C'est le *phrénographe* qui résoudra la question et nous n'y serons pas de sitôt. » Le Dantec, *l'Athéisme*, p. 168, 190, 185. (Le phrénographe ou phrénoscope est un instrument *non encore inventé*, qui permettrait de lire la pensée d'un homme dans les modifications de son cerveau.)

2. Nous n'avons pas à élucider ici la question du libre arbitre et à montrer comment il peut se concilier dans le monde avec plusieurs ordres de faits régis par le déterminisme. Ce n'est pas là, en effet, une difficulté spéciale à la thèse du merveilleux.

passage à la limite ou plutôt l'évasion en dehors de
toute limite que l'on se permet ici. Le lecteur reconnaît les procédés de raisonnement incorrects signalés plus haut et sur lesquels il est inutile de revenir.

La forme de déterminisme, dont il est question
ici, a d'ailleurs en propre quelques faiblesses. C'est
d'abord la liaison imprudente qu'elle établit entre le
miracle et la liberté. Si, en vertu des arguments proposés contre le merveilleux, on prétend acculer les
esprits à rejeter également le libre arbitre, plus d'un,
à coup sûr, hésitera. On aura donc ainsi ajouté à la
thèse naturaliste une difficulté nouvelle. Et à l'inverse,
on aura rendu service à la doctrine du merveilleux,
en montrant que l'acte libre d'une âme spirituelle est
un événement aussi mystérieux et aussi insaisissable
à la science expérimentale que l'intervention d'un
Dieu ou d'un esprit pur[1].

Il est, en outre, d'une haute absurdité de prétendre
que le fait d'exceptions miraculeuses supprimerait
la science, et qu'une fois la possibilité du merveilleux admise, le savant perd toute assurance légitime,
toute confiance dans l'issue de ses recherches, toute
certitude scientifique. Renan pensait-il à badiner
quand il écrivait à ses collègues du Collège de France :
« Tout calcul est une impertinence, s'il y a une force
changeante qui peut modifier à son gré les lois de
l'univers... Si l'on venait dire au météorologiste :

1. Voir la note précédente.

« Prenez garde, vous cherchez des lois naturelles là
« où il n'y en a pas ; c'est une divinité bienveillante
« ou courroucée qui produit ces phénomènes que
« vous croyez naturels » ; la météorologie n'aurait
plus de raison d'être, etc.[1]... » ? Comme si l'exception, qui suspend la loi pour un seul cas parmi des
billions et des trillions de cas semblables, la détrui-
sait, ou même était capable d'empêcher qu'on ne la
vît désormais fonctionner d'une manière habituelle,
et qu'on en pût prédire l'application avec une certitude pratiquement infaillible ! Prenons, — à titre de
simple hypothèse, bien entendu, — la forme de miracle la plus accentuée et la plus déconcertante : celle
qui impliquerait, non point une simple mise en train
ou une modification d'éléments préexistants, mais
une création de matière. Que sur l'infinité des changements matériels qui s'accomplissent chaque jour,
un seul, tous les cent ou deux cents ans, s'accom-
plisse selon ce mode anormal, l'ensemble en sera-
t-il altéré de façon appréciable ? Que quelques gram-
mes de matière, subitement créés, se perdent dans la
masse énorme du Cosmos, où est l'instrument de
précision qui en sera affolé ? En vérité, l'objection
frise le ridicule. Que Jésus-Christ ou le curé d'Ars
aient miraculeusement multiplié les pains, les expériences d'un professeur de la Sorbonne n'en seront
nullement dérangées[2].

1. *La Chaire d'hébreu*, dans *Questions contemporaines*, p. 223.
2. Je trouve, dans une courte brochure anglaise de M. Hakluyt Egerton (*The reasonableness of miracles*, Leighton Buzzard), les judicieuses
réflexions suivantes : « L'homme de science *présuppose* que tous les

Surtout, si l'on fait attention au but que le merveilleux est censé poursuivre, aux ambiances de religion
ou de magie parmi lesquelles on le rencontre [1], on
ne sera pas très porté à craindre son irruption dans
les laboratoires. En particulier, s'il y a vraiment
un merveilleux dû à l'intervention d'une divinité qui
entend favoriser certaines doctrines religieuses, la
place de celui-là ne sera point dans les amphithéâtres
ou les salles de travaux pratiques. Le savant qui y
croit ne redoute aucunement de le voir s'établir à
demeure au milieu de ses cornues et de ses réchauds,
bouleverser ses préparations et surgir inopinément
devant lui comme les esprits dans la cellule de Faust.

Parlons sérieusement. Derrière les boiteux arguments que nous venons de rapporter, il y a la mentalité de ceux qui les emploient, et de celle-ci il est

changements qui ont lieu dans la nature sont naturels. Cette présuppo-
sition est ce que nous appelons une hypothèse opérante (a *working
hypothesis*), parce que c'est une conception sans preuve, une théorie que
l'on prend pour accordée et qui sert à guider le travail... Mais c'est
une chose de présupposer que tous les changements qui ont lieu dans la
nature sont naturels, et c'en est une tout autre de l'*affirmer*. C'est une
chose de dire : « Je vais commencer mon étude avec l'idée que tous les
changements sont naturels. » Et c'est une chose absolument différente de
dire : « En fait tous les changements qui ont lieu sont des changements
naturels. » (P. 14 et 15.) « L'expérience commune nous fournirait une
très forte présomption contre une doctrine qui soutiendrait que les miracles se produisent très fréquemment et partout; mais elle ne fournit
aucune présomption contre cette doctrine, que peu de miracles,
très importants, se sont produits en de *très rares* occasions. Nous ne
voyons jamais aujourd'hui l'eau se changer en vin. Ce fait donnerait lieu
à une présomption très forte contre l'affirmation que l'eau se change
souvent en vin. Il ne donne lieu *à aucune présomption* contre ce que
l'on rapporte d'un changement *unique* qui se serait opéré à Cana. »
(P. 19.)

1. Je parle des apparences du merveilleux. J'entends ne rien affirmer
ici sur sa réalité.

beaucoup plus difficile d'avoir raison. Pourquoi tant
d'esprits formés par les méthodes positives sont-ils,
en fait, rebelles à l'idée du merveilleux? Par une
sorte d'instinct de la pensée, qui s'accoutume si fort
aux voies où elle marche d'ordinaire, qu'on ne peut
plus facilement l'en faire sortir. L'intelligence du
savant habite un monde exclusivement régi par le
déterminisme : il a quelque difficulté à en concevoir
un autre. Que les faits puissent se passer autrement
qu'il le constate chaque jour, c'est pour lui un sujet
d'étonnement et pour ainsi dire un scandale. Le déterminisme devient dans son esprit la catégorie dominante, préférée : elle tend à étouffer les autres. De
même, les intelligences formées par les méthodes
simples et claires des mathématiques, se coulent difficilement dans d'autres moules ; la finesse, nécessaire,
par exemple, pour débrouiller un point d'histoire ou
de psychologie, s'émousse en elles ; habituées à la
lumière éclatante et crue, elles ne discernent plus les
nuances et sont aveugles dans le clair-obscur. Toute
culture spéciale intensive, et surtout exclusive, paye
ainsi sa rançon. L'esprit s'ankylose dans certaines positions ; il y perd sa souplesse et s'y rétrécit. Et voilà
pourquoi, sans aucune mauvaise foi positive, sans
aucun parti pris conscient, plusieurs qui passent leur
vie dans la science expérimentale, n'ont qu'à se
laisser aller à leurs habitudes intellectuelles pour
être tentés d'écarter *a priori* l'hypothèse du miracle.
La largeur et la fraîcheur d'esprit ne sont point
un don de nature qui ne comporte aucun mérite et
persiste sans entretien. Pour rompre des habitudes

anciennes, il faut souvent un effort méritoire; pour
accepter de sortir des parties où l'on excelle et d'en
aborder d'autres où l'on ne sera qu'un simple écolier,
il faut parfois un acte de véritable humilité.

La même qualité morale, qui devient ici une vertu
de l'intelligence, est encore nécessaire au savant
pour accepter le miracle, ne fût-ce qu'à titre de simple hypothèse. Car si le miracle existe, c'est un
fait scientifiquement inexplicable, devant lequel le
savant devra s'arrêter interdit. Lui qui explique tout,
lui qui démonte tous les mécanismes de la nature
pour en faire voir les ressorts cachés, lui qui regarde
d'un œil si curieux l'envers de tous les phénomènes,
se trouvera ici à bout de compétence et de clairvoyance,
et ne pourra que garder un silence embarrassé ou dé-
férent. Il se sera heurté à des limites, non provisoires, comme celles qu'il rencontre chaque jour, mais
immuables, et il aura à se faire à lui-même et aux
autres, cet aveu qui coûte : Je ne sais pas, je ne saurai jamais. Avouons qu'une telle perspective est
capable de déconcerter quiconque ne s'est pas accoutumé à l'envisager de longue date; qu'elle peut
offenser un certain orgueil scientifique d'espèce inférieure, mais non point peut-être exceptionnellement
rare; et qu'enfin pour l'accepter, il faut s'être rendu
par avance docile au vrai sous toutes ses formes et
humble devant lui.

III. — Induction improprement dite, amenant de simples conjectures.

Avant de quitter définitivement ce sujet de l'induction, il est utile de signaler, en terminant, une difficulté qui s'y rattache par un lien, à la vérité, assez lâche, et qui, sans avoir les propres apparences de l'induction, en usurpe parfois le nom. C'est une nuance dégradée de l'objection précédente. Parmi les faits réels, dont s'étonne l'ignorance et qu'elle attribue volontiers à des causes supraterrestres, beaucoup, dit-on, ont été naturellement expliqués : n'est-il pas vraisemblable qu'il en sera ainsi de tous ? A mesure que l'humanité devient plus savante et plus critique, l'interprétation par le merveilleux recule. N'y a-t-il pas là une indication que cette dernière finira, avec le temps, par disparaître ? Le jeune Renan, mêlant d'ailleurs cette vue à celles que nous avons examinées, ne craignait point de qualifier cette conjecture d' « invincible induction [1] ». Ne disputons pas sur le mot. Si la teneur de l'objection signifie que, des cas observés par le passé, il est scientifique de conclure pour l'avenir, au moyen d'une induction

---

1. *Cahiers de jeunesse* : 1er Cahier (écrit en 1845, avant la sortie de Saint-Sulpice), n° 49, p. 38. — On remarquera que, dès le séminaire, l'enquête dont Renan, en sa maturité, invoquera le bénéfice, est censée close : « Dieu, écrit-il, depuis qu'il a créé les êtres et leurs lois, n'a pas révoqué une seule fois le cours de ces lois, n'a pas mis une seule fois la main à son œuvre. » (*Ibid.*) Cette affirmation, sous la plume du séminariste de vingt-deux ans, ressemble bien plus à une vue *a priori* qu'au résultat d'une investigation patiente. Et cela confirme la méfiance que nous avions conçue sur le sérieux de son « induction ».

rigoureuse et qui apporte une certitude réelle, nous n'avons qu'à renvoyer le lecteur aux pages précédentes. Mais elle peut prendre aussi une forme plus atténuée et plus fuyante. Elle se présente ainsi par exemple chez Matthew Arnold. Evidemment, dit-il, il faut concéder aux adversaires de Stuart Mill qu'il n'y a pas contre le miracle d'induction complète. Mais il y a, dans ce sens, des présomptions sans cesse grandissantes ; c'est comme l'indication d'un itinéraire futur : les lignes de la route que suit l'esprit humain s'infléchissent toujours davantage dans une certaine direction. « A mesure que son expérience s'élargit, il se trouve informé de l'histoire naturelle des miracles ; il voit comment ils naissent, et lentement, mais inévitablement, il les écarte [1]. » Et cette disposition tend à se généraliser dans l'humanité[2].

Ici, nous n'avons plus affaire à un argument en forme. Nous sommes en présence d'un état d'esprit, d'une appréhension, ou d'une espérance. On croit assister à une impressionnante invasion, à une marche en avant qui a des allures de conquête. Et c'est

---

1. *God and the Bible*, 1875. Chap. I : *The God of miracles* p. 42. Le principal élément de cette expérience, d'après Matthew Arnold, est l'explication naturelle des miracles étrangers au Judaïsme et au Christianisme. « Du moment, dit-il, que l'histoire comparée du miracle est née, le miracle biblique est jugé. » *Ibid.* p. 46. Sur ce point voir ci-dessus p. 44, 45 et 51.

2. The case against the christian miracles is that we have an induction, not complete indeed, but enough more and more to satisfy the mind, and to satisfy it in an ever increasing number of men, that miracles are untrustworthy. The case against their reporters is that more and more of us see, and see ever more clearly that these reporters... were men likely to fall into error about miracles etc. (*Ibid.* p. 44, 45). Cf. *Litterature and Dogma.* Chap. v : *The proof from miracles.*

précisément ce caractère de croissance indéfinie qui
trouble certains esprits et qui leur donne un tel vertige, qu'ils sautent d'emblée au point extrême où
ils pensent que le mouvement doit aboutir. Il faut
pourtant discuter de sang-froid cette impression.

D'abord son fondement même n'est peut-être pas
à l'abri de toute contestation. Distinguons-y deux
parties fort distinctes : 1° un nombre croissant de
faits réels, censés miraculeux, sont remis à leur
place par la critique scientifique ; 2° un nombre croissant de faits imaginaires, sont écartés par la criti-
tique historique.

1° Certains auteurs enflent la première assertion
jusqu'à lui faire atteindre des proportions imposan-
tes. « Dans son enfance, disent-ils, l'humanité voyait
partout une action surnaturelle, Dieu partout. De là
les religions, les croyances fabuleuses, les génies,
les apparitions, le merveilleux en un mot[1]. » Mais,
les uns après les autres, les faits désertent ces régions de rêve et viennent prosaïquement se ranger
sous des lois fixes. — Que penser de ces affirmations ? Est-il vrai qu'un « état théologique » ait
existé, où l'homme voyait le merveilleux *partout?*
En tout cas, voilà bien des siècles que cet état s'est
évanoui complètement, car on n'en retrouve pas trace
aux époques cultivées. Que les anciens fussent plus

---

1. Renan, *Cahiers de jeunesse, loc. cit.* — Voir aussi Loisy, article
signé Firmin, *Revue du Clergé français*, 15 mars 1900. *Les preuves et
l'économie de la révélation :* « Au sens de l'antiquité, surtout de l'antiquité
biblique, il n'y a pas de cours naturel des choses, parce qu'on n'a pas
l'idée des lois de la nature. » P. 127.

crédules que nous, je le veux; cependant ils distin-
guaient fort bien le prodige du cours ordinaire des
choses : la preuve en est l'attention même qu'ils lui ont
donnée et le soin qu'ils ont mis à le noter. Aussi bien
dans la Bible que chez les historiens classiques, par
exemple, une suite d'événements normaux est présup-
posée, que les merveilles n'interrompent, en somme,
qu'assez rarement. Les narrateurs ne s'amusent pas
à nous avertir que, chaque jour, le soleil s'est levé
comme d'ordinaire et que les rivières ont coulé... Il
va sans dire qu'une large trame, épaisse et commune,
est toujours sous-tendue aux broderies espacées que
le miracle dessine. On n'a pas l'idée technique et
rigoureuse de lois naturelles, soit, mais on a l'idée
d'un cours normal des choses[1]. La question n'est
pas de savoir si les anciens expliquaient ou non le
cours normal des choses par l'action immédiate de
la divinité (ce qui est une vue métaphysique fort

1. Encore faut-il ajouter que l'idée des lois de la nature se rencontre
bien loin des époques modernes, par delà le moyen âge, en des temps
où la croyance au miracle était universellement admise. A titre d'exemple,
voici ce qu'écrit saint Augustin : « Omnis iste naturæ usitatissimus
cursus habet *quasdam naturales leges suas*, secundum quas et spiritus
vitæ, qui creatura est, habet quosdam *appetitus suos determinatos* quodam modo, quos etiam mala voluntas non possit excedere. Et elementa
mundi hujus corporei habent *definitam vim qualitatemque suam, quid
unumquodque valeat vel non valeat, quid de quo fieri possit vel non possit.*
Unde fit ut de grano tritici non nascatur faba, vel de faba triticum, vel de
pecore homo, vel de homine pecus... Horum et talium modorum rationes *non tantum in Deo sunt, sed ab illo etiam rebus creatis inditæ atque
concreatæ.* » En plus de cette évolution naturelle des choses condition-
née par leurs lois intrinsèques, il y a ce que la puissance divine en peut
faire : « Super hunc autem modum cursumque rerum naturalem, potes-
tas Creatoris habet apud se posse de his omnibus facere ALIUD, *quam
eorum quasi seminales rationes habent.* » *De Genesi ad litteram.* Lib. IX,
ch. XVII, n° 32. (Migne, *P. L.* 34, col. 406.)

différente de la croyance au merveilleux¹), — mais
s'ils faisaient, oui ou non, du miracle un événement
exceptionnel. Or, ici, l'affirmative s'impose. Il est
faux que les anciens aient vu en Protée le type normal de l'être; qu'ils aient pensé que l'arbitraire
inconsistant et le caprice volage fussent la loi des
choses. Si vraiment ils ont cru apercevoir, immédiatement derrière le rideau des phénomènes, une ou
plusieurs volontés divines, peu nous importe ici ; car,
en tout cas, ils étaient obligés d'admettre, après le
plus fugitif regard sur le monde, et ils admettaient
à coup sûr que ces volontés suivent, comme les nôtres, une ligne normale dont elles ne s'écartent guère.
Le progrès de l'explication naturelle, délogeant peu
à peu le merveilleux, *primitivement installé partout*,
est donc une pure fiction.

D'autre part, je constate que, si l'on s'est débar-
rassé d'un grand nombre de faits merveilleux, racontés dans les documents du passé, ce n'a point été
en proposant de ces faits une explication naturelle.
Supposez qu'ils eussent été réels, ils seraient, pour
nous, aussi inexplicables que pour les anciens. On
a contesté la valeur des témoignages qui les appuient,
soutenu le caractère légendaire des traditions qui
les rapportent, mais personne ne s'est avisé de dire
qu'ils fussent, en leur spécificité, des phénomènes
ordinaires. Et cette simple distinction diminue
encore, et de façon considérable, le nombre des

---

1. On retrouve cette vue jusque chez Malebranche, à côté d'une censure assez âpre de la crédulité. (Cf. *Recherche de la vérité*. Livre II,
3ᵉ partie, surtout ch. vi.)

réalités prétendues jadis miraculeuses, et déchues par la suite de cé rang auguste.

Enfin, pour le phénomène que l'on a tenté d'expliquer, il reste à savoir si les explications proposées sont satisfaisantes. On ne nous demandera point sans doute de l'admettre les yeux fermés, sur la foi des objectants. Un grand nombre de personnes à l'époque moderne, — et en certaines périodes ce nombre s'est rapidement accru, — désirent remplacer par l'explication scientifique toutes les autres explications. Les efforts, en ce sens, sont considérables encore de nos jours. Mais ce n'est pas le nombre des convaincus, ni l'intensité de leur conviction, ni même leur valeur personnelle, qui peuvent servir de preuves à des explications qui se présentent comme scientifiques. Ni la quantité des voix, ni leur qualité, ne peuvent, en ce ressort, rien juger au fond. L'argument d'autorité ne fournirait d'ailleurs ici qu'une conclusion indécise. Car l'opinion des négateurs du merveilleux, quand même ils seraient la majorité, serait tenue en échec par celle d'un nombre considérable d'hommes également cultivés et également compétents. Bien plus, même les tenants du naturalisme le plus radical reconnaissent ouvertement l'inexactitude et parfois le ridicule de certaines explications inventées par leurs devanciers. Il serait donc parfaitement déraisonnable de conférer d'avance un caractère indiscutable aux explications naturelles proposées en si grand nombre. Il faut voir ce qu'elles valent; et le moyen unique qui nous reste pour cela, c'est de les examiner, une par une,

quand elles se présenteront à propos des faits. Cet
examen peut seul nous renseigner, et ni nous, ni personne, n'avons le droit d'en escompter dès maintenant les résultats. — Une réserve formelle s'impose
donc sur les données mêmes qui motivent l'impression que nous discutons.

Mais soit ; accordons gratuitement que ces données
soient solides. Y aurait-il là un indice que la vague
scientifique doive submerger un jour tous les îlots
du merveilleux ? Ne l'oublions pas : l'objection suppose expressément qu'un noyau d'exceptions subsiste, réfractaire à toute tentative d'explication. Sup-
posons-le comme elle, simplement pour adopter son
point de vue, et sans vouloir attacher aucune valeur
définitive à cette supposition. Comment prédire que
ce noyau fondra ? Aucune raison tirée des faits n'y
autorise. De cette circonstance qu'un grand nombre
de cas ont été résolus, on ne fera jamais sortir, je ne
dis pas la certitude, mais une probabilité positive
que les autres le seront aussi et de la même façon.
Car ils sont peut-être hétérogènes : c'est ce « peut-
être », dont on ne se débarrassera que par la métaphysique, qui tient ici tout en échec. Il jaillit des
faits eux-mêmes, car, à ne regarder qu'eux, nous
pourrions aussi bien former une conjecture inverse
de celle qu'on nous propose. Si le noyau, attaqué par
des réactifs énergiques, a tenu bon, c'est peut-être
qu'il est solide ; si certains éléments, traités par les
mêmes procédés qui ont eu raison des autres, résistent, c'est apparemment qu'ils sont d'espèce différente. Mais je ne veux pas, pour le moment, pousser

ces raisons. Il me suffit d'avoir fait remarquer que la prétendue probabilité inductive, dont on s'arme contre le merveilleux, vacille sur sa base.

Au surplus, en cette affaire de conjectures et de probabilités, ce ne sont pas les faits qui diront le dernier mot. La question décisive se tranchera au-dessus d'eux. Oui ou non, est-il possible qu'il existe des êtres surnaturels et qu'ils interviennent en ce monde? Si oui, aucun amoncellement de faits naturellement expliqués ne rendra improbable une constatation du merveilleux. Sinon, le spectre est définitivement exorcisé, il ne reparaîtra plus. Mais nous nous sommes évadés de la région des faits.

2° Quant au travail de la critique historique sur les récits merveilleux, nous l'examinerons en détail dans le deuxième livre de cet ouvrage. Nous sommes fort loin d'en contester en principe la légitimité. Et même, sans anticiper sur la suite de cette étude, nous pouvons bien accorder — car la chose est claire, — que ce labeur critique a abouti fort souvent à des résultats justifiés : une bonne partie du merveilleux a été, à bon droit, éliminée de l'histoire. Mais qu'on puisse tirer de là un pronostic défavorable à ce qui reste[1], c'est ce que nous ne saurions admettre. Car les épurations de la critique ont eu lieu en bien d'autres domaines, où personne ne songe à prédire qu'elle supprimera tout. Il y a eu des légendes, non seulement d'un contenu merveilleux, mais aussi d'un contenu purement naturel. On a inventé des actions d'éclat, des

---

1. L'objection suppose qu'il reste quelque chose dont la critique n'est pas en ore venue à bout de façon satisfaisante.

négociations d'un intérêt passionnant, des paroles historiques d'un beau relief. Et le nombre des faits naturels scientifiquement établis a diminué sur toute la ligne. Cela annonce-t-il qu'il faudra un jour biffer l'histoire entière ? Quelques-uns des bons mots de Henri IV sont apocryphes : est-ce à dire qu'il n'en a prononcé aucun ? Que la critique en ait diminué le nombre, cela nous autorise-t-il à soupçonner que les autres soient pareillement destinés à disparaître ?

**

Evoquer dans l'avenir des objections irréelles, qui sont censées valoir des objections véritables, bien qu'elles ne soient actuellement qu'un pur néant, c'est une méthode critique un peu ridicule. On pourrait l'appliquer à tout. Et à ce compte, nous devrions nous défier de tout ce que nous tenons pour certain, en nous disant qu'à la vérité, pour le moment, nous le voyons ainsi, mais que peut-être, dans l'avenir, surgira une objection insoupçonnée qui démolira tout. Ce serait le scepticisme universel. On peut l'adopter ; mais alors qu'on le dise, au lieu de présenter une objection particulière contre le merveilleux.

Restons dans le bon sens et le sang-froid. Ne cédons point à ces défiances vagues et générales, qui sont comme les paniques de la pensée. Une catégorie n'est pas condamnée à disparaître, parce qu'on y a jadis logé trop de choses. Au moyen âge, on abusait de la méthode syllogistique en l'appliquant à des matières qui relèvent de l'expérience ; ce défaut de

méthode une fois découvert, la déduction a dû rétro-
céder les domaines qu'elle avait usurpés. Et cependant, elle a un domaine légitime, et il serait sans
doute exagéré de se fonder sur cette juste réforme
pour prévoir une époque où les hommes ne feront
plus de syllogismes. La prudence nous commande
de ne pas courir ainsi d'un extrême à l'autre, de nous
tenir en garde contre ces réactions radicales qui
pourraient nous amener, en sens inverse, aussi loin
du but que nos devanciers.

Ainsi les méthodes inductives, retournées et tour-
mentées dans tous les sens, se refusent à prononcer
le désaveu qu'on voulait leur arracher. On ne trouve
pas en elles le moyen préalable et absolu d'arrêter, à
son début, une enquête impartiale sur le merveilleux.
Et cette dernière apparaît de plus en plus comme
l'unique voie qui puisse conduire à une solution
équitable.

CHAPITRE III

LES PHILOSOPHIES DE LA CONTINGENCE
ET DE LA CONTINUITÉ

SOMMAIRE

§ I. — Une Position radicale, p. 87.
§ II. — Les Philosophies de MM. Bergson, E. Leroy
et M. Blondel.

I. MM. Bergson et Le Roy. — A. La contingence d'après
M. Bergson, p. 89 à 93 ; — B. La continuité d'après M. Bergson,
p. 93 ; — C. Corollaire : Les lois de la nature : M. Le Roy, p. 94
à 95 ; — D. Application au miracle, p. 96 à 100.
II. M. M. Blondel. — A. La contingence, p. 100 et 101 ; — B. La
continuité, p. 102 et 103.

§ III. — Critique.
A. La contingence, p. 104 à 112 ; — B. La continuité, p. 112 à 121.

Les philosophies dont nous abordons maintenant
l'étude sont placées aux antipodes de celles que nous
quittons. Elles aboutissent cependant aux mêmes
conclusions contre le merveilleux. Le déterminisme
l'excluait par résistance et faute de lui faire une

place. Mais dans la place indéfinie que lui offrent les philosophies de la contingence et de la continuité il s'égare et se perd. Une liberté ne pouvait jouer parmi l'ajustage serré de pièces distinctes et raides. Mais elle se noie et ses traits se fondent au sein d'un monde tout ondoyant et fluide. Le merveilleux, te, que nous l'avons défini, n'est reconnaissable qu'à deux conditions : être distinct du reste, et distinct comme un effet contingent parmi des effets nécessaires.

§ I. — Une position radicale

Ne mentionnons que pour mémoire la forme outrancière, et plus littéraire que philosophique, du système de la contingence. Le monde serait une succession chaotique d'événements sans dépendance, sans lien, sans ordre. Sous le règne du changement incohérent, tout pourrait arriver après n'importe quoi. Ainsi, dans le fourmillement des caprices innombrables de la nature, le miracle n'aurait plus aucun relief spécial. A un poète, à un artiste, ouvrant sur le monde des yeux perpétuellement extasiés, ces idées-là peuvent sembler toutes naturelles. « Je sais si peu de chose, écrit John Ruskin, et ce peu que je sais est si inexplicable que je n'oserais dire de rien : « Ceci est miraculeux parce qu'extraordinaire » ou « ceci n'est pas miraculeux parce que familier... » A cette question : l'expérience peut-elle prouver l'uniformité de la nature ? il faut, selon moi, répondre hardiment : Non. Et

c'est pourquoi l'accomplissement d'un « miracle »
quelconque ne me ferait aucune impression au point
de vue moral. Qu'un second Josué ordonnât demain
au soleil de s'arrêter, que le soleil obéît, et qu'ensuite cet homme vînt, comme thaumaturge, réclamer
mon obéissance, je lui répondrais, je le crains : Quoi!
un miracle que le soleil s'arrête ? Pas du tout. Je
m'y étais toujours attendu. La seule merveille pour
moi, c'était qu'il continuât de marcher » [1]. — Un
homme surpris du lever du soleil, et craignant chaque jour de voir s'arrêter net la belle machine du
monde, représente assurément un type exquis, mais
rare. Une telle fraîcheur d'impression est chose
exceptionnelle. Si cette poésie enveloppe quelques
idées philosophiques, nous les retrouverons plus
loin.

§ II. — Les philosophies de MM. Bergson, E. Le Roy et M. Blondel

Les philosophies dont nous allons parler maintenant ont été étudiées par nous, de façon détaillée, en
d'autres ouvrages. Nous nous sommes appliqué à
définir la pensée personnelle de leurs auteurs dans
ses moindres nuances, et avec les variations ou corrections qui ont pu y être introduites à diverses
époques. Ici, notre but est différent. Le souci de
caractériser une pensée individuelle passe au second
plan. Nous prenons les idées pour elles-mêmes. Elles

1. John Ruskin : *The nature and authority of miracle.* *Contemporary
Review* 1873, p. 627.

ne nous intéressent que dans la mesure où l'on peut
en tirer quelque objection contre l'enquête que nous
désirons entreprendre. On trouvera donc ici un
dessin d'ensemble, une indication de lignes générales et de tendances convergentes, plutôt qu'une
analyse et une différenciation minutieuse.

I. MM. Bergson et E. Le Roy[1].

A. *La Contingence d'après M. Bergson.*

Un courant unique de vie est à l'origine du
monde. Le monde, c'est la vie qui se réalise. La vie
crée le monde, et, l'ayant créé, elle y circule pour
reprendre perpétuellement et continuer et perfec-
tionner sa création. Le bouton de rose qui s'ouvre,
aussi bien que la pensée qui éclôt ou la décision
qui s'affirme, sont les manifestations diverses de
cette évolution vitale et créatrice.

Or la vie n'est pas réglée par des lois nécessaires :
elle est chose contingente et libre. En effet, elle ne
se répète jamais exactement. A voir ce qu'elle a

1. Chronologiquement, la théorie de M. Le Roy est postérieure aux
premiers écrits où M. Blondel esquissait la sienne. Cependant, comme
elle a été propagée avec plus d'insistance et développée avec plus
d'ampleur, comme au surplus elle a incorporé bon nombre des idées de
M. Blondel, nous nous occupons d'elle en premier lieu. — M. E. Le Roy
l'a présentée d'abord dans un *Essai sur la notion du miracle*, paru dans
les *Annales de philosophie chrétienne* en octobre, novembre et décembre 1906. A la suite d'une discussion sur le mot *Miracle*, destiné à figurer dans le *Vocabulaire philosophique*, il en a repris l'exposé au cours
d'une séance de la *Société française de philosophie*, sous ce titre : *Le
Problème du Miracle*. Voir le Bulletin de cette société, séances du
20 juillet et du 28 décembre 1911. Partout M. Le Roy se réfère à
M. Bergson et se donne comme son disciple.

fait, on ne peut prévoir entièrement ce qu'elle fera. Elle n'est pas déterminée dans ses causes. On ne peut pas déduire les traits d'une plante des éléments dont elle est faite, ni même, absolument, des caractères de la plante d'où la graine est tombée. On ne peut pas déduire le chef-d'œuvre des études ou des essais qui le préparent ; non plus que, des motifs en présence, le parti qui sera choisi.

Cependant, nous ne sommes pas dans le royaume du caprice et de la fantaisie pure. L'action même de la liberté introduit la nécessité. En effet toute action accomplie laisse après elle une trace, un pli, une ébauche d'habitude : et voici déjà quelque chose d'établi, qui peut devenir un obstacle. C'est bien le courant qui creuse son lit; mais une fois le lit creusé, il y coulera naturellement, et il lui faudra un effort pour modifier son parcours : les berges résistent. Les effets obtenus dans le passé sont antérieurs aux jeux nouveaux de la liberté : elle doit partir d'eux, se développer sur eux, pour les modifier sans doute, mais par là même elle se trouve obligée d'en tenir compte.

Donc la liberté de l'élan vital n'est pas absolue. Les éclosions qu'il suscite sont un développement du passé. Le passé n'est point aboli. On ne peut faire comme s'il n'avait jamais été et obtenir n'importe quoi après n'importe quoi. Le monde n'est pas une succession incohérente d'événements disparates, mais une continuité, une évolution organique, où tout ce qui passe se survit dans ce qui arrive. La liberté consiste donc précisément en ceci : le passé, l'acquis pèse, il est vrai, sur le présent, mais non point jusqu'à le déterminer d'une façon complète et rigoureuse. L'habitude est une gêne, mais non point insurmontable. Et le présent s'affranchit toujours plus ou moins du passé.

Il y aura donc des degrés dans la liberté. Plus l'effort vital sera puissant, plus il dominera le passé, plus la liberté sera elle-même, et plus aussi la prévision sera difficile. Les créations du génie, l'apparition d'une espèce nouvelle dans la nature, la résolution qui dénoue une crise morale présentent un caractère imprévu et déconcertant. Au contraire la marche des astres, la manière dont les corps tombent, les processus des réactions chimiques, les actes de l'instinct se laissent facilement prévoir : les événements se succèdent ici *à peu près* semblables à eux-mêmes.

La clé de tout le système, — celle qui nous ouvrira en particulier le sens de la théorie du miracle que nous allons voir apparaître, — c'est une hypothèse sur la nature intime de la réalité. Afin de la comprendre, oublions toutes nos idées habituelles sur les différences de la matière et de l'esprit. Ne mettons pas les corps d'un côté et les âmes de l'autre. Pour M. Bergson et ses disciples, tout cela est, au fond, d'une seule venue et ne se distingue que comme les phases d'un même développement. Les objets sensibles sont des images ; non perçus, ils restent des espèces d'états mentaux, dépourvus seulement de conscience [1]. Et d'autre part, les souvenirs et les

1. *Matière et mémoire* p. 154.

concepts (qui n'en sont que la forme appauvrie), une
fois retirés du courant de la vie mentale et immobi-
lisés, deviennent des tableaux distincts, extérieurs
les uns aux autres, analogues aux parties de l'étendue physique [1]. Qu'est-ce donc qui tracera dans ces
continuités et ces similitudes la ligne de démarcation ? Où commence la matière, et où finit l'esprit?
Quelle est leur différence essentielle ? Le voici : et
c'est à ce point précis que s'attachent les théories
de la vie et de la liberté que l'on a résumées plus
haut. L'esprit et la matière sont deux mouvements
de sens inverse, l'un avance et l'autre recule ; ou
plutôt ils s'opposent comme le mouvement et ses
interruptions. L'esprit, c'est le mouvement, l'élan
vital toujours en train de créer du nouveau, à l'œuvre
aussi bien dans l'évolution des organismes que dans
le travail de la pensée ou les décisions du vouloir.
Il est libre, car en créant, il s'affranchit du donné
pour aller au delà. Au contraire, les arrêts de la vie,
sa congélation en choses faites, les routines où la
liberté s'assoupit, les habitudes physiques ou psy-
chiques, les « représentations » intérieures fixées,
aussi bien que les « objets » extérieurs : voilà la
matière [2].

1. *Evolution créatrice* p. 220.
2. « Le mot *matière* doit être pris dans une acception beaucoup plus
subtile et plus large qu'on ne le fait communément. Ce qui sous ce nom
s'impose à l'esprit, c'est la loi qui veut que l'action exige effort et
durée..... La matière, c'est le fait pour l'esprit de ne pouvoir agir et
vivre qu'en contractant des habitudes et en montant des mécanismes
dont l'inertie pèse ensuite sur lui et tend à l'entraîner. En un mot,
c'est le corps qui lui est uni et dont il ne peut s'affranchir ; le corps,
c'est-à-dire la nécessité de se réduire en mécanismes provisoires pour se

L'esprit est donc la réalité primordiale ; c'est lui qui *devient* matière, lorsque son développement est entravé. La conscience s'obscurcit et s'endort, la liberté, qui lui est corrélative, diminue et s'efface à mesure que la vie se dégrade, se ralentit, se simpli- fie et s'abaisse à des formes plus rudimentaires[1]. Mais la conscience et la liberté sont l'essence même de la vie ; elles sont au fond de toutes choses, prêtes au réveil si quelque influence heureuse vient les délivrer[2].

B. La continuité d'après M. Bergson

L'expérience des sens et de la conscience ne nous

développer, etc... » E. Le Roy. *Essai sur la notion du miracle*, III. *Anna- les de philosophie.* Décembre 1906, p. 240. « Nous percevons [la matière] sous le double aspect de l'inertie mécanique et de la dégradation quali- tative : elle est le siège de la nécessité et son mouvement est une des- cente. Or il y a une réalité, — l'habitude, — qui dérive de l'esprit, mais se retourne contre lui, marque une direction de chute, procède par inertie rectiligne et tend à l'inconscience, au mécanisme. Dès lors, ne tiendrait-on pas compte à la fois de toutes les données du problème, en concevant la matière selon l'analogie de l'habitude, et peut-on même imaginer une autre façon d'y parvenir ? De là ma définition de la matière comme un groupe d'habitudes invétérées. » *Bulletin de la Société fran- çaise de philosophie.* Discussion sur *le Problème du miracle* : Séance du 28 décembre 1911, p. 102.

1. *Evolution créatrice*, p. 283. Sur tout cela voir J. de Tonquédec : *Dieu dans l'Evolution créatrice*, p. 25 à 27, 30 etc. et *La Notion de vérité*, p. 16, 17.

2. Inutile de remarquer que la liberté dont nous avons résumé les traits d'après M. Bergson, n'est pas une *liberté d'indifférence*, une liberté qui aurait à choisir entre deux futurs également possibles. L'effort vital, aussi bien dans le monde physique que dans la conscience humaine, n'obéit à aucune nécessité ; il est sa raison à lui-même ; il se réalise à son heure et à sa façon. Mais c'est un non-sens de croire que cette réali- sation pouvait être autre que ce qu'elle est, avait un terme possible autre que celui qu'elle atteint. Cf. H. Bergson : *Essai sur les données immédiates de la conscience*, ch. III.

offre, dans son fond authentique, rien de discontinu.
Il n'y a pas d' « objets » distincts les uns des autres, ni d'états de conscience séparés. Il n'y a que
des phénomènes se fondant continuellement l'un
dans l'autre. Ce sont des nécessités pratiques qui
introduisent les divisions. Nous avons besoin, pour
agir et pour penser clairement, d'isoler les éléments
et de les envisager l'un après l'autre. Mais séparer
les fils, c'est détruire la trame [1]. Il n'y a pas de « natures » fixes ; il n'y a pas de nécessité persévérante
et irréductible : tout est en devenir. « Choses et états
ne sont que des vues prises par notre esprit sur le
devenir. Il n'y a pas de choses, il n'y a que des actions [2]. »

C. Corollaire : les lois de la nature : M. Le Roy

Le « morcelage », c'est-à-dire la division de la réalité en faits, en états, en choses est donc artificiel.
C'est l'esprit qui constitue les objets, d'abord en les
découpant dans la réalité indivise, puis en faisant
comme s'ils restaient les mêmes, alors que tout
change et se renouvelle sans cesse. Le sens commun entreprend ce travail de construction ; la science
le poursuit. Tous deux choisissent dans la réalité
uniquement ce qui sert à leur but, qui n'est point

1. *Notion de vérité*, p. 13. « Ce qu'on appelle ordinairement un *fait*,
dit M. Bergson, ce n'est pas la réalité, telle qu'elle apparaîtrait à une
intuition immédiate, mais une adaptation du réel aux intérêts de la pratique et aux exigences de la vie sociale. L'intuition pure, extérieure ou
interne, est celle d'une continuité indivisée. » *Matière et mémoire*, p. 201.
2. *Evolution créatrice*, p. 270.

de la connaître, mais de s'en servir. Ainsi s'élaborent les « lois de la nature ». Elles n'existent pas toutes dessinées dans la réalité, d'où l'esprit n'aurait qu'à les dégager. Elles ne la représentent point, puisqu'elles supposent à tort que les phénomènes ont leur individualité propre et leurs limites fixes, et qu'ils se répètent identiques. L'esprit exige, pour la commodité de ses classifications et de ses calculs, des éléments distincts, déterminés, stables et homogènes. Les lois scientifiques n'ont pour but que de répondre à ce besoin. C'est pourquoi, non seulement elles négligent la liberté, la nouveauté incessante, la continuité du réel, mais elles prennent les moyens d'expression les plus utilitaires, les moins raffinés au point de vue spéculatif. Leurs symboles sont arbitrairement choisis ou imposés par des circonstances de hasard, souvent incohérents, parfois même intrinsèquement contradictoires. Coulé dans ces moules, trituré de mille façons, amalgamé avec une quantité de concepts abstraits dont on ne peut plus l'isoler, le donné n'est plus lui-même. L'unique valeur des lois est donc de fournir des recettes, des trucs, des plans d'expérience : moyens de manier le réel, mais non pas de le voir. Tout cela réussit *à peu près*, c'est-à-dire assez pour que l'imprévu et l'accidentel soient *pratiquement* négligeables [1].

---

1. Cf. *Notion de vérité*, p. 22 à 31. — M. Duhem (*Revue de Philosophie*, 1ᵉʳ déc. 1904, p. 712 note) a revendiqué la priorité dans l'exposition de ce concept des lois scientifiques (1894). Il nomme parmi ceux qui l'ont développé après lui M. Milhaud, puis MM. Le Roy et Wilbois. — On trouve les rudiments de la théorie dans Boutroux : *De la contingence des lois de la nature*, 1874 ; *De l'idée de loi naturelle*, 1892-1893 ; et dans Blondel : *L'Action*, 1893.

D. *Application au miracle*

1º *Partie négative.*

Il est facile de voir que les théories exposées donnent aux idées courantes sur le miracle le démenti le plus net. — *a*) Le miracle, dit-on, est un fait exceptionnel, dissemblable des autres. — Mais tous les faits sont tels. « Tout phénomène est singulier, unique, original, pour qui cherche à le saisir dans sa nuance exacte, au lieu de s'en tenir aux moyennes pratiques, aux symboles utilitaires, aux schèmes élaborés par le sens commun... Il n'y a pas deux moments identiques dans la durée, ni dans l'ensemble des choses deux exemplaires identiques. Un concours de circonstances, qui une fois a paru sur la scène du monde, ne se reproduit plus jamais rigoureusement. Seul un esprit capable d'abstraire est aussi capable, — parce qu'il les construit, en négligeant certaines différences, en acceptant certaines approximations, en se résignant à certaines errreurs, — d'apercevoir des répétitions[1]. » — *b*) Le miracle, dit-on encore, est un fait qui a une cause différente des causes de la nature. — Ceci est tout simplement « contradictoire pour la pensée, puisque la réalité d'un phénomène est définie et constituée par l'insertion même de ce phénomène dans la série totale, par les liens qui le rattachent à l'ensemble et dont, en l'espèce, on a précisément supposé l'abolition[2]. » « La réalité d'un fait,

1. Le Roy. *Essai sur la notion du miracle*, III, p. 231.
2. *Ibid.*, I, p. 8-9.

c'est l'entrecroisement des rapports qu'il soutient, la convergence des liens dans la trame desquels il est engagé et forme centre ; ou plutôt un fait réel ne se compose point d'un substrat intrinsèquement définissable, d'un noyau subsistant en soi et préexistant aux relations surajoutées par lesquelles il s'accrocherait à d'autres choses, mais il faut le concevoir comme un nœud de relations... On entend d'habitude par miracle un effet produit en dehors de ses causes normales, de ses conditions génératrices ordinaires. Mais un fait est-il séparable ainsi de ses causes, de ses conditions génératrices ? N'en est-il pas le concours même, l'entrecroisement, l'intersection, la convergence [1] ? » — c) Le miracle, insiste-t-on, est du moins un fait spécial qui se distingue des autres. — Mais non ; car il n'y a point de *fait* particulier. « Au point de vue des apparences immédiates, tout morcelage disparaît, comme toute classification ; et l'on n'est plus en présence que d'une continuité mouvante indistincte. Le miracle s'évanouit alors au même titre que n'importe quel phénomène particulier, dans le chatoiement universel, dans le flux ininterrompu des images [2]. » — d) Le miracle, prétend-on enfin, tranche sur la nécessité et le déterminisme du cours de la nature, comme

1. *Ibid.*, I, 23, 24. Voici une application de cette théorie au fait de la Résurrection de Jésus-Christ. « Que peut bien signifier la réalité d'un corps « glorieux », c'est-à-dire d'un corps soustrait au système des relations dont l'entrecroisement définit la notion même de réalité physique ?... [Impossible de concevoir] la réanimation du cadavre, le reste de l'univers demeurant ce qu'il était. » *Dogme et critique*, p. 162, 166.
2. E. Le Roy : *Essai sur la notion du miracle*, I, p. 22 note 4.

l'intervention imprévue d'une liberté. — Ceci ne le
distingue aucunement du reste, puisque la liberté est
au fond de tout, puisqu'il n'y a point objectivement
de natures fixes ni de lois stables. « Aucune loi particulière ne traduit une absolue nécessité des choses... [Du déterminisme établi par les lois scien-
fiques actuelles] on ne peut rien conclure ni pour ni
contre le miracle [1]. »

2° Partie positive

Le miracle n'est point l'intervention dans la nature
d'une activité extracosmique. Il a sa cause immédiate dans l'action de l'esprit humain. Afin de comprendre ceci, ayons devant les yeux les principes
rappelés plus haut. Puisque l'esprit est la réalité
primordiale, puisque la matière procède de lui, il a
sur elle une domination de droit. Il devrait donc
pouvoir la modifier à son gré. Mais, nous l'avons vu,
les habitudes qu'il s'est faites pèsent sur lui. Bien
que la matière soit son œuvre, il en reste prisonnier,
laissant dormir dans l'inconscience des forces inem-
ployées, la plus grande partie de ses richesses.
Cependant son action ne s'interrompt jamais tout à
fait dans le monde. Il travaille sans cesse la matière
pour y introduire le plus de liberté et de nouveauté
possible.

C'est une œuvre progressive et lente. Mais parfois aussi, le sursaut d'indépendance est brusque et
s'achève en un succès brillant. Un acte d'héroïsme

---

1. *Ibid.*, II, p. 180.

passe outre aux conseils d'une prudence inférieure,
brise toutes les routines de la conduite ordinaire. Un
éclair d'invention géniale déjoue et dépasse tous les
calculs du procédé. L'esprit accomplit alors, en un
instant, et comme par « condensation de durée », ce
que des efforts réitérés, espacés sur de longues périodes, eussent réalisé à grand'peine, ou pas du tout.
Or, parmi ces crises d'affranchissement, le miracle
est la plus surprenante en ses manifestations extérieures. En effet, en certaines circonstances, sous
l'influence de la foi religieuse, l'effort libérateur
s'intensifie de façon exceptionnelle. Alors la matière
cède, les mécanismes usuels craquent, le corps rede-
vient tout pénétrable à l'action de l'esprit, et le monde
physique, en quelqu'un de ses détails, se métamor-
phose à l'improviste [1]. Mais quelle foi cependant est
capable de réveiller ainsi l'esprit de sa torpeur, de
stimuler et de tonifier des énergies qui, d'ordinaire,
sommeillent? Toute foi le peut dans une certaine
mesure. « Une foi quelconque, même illusoire, est
déjà capable d'effets merveilleux. Combien plus une
foi vraie [2], c'est-à-dire une foi adaptée à la nature de
l'esprit, conforme à sa destinée morale, à ses besoins,
à ses virtualités, à ses puissances latentes! Combien
plus encore une foi divine, qui tend à le faire toujours plus être, au delà de tout ce qu'il est déjà

1. « Un miracle, c'est l'acte d'un esprit individuel (ou d'un groupe
d'esprits individuels) agissant comme esprit à un degré plus haut que
d'habitude, retrouvant en fait, et comme dans un éclair, sa puissance
de droit. » *Ibid.*, III p. 242 cf. p. 247.
2. Sur le sens de ce mot « vrai », sous la plume de M. E. Le Roy, voir
La Notion de vérité passim.

devenu et de tout ce qu'il peut même présentement concevoir[1] ! » En ce sens, le miracle est surnaturel, on doit l'attribuer à Dieu comme à sa cause ultime, parce que la foi est chose surnaturelle et l'action du divin dans l'homme[2].

II. M. Blondel

A. La contingence

« Parlons à la rigueur des termes : comme pour la philosophie aucun des faits contingents n'est impossible ; comme l'idée de lois générales et fixes dans la nature, et l'idée de nature elle-même n'est qu'une idole ; comme chaque phénomène est un cas singulier et une solution unique, il n'y a sans doute, si l'on va au fond des choses, rien de plus dans le miracle que dans le moindre des faits ordinaires. Mais aussi il n'y a rien de moins dans le plus ordinaire des faits que dans le miracle[3]. » Ce passage résume une partie importante des idées de M. Blondel sur le miracle. Il peut passer en particulier pour la conclusion du parallèle, établi dans l'Action, entre les lois scientifiques et les phénomènes qu'elles sont censées traduire : celles-là fixes, déterminées, nécessaires ; ceux-ci originaux, variables, contingents. « Comment aux données fuyantes de l'intuition substituer

1. E. Le Roy. Op. cit. III, p. 249.
2. Ibid. et passim. Sur l'idée de Dieu dans cette philosophie, voir La Notion de vérité, p. 36 sq. et Dieu dans l'évolution créatrice.
3. Lettre sur l'apologétique. Annales de philosophie chrétienne. Janvier 1896 I⁰ᵉ article p. 345. Cf. L'Action p. 396.

des conceptions fixes et des définitions précises [1] ? »
Les prétendues lois sont donc, pour M. Blondel, des
constructions arbitraires. Elles n'ont pas de valeur
représentative. « Il suffit au physicien d'instituer
entre les intuitions de l'expérience, qui ne comportent aucune mesure directe, et certains symboles
uniquement soumis à la double condition d'être me-
surables et de représenter conventionnellement les
données empiriques, une relation suivie. Ce qu'il
cherche, c'est un résumé maniable et une coordina-
tion systématique, non une explication des lois expérimentales. Et ce qu'il y a d'arbitraire dans sa convention initiale persiste sous tous les développements et jusque dans les résultats les mieux vérifiés
de la science [2]. » Avant M. Le Roy, M. Blondel avait
relevé dans la science des défauts de logique, des
incohérences, des contradictions [3]. Il est revenu sur
ce sujet après l'auteur de *Dogme et critique*. « Peut-
être, a-t-il écrit, si l'on voulait *réaliser* les conceptions
les plus essentielles à la réflexion, comme celles de
mouvement spatial, d'atome étendu, d'ondulation
rhythmée, on serait entraîné, par une analyse clairvoyante, à des incohérences et à des impossibilités [4]. »
— La conclusion s'impose : d'après M. Blondel,
l'idée du miracle, conçu comme une exception réelle
à des lois réelles, est inadmissible [5].

1. *L'Action*, p. 65.
2. *Ibid.*, Cf. p. 68, 69.
3. *Ibid.*, p. 61 note; p. 65 note.
4. *Point de départ de la recherche philosophique :* Ier art. *Annales de
philosophie.* Janvier 1906, p. 349.
5. Je reproduis ici la théorie exposée dans les premiers ouvrages de
M. Blondel. Depuis il a tenté de l'amender afin de la concilier avec la doctrine

B. La continuité

L'auteur de *l'Action* professe, comme MM. Bergson et Le Roy, une philosophie de la continuité. Mais il ne s'avance pas, à beaucoup près, aussi loin qu'eux sur ce terrain.

En effet, nous avons entendu M. Bergson ramener l'unité du monde à celle de l'esprit, et déduire la matière même de ce qui en est généralement considéré comme l'opposé. La critique du « morcelage » par M. Le Roy supposait aussi ce principe que « tout est intérieur à tout » : ce qui veut dire que l'esprit est la réalité unique, qu'il ne se développe jamais que par « un passage de l'implicite à l'explicite », et que, présent tout entier « dans le moindre détail de la nature ou de la science », il permet à l'analyse d'y retrouver « toute la science et toute la nature »[1]. C'est « le principe d'immanence » au sens le plus entier et le plus radical.

M. Blondel entend l'immanence dans un sens différent. Il n'admet pas que l'esprit soit la réalité unique, de laquelle tout sort par évolution et à laquelle tout se réduit. Mais il établit, entre les diverses réalités, une connexion si intime et si essentielle qu'aucune pour lui n'est connaissable à part. Dès lors, tout acte de l'esprit qui n'envisage qu'une portion de l'ensemble lui paraît sans valeur au point de vue de la

catholique. Parmi ces corrections ou compléments, quelques-uns semblent, du moins à première vue, contredire nettement les idées primitives. (Voir J. de Tonquédec, *Immanence* p. 200 à 222.) L'auteur a cependant essayé d'harmoniser les unes et les autres. Voir *Appendice* II, p. 429.

1. Voir J. de Tonquédec : *Immanence* p. 6 et 7.

connaissance et vide de vérité. Ainsi sont condamnés l'observation réfléchie, l'idée, le raisonnement[1].

On devine quelles conséquences vont jaillir de cette doctrine mise en contact avec la question du merveilleux. M. Blondel les a signalées explicitement. Il s'en est servi pour battre en brèche l'argument du miracle tel qu'il est communément usité dans l'apologétique chrétienne. Et ses raisons portent également contre toute enquête sur la réalité du merveilleux. Les voici.

Considérer un fait soi-disant merveilleux à part des autres et à ce point de vue particulier du merveilleux, c'est déjà morceler artificiellement le réel. Fonder sur ce fait un argument spécial, qui serait censé valoir par lui-même comme argument et posséder la capacité de conclure à une intervention divine, c'est méconnaître deux fois l'interdépendance et la continuité des choses. Tout tient à tout : l'on ne peut pas plus isoler du Cosmos des parcelles de réalité physique que diviser en atomes de pensée le courant de la vie mentale[2].

1. *Ibid.* p. 10 à 26. — J'ai appelé le principe ainsi entendu *principe d'interdépendance*. Sur la différence entre MM. Blondel et Le Roy, voir *ibid.* p. 7, 8, 9 et 53 à 56.

2. *Immanence* p. 18, 19, 39, 40. — M. Blondel appuie les théories négatives que nous venons d'exposer par des arguments dont l'analyse n'eût point été à sa place dans notre texte. Les uns sont d'ordre théologique : ils consistent en des appels à l'enseignement de l'Eglise catholique sur le miracle. On les trouvera rapportés et discutés dans *Immanence* p. 223 sq. Les autres sont d'ordre philosophique : infinité de la puissance divine égale à elle-même en tous ses effets; incapacité de la science et de la philosophie à établir l'impossibilité naturelle d'un fait quelconque (Un membre de phrase du texte de la *Lettre sur l'Apologétique* rapporté p. 100 fait allusion à ce dernier point.) Nous avons exposé et discuté la première de ces objections dans *Immanence* p. 212, 213, 216, 221. Nous retrouverons la seconde, qui n'est pas propre à M. Blondel, au cours de cet ouvrage. (Cf. p. 223 sq., 230 sq.)

§ III. — Critique

A. *La contingence*

Si nous laissons de côté les idées adventices et particulières à chacun des philosophes dont nous avons parlé, nous nous trouvons en face de deux grandes objections sur lesquelles ils s'accordent et qui font de la question du merveilleux un non-sens. Ce sont les objections de la contingence et de la continuité universelle. Ferment-elles vraiment la route devant nous?

1° On peut toujours baptiser du même nom des choses différentes. Mais cette fantaisie n'en change point la nature. De bonne foi, est-ce la même « liberté » qui se montre dans l'éclosion d'un bouton de rose et dans la décision qui clôt une délibération intérieure? Pouvons-nous dire sensément qu'il n'y a entre les deux phénomènes qu'une différence de degré? Pouvons-nous affirmer, sans jouer sur les mots, que c'est partout la même espèce d'action qui s'accomplit? Non. Quand après réflexion, j'adopte tel parti, je sais ce que je fais; je vois devant moi, au moins dans une certaine généralité, les résultats futurs; je marche vers eux parce que je les ai choisis; j'avance parce que je le veux; et je sens que je pourrais m'arrêter à chaque pas ou obliquer vers d'autres directions. Ne tirons de cette expérience aucune conclusion sur la réalité du libre arbitre : constatons

simplement la présence d'une espèce d'action caractérisée. Allons-nous transporter cette espèce-là chez
les végétaux par exemple? Dirons-nous que le bouton de rose choisit le mode de son développement et
l'heure de son éclosion? Il y a dans la fleur, dira-t-on,
une intelligence immanente qui travaille, elle aussi,
pour un but. Je le veux bien ; mais en tout cas, ce
n'est pas une intelligence éveillée comme l'intelligence humaine. Aucun signe, aucune analogie ne
permet de croire que l'esprit, dont l'influence est en
effet reconnaissable dans la plante, soit son esprit
propre et individuel, son esprit à elle. Or ce mode
d'agir ou plutôt d'être agi par des tendances incons-
cientes, ce mouvement de l'être assoupi qu'entraînent des poids inéluctables, est la règle dans la
nature. Et quand la liberté humaine éclate à l'improviste dans ce milieu placide, c'est comme un coup
d'état qui se produit. Et il est impossible de confondre ceci avec cela.

Au reste, quelles que soient les hypothèses métaphysiques que l'on adopte sur l'origine de la matière,
sur l'unité primitive et les bifurcations du courant de
la vie, la matière actuelle est une chose et l'esprit en est
une autre. L'inertie aveugle n'est pas la spontanéité
éveillée. C'est ce que MM. Bergson et Le Roy se trouvent obligés d'avouer. Les notions vulgaires de matière et d'esprit, de nécessité et de liberté, longuement
travaillées, sublimées, subtilisées au cours de mani-
pulations savantes, reparaissent telles quelles à la fin
de l'opération. Ce qui nous est irrémédiablement
donné, ce sont des éléments distincts, hétérogènes,

c'est une pluralité bien accusée. En dépit de leur communauté supposée d'origine, la liberté et la nécessité existent actuellement comme deux espèces irréductibles. Et l'une peut être discernée de l'autre. Le terme unique de « contingence » recouvre donc ici une confusion d'idées. On s'en sert pour qualifier les effets de la liberté proprement dite, de la liberté humaine. Et l'on s'en sert encore pour qualifier ce qu'il serait plus juste d'appeler des nécessités hypothétiques. Que dans la nature le jeu embrouillé de mille influences diverses, la survenance possible d'éléments inattendus rendent certaines prévisions difficiles ; que jamais le même phénomène ne se reproduise identique dans tous ses détails, cela n'accuse qu'une complication extrême du déterminisme et nullement la liberté[1]. Les fils peuvent s'enlacer en combinaisons inextricables et indéfiniment variées, ils peuvent se compter par millions, et former cependant les nœuds les plus étroits. — L'argument allégué pour réduire toutes choses à la contingence est donc totalement dénué de valeur.

2° De plus, entre ces phénomènes si variés et si ondoyants, il y a pourtant des similitudes. Chaque fait n'est pas un étranger parmi des étrangers. « Cas singulier » peut-être par certains détails, il est banal par beaucoup d'autres. Le monde n'est pas refondu en son entier et réinventé de toutes pièces à chaque seconde et en chaque point. Il s'imite

---

1. Voir ces notions prises l'une pour l'autre ap. Le Roy : *Le Problème du Miracle*, séance de la *Société française de philosophie*, 28 Déc. 1911, p. 99.

lui-même dans le temps et dans l'espace. Il a une certaine unité d'aspect qui provient de la reproduc-tion de certaines formes, de la reprise constante de certains motifs. La nature a des coutumes, et il suffit d'ouvrir les yeux pour voir qu'elle ne s'en dérange guère.

Qu'est-ce donc, dès lors, qui interdirait de repré-senter en idées générales ces similitudes et ces cons-tances? Ce serait saisir un côté des choses très réellement existant. On aurait par là même formulé des « lois »... Si au nom d'une certaine philosophie, quelqu'un nie, de façon universelle, la légitimité du concept, s'il ne craint pas d'écrire, après M. Blondel, « l'idée, ce monstre »[1], je comprends que, pour lui, toutes les lois de la nature soient non avenues. Alors, il nie la possibilité d'envisager à part un seul côté des choses. Il confond abstraction et déformation. Il oublie que le concept, qui suppose un travail de l'es-prit et qui n'est nullement l'équivalent de la réalité, en reproduit cependant quelques traits, à la façon d'une esquisse, d'un croquis inachevé mais exact[2]. Nous n'avons pas à discuter ici ces thèses de philo-sophie générale, qui n'atteignent l'idée de merveil-leux, les idées de loi et d'exception, que comme toute autre idée.

Mais en refusant de suivre MM. Bergson, Blondel et Le Roy sur le terrain de la philosophie générale, ne peut-on trouver du moins que les lois de la science ont, parmi les autres constructions de l'esprit,

1. *L'illusion idéaliste. Revue de métaphysique*, Novembre 1898, p. 744.
2. Cf. *La notion de vérité* p. 61.

un caractère particulièrement artificiel? Le donné
n'y est-il pas comme perdu dans les symboles
conventionnels? — Certes, nous ne nierons pas qu'il
soit parfois difficile de l'en extraire dans sa pureté,
ni qu'un objectivisme naïf ait souvent réalisé de façon
trop grossière les « atomes », les « ondes », les
« potentiels », etc. Cependant la confusion n'est pas
fatale. Le donné est exprimé. L'expression peut être
aussi arbitraire, aussi utilitaire, aussi incohérente
qu'on le prétend : elle reste cependant le moyen de
faire entendre ce qui se passe. Ne confondons pas le
vêtement avec le corps. Une éclipse, en dépit du joli
mot de M. Le Roy, n'est pas « un système d'équations » : c'est une éclipse, et le système d'équations
n'est qu'un moyen d'en signifier certains caractères.
Abordez le réel par la face qu'il vous plaira : vous
n'êtes pas maître d'y découvrir ce qu'il vous plaira :
« Cette convention étant donnée, si l'on me demande :
tel fait est-il vrai? je saurai toujours que répondre,
et ma réponse me sera imposée par le témoignage
de mes sens[1]. »

Du reste, le caractère artificiel et inadéquat des
lois scientifiques est un argument si peu efficace pour
ramener toutes choses à la contingence que l'emploi
de ces lois mêmes divise le réel en deux règnes fort
distincts. Que l'on dise tout ce que l'on voudra de
leurs vices de conformation, il n'en est pas moins
vrai qu'il y a, dans le réel, une zone où elles s'adaptent au donné, — et une zone où elles échouent, où

---

1. Henri Poincaré : *La valeur de la science*, p. 226. Cf. *Notion de
vérité*, p. 84 sq.

l'on n'arrive même pas à les construire et à les faire tenir debout. On met en formule les éclipses, mais non pas les décisions d'une volonté individuelle. On prévoit à coup sûr l'éclipse, son heure et ses particularités ; à propos d'une décision libre, on ne peut risquer que des conjectures, qui seront souvent totalement démenties. Il est vrai que le savant aussi peut être trompé dans ses prévisions, mais non pas comme s'il avait affaire à une volonté capable d'indépendance et de caprices. L'existence d'une telle liberté dans les phénomènes naturels rendrait, — c'est Renan qui l'a dit, — la science impossible [1]. On est surpris de l'échec du savant; on est surpris au contraire de la réussite du prophète qui annonce des futurs libres. Dans le premier cas, c'est l'échec, et dans le second, c'est la réussite qui est l'accident et l'exception : les cas sont inverses [2]. Les lois de la nature sont donc des constructions de l'esprit, des abstractions, mais fondées sur la réalité des choses.

3° Cependant, il faut nous résoudre à le constater, le réel n'est point traduit en son entier par les lois

1. Renan a tiré de là un argument contre le miracle, dont nous avons examiné (p. 71 et 72) les présupposés. Si ces présupposés étaient exacts, l'argument vaudrait. En effet, si la liberté est la règle, la science devient impossible.

2. Les expériences, a-t-on dit, ne réussissent jamais. C'est là encore un de ces paradoxes savoureux qui font bien dans la conversation d'un homme d'esprit, mais qu'on devrait avoir scrupule de jeter dans une discussion philosophique. D'abord une expérience n'est pas une loi : c'est un fait où s'observe l'entrecroisement de plusieurs lois, dont chacune peut se vérifier alors que le fait déjoue l'attente de celui qui l'avait préparé. En outre, s'il est vrai que cette préparation peut comporter plus d'un oubli et plus d'une ignorance, il reste que dans la plupart des résultats, les variations ne portent que sur des détails : d'ordinaire, les faits sont bien, en substance, ceux que l'on attendait.

que l'esprit élabore. Une partie énorme de ce réel
reste en dehors d'elles : fond mystérieux, inexploré,
dont personne ne sait la profondeur et d'où peuvent
surgir toute espèce de surprises. Nous l'avons avoué,
le concept n'est qu'une courbe ouverte : ce n'est pas
un cercle clos où tout le donné se trouverait pris.
Il faut ajouter maintenant que l'erreur est possible
dans la mise en concepts et en lois de la matière phénoménale, et que bien souvent l'erreur se produit
tout juste parce qu'on ferme prématurément le cercle. Que de lois censées définitives ont dû être modifiées ! que d'exposés ont dû être repris et non seulement précisés ou détaillés, mais redressés ! La loi
de Mariotte en est l'exemple classique. Aussi le plus
sage ne serait-il pas, — à l'exemple de savants nombreux, — de ne prendre les lois naturelles que
comme les résumés flottants, perfectibles, provisoires, des expériences faites[1] ? Mais alors, plus de
possibilité de constater aucune exception. Sur une
surface mouvante et onduleuse, l'exception ne peut
plus saillir. Il lui faut, pour apparaître, un terrain
ferme et nivelé tout entier par des lois immuables.

Il est vrai. L'inconnu peut toujours surgir. Les
lois se complètent et se compliquent. On voit craquer les inductions étroites que l'on n'avait pas

---

1. Cf. ci-dessus p. 46. — Souvent, plutôt que de rester en face d'un
chaos d'observations disparates, le savant préfère se risquer en hypothèses. Il le fait de propos délibéré et sachant fort bien que ces hypothèses ne peuvent être que prématurées, parce qu'elles ont au moins
l'avantage de lui permettre de classer des résultats. Une organisation
quelconque est plus commode que le désordre absolu. Dans ces cas,
mais non pas dans tous, le point de vue utilitaire règne seul.

pris le temps de tailler à la mesure des données empiriques. Mais tout cela importe peu à notre recherche actuelle. Car si des éléments nouveaux se juxtaposent ou même se substituent aux anciens, ils ont l'allure des anciens : une allure de lois. Dans le domaine des sciences de la nature, les phénomènes imprévus se rangent à la file, derrière ou parmi les phénomènes connus, marchant du même pas raide, constant et régulier ; ils n'ont aucun air de liberté ou de caprice. Les complications et les corrections de la loi de Mariotte sont des corrections et des complications du même genre que la loi déchue. Personne n'y verra une intention, une poussée volontaire et libre faisant brèche à la régularité primitive. Les effets de la volonté tranchent au contraire sur les effets de la nature. Certaines combinaisons, certaines coïncidences, certaines répétitions anormales trahissent des intentions spéciales [1]. Nous demandons uniquement qu'il soit pris acte de ceci. C'est tout ce dont nous avons besoin pour continuer notre enquête. Il nous suffit que les intentions particulières de la liberté soient en principe reconnues discernables des intentions générales de la nature. Qu'on veuille bien seulement ne pas confondre par système la nécessité physique et la contingence, ne pas trancher la question du merveilleux par un décret

---

1. Une pierre tombant sur la tête d'un passant peut être un accident naturel. Mais que dans toutes les rues et de toutes les maisons des pierres soient projetées sur la tête d'un certain passant, on cherchera sans doute une autre explication. De même, personne ne s'avisera d'attribuer à quelque « loi inconnue » de la nature certaines coupes artistiques ou utilitaires de la pierre, du métal ou du bois.

préalable d'identification entre des choses évidemment distinctes. Si parmi les effets d'apparence intentionnelle, certains doivent être attribués en fait à une liberté d'ordre surnaturel, c'est ce que la suite même de l'enquête nous apprendra.

Il n'est donc pas besoin d'employer ici les notions de possible et d'impossible, de savoir la limite exacte des puissances de la nature pour être autorisé à ne pas leur attribuer certains effets. La science, nous dit-on, ne connaît que ce qui est, non ce qui peut ou ne peut pas être. Nous admettons le principe, et c'est précisément en son nom que nous avons passé outre aux fins de non-recevoir du déterminisme. Nous ne sommes pas tenté de le renier maintenant. Il nous suffit de regarder ce qui se passe *en fait* pour distinguer à bon droit les résultats libres des résultats nécessaires. Nous logeons simplement dans des catégories séparées ce que l'observation nous montre divers. — Du reste, (est-il nécessaire de le faire remarquer?) de ces présupposés nous ne concluons rien pour ou contre le caractère intentionnel de tels ou tels faits; — rien non plus pour ou contre le merveilleux. Il faudra des raisons positives pour nous obliger à chercher en dehors du monde l'explication d'un fait d'apparence intentionnelle. Après ce que nous avons dit, une seule chose est prise pour accordée : c'est que le volontaire et le nécessaire sont discernables.

B. *La continuité*

Il n'y a pas lieu de nous arrêter longuement à la

critique du principe de continuité ou d'interdépendance. On peut le considérer sous deux aspects, d'ailleurs connexes. D'une part, il introduit une critique de la connaissance ; d'autre part, il inspire toute une doctrine sur la constitution de l'Univers. Mais qu'on le prenne de l'un ou de l'autre biais, il ne menace la réalité du merveilleux qu'en attaquant des certitudes d'une portée universelle.

1° En effet, la critique de la connaissance qu'il fonde ne va à rien moins qu'à discréditer toute connaissance fragmentaire. La réalité étant un tout indivisible, quiconque n'en saisit qu'une partie tombe nécessairement dans l'erreur. Ainsi se trouve ruinée la valeur de l'observation réfléchie, du concept, du raisonnement[1]. Mais ainsi également se trouve atteinte la connaissance directe, spontanée, non réfléchie. Car, bien que celle-ci ne fractionne rien de propos délibéré et de façon explicite, elle ne nous fait pourtant jamais voir qu'une très petite partie de ce qui est. Vouloir embrasser d'un coup la réalité entière, tout ce qui est connaissable « au ciel et sur la terre », c'est une chimère. En mettant à si haut prix la connaissance du merveilleux, on a rendu toute connaissance inaccessible. Nous voici donc derechef en face d'une difficulté de philosophie générale. Ce n'est pas elle qui arrêtera les esprits dont les objections ne portent que contre le merveilleux et le

---

1. On se souvient que M. Blondel condamne les idées et les raisonnements de l'Apologétique usuelle, les constatations empiriques qu'elle prend pour base, *simplement parce que ce sont des idées, des raisonnements abstraits ou des constatations partielles.* Cf. ci-dessus, p. 102, 103.

miracle. Comme aussi bien nous l'avons examinée
ailleurs à loisir[1], nous avons deux motifs de la laisser
ici de côté.

2° La doctrine ontologique impliquée par le principe de continuité ou d'interdépendance, c'est-à-dire
la conception de la réalité qu'il nous suggère, ne saurait non plus causer ici de difficulté spéciale. Car,
pour faire évanouir la possibilité du fait merveilleux,
elle commence par nier tout fait distinct, par effacer toute différence entre les phénomènes de l'Univers. C'est beaucoup, et une objection si générale
n'est peut-être pas de nature à arrêter, dans une
enquête sur le merveilleux, un bien grand nombre
d'esprits. Résumons cependant en quelques mots ce
qui importe davantage sur ce sujet et que nous
avons dit ailleurs en partie.

Que tout *tienne* simplement à tout, comme le veut
M. Blondel, ou que tout soit *intérieur* à tout, comme
le prétend M. Le Roy, la conséquence est la même :
on ne peut plus détacher un fait de l'ensemble sans
le détruire[2]. Que faut-il penser de cette conclusion et

---

1. *Immanence*, p. 64 à 79, 88 à 93.
2. M. Le Roy appuie ces considérations sur une doctrine particulière,
d'après laquelle toute réalité serait exclusivement constituée par des
éléments relatifs. « La réalité d'un fait, dit M. Le Roy, c'est l'entrecroisement des rapports qu'il soutient... Il faut le concevoir comme un
nœud de relations... Si l'on dégage graduellement un fait de toutes ses
relations, il s'évanouit, il se dissout *pari passu*, et à la limite il ne
reste rien. » (*Essai...*, I, p. 23). — Ces idées, sur lesquelles nous revien-
drons (cf. p. 204 sq.), sont accessoires à l'objection présente. Quel que
soit le constitutif essentiel des choses, qu'il soit de nature relative ou
absolue, peu importe pour le moment. Même si les faits ne sont que des
« nœuds de relations », il peut y avoir plusieurs « nœuds » divers et
donc plusieurs faits distincts. La difficulté actuelle dépend exclusivement

de l'application qu'on essaie d'en faire au merveilleux et au miracle ?

Sans doute, un phénomène qui n'aurait nul rapport
à son entourage, un phénomène déraciné et séparé
du reste comme par une enveloppe isolante de vide,
est inconcevable ; un fait qui ne viendrait ni avant ni
après les autres, ni en même temps, et dont la structure ne dépendrait à aucun degré des conditions où
il se serait développé, qui ne subirait et n'exercerait
aucune influence, ne saurait appartenir à l'expérience
ou à l'histoire. Mais aussi l'idée de merveilleux ou
de miracle n'implique aucunement cela. Les miracles de l'Evangile, par exemple, ont leur place organique dans le récit ; ils possèdent leur couleur spéciale, reflet du caractère de Jésus et de celui des
hommes qui l'entourent ; ils affectent des sujets
préexistants et caractérisés ; ils ont un contexte de
discours et d'actions qui les fait valoir et qu'ils font
valoir ; on pourrait presque dire qu'ils sont la vis
d'assemblage qui fait tenir toute l'histoire et qui en
maintient unies les diverses pièces [1].

Mais nous sommes en présence d'affirmations
beaucoup plus larges. On ne nous dit pas : tout
phénomène soutient *certaines* relations avec ce qui
l'entoure ; mais : chaque phénomène a rapport à
tout, et de façon si étroite que *rien* ne peut changer
sans qu'il se dissolve. — Faut-il prendre à la lettre

de la supposition faite par M. Le Roy que, dans chacun de ces nœuds
se retrouvent tous les fils dont le monde est tissé, et qu'on ne peut tirer
sur aucun sans que le nœud se défasse : ce qui est tout justement la
doctrine de l'interdépendance.

1. Cf. ci-dessous, p. 203.

cette déclaration, d'un universalisme si radical ? En
dépit de sa teneur catégorique, j'hésite à le faire. Car
si on voulait préciser avec rigueur et pousser à fond
le principe émis, on serait conduit à d'extravagantes
conséquences. Puisque aucun phénomène ne subsiste
dès qu'on fait varier la moindre de ses conditions,
puisque les conditions de chacun sont tous les autres
avec tous leurs détails, le plus petit changement
dans le monde devrait n'y rien laisser subsister. A
la moindre retouche, l'univers actuel devrait s'écrou-
ler, comme une larme batavique qu'une écornure
minime fait tomber en poudre.

Or il n'en va pas ainsi. Nous n'assistons pas à
une série d'anéantissements et de créations *ex nihilo*.
L'univers dure dans le changement. Quelque chose
subsiste, en dépit des modifications partielles. On
peut parfois, on ne peut pas toujours, distinguer
comme des *choses diverses* ce qui tombe et ce qui
reste ; l'être qui persévère peut être profondément
modifié. Mais c'est un intolérable abus de langage
et de pensée que de présenter comme une nouveauté
absolue même le second de ces cas. C'est fausser les
données expérimentales que de déclarer rondement
et sans distinction aucune que, parce que certains
détails inattendus apparaissent dans chaque expérience, toutes les expériences sont hétérogènes.
On renforce et on grossit pour les besoins de la
cause des rapports fragiles, adventices, infinitésimaux, qui naissent et meurent par milliers à chaque
seconde, à chaque déplacement d'atomes ; on parle
de ces fils légers et sujets à se rompre comme si le

poids du monde y était suspendu[1]. Sur chaque phénomène, on 'prétend découvrir « le reflet de tous
les autres »[2], un reflet qui bouge et ondoie sans
cesse. Fort bien, mais ce qui reçoit ce reflet subsiste
au moins en partie et durant quelque temps ; sinon
de quoi parle-t-on? Les mers, dit-on, frémissent
encore du sillage des vaisseaux de Pompée ; un clignement d'yeux modifie la disposition des mouvements moléculaires de l'univers. Je le veux ; mais
ce sont là des changements d'un ordre très spécial
et qui, malgré l'ampleur que leur confèrent des
hypothèses sous-entendues, restent d'une efficacité
strictement limitée. Bien des choses, ce semble, demeurent identiques, avec un clignement d'yeux en
plus ou en moins dans l'Univers, avec un pli des
vagues quelque peu différent. Il serait ridicule de
vouloir tout relier par des influences causales et intrinsèquement modificatrices. Le sacre de Napoléon
et la bataille d'Austerlitz sont des événements très
rapprochés d'une même histoire. Nous montrera-t-on
la dépendance qui relie la stratégie de la bataille à
l'ordonnance de la cérémonie, telle disposition de
combat à tel geste liturgique?... Il y a donc des
séries entières de phénomènes qui se comportent
entre elles comme des étrangères. Et de celles-là,
par conséquent, les unes peuvent être modifiées ou

---

1. Peu importe, encore une fois, que la substance des choses soit ou non
constituée par des rapports. Car dans la seconde alternative, il faudrait
dire que certains rapports constitutifs subsistent alors que ceux dont nous
parlons disparaissent.

2. Le Roy : *loc. cit.*, p. 23.

r emplacées, sans que les autres soient atteintes en
l eur constitution intime.

Ce n'est pas tout. Même parmi les phénomènes
reliés par des influences réelles et profondes, de
combien peut-on dire avec certitude que leur liaison
est indissoluble? De combien de conditions ou de
causes peut-on affirmer qu'elles sont absolument
nécessaires, et que rien ne saurait tenir leur place?
Certes, on ne l'affirmera pas de toutes. Dans l'examen des objections déterministes, nous avons vu
que les causes sont fréquemment interchangeables
et que, dans certains groupes de faits, les termes ne sont
pas réciproquement liés. Le même degré de chaleur peut être produit par la percussion, par le frottement ou par l'apport d'un calorique étranger. S'il
s'agit de résultats plus complexes, tels qu'un état de
santé ou de vigueur physique, la latitude augmente,
et bien des agents divers, bien des circonstances
variées peuvent coopérer à sa production. Peu importe que ces résultats, ainsi pris en gros, recou-
vrent une infinité de menues différences. Ils sont ce
qu'ils sont, et les similitudes qu'ils enferment ne
disparaissent point pour être mêlées de diversités.
D'ailleurs, c'est de résultats ainsi pris en gros qu'il
s'agit dans la question du merveilleux. Nous ne faisons pas de l'analyse moléculaire. Les événements
censés merveilleux ne consistent pas dans des vibra-
tions invisibles aux sens : ce sont des événements
larges et complexes, qui tombent sous l'expérience
ordinaire : c'est justement la vie ou la mort, la santé
ou la maladie. Et ceux qui croient devoir parfois les

attribuer à des causes surnaturelles admettront sans peine qu'en ce cas, leur organisation intérieure soit d'une espèce à part et que, par exemple, le processus d'une guérison miraculeuse diffère de celui d'une guérison normale.

Alors, encore une fois, quelles sont les conditions absolument indispensables à l'existence d'un phénomène ?

M. Le Roy finira par nous le dire crûment, et tout le déploiement métaphysique auquel nous avons assisté va soudain se rétrécir à son issue. Ce qui est nécessaire, ce sont « les causes normales, les conditions génératrices ordinaires » [1]. Voilà où devaient aboutir tant de subtiles considérations : à cette exclusion unique, à cette conclusion empruntée au plus vulgaire naturalisme. Qui ne voit qu'elle constitue ici une grosse pétition de principe? Car la question est justement de savoir si les causes génératrices ordinaires peuvent être suppléées et remplacées. La négation, pas plus que l'affirmation, ne saurait se présenter dépourvue de preuves [2].

Jusqu'ici donc la porte reste ouverte à l'admission

1. *Loc. cit.* p. 24.
2. Notons, *ad hominem*, l'inconséquence de la réponse de M. Le Roy. Bien qu'encadrée dans une philosophie de la contingence et de la continuité, elle s'inspire d'un morcelage déterministe du meilleur aloi. Car si un phénomène ne peut exister « en dehors de ses causes normales, de ses conditions génératrices ordinaires », c'est donc qu'il y a des causes rigidement déterminées, toujours les mêmes, exclusivement dominatrices, et qu'il n'est même pas possible de penser qu'elles puissent être suppléées.

d'une intervention extranaturelle, à supposer qu'on
en puisse découvrir des signes positifs. L'interdépendance des phénomènes n'est pas si étroite et si fixe
qu'elle puisse boucher définitivement aux influences
étrangères toutes les entrées du donné. En enregis-
trant cette conclusion, on voudra bien remarquer,
une fois de plus, que pour y aboutir, nous n'avons
eu à nous lancer dans aucune considération sur le
possible et l'impossible absolu. Nous ne sommes
pas sortis de la région des faits. En les examinant,
tels qu'ils se présentent, nous avons trouvé dans
leurs articulations une souplesse plus grande que
l'objection ne le supposait. Sur ce qu'ils peuvent
ou ne peuvent pas comporter, nous n'avons consulté
qu'eux.

Une dernière remarque achèvera le repérage exact
de notre position présente. Quelle que soit la valeur
des philosophies dont nos adversaires contingentistes se réclament, ils sont d'accord avec nous au
moins sur les apparences immédiates. En dépit de
leurs prémisses sur la continuité rigoureuse du
donné, ils avouent, les uns et les autres, que le phénomène dit miraculeux ou merveilleux s'y détache
en haut relief. M. Blondel, dès la première édition
de sa théorie, parlait de « coups brusques », de
« brusqueries exceptionnelles », de quelque chose
« qui semble dépasser la puissance accoutumée de
l'homme et de la nature[1] ». M. Le Roy également accorde, dès le début de son étude, que « pour qu'un

---

1. *L'Action* p. 396. La forme amendée de la théorie, présentée par M.
Blondel et par son porte-parole M. de Sailly, fait ressortir encore

fait soit qualifié miracle », il doit faire « contraste avec... la série phénoménale ordinaire, [constituer] comme un ressaut dans son déroulement habituel [1]». Et ces apparences sont, pour M. Le Roy, définitives, car il s'y réfère dans la formule qu'il propose, en son nom, du miracle : le miracle, dit-il, est « ce qui brise le cours normal des événements naturels [2] ». Bien plus, on l'a vu, même dans l'ontologie du miracle, cet auteur maintient qu'il consiste en une exception, en un acte anormal, unique, où l'esprit se ressaisit comme dans un éclair. — N'allons pas si loin. Nous entrerons à notre heure, et bientôt, dans la métaphysique. Tenons-nous-en, pour l'instant, aux apparences. Nous n'avons ici besoin que d'elles. Et nous n'avions, pour pouvoir avancer dans cette étude, qu'à écarter les prétentions au nom desquelles on voulait, dès l'abord, nous obliger à les tenir toutes pour illusoires.

davantage ce caractère exceptionnel du miracle. Dans la mesure où elle revient à cette notion commune, elle cesse évidemment de constituer pour nous une objection.

1. Le Roy, *art. cit.*, I, p. 15. Notons de nouveau ici la contradiction. Si aucun fait n'est susceptible d'être caractérisé exactement à part des autres, comment toute la théorie de M. Le Roy suppose-t-elle que certains événements font contraste avec tous les autres ?

2. *Ibid.*, III, p. 226. Voir, dans le même sens, *le Problème du Miracle*, *Bulletin de la Société française de philosophie.* Séance du 28 décembre 1911 p. 85, II, 2°, et 96, 2°.

CHAPITRE IV

ATTITUDE ADOPTÉE

SOMMAIRE

SECTION I. LES EXPLICATIONS NATURELLES

Erreur ou fiction. — Forces naturelles connues. — Forces naturelles inconnues, p. 123 et 124.

SECTION II. LES EXPLICATIONS SURNATURELLES

1° Dieu

La croyance en Dieu et la croyance au miracle : leur indépendance, p. 125. — Comment la croyance en Dieu s'harmonise avec la croyance au miracle, p. 128 sq.

Partie négative : les objections
contre l'intervention de Dieu dans le monde

1° Le miracle rabaisse Dieu au rang des causes secondes (A. Sabatier, Tyrrel, M. Loisy), p. 129. — 2° Le miracle implique en Dieu mutabilité ou impuissance (Voltaire, M. A. France), p. 136. — 3° Le miracle implique en Dieu un manque de sagesse ou de dignité (Voltaire, M. Séailles), p. 139. — 4° Le témoignage de l'expérience infirme la probabilité d'une intervention divine (Hume, Stuart Mill), p. 145. — 5° De la toute-puissance de Dieu on ne peut conclure à la possibilité positive du miracle (M. E. Le Roy), p. 166. — 6° Garantir une révélation par des prodiges est un procédé indigne de Dieu, parce que trop simple,

trop brutal, trop extrinsèque à la vérité proposée et à l'esprit
auquel il s'adresse (MM. M. Blondel et E. Le Roy), p. 175. —
7o Le miracle, étant lui-même un argument douteux, ne saurait garantir avec certitude une révélation (J.-J. Rousseau),
p. 184. — 8o Le miracle ruinerait les fondements de la certitude
et de la moralité. Dieu ne saurait donc l'opérer (Spinoza,
Kant, Renan, etc.), p. 192.

————

Après avoir repoussé les préjugés qui prétendaient
s'imposer à nous sur la question du merveilleux, il
nous reste à dessiner l'attitude que nous adopterons
pour l'étudier. Ce sera la moins exclusive. Nous
n'écarterons *a priori* aucun principe de solution,
aucune explication plausible.

Section 1. — *Les explications naturelles*

Il est possible que les faits merveilleux dont on
parle soient controuvés. En commençant notre
enquête sur eux, nous devons supposer qu'il en
peut être ainsi pour quelques-uns, et même pour
tous. Illusions individuelles ou collectives, fraudes
conscientes ou créations instinctives, nous ne devons
exclure d'avance aucune de ces hypothèses. Mais
nous ne les adoptons pas non plus, comme formant
un ensemble d'explications suffisantes. Nous ne
choisissons pas l'une d'elles en particulier pour l'affirmer par provision et de façon générale. Ce sera

aux faits de nous dire dans quelle mesure chacune
s'est réalisée.

La science nous expliquera· peut-être aussi un
certain nombre de phénomènes qui n'ont de merveilleux que l'apparence, et que des ignorants, des
simples, pourraient attribuer, ont attribués en fait,
à des agents surnaturels. Peut-être la suggestion,
par exemple, nous rendra-t-elle compte de certaines
guérisons censées miraculeuses. Nous nous gardons
de le nier; mais à l'inverse nous ne disons pas
d'avance que tout s'expliquera de la sorte.

Enfin, l'homme ne sait pas tout. Sa science est
très bornée. Il se peut qu'il existe dans le monde
des énergies naturelles que les savants n'ont encore
ni classées ni même soupçonnées. Est-il invraisemblable que ces forces inconnues, agissant après des
antécédents religieux, soient la véritable cause des
effets attribués à ceux-ci? La possibilité de telles
coïncidences ne paraît pas, en tout cas, pouvoir
être niée de prime abord. Et si nous aboutissons à
l'écarter, soit de façon absolue, soit en certaines
circonstances données, ce ne pourra être qu'en vertu
de quelque principe supérieur et proprement métaphysique, qui reste à découvrir et à légitimer.

Section II. — *Les explications surnaturelles*

I. DIEU

Nous laissons de côté, comme ne présentant pas d'intérêt actuel et pratique, les formes inférieures du théisme[1]. Nous parlons ici d'un Dieu unique, créateur ou du moins maître souverain du monde, doué de perfections analogues à ce que sont dans l'homme l'intelligence et la libre volonté. D'ailleurs nous rencontrerons ci-après[2] la plupart des êtres qualifiés « divins » en certains lieux ou à certaines époques, et dont nous faisons abstraction pour le moment.

La croyance en un Dieu, auteur du monde, n'a pas besoin du miracle pour s'établir. Elle est, en droit, indépendante de toute théorie du merveilleux et de tout prodige historique ; elle ne commande nécessairement l'admission d'aucun. Il y a en effet un théisme rationaliste. On peut, comme Voltaire[3], admettre Dieu et se gausser des miracles. La doctrine monothéiste repose sur ses arguments propres et possède sa consistance en elle-même. Les raisons

1. Nous plaçons en appendice, à cause de la célébrité de leur auteur, les théories de W. James sur la divinité et le miracle, qui s'accommodent du polythéisme. Ci-dessous, Appendice IV.
2. P. 239 sq.
3. Si l'on veut savoir avec précision quelles furent, sur la question suprême, les idées de Voltaire, quelles hésitations et contradictions s'y mêlèrent, on peut consulter l'ouvrage de M. Moisant : *La Psychologie de l'incroyant*.

qui l'établissent sont d'un tout autre ordre que les
documents de fait dont nous entreprenons présentement la recherche. Nous pouvons donc la supposer
ici sans entrer dans aucun cercle vicieux. En fait, il
n'est point rare de rencontrer des esprits convaincus
de l'existence de Dieu et dépourvus de toute opinion
ferme sur la question du merveilleux[1]. Si ceux-là
veulent bien nous suivre, ils pourront, en toute sincérité et sans qu'il leur soit demandé de s'associer à
aucun parti pris, élucider la question spéciale et
limitée que nous leur proposons.

Aux philosophes qui objectent contre le miracle
que l'existence de Dieu est déjà suffisamment établie sans lui[2], il n'y a donc rien à répondre, sinon
qu'ils ne semblent pas avoir aperçu le point où un
problème se pose. Mais on tomberait dans une erreur
inverse de la leur, en soutenant que le miracle ne
suffit *jamais* à faire naître l'idée de Dieu dans une
âme vide jusque-là de convictions religieuses. La
secousse intellectuelle occasionnée par la vue d'un
prodige détache parfois de l'esprit des opinions
négatives formelles. Mais elle opère surtout quand
l'homme hésite et cherche, sans s'être encore définitivement arrêté à aucune opinion. Les allures

---

1. Cf. ci-dessus, ch. I, p. 17, note 3.
2. La moitié de l'argumentation de Spinoza est dirigée dans ce sens.
Voir *Tractatus theologico-politicus*, ch. VI : « Vulgus... ex nulla re cla-
rius existentiam Dei probari posse existimat quam ex eo quod natura,
ut putant, suum ordinem non servet. » Cf. ci-dessous, appendice I. —
C'est aussi une des objections de M. Maurice Blondel : « La puissance de
Dieu, dit-il, doit être déjà démontrée par la nature entière. » (*Revue du
Clergé français*, 15 avril 1904. Cf. J. de Tonquédec, *Immanence*, p. 213.)

souveraines de la force inconnue qui, sous ses yeux,
fait irruption dans la nature et en dérange l'ordre
coutumier, l'amènent à soupçonner la présence d'un
pouvoir mystérieux qui manie à son gré les choses.
Le miracle suscite d'un seul coup et l'intuition de
Dieu et celle de son intervention surnaturelle. Quelle
que soit la valeur foncière de ce phénomène psychologique, que nous prétendons seulement noter, il faut
dire au moins qu'il n'implique aucune pétition de
principe, et qu'il enferme en raccourci une inférence
analogue à celle qui conclut Dieu de la nature.
L'inattendu et l'extraordinaire réveille les esprits
et les fait aboutir, tandis que le train ordinaire des
choses les berce et les endort. C'est l'opinion de
Newman. « Considéré en lui-même, écrit-il, le
miracle n'atteste tout au plus qu'un être surhumain.
Aussi, bien qu'étant un phénomène de surcroît, il ne
fournit pas de l'existence de Dieu une espèce de
preuve différente de celle qu'apportent les marques
d'ordre et de plan visibles dans l'Univers... Une
preuve tirée d'interruptions dans l'ordre habituel
des choses est dans la même ligne d'argument que
celle qui se déduit de l'existence même de cet ordre :
elle est seulement moins décisive... Cependant,
bien qu'au point de vue théorique, le miracle ne soit
pas l'argument le plus convaincant [en faveur de
l'existence de Dieu], il le devient souvent dans la
pratique, parce qu'il est d'un caractère plus frappant
et plus imposant. L'esprit habitué à la régularité de
la nature se blase à l'égard de la preuve écrasante
qui en ressort; tandis qu'un miracle peut l'exciter à

réfléchir [1]. » Donc même pour celui qui ne possède point, au préalable, la conviction de l'existence de Dieu, l'intervention divine peut se présenter de prime abord comme une des explications possibles du merveilleux.

Voyons maintenant comment la croyance en Dieu s'harmonise avec la croyance au miracle.

PARTIE NÉGATIVE : LES OBJECTIONS CONTRE L'INTERVENTION DE DIEU DANS LE MONDE

Très nombreux sont ceux qui partent de l'existence de Dieu, — admise réellement ou supposée comme une objection *ad hominem*, — pour aboutir à rejeter le miracle. Nous devons leur répondre en détail. Car même s'il est établi que Dieu existe, bien plus, qu'Il est doué des attributs de la toute-puissance, de la liberté, et de la sagesse, il ne s'ensuit pas immédiatement que le merveilleux puisse lui être attribué, et qu'Il entre de plein droit parmi les causes possibles des phénomènes extraordinaires. C'est ce que vont nous montrer les objections diverses, venues de partout, que nous allons discuter.

---

1. *Essays on Miracles.* I, section 1, p. 10 et 11. Cet ouvrage fut composé quand Newman était encore anglican. Il fut publié de nouveau, avec quelques remarques correctives, après la conversion de l'auteur au catholicisme.

1° Le miracle rabaisse Dieu au rang des causes secondes (A. Sabatier, Tyrrel, M. Loisy)

Quelques théoriciens des choses religieuses ne veulent pas que Dieu se manifeste en certains événements de l'histoire plus spécialement que dans les autres. Ce serait pour lui, pensent-ils, quitter le plan de l'absolu et entrer dans celui du relatif, descendre de l'infini au fini : une telle transposition, une telle descente leur semble, à bon droit, une contradiction, une absurdité. Les apologistes, écrit A. Sabatier, « affectent d'assimiler le miracle à un acte de liberté humaine, et nous disent que, puisque l'homme peut librement intervenir dans la nature sans la bouleverser, Dieu le peut également. Mais Dieu est-il un homme ? Voilà la question. L'homme, avec toutes ses facultés, n'est, après tout, qu'une cause seconde, engrenée dans la série des autres causes secondes sur lesquelles il agit et qui agissent sur lui, le tout le plus normalement du monde. Mais Dieu est-il une cause phénoménale et particulière, dont on peut signaler la présence à un moment précis de la chaîne des êtres et des choses plutôt qu'à un autre ? N'est-il pas présent dans toutes les causes secondes comme leur cause efficace, et ne devons-nous pas nous faire de son activité créatrice et éternelle — ce que n'est jamais la nôtre, — une idée infiniment plus haute et plus large que celle de la créature[1] ? » A propos de

---

1. *Esquisse d'une philosophie de la religion*, p. 82.

Le Merveilleux.   9

l'inspiration prophétique, G. Tyrrell définit et repousse ce qu'il appelle « la conception miraculeuse ».
« Cette conception, dit-il, suppose que Dieu, par une
sorte de limitation de lui-même, quitte sa position de
cause première et dernière, et prend la place de
quelque cause seconde et finie, dont l'intervention est
suspendue en l'occurrence. Ceci, je le suppose, est la
définition théologique du miracle au sens strict [1]. »
En même temps que ces lignes paraissaient en Angleterre, M. Loisy exprimait en France des vues analogues sur un sujet tout voisin [2] : « Bien que Dieu
soit partout dans le monde, on peut bien dire qu'il
n'est nulle part l'objet propre et direct de la science.
Il est aussi partout dans l'humanité, mais il n'est
pas plus un personnage de l'histoire qu'il n'est un
élément du monde physique [3]. » Et l'écrivain con-
cluait à l'impossibilité de discerner une influence ou
une présence divine particulière dans un homme ou
dans un événement.

Toutes ces observations portent un peu à côté de
ce que soutiennent les partisans du miracle. En effet,
on ne suppose pas que Dieu *quitte* sa place de cause
première pour se réduire au rôle de cause seconde.

---

1. « The *miraculous* conception of the matter implies that God, by
some sort of self-limitation, leaves His position as first and ultimate
cause and takes the place of some finite and secondary cause, whose
intervention is dispensed with for the occasion. That, I take it, is the
theological definition of a *strict* miracle. » *The Church and the future.*
Appendix III, n° 9. Cet ouvrage a paru, sans être mis dans le com-
merce, en 1903, sous le pseudonyme d'Hilaire Bourdon (Voir l'introduction).

2. *La divinité du Christ.*

3. *Autour d'un petit livre*, p. 10. Cf. p. 152.

On prétend au contraire qu'il garde son rôle essentiel et normal et que, *même en tant qu'il supplée les causes secondes, il n'agit pas comme une cause seconde*. On ne suppose pas que la divinité, comme telle, devienne « un élément du monde physique » ou « un personnage de l'histoire ». L'action spéciale de Dieu dans un événement, sa présence spéciale dans un être humain, ne sont pas des données d'expérience directe ou de nu témoignage. Elles sont conclues par un raisonnement d'espèce délicate et qui ne se fait correctement qu'en des conditions très particulières. On ne suppose pas enfin que la liberté divine soit quelque chose de pareil à la liberté humaine. Devant Dieu, sitôt qu'on en a une fois saisi la notion, on est toujours devant l'abîme infini et insondable. Seulement, pour l'explication même du monde, on se trouve obligé de penser qu'il y a en lui quelque chose d'analogue à ce que sont en nous l'intelligence et la liberté [1], quelque chose de transcendant et d'ineffable, qui contient éminemment, — c'est-à-dire noyé dans l'infini de l'Etre, — le peu de perfection qu'enveloppent nos facultés humaines.

Cette conception de la liberté et de l'être même de Dieu n'est point liée à la croyance au miracle ; elle peut exister à part ; c'est celle de tous les théistes, c'est-à-dire de tous ceux qui ne peuvent comprendre le monde sans une cause distincte et proportionnée. Les difficultés qu'elle peut soulever en elle-même n'ont rien à voir avec l'idée du miracle, et

1. Voir J. de Tonquédec : *La notion de vérité dans la philosophie nouvelle*, p. 119, 120 texte et note 1.

elles doivent toutes être supposées résolues lorsqu'on cherche à la concilier avec cette dernière [1]. Et si l'on objecte que la conciliation ne peut se faire, il importe que l'objection ne repose pas sur une déformation préalable de l'idée de miracle et sur des absurdités qu'elle ne comporte point. La position du problème étant donc ainsi rétablie, regardons ce qui reste de la difficulté proposée. Voici, ce semble, comment les tenants de l'existence de Dieu et de la possibilité du miracle, y pourraient répondre.

La question des rapports de l'infini et du fini, celles de leur coexistence et de la façon dont le second dérive du premier, sont les plus gros problèmes de toute la métaphysique. Si l'on admet la solution créationniste, l'idée du miracle ne les complique pas sensiblement. Il est bien vrai, comme le font remarquer les auteurs cités, que derrière les phénomènes se trouve une « grande force cachée [2] », une « cause première et dernière [3] », une « activité créatrice et éternelle [4] ». Mais il faut bien admettre aussi — c'est l'hypothèse même, — que la solidité profonde de cet infini supporte les minces réalités de cet univers, que cette immensité sustente de petites existences

1. En réalité, les objectants inclinent vers une conception différente : la conception moniste ou panthéiste. Celle-ci constitue une autre objection, beaucoup plus radicale, mais qui n'est qu'une objection-corollaire et par conséquent, — nous l'avons déjà dit plusieurs fois — n'appartient pas à l'objet de ce livre. Nous n'avons ici qu'à prendre telle quelle l'objection qui nous est présentée, et à voir si l'idée de la cause première infinie, universelle, est incompatible avec celle du miracle.

2. « La grande force cachée derrière les phénomènes... » Loisy, *loc. cit.*

3. Tyrrell.

4. Sabatier.

étroites, bref que des éléments, qui n'ont avec elle
aucune commune mesure, se trouvent pourtant avec
elle en indispensable rapport. Dès lors que, parmi
ces éléments, l'un quelconque puise à la source
selon un mode spécial, qu'au lieu de recevoir une
partie de l'influx divin diffusée à travers les causes
secondes, il le reçoive tout entier directement, on
ne voit pas bien comment cela dérogerait à la dignité
de la cause première. Elle reste ce qu'elle est, toujours inaccessible et mystérieuse ; elle n'entre nullement dans le tissu des phénomènes. Seul le rapport d'un certain phénomène avec elle se trouve
modifié. Or nous ne sommes pas qualifiés pour décider *a priori* quels sont les modes possibles selon
lesquels l'Absolu peut se communiquer et répandre
hors de lui l'existence. Et il faut admirer vraiment
ceux qui, armés ici de leur raison raisonnante, pres-
crivent d'avance ce qui est ou non faisable en ce genre.
Nous ne pouvons rien décider sur ce sujet qu'en partant des événements eux-mêmes, et en recherchant
au-dessus d'eux leurs conditions nécessaires.

Nous admettons l'efficacité des causes secondes
par un principe de raison suffisante et de proportion [1]. Mais une fois le fait certifié par raisonnement
et accepté, — comme il l'est dans un grand nombre
d'esprits, — concurremment avec l'existence de Dieu,
est-il si facile d'en décrire le mécanisme interne et
de concevoir positivement comment l'Infini enveloppe
et pénètre les éléments créés pour les associer à

1. Cf. ci-dessus, chapitre II, p. 59 et 60.

son activité et à ses fins ? L'action divine immédiate et miraculeuse n'est pas un beaucoup plus grand mystère. Puis, quoiqu'opère en définitive cet engrenage de causes secondes, il faut aussi et surtout maintenir chaque être sous l'influence directe et immédiate de la Cause première. Il faut admettre ce don de l'être où Dieu agit sans intermédiaire ni collaborateur, cette création incessante qui le porte à chaque instant jusqu'aux entrailles du fini. Alors quelle difficulté métaphysique nouvelle voit-on dans le caractère immédiat du miracle ? Il est analogue à la création, laquelle est aussi un commencement absolu. Je ne mets sous ce mot de création aucune théorie particulière sur l'origine temporelle ou éternelle des choses ; je le prends comme signifiant simplement ce don continuel de l'être que je viens de mentionner. La création donc est toujours *ex nihilo*, c'est-à-dire qu'elle implique, non pas nécessairement un instant de durée au delà duquel il n'y en aurait pas d'autre, mais un fait d'existence finie, au delà duquel, en remontant vers les causes, on ne trouve rien que l'Infini. Le miracle a ce genre de dépendance à l'égard de Dieu et, dans la mesure où il est miracle, sa caractéristique est qu'il n'en a point d'autre [1].

Aussi, de même que des phénomènes ordinaires,

---

1. Dans le miracle, on peut concevoir le jeu d'activités naturelles subordonnées à l'impulsion surnaturelle (cf. de la Barre : *Faits surnaturels et forces naturelles*). Mais enfin le miracle n'est miracle que dans l'exacte mesure où il dépend de la dernière (cf. Hastings : *Dictionary of the Bible*, art. *Miracle*, p. 382, col. 1).

où l'on discerne la coopération normale des causes secondes, on conclut à une certaine espèce d'action divine, de même, des phénomènes merveilleux, où cette coopération est absente, on conclut à une espèce différente. Il y a sur les phénomènes communs certaines marques d'intelligence et de liberté ; il y en a d'autres sur les phénomènes exceptionnels : ceux-ci sont construits, disposés, dirigés et situés autrement que ceux-là.

Cela dit, est-il besoin de répéter encore que, quand nous parlons de différentes espèces d'actions divines, nous entendons une diversité dans les termes et non un changement dans la cause? Celle-ci est toujours identique à elle-même, mais elle dirige son efficacité par des chemins divers : parfois s'associant des instruments et parfois non, parfois imitant ses œuvres précédentes et parfois rompant la coutume [1]. — En outre, si dans l'un et l'autre cas, les marques d'intelligence et de liberté, empreintes sur l'ouvrage, nous obligent d'attribuer à la cause au moins l'équivalent de nos facultés humaines, nous devons nous souvenir toujours qu'équivalence n'est point parité ni similitude [2]. Dès lors que nous transposons sur le

1. Quant à expliquer comment l'Acte infini peut avoir des termes finis, comment l'éternel immuable peut engendrer le mobile et le divers, ce n'est pas à une théorie sur le merveilleux qu'il appartient de le faire. La difficulté ressortit à la philosophie générale. Le dualisme créationniste, laisse ici subsister le mystère essentiel à toute considération de l'Absolu ; du moins ne le pousse-t-il pas à l'absurde et à la contradiction évidente, comme le font le panthéisme et le monisme, en identifiant les deux extrêmes. Voir quelques mots, sur ce sujet, ci-dessous p. 139 et Appendice I, p. 426.

2. Cf. ci-dessus p. 131 texte et note.

mode infini, pour le prêter à Dieu, l'analogue de ce que nous trouvons en nous, nous perdons le pouvoir de le penser par un concept positif, propre et direct. Pas plus donc dans le miracle qu'ailleurs, la cause suprême ne descend au niveau des agents ordinaires : elle reste, non seulement au delà de nos expériences, mais même au-dessus de toutes nos pensées.

2° Le miracle implique en Dieu mutabilité ou impuissance (*Voltaire, M. A. France,* etc.)

C'est la vieille et si peu philosophique objection voltairienne, que l'on s'étonne de voir traîner encore dans des ouvrages récents. « Dieu, dit Voltaire, ne pouvait déranger sa machine que pour la faire mieux aller ; or il est clair qu'étant Dieu, il a fait cette immense machine aussi bonne qu'il l'a pu : s'il y a vu quelque imperfection résultant de la nature de la matière, il y a pourvu dès le commencement ; ainsi il n'y changera jamais rien... Pourquoi Dieu ferait-il un miracle ? Pour venir à bout d'un certain dessein sur quelques êtres vivants ? Il dirait donc : Je n'ai pu parvenir par la fabrique de l'univers, par mes décrets divins, par mes lois éternelles, à remplir un certain dessein ; je vais changer mes éternelles idées, mes lois immuables, pour tâcher d'exécuter ce que je n'ai pu faire par elles. Ce serait un aveu de sa faiblesse, et non de sa puissance... Ainsi donc, oser supposer à Dieu des miracles, c'est lui dire : Vous êtes un être

faible et inconséquent[1]. » M. Anatole France répète
les mêmes légers propos. Dieu, d'après lui, ne pourrait faire de miracle « qu'en établissant une pitoyable
distinction entre les manifestations générales et les
manifestations particulières de son activité, en recon-
naissant qu'il fait de temps en temps des retouches
timides à son œuvre, et en laissant échapper cet aveu
humiliant que la lourde machine qu'il a montée a
besoin à toute heure (!) pour marcher cahin-caha, d'un
coup de main du fabricant[2]. »

Tout cela est d'une métaphysique un peu courte.
Inutile de relever chez M. France le supposé absurde
et contradictoire, déjà signalé ailleurs[3], que le miracle serait un fait habituel : c'est prendre justement
le contre-pied de l'hypothèse à examiner. Mais pour
aller tout de suite au fond des choses, ces motifs
terre à terre prêtés à Dieu dans l'accomplissement
du miracle, révèlent une bassesse de conception et
une puérilité d'esprit faites pour surprendre. Ce
n'est pas ainsi que ceux qui croient au miracle divin
le conçoivent. Le but qu'ils lui assignent n'est pas
physique, mais moral. Il ne s'agit pas de faire mieux
marcher une machine, mais de traduire une intention, en choisissant un moyen approprié — le seul
approprié — pour cela. Il s'agit, par un événement
extraordinaire et tranchant sur le reste, de frapper
l'attention de l'homme, afin qu'il tourne ses regards
vers Dieu. Le miracle ne reprend pas une œuvre

1. *Dictionnaire philosophique* au mot *Miracle*.
2. *Le Jardin d'Epicure*, p. 209.
3. Ch. II, p. 71, 79.

que la création aurait manquée; il en commence une autre. La nature n'est pas un échec en comparaison du miracle : tous deux sont des réussites mais d'espèce et de finalité différentes.

De même, le changement de desseins, dont on croit voir l'indice dans le miracle n'est que l'illusion d'un anthropomorphisme vraiment trop naïf. Comme Dieu choisit, par un seul décret infini, — qui s'identifie à son essence, — la diversité innombrable des êtres et des lois, il veut aussi, d'un même dessein éternel, l'ordre de la nature et les exceptions miraculeuses. Il n'y a là que deux termes hétérogènes, également contingents, également subordonnés, de l'activité divine. *Entre eux*, ils forment contraste ; ils s'opposent et se succèdent l'un à l'autre ; de l'un à l'autre il y a changement ; — mais ni l'un ni l'autre n'est en contraste avec une volition divine quelconque ; ni l'un ni l'autre ne suppose en Dieu une volition spéciale, qui serait sa raison suffisante, à lui exclusivement, et à laquelle une autre volition pourrait s'opposer. L'Être immuable et nécessaire n'est pas plus atteint par le caractère contingent du miracle que par celui du monde actuel. D'après la doctrine théiste, les événements naturels ne s'imposent pas à lui avec plus de nécessité que le miracle : la nature procède, elle aussi, du bon plaisir de Dieu. « *Id enim*, dit saint Augustin, *erit cuique rei naturale quod ille fecerit a quo est omnis modus, numerus, ordo naturæ*[1] .» On demande, à propos du miracle, comment

---

1. Contra Faustum Lib. XXVI, n° 3 (Migne, *P. L.* Tome 42, p. 480).

le contingent peut procéder du nécessaire : il faudrait le demander aussi à propos de la nature. La difficulté est la même de part et d'autre. Elle provient de ce mirage intellectuel qui nous fait apercevoir, au delà de toute contingence, une autre contingence plus lointaine, qui serait censée rendre compte de la première : alors qu'aucune contingence ne s'explique définitivement que par la nécessité : 'Aνάγκη στῆναι.

3° Le miracle implique en Dieu un manque de sagesse ou de dignité (Voltaire, M. Séailles, etc.).

« Il est impossible, dit Voltaire [1], de concevoir que la nature divine travaille pour quelques hommes en particulier, et non pas pour tout le genre humain : encore même le genre humain est bien peu de chose; il est beaucoup moindre qu'une petite fourmilière en comparaison des êtres qui remplissent l'immensité. Or n'est-ce pas la plus absurde des folies d'imaginer que l'Être infini intervertisse, en faveur de trois ou quatre centaines de fourmis, sur ce petit amas de fange, le jeu éternel de ces ressorts immenses qui font mouvoir tout l'univers? » Le miracle, répète M. Séailles [2], « nous apparaît aujourd'hu

1. *Loc. cit.*
2. *Les affirmations de la conscience moderne*, p. 33. Ces « affirmations » sont discutées en détail dans l'intéressant opuscule de M. Sortais : *La Providence et le Miracle.*

comme un procédé puéril, enfantin, indigne d'une haute intelligence, à laquelle il ne saurait convenir de troubler le règne des lois qu'elle a établies. Ces petits accrocs faits arbitrairement dans la trame des phénomènes, ces coups d'Etat minuscules en un point de l'espace et du temps, alors que par millions les mondes lancés dans l'immensité silencieuse obéissent à la souveraineté de la loi, sont des jeux dignes tout au plus d'un génie de conte de fées. »

Cette objection ne dépasse pas le niveau de la précédente. Le miracle, exception déraisonnable? Oui, s'il est accompli par caprice, « arbitrairement », sans motif proportionné. Mais si un tel motif existe, pourquoi donc ? Où prend-on qu'il soit « indigne d'une haute intelligence » de déroger, pour des raisons suffisantes, à un plan d'ensemble, d'introduire des modifications passagères, bien motivées, dans un ordre établi [1] ? En ce cas, l'exception même, qui n'affecte qu'un ordre subordonné, rentre dans un ordre supérieur. L'objection repose sur une déformation de l'hypothèse indiquée. Les tenants du miracle ne nous le présentent pas comme une action ayant sa fin en elle-même, dépourvue de motifs, accomplie simplement par « jeu », pour le plaisir d'exercer une puissance oisive. Ils lui donnent au contraire de hautes et profondes raisons. N'est-ce point, par exemple, un motif élevé, parfaitement digne de la Sagesse et de l'Amour infinis, que

1. D'ailleurs il importe de se rappeler ici qu'aucune loi de la nature physique n'implique de nécessité absolue. Cf. ci-dessus p. 62 et 63, et ci-dessous p. 201 et Appendice III.

d'enseigner aux hommes la voie du bien et du salut ?
Le miracle chrétien nous est donné comme le préambule, le signe ou la confirmation d'un ordre de
choses où l'homme serait ennobli spirituellement
d'une façon incomparable, élevé jusqu'à l'union
intime avec Dieu [1]. Prenons l'hypothèse telle qu'elle
est, sans y adhérer comme à un fait réel, mais comme
une simple possibilité dont nous devons apprécier
équitablement le caractère, comme un plan auquel
il faut laisser ses lignes exactes avant de rien
objecter contre sa réalisation. Or ce plan est dominé
par un trait essentiel : la fin que nous avons
dite, la divinisation de l'humanité. De quel droit la
supprime-t-on ? Et si on la laisse en lumière, si tout
le reste s'y ordonne, l'ensemble ne prend-il pas, de
ce chef, un sens très élevé ? Trouve-t-on vraiment
encore que les moyens qui préparent une telle fin
ressemblent à des jeux puérils ? Qu'à ce moment de
la discussion où nous sommes, un incroyant de
bonne foi nous dise : « Ce dont vous parlez n'est peut-
être qu'un rêve », nous l'admettons sans peine. Du
moins devra-t-il avouer que le rêve est noble et que
l'hypothèse mérite toutes les critiques avant celle
de mesquinerie.

L'humanité, même prise dans son ensemble, est à

---

1. Nous ne citons ce miracle qu'à titre d'exemple, d'échantillon de
l'hypothèse examinée, et pour que l'on voie si quelque espèce de miracle
au moins n'échappe pas à l'objection présente. D'autres miracles peut-
être pourraient être allégués, sur lesquels il faudrait raisonner proportionnellement comme nous allons faire sur ceux-ci. Toute une catégorie
par exemple a pour but avoué de mettre en saillie la grandeur, la
majesté, la sainteté infinie de Dieu.

la vérité peu de chose devant Dieu. Hâtons-nous
d'ajouter cependant que « les ressorts immenses qui
font mouvoir l'univers », que « les mondes lancés
dans l'immensité silencieuse» sont beaucoup moins
encore. La « petite fourmilière » a quelque chose de
plus que tous « les êtres qui remplissent l'immensité », car l'importance des créatures ne se mesure
pas à leur taille ni à leur masse. « Quand l'univers
l'écraserait, l'homme serait encore plus noble que
ce qui le tue »... Cela dit, il faut répéter l'aveu
que l'homme lui-même, — individu ou collectivité,
— n'est pas un terme proportionné aux sollicitudes
infinies de Dieu. Il faut renoncer à chercher, hors de
Dieu, un terme de ce genre, une *dignité* préexistante
qui désignerait une créature à l'attention du Maître
suprême. Non, ce n'est pas elle qui monte jusqu'à
Lui pour l'attirer vers elle; c'est Lui qui, spontanément, s'incline et condescend, c'est Lui qui franchit la
distance qui Le sépare d'elle. C'est le propre de la
Liberté souveraine de créer la raison de ses préférences et d'être maîtresse absolue de ses choix. Mais
d'autre part rien n'est trop petit pour échapper à
l'Intelligence infinie ; rien de moral n'est indifférent
à la Justice absolue ; rien n'est trop bas pour la Miséricorde et l'Amour éternels. Voilà qui explique que
Dieu puisse déployer des soins excessifs en des sphères parfois minuscules ; voilà quelques-uns des motifs qui peuvent rendre plausible *a priori* une intervention extraordinaire de Dieu, soit en faveur de
l'humanité entière, soit à l'égard de quelques privilégiés.

M. Séailles insiste cependant, et son insistance met de plus en plus en lumière sa rare incompréhension du problème qu'il tranche si net. « J'ajoute, écrit-il, que le miracle particulier, localisé, favorisant tel individu au hasard, humilie Dieu, quand on le compare à ce que l'homme a su faire, par lui-même, par sa science, par son industrie. En vérité quelle figure fait ce Dieu tout bon, tout puissant, qui sur des milliers de pèlerins réussit quelques guérisons contestées, qu'on enregistre comme des victoires, en face du savant qui, par le sérum de la diphtérie, arrache chaque année des milliers d'enfants à la mort [1]. » C'est toujours le même oubli de la portée morale du miracle. M. Séailles ne lui reconnaît que des utilités matérielles : améliorer les santés, remettre les corps en bon état ! Et comme, par définition, le miracle est un phénomène rare, son cas est clair, et son infériorité, comme agent thérapeutique, démontrée. Le raisonnement est simple et à la portée des esprits les plus frustes.

Malgré l'étonnement que le lecteur éprouvera sans doute à voir la discussion descendre sur un pareil terrain, restons-y un instant, puisque c'est celui qu'a élu le professeur de philosophie de la Sorbonne. Même en faisant abstraction de tout le reste, on pourrait fortement contester l'infériorité du miracle au simple point de vue physique. Il y a là autre chose qu'une question d'arithmétique et d'autres supériorités à considérer que celle du nombre. Supposons

1. *Op. cit.* p. 34.

quelques miracles réels, en face des réussites
quotidiennes de la science. Pour obtenir celles-ci,
l'homme a opéré à sa manière, par l'application de
moyens variés, par des tentatives infructueuses en
nombre indéfini, jusqu'au jour où, ayant trouvé la
bonne voie, il peut y marcher à coup sûr et sans
arrêt. Dieu aussi a opéré à sa façon. L'action divine
extraordinaire est intermittente. Si l'on admet un
Dieu intelligent et libre, il faut lui laisser le choix
des moments et des circonstances[1]. Mais quand il a
décidé d'agir, son action est sûre, immédiate, souveraine : elle se passe de moyens et ignore les tâtonnements. Cela est bien aussi une supériorité physique,
et c'est cela même qu'implique l'idée d'un miracle
divin[2]. Cela pourtant n'empêche pas M. Séailles
d'adjuger à l'homme un premier prix... Il semble
en vérité supposer que Dieu essaie tout le temps des
prodiges, et qu'il n'en réussit que quelques-uns, à
grand'peine. Cette conception grotesque est bien
en effet la seule qui donne un sens à l'objection[3]...

---

1. Le bon plaisir divin n'implique pas le hasard. Il en est même exactement l'opposé. Mais, encore une fois, la raison des préférences divines
n'est qu'en Dieu seul. Voir la page 142.

2. « L'intervention divine procède, par hypothèse, autrement que la
volonté humaine ; elle produit des effets sans moyens ou avec des
moyens qui sont en eux-mêmes insuffisants. » John Stuart Mill. *Essais
sur la religion*. IIIe Essai. 4e partie (p. 214 de la traduction Cazelles).

3. M. Séailles réduit les miracles à des faits « contestés ». Que la
contestation soit plus vive autour du miracle qu'autour de faits fréquents,
prévus, et d'ailleurs indifférents au point de vue philosophique, moral
et religieux, cela s'explique aisément sans recourir à aucun élément
d'infériorité intrinsèque à l'œuvre divine. Mais si l'auteur des « affirmations de la conscience moderne » faisait du mot « contesté » le synonyme
de « contestable », s'il prenait pour accordé que tous les miracles sont

Restituons maintenant au miracle sa portée spirituelle. Il va grandir par-dessus toutes les œuvres purement physiques. Aux yeux de M. Séailles, c'est peu de révolutionner l'humanité, comme l'a fait la doctrine chrétienne appuyée sur les miracles de Jésus-Christ. L'application d'un sérum est quelque chose de bien plus fort... N'insistons pas ; et excusons-nous d'avoir traité sérieusement ce qui n'est sans doute, au fond, qu'une mauvaise plaisanterie, risquée au cours d'une œuvre de polémique vulgaire.

4° Le témoignage de l'expérience infirme la probabilité d'une intervention divine (Hume et Stuart Mill).

§ I. — **Partie de l'objection commune à Hume et à Stuart Mill.** — *Le miracle ne cadre pas avec ce que l'expérience nous apprend du gouvernement invariable de Dieu.*

« Que l'Etre auquel nous attribuons le miracle, dit Hume, soit, dans l'espèce, tout-puissant, cela ne fait pas croître le moins du monde la probabilité

contestables, c'est-à-dire mal établis et dépourvus de preuves, il émettrait une affirmation gratuite et qui rendrait d'ailleurs toute son argumentation inutile. En effet, si l'action divine est supposée inexistante ou du moins inaccessible à la certitude, la question est close, et il n'y a plus à établir de comparaison entre le miracle et l'action humaine : « en face du savant », il n'y a plus personne

du miracle. Car nous ne pouvons connaître les
attributs ou les actions d'un tel Etre, sinon par
l'expérience que nous avons de ce qu'il produit dans
le cours habituel de la nature[1] ». Stuart Mill reprend
cet argument, le précise et le renforce : « On ne peut
dit-il, décider [la question du miracle] qu'en s'appuyant
sur ce que l'on sait, ou sur ce que l'on peut raisonnablement conjecturer sur la façon dont Dieu gou-
verne l'univers. » Or « tout ce que nous savons par
l'observation de la nature nous prouve... que le gouvernement de Dieu se fait au moyen des causes
secondes, que tous les faits, ou, au moins, tous les
faits physiques, découlent uniformément de conditions physiques données, et n'ont jamais lieu que
lorsque l'ensemble des conditions physiques qu'il
faut pour les produire se trouve effectivement
réuni[2] ».

M. Ménégoz a repris cette objection. A propos du
miracle du cadran d'Achaz[3], il écrit : « Je ne dis pas :
Dieu ne *pourrait*, s'il le voulait, faire dévier l'ombre ;
je dis qu'il ne le *veux pas*. C'est une conviction scientifique que j'ai acquise par l'observation immédiate
de la volonté de Dieu dans les phénomènes de la
nature[4]. »

---

1. Hume : *Essays and treatises on several subjects, An inquiry concerning human understanding.* Section X : *Of miracles.* (T. II. p. 135 et 136
de l'édition d'Edimbourg 1809.) La plus grande partie de l'argumentation de Hume a trait à la critique historique des témoignages. Nous
la retrouverons plus loin.
2. *Essais sur la religion. Le théisme.* 4ᵉ partie. Trad. Cazelles, p. 217
et 218. Voir aussi quelques mots dans le même sens : *Système de logique.*
Trad. Peisse, t. II, p. 166.
3. IVᵉ Livre des Rois : chap. 20, 11.
4. *Publications diverses sur le fidéisme* T. I. p. 198.

Réduit à ces proportions, l'argument se confond avec celui que nous avons examiné au chapitre II. C'est en effet, de nouveau, le procédé inductif employé contre le miracle. Après ce que nous en avons dit, il n'est plus besoin d'y insister. Les présomptions tirées de l'expérience, auxquelles on se réfère, ne prouvent qu'une seule chose : c'est que le miracle, s'il existe, ne peut être qu'un phénomène d'exception : ce qui est exactement notre thèse. Mais on ne saurait leur attribuer la vertu de décider, à elles seules, que le miracle est impossible, ou simplement qu'il n'a jamais eu lieu. En effet, comme nous l'avons remarqué, ou bien on prend l'expérience au sens restreint, en entendant par là l'expérience commune, habituelle, en ne tenant pas compte des attestations favorables au miracle : et alors, il est clair que le témoignage invoqué ne nous renseigne que sur le cours habituel des choses, sans rien nous dire de la possibilité ou de l'impossibilité des exceptions. Ou bien l'on donne à l'expérience une ampleur universelle, en lui faisant embrasser tout le témoignage humain : et alors, elle ne pourra fournir contre le miracle une réponse ferme qu'après que l'on aura discuté et prouvé irrecevables les attestations favorables à ce dernier.

§ II. — L'objection précisée et corrigée par Stuart Mill

Aussi Stuart Mill ne s'est-il pas tenu à ces affirmations sommaires. Il a attaqué directement les témoignages qu'on y opposait; il s'est efforcé de déprécier *le genre de preuve* qu'ils pouvaient contenir. L'intervention divine, prétend-il, devient improbable, si l'on fait attention que sa possibilité et son exercice de fait ne se fondent que sur une « inférence spéculative », tandis que l'enchaînement régulier des phénomènes est l'objet d'une expérience constante. On compare les effets de la volonté divine dans le miracle à ceux de notre volonté sur les choses matérielles. Mais de notre vouloir et de son efficacité, nous avons un « témoignage direct » : celui de la conscience et de la perception; tandis que c'est le pur raisonnement qui nous conduit à supposer que la volonté divine s'exerce de façon particulière en tel événement. « Si nous avions le témoignage direct de nos sens pour un fait surnaturel, on pourrait le constater et le rendre aussi certain que tout fait naturel. Mais ce témoignage nous fait toujours défaut. Le caractère surnaturel du fait est toujours... matière d'inférence ou de spéculation[1]. »

Du moins l'inférence qui conclut au miracle est-elle solide? Non, répond Stuart Mill; elle vacille sous le heurt des probabilités de sens inverse. D'abord, à l'hypothèse surnaturelle, on peut toujours opposer l'hypothèse, probable elle aussi, d'une cause naturelle inconnue. Certes, « ceux qui croient déjà à une puissance surnaturelle, peuvent bien trouver l'hypothèse surnaturelle plus probable que la naturelle »; mais pour qu'ils aient le droit de s'y arrêter

---

1. Stuart Mill, *op. cit.* p. 219.

définitivement, ils doivent être certains que le
prétendu miracle cadre avec ce que nous savons des
attributs de Dieu et de ses modes d'agir [1]. Or ceci,
d'après l'auteur des *Essais sur la religion*, ne peut
jamais être établi que d'une façon problématique. En
preuve, il examine les attributs divins auxquels le
Christianisme rapporte particulièrement le miracle.
Il ne les prend point en eux-mêmes et comme
déduits de l'essence divine, mais il les observe dans
le monde. Il se demande si ce qu'il voit de la bonté,
de la puissance et de la sagesse divine favorise ou
non l'hypothèse du miracle. Si Dieu a été bon, dit-il,
jusqu'à « déroger une fois à son système ordinaire
de gouvernement » pour révéler à l'homme la vraie
religion, pourquoi laisse-t-il subsister, dans la
pauvre humanité, tant de mal et de souffrance ? S'il
est capable de faire des miracles en notre faveur,
pourquoi en fait-il si peu ? Si la révélation du Christianisme, grâce aux miracles de Jésus-Christ, était
un bien si grand, pourquoi Dieu l'a-t-il si longtemps
différée? L'examen des voies de Dieu ici-bas nous
suggère la pensée que sa bonté n'est pas entière à
notre égard, ou bien qu'elle n'a pas les mains complètement libres [2]; et de ce chef, la probabilité antécédente du miracle s'atténue et s'obcurcit. Enfin une

---

1. *Ibid.*, p. 220.
2. Ceci implique l'hypothèse d'un Dieu fini, qui est, comme on le
sait, adoptée par Stuart Mill. D'ailleurs, il a bien vu que le problème
du mal n'est pas, comme on le dit souvent, un argument contre l'existence d'un auteur du monde, mais contre sa toute-bonté ou sa toute-
puissance.

dernière raison met la prétendue bonté qui se manifesterait dans le miracle, en opposition avec l'économie de moyens extraordinaires qui se manifeste
en réalité dans le gouvernement divin. « La bonté
de Dieu n'apporte aucune présomption en faveur
d'une dérogation à son système général de gouvernement, à moins que le but favorable n'ait pu être
atteint sans dérogation. Si Dieu voulait que l'humanité reçût le Christianisme, ou tout autre don, il eût
été plus conforme à tout ce que nous savons de son
gouvernement d'avoir tout disposé dans le plan de
la création pour faire surgir le Christianisme au
moment fixé par le développement naturel de l'humanité, et, disons-le, tout ce que nous savons de l'histoire de l'esprit humain, tend à prouver qu'il en est
réellement ainsi [1] ».

Telles sont, pour Stuart Mill, les raisons de révo-
quer en doute l'intervention surnaturelle de Dieu,
même à propos d'un fait extraordinaire qui se trouverait bien établi. A côté d'elles, dans cette balance
des probabilités qui clôt son étude, il place, comme
Hume, les objections relatives aux témoignages de
fait favorables au miracle. Puis il conclut. Sa conclusion est curieuse. Elle n'est pas catégorique. Dépourvus de preuves décisives, « les miracles n'ont
aucun titre au caractère de faits historiques ». Cependant, comme ils ne sont pas absolument impossibles, nous pouvons « espérer » que ceux qui se

---

1. *Op. cit.* p. 221.

trouvent relatés dans l'histoire des origines chrétiennes sont arrivés[1].

*
* *

Parmi les considérants de cette conclusion, nous laisserons ici de côté le dernier, celui que nous nous sommes bornés à indiquer et qui concerne la valeur des témoignages de fait. Cette partie de l'argumentation est la moins originale, et nous la retrouverons ailleurs, lorsque nous nous occuperons des problèmes de critique historique que soulèvent les récits merveilleux [2]. Mais il faut examiner en détail les premiers considérants, ceux que nous avons analysés en leur totalité, et qui vont contre la possibilité d'attribuer à Dieu un fait extraordinaire quelconque même dûment établi.

Une question préalable : le sens du mot « cause ». — Quand on discute avec des auteurs comme Hume et Stuart Mill, il faut prendre garde de leur attribuer une métaphysique réaliste qui ne serait point la leur. N'oublions pas en particulier que le second de ces écrivains a construit une philosophie de l'expérience, dont toute l'ambition est de rester immergée dans l'observation sans la dépasser jamais. Quand donc il nous parle de chercher la *cause* d'un événement, où prétend-il nous conduire ? Devons-nous croire qu'il donne aux mots le même sens que dans son *Système de Logique* ? « Je préviens, écrit-il dans cet

1. *Ibid.* p. 225, 226.
2. Cf. ci-dessous, Livre II.

ouvrage à propos de la théorie de l'induction, que lorsque, dans le cours de cette discussion, je parle de la cause d'un phénomène, je n'entends pas parler d'une cause qui ne serait pas elle-même un phénomène. Je ne m'occupe pas de la cause première ou ontologique de quoi que ce soit... La seule notion dont la théorie de l'induction ait besoin est celle qui peut être acquise par l'expérience. La loi de Causalité, qui est le pilier de la science inductive, n'est que cette loi familière, trouvée par l'observation, de l'inviolabilité de succession entre un fait naturel et quelque autre fait qui l'a précédé, indépendamment de toute considération relative au mode intime de production des phénomènes et de toute autre question concernant la nature des choses en elles-mêmes[1].»

Si l'on définit ainsi les termes, il est clair que la discussion sur le miracle est close. Le débat n'a plus de sens. Si cause veut dire antécédent phénoménal invariable, — comme le miracle serait précisément un fait privé des antécédents phénoménaux ordinaires, — il n'y a plus à chercher s'il se produit des miracles, ni à donner des raisons pour prouver qu'il ne s'en produit pas. Cependant Stuart Mill s'est cru obligé d'en fournir et de remonter, pour les trouver, jusqu'aux attributs divins.

Tel événement a-t-il une cause naturelle ou surnaturelle? Si l'on formule sérieusement cette question, on admet par le fait même la possibilité d'une cause ontologique efficiente. Car la cause surnaturelle au

---

1. *Système de logique*. Trad. Peisse. T. I. p. 369, 370.

moins serait cela. En effet, elle consisterait, par hypothèse, en un antécédent non phénoménal, situé hors
de la zone de l'expérience, non uniforme, non constant, puisqu'il ne se pose que de façon intermittente
et exceptionnelle. Alors quel serait son rôle, sinon
l'influence causale au sens métaphysique, l'efficience
proprement dite, la *production* de l'effet?

Encore une fois, tel événement a-t-il une cause
naturelle ou surnaturelle? On ne peut poser la question
sans laisser au mot cause le même sens sous ses deux
qualificatifs. On demande en effet qui exerce la causalité efficiente : l'agent naturel ou l'agent surnaturel? Si on admet ce genre de causalité dans l'ordre
surnaturel, on doit l'admettre, comme corrélatif
indispensable, dans l'ordre naturel. Si l'on opte contre la causalité surnaturelle, si on l'estime superflue,
si l'on pense bien expliquer toute chose sans elle,
c'est évidemment que l'on estime que son rôle est
rempli par un agent naturel. L'hypothèse confronte
deux éléments, capables de se suppléer et de se
remplacer. Elle deviendrait l'incohérence pure, si
l'on supposait qu'un phénomène n'a besoin d'être
produit que par exception, et que c'est là un luxe,
une surérogation, dont pour l'ordinaire il se passe.

Stuart Mill lui-même reconnaît avec quelque mol-
lesse, mais enfin il reconnaît formellement, un Or-
donnateur suprême dont le monde réalise les plans[1].
« Sa puissance, dit-il, sinon son intelligence, doit
être tellement supérieure à celle de l'homme qu'elle

1. *Essais sur la religion. Le théisme. Première partie. Argument tiré des
signes de plan dans la nature.* Traduction citée p. 155 sq.

défié tout calcul[1] ». Voici donc une réalité bien éloignée de nos perceptions. Elle habite une région mystérieuse où n'atteignent ni nos observations ni nos instruments. Elle n'est pas un phénomène, elle ne ressemble en rien aux « antécédents » que découvrent la physique et la chimie. Quand on dit qu'elle opère quelque chose dans le monde, on en fait évidemment une vraie cause, au sens plein et fort. La question est seulement de savoir si cette cause première, outre ses opérations ordinaires, que nous appelons naturelles, a encore un autre mode d'agir, que nous appelons surnaturel. — Pour que la question du miracle, telle que la pose Stuart Mill, ait un sens, il faut donc donner au mot cause sa signification ordinaire.

1. *Examen de la première objection de Stuart Mill : en faveur d'une intervention miraculeuse de Dieu, on n'allègue que des inférences spéculatives incapables de neutraliser le témoignage de l'expérience.* — 1° Stuart Mill établit une opposition tranchée entre la découverte d'une cause naturelle et phénoménale, — découverte qui serait d'après lui l'œuvre de l'expérience pure, — et l'inférence spéculative qui conclurait à Dieu. Il s'exprime parfois comme si, dans l'ordre naturel, nous voyions la causalité à nu, avec nos yeux. Il semble croire qu'elle s'impose à notre perception, et que nous sommes passifs sous cette impression. Il se déclarerait, dit-il, convaincu de l'intervention miraculeuse de Dieu, s'il la constatait,

1. *Ibid. Deuxième partie*, p. 163.

comme les autres faits extérieurs, par ses sens. La supposition ne lui paraît pas absurde. « Evidemment, dit-il, il est impossible de soutenir que si un fait surnaturel arrive réellement, la preuve de cet événement ne puisse être accessible aux facultés humaines. *Le témoignage de nos sens peut prouver ce fait comme d'autres choses.* Pour mettre les choses au pire, supposons que j'aie vu et entendu réellement un Etre, soit de forme humaine, soit d'une forme qui m'était auparavant inconnue, commander à un monde nouveau d'exister, et ce monde nouveau surgir réellement à l'existence et commencer à se mouvoir dans l'espace à ce commandement. *Incontestablement cette preuve ferait passer la création des mondes de l'état de pure conception à celui de fait d'expérience*[1]. » Exemple d'une naïveté enfantine ! Gardons-le cependant puisqu'on nous le propose. Il ne prouve pas ce que Stuart Mill veut lui faire prouver. Car, en passant sur toutes les absurdités de cette perception oculaire d'un *phénomène de création*, il y aurait ici beaucoup à raisonner avant de conclure. Il faudrait s'appuyer quelque peu sur les analogies de l'action humaine pour donner au fait sa signification, et aussi sans doute trouver moyen d'écarter l'hypothèse que Stuart Mill a bien soin de poser ailleurs : celle d'une cause inconnue dissimulée derrière les phénomènes visibles.

Il en va de même partout. Cette opposition grossière et crue entre des causes que l'on n'aurait qu'à

1. *Op cit.*, p. 203. C'est moi qui souligne. Cf. le texte cité p. 148.

voir, et d'autres qu'il faudrait établir par inférence,
ne se réalise nulle part. On ne découvrira même pas
des causes du premier genre dans l'induction purement scientifique, même pas si l'on donne au mot
« cause » ce sens étriqué et superficiel dont nous
avons parlé. Car l'antécédent invariable, le fait mis
à part du reste et investi de la fonction d'avant-cou-
reur indispensable, n'est pas un pur phénomène,
objet de perception brute ; c'est une donnée déjà
philosophiquement élaborée. Par les méthodes délicates, que l'auteur du *Système de logique* a si bien
analysées, on a dissocié le bloc des antécédents de
fait pour y chercher l'antécédent privilégié. Une part
considérable d'argumentation se mêle ici aux données d'expérience ; une dialectique subtile et souple
est partout aux aguets : elle enfile les observations,
les encadre et les commente. L'expérience nous
offre des liaisons constantes, mais à l'état enveloppé,
confus : et c'est le raisonnement qui les démêle.

Si maintenant nous creusons plus avant et si nous
restituons à l'idée de causalité sa signification entière, si nous réintroduisons ici cette notion ontologique, dont nous avons vu que Stuart Mill devait
faire et avait fait usage, nous sortons pour tout de
bon du terrain expérimental. Or, nous l'avons fait
observer en discutant le déterminisme inductif [1], une
métaphysique est bien souvent latente à l'intérieur
des raisonnements scientifiques. En dépit des dénégations de surface, elle se reconnaît, dans l'analyse

---

1. Ci-dessus, chapitre II, p. 59.

des phénomènes, à l'emploi de certaines notions
proprement philosophiques, comme celles de proportion ou de convenance entre les antécédents et
les conséquents.

Mais c'est surtout dans l'explication — quelle
qu'elle soit, naturelle ou surnaturelle, — d'un phénomène censé miraculeux, que la métaphysique apparaît évidente, inévitable. Il faut trouver la cause de
l'événement. Or, par hypothèse, l'expérience con-
sultée ne l'indique pas. Elle n'explique rien. Sur les
conditions d'existence du phénomène, elle est muette.
Il n'y a pas ici de cause actuellement observable. Dès
lors, théistes ou athées sont également forcés, s'ils
veulent fournir une explication, de chercher au delà
de l'expérience. Et cela est si vrai que Stuart Mill,
— comme tous ceux qui repoussent l'explication surnaturelle, — nous propose d'imaginer une cause
naturelle inconnue, située hors des prises de l'observation. Nous quittons donc, de l'aveu de tous, la
région où tombe le plein jour de l'expérience, pour
nous enfoncer dans la *terra incognita*, où le raisonnement seul nous montre la direction. Et si nous
aboutissons à l'explication naturelle plutôt qu'à l'explication surnaturelle, ce sera, dans un cas comme
dans l'autre, par des moyens extra-expérimentaux.
Nos options métaphysiques nous auront orientés.

Donc, quelque parti que l'on prenne, quelque
horreur que l'on ait pour l'ontologie, à quelque
conclusion naturaliste ou matérialiste que l'on s'arrête, on ne se passera pas des « inférences spéculatives ».

2° J'entends bien que l'on insiste. On dit : la cause naturelle inconnue que j'imagine est le reflet de mes observations passées; je la confectionne à leur image, avec leurs analogies. L'expérience est donc, pour ainsi dire, la doublure de mes raisonnements. Tandis qu'en me lançant dans les hypothèses surnaturelles, je quitte décidément le sol visible et tangible et ne suis plus soutenu que par les ailes de la spéculation. L'antécédent naturel que je suppose sans le voir est d'ordre phénoménal : il se trouve dissimulé par accident, par hasard, mais en droit il appartient au monde de l'expérience; un jour viendra peut-être où il sera directement perçu, sinon dans son influence causale, au moins dans son apparence extérieure. Et enfin, comme le dit encore Stuart Mill, c'est pour ainsi dire l'expérience même qui nous conduit vers la supposition d'un agent naturel caché ; car elle nous montre souvent des faits naturels dont les causes demeurent inconnues, tandis que sur un agent surnaturel, tel que Dieu, elle ne nous apprend absolument rien[1].

Avant d'apprécier ces remarques, notons qu'elles ne répondent en aucune façon à ce que nous avons dit de la nécessité des inférences spéculatives. Car c'est une chose d'employer des concepts calqués sur l'expérience; et c'en est une autre d'affirmer qu'il ne faut pas chercher d'explication hors de l'expérience. Une philosophie naturaliste a cet avantage incontestable de ne déconcerter ni l'intelligence

---

1. *Op. cit.*, p. 215.

moyenne, ni l'imagination. Les tableaux qu'elle trace
sont, en effet, exactement copiés sur la réalité vulgaire. Ceci est un fait évident que personne ne songe
à nier. Mais après tout, il reste que la philosophie
naturaliste est une philosophie, — qu'elle raisonne
et qu'elle conclut, et que l'on peut discuter ses conclusions. Peu importe que les idées et les images
qu'elle met en œuvre portent la marque toute fraîche
de leur passage à travers les sens : il demeure établi que l'attribution d'un certain phénomène à une
certaine cause n'est pas l'œuvre de l'expérience.
pure, mais celle du raisonnement. Dans une telle
attribution, le nerf de la pensée est bien en relief.
Pourquoi le partisan de l'explication naturaliste cher-
che-t-il dans ses expériences passées de quoi figurer
et vêtir sa pensée, sinon parce qu'une préférence
métaphysique l'a confiné dans les sphères naturelles ?
Cette préférence, nous dit-on, est fondée sur des inductions rigoureuses. Nous avons examiné cette prétention autre part[1]. Ici, ce n'est pas elle qui est en
question. Quoi que vaillent les fondements expérimentaux, une philosophie a surgi sur eux, et c'est
elle maintenant qui entre en jeu. Désormais on
n'expérimente plus, on spécule : il faut le reconnaître bon gré mal gré.

Et maintenant que vaut en définitive cette spéculation ? ou plutôt que vaut la règle de méthode dont

1. Au chapitre II.

elle s'inspire? Stuart Mill nous donne cette règle comme indiscutable, comme allant de soi. Il ne se met pas en peine de l'établir. Il se borne à présenter l'opinion adverse sous un jour qui la rend tant soit peu ridicule. « Les principes les plus vulgaires d'un jugement sain, dit-il, nous interdisent de supposer, pour un effet, une cause dont l'expérience ne nous a absolument rien appris, à moins que nous n'ayons constaté l'absence de toutes celles que l'expérience nous a fait connaître[1] ». En vérité, ce langage donnerait à croire qu'une cause naturelle suffisante s'offrant aux partisans du miracle, ils se détournent d'elle pour lui chercher une remplaçante, inventée à plaisir! Or, dans l'hypothèse en question, on commence justement par constater que, parmi les causes « que l'expérience nous a fait connaître », *aucune ne se montre*. De par l'expérience, la place de cause est donc vide, et en tout cas, il faut s'adresser ailleurs pour trouver de quoi la remplir.

Du moins cette recherche devra-t-elle s'efforcer de rejoindre l'expérience, en se laissant dominer par le souci exclusif d'aboutir à ce qui s'en rapproche le plus? Pourquoi? On ne voit pas bien quelle nécessité logique ou métaphysique la pousserait dans cette voie resserrée, vers un but choisi et prescrit d'avance. « Y a-t-il rien, dit Stuart Mill, que l'expérience nous montre plus fréquemment que des faits physiques inexplicables pour notre connaissance[2] ? »

1. *Op. cit.*, p. 215.
2. *Ibid.*

C'est donc à quoi se réduisent ces fameux enseignements de l'expérience sur lesquels l'auteur des
Essais faisait si grand fond. On peut mesurer leur
portée exacte. De ce qu'il y a *des* phénomènes naturels
dont la cause nous échappe, bien que située à coup
sûr dans la sphère de l'expérience, de cette prémisse
exiguë et rigoureusement circonscrite, on ne fera
jamais sortir cette conclusion énorme que *tout ce qui
n'est pas expliqué* doit l'être par une cause naturelle.
L'inférence soi-disant expérimentale, qui essaierait
ce tour de force, paraîtrait à bon droit plus hardie et
plus risquée que n'importe quelle « inférence spéculative »... Il faut conclure à la cause la plus vraisemblable, ou la seule vraisemblable, à la cause proportionnée à l'effet. On ne doit préférer une explication
du genre de celles que la science expérimentale nous
présente, que si cette explication explique tout ce
qui est à expliquer, et s'il n'y a pas de raison de chercher ailleurs ; voilà ce que nous enseignent la logique et la prudence. Et pourquoi l'inférence spéculative serait-elle incapable d'amener la découverte
d'une explication satisfaisante ? Elle peut conduire à
des résultats non moins certains, — quoique d'une
autre espèce de certitude, — que ceux du raisonnement expérimental. Tous ceux qui admettent quelque réalité ultra-phénoménale, — l'âme ou Dieu par
exemple, — estiment qu'ils se trouvent en présence
de certaines manifestations dont aucun agent directement observable ne suffit à rendre raison. Voilà
pourquoi ils dépassent l'ordre des phénomènes pour
creuser plus loin. Nier la légitimité de ce pas en

avant, c'est nier toute métaphysique ; c'est reléguer d'emblée parmi les chimères tout au delà des phénomènes. Evidemment on peut prendre ce parti extrême ; seulement, avec ceux qui s'y seront arrêtés, il ne s'agira plus d'une discussion sur le miracle, mais d'une contestation des pouvoirs de la raison humaine.

2. *Examen de la seconde objection de Stuart Mill :* *prises en elles-mêmes, les inférences qui concluraient au* *miracle sont sujettes à difficulté.* — La légitimité de l'inférence spéculative étant admise, il s'agit de savoir si par elle on peut conclure au miracle divin. Stuart Mill conteste encore ce point. D'après lui, cette conclusion est tenue en échec par deux difficultés. La première est que la présence latente d'une cause naturelle reste toujours probable. La seconde est que ce que nous savons des voies de Dieu dans l'univers nous laisse en doute sur la convenance du miracle avec ses attributs.

C'est une question d'espèces concrètes, et que nous examinerons plus loin [1], de savoir si la cause surnaturelle n'est pas, dans certaines circonstances, la seule vraisemblable, et si, eu égard aux caractères particuliers du phénomène, à ses entours et antécédents, l'action d'une cause naturelle inconnue ne peut pas être, pour ce cas, exclue avec certitude.

Quant à la question des attributs de Dieu, de leur réalité ou de leur amplitude, elle appartient à la

---

1. p. 223 sq.

théodicée générale. Elle est par conséquent, en elle-
même, étrangère à l'objet du présent ouvrage. Nous
estimons qu'elle peut être résolue, par des arguments indépendants, de façon à laisser intact, en son
infinité, chacun de ces attributs. Et nous supposons
établies la bonté de Dieu, sa sagesse, sa puissance
et sa liberté. Or, à l'exception d'une seule, les objections que Stuart Mill a tirées des attributs divins
sont des objections d'ordre général. Elles n'atteignent le miracle qu'après avoir d'abord jeté un doute
d'ensemble sur la bonté ou la puissance de Dieu.
Le pivot de l'argumentation est le problème du
mal[1]. Si Dieu, dit notre auteur, peut nous aider par
des secours surnaturels, pourquoi les emploie-t-il
si rarement? Pourquoi, s'il a voulu éclairer l'intelligence humaine par des lumières célestes, l'a-t-il fait
si tard et d'une façon si limitée ?... Une question plus
large englobe toutes ces questions particulières :
pourquoi Dieu, s'il est tout-puissant et tout bon,
a-t-il choisi un ordre de choses où subsistent tant
d'inconvénients ? Aussi bien dans l'ordre naturel que
dans l'ordre surnaturel, le mieux était possible. En
outre, et plus simplement encore qu'à coup de miracles constants, Dieu pouvait, par le choix d'un ordre
naturel différent de celui-ci, éliminer beaucoup de
mal. Pourquoi ne l'a-t-il pas fait? A tout cela, il n'y

1. Une supposition inexacte de Stuart Mill lui sert à renforcer encore
son objection. Il prête, par intervalles, à ses adversaires, cette opinion
que le miracle aurait pour fin dernière, unique, essentielle, le soulage-
ment de nos misères naturelles. Dès lors, à bien meilleur titre, il peut
s'étonner de sa rareté. (Nous discutons cette opinion p. 137, 141 et
208 sq.)

a qu'une réponse : c'est le secret de la Liberté absolue. Il faut, pour tout expliquer en dernier ressort,
pour dévoiler la raison ultime qui indique pourquoi
ceci existe plutôt que cela, recourir à un choix premier et indépendant, tranchons le mot, à un acte de
bon plaisir, au delà duquel il n'y a rien [1]. C'est là le
mystère originel des choses. Notre tâche présente
n'est pas d'essayer de l'éclaircir [2] ; il nous suffit d'avoir
montré qu'il ne met point en cause, à un titre particulier, la possibilité du miracle [3].

A viser particulièrement cette possibilité, il n'y a
donc vraiment que la dernière objection, tirée par
Stuart Mill de la sagesse de Dieu : celle qui met en
question la raison suffisante du miracle. Pourquoi
des prodiges, à seule fin d'autoriser une doctrine,
si la même doctrine pouvait être répandue dans l'humanité par des moyens ordinaires? Et l'auteur des
Essais sur la religion ne craint pas de soutenir que
même le Christianisme pouvait sortir, à son heure,
comme un fruit mûr, du développement naturel de
l'humanité.

On pourrait ôter toute efficacité à cet argument,
sans en contester aucune prémisse, en faisant simplement remarquer que, même les vérités accessibles à

1. Cf. p. 142.
2. On trouvera quelques réflexions sur ce sujet dans notre opuscule
Dieu dans « l'Evolution créatrice », p. 12 sq., ou encore dans l'un des
articles des *Etudes* reproduits là. (*Etudes*, 5 mars 1908, p. 586 sq.)
3. Nous retrouverons plus loin, développé à un point de vue particulier
par J.-J. Rousseau, l'un des détails de l'argumentation de Stuart Mill,
dont nous venons de critiquer l'ensemble. Nous ne pouvons comprendre,
dit ce dernier écrivain, « pourquoi, lorsque [le don de la révélation chré-
tienne] fut enfin octroyé, la preuve de ce don [le miracle] a dû rester
exposée à tant de doutes et de difficultés ». *Op. cit.*, p. 224. Voir ci-
dessous p. 184 sq.

la raison naturelle n'ont vraiment été mises en circulation dans l'humanité que sous le couvert de doctrines spécifiquement religieuses et qui alléguaient le miracle comme principal titre de créance. Mais ce qu'il faut dire surtout, c'est que l'hypothèse d'un dogme constitué par la simple évolution de la pensée humaine est la contradiction directe et formelle de l'idée de révélation. Qu'on accepte ou non une religion qui prétend à des origines surnaturelles, on doit du moins la prendre telle qu'elle est, la considérer avec ses caractères de fait. Or elle se donne, elle doit se donner, non pas pour une philosophie, mais pour une doctrine venue de Dieu, inaccessible, au moins en certaines de ses parties, aux facultés naturelles, et dont l'ensemble, en tout cas, ne saurait être accepté comme il faut que par une soumission effective à l'autorité divine. Y a-t-il, pour cette autorité, d'autres moyens que le miracle de garantir un tel enseignement? Quand bien même cela serait, on ne peut nier que le miracle n'en soit un, et fort efficace. Il suffit d'en appeler à l'histoire pour connaître quel rôle de persuasion il a joué en fait, et quel incomparable agent de propagande religieuse il a été. Dieu aurait donc agi sagement en choisissant ce moyen-là, parmi tous les autres. Mais, encore une fois, y en a-t-il d'autres? En vérité ils n'apparaissent guère. Le miracle, œuvre surnaturelle, semble seul en harmonie avec le contenu et l'origine d'un enseignement surnaturel. Miracle psychologique et intérieur, s'il s'agit d'une révélation individuelle, miracle extérieur et visible s'il s'agit d'une révélation de caractère social, quel autre *sigillum Dei* pourrait-on imaginer? Les convenances d'une doctrine avec notre nature, ses richesses morales, sa valeur de vie ne suffisent pas à démontrer qu'elle vient de plus haut que l'homme[1]. Et si le miracle intérieur, si la révélation personnelle faite aux individus en particulier ne semble pas irréalisable, du moins ses preuves, d'ordre intime et incommunicables, ne sauraient donner lieu à une propagande d'homme à homme, ni servir de fondements à une société religieuse. Le miracle extérieur, sensible — celui que nous étudions dans cet ouvrage — se trouve donc être le seul moyen approprié à cette fin.

5° De la toute-puissance de Dieu on ne peut pas conclure à la possibilité positive du miracle (*M. E. Le Roy*).

« Le principal argument des apologistes..., écrit M. E. Le Roy, consiste en un appel à la toute-puissance divine. Rien, dit-on, n'est impossible à Dieu... S'il a fait le monde par un acte de libre volonté, *a fortiori* peut-il intervenir comme il lui plaît dans la série des phénomènes... — Qu'est-ce en définitive que cet argument, sinon un simple *Qui sait*? Nous ne voyons pas ce qui empêcherait Dieu de réaliser telle ou telle merveille : l'argument ne dit

1. Cf. J. de Tonquédec, *Immanence*, appendice II, et ci-dessous p. 181, 182 et 213 à 215.

pas autre chose, et c'est trop peu... Les développements de certains théologiens modernes sur le sujet qui nous occupe, les raisons de convenance, les analogies et similitudes qu'ils exposent impliquent une conception par trop anthropomorphique de l'action divine. Comparer Dieu à un roi qui peut toujours se substituer personnellement aux délégués ordinaires de son pouvoir, à un chef qui peut ce que ne peuvent point ses inférieurs, à un ouvrier qui reste maître de son œuvre, à un mécanicien capable de commander souverainement à sa machine, ce n'est pas justifier le miracle, mais plutôt raconter par quelles imaginations les hommes d'autrefois en sont venus à le croire possible... Conclure du plus au moins, en disant : « Si la création est possible, *a fortiori* le miracle l'est », c'est un raisonnement un peu bien puéril. Il n'est pas question de difficulté plus ou moins grande, mais de concevabilité. Dieu peut tout, sauf l'absurde. Le miracle n'est-il pas absurde ? Voilà le problème. L'exemple de la création ne prouve rien, parce qu'il n'y a pas de commune mesure entre les deux termes, la création n'étant pas comme le miracle un événement qui s'accomplit dans le temps à une date précise, et qui s'insère dans une suite préexistante. Et pour ce qui est de la « puissance obédientielle »[1] mieux vaut n'en point parler ; c'est un mot, rien de plus... On a voulu préciser l'argument qui se tire de la toute-puissance

1. Les théologiens appellent ainsi le rapport de subordination essentielle d'une créature à l'égard de la puissance divine qui peut la modifier à son gré.

divine et on lui a donné la forme que voici : « Dieu
est maître absolu de son œuvre ; les lois de la nature
sont des décrets qu'il a librement portés ; il aurait
pu les faire autres, il pourrait les défaire ; il peut
donc aussi bien, quand et comme il lui plaît, les
abroger ou les suspendre ou leur prescrire des
exceptions. » Inutile de discuter longuement un
anthropomorphisme si naïf... Nous admettons sans
peine que Dieu ne puisse... réaliser une contradiction... Eh bien ! le cas du miracle ne serait-il pas
analogue ? Il semble que l'esprit humain soit tout à
fait incapable de décider *a priori* et pour ainsi dire
à blanc, par voie de raisonnement pur, dans l'ordre
des généralités abstraites, si un fait est possible ou
non, compatible ou non avec l'ensemble de la nature.
Ne faudrait-il pas pour cela connaître tout ? Peut-être
ce que notre imagination ne refuse pas de se représenter enveloppe-t-il au fond une contradiction secrète ? Seule peut répondre l'expérience, non la simple dialectique. Qu'on y songe : le moindre fait est
richesse infinie, inexhaustible à l'analyse ; dès lors
c'est uniquement de sa réalisation effective qu'on
peut conclure à sa possibilité idéale, à sa concevabilité[1]. »

On a ici, si je ne me trompe, un échantillon
caractéristique de la manière de M. Le Roy dans la

---

1. E. Le Roy : *Essai sur la notion du miracle*, I, pp. 19 à 22. Les considérations exposées sont groupées par M. Le Roy sous deux chefs d'objection différents (le 4° et le 5° des p. 19 et 22) : mais on voit qu'elles se
rapportent au même objet. A l'endroit où la citation s'arrête, commence
une autre difficulté examinée en détail ci-dessus, ch. III, p. 113 sq., ci-
dessous, ch. V. p. 204 sq., et à l'appendice II.

discussion d'une opinion adverse. Des mots d'ironie ou de dédain : « imaginations », « puérilité », « anthropomorphisme naïf », etc. [1] ; de hautes affirmations, de nature à inquiéter les personnes anxieuses de suivre la mode intellectuelle : « le temps ne reviendra jamais où de tels arguments pouvaient convaincre » [2] ; des points d'interrogation semés un peu partout, des « peut-être », des « il semble »; des nuages assemblés et qui se fondent l'un dans l'autre sans représenter aucune figure précise; pas un seul raisonnement poussé à fond : tels sont les procédés. Ici, c'est seulement vers la fin, après deux ou trois pages d'allure plutôt oratoire, que des embryons d'arguments commencent à se montrer... Essayons de débrouiller tout cela avec moins de légèreté que l'auteur n'en a mis à l'écrire, et avec plus de respect pour sa pensée qu'il n'en a eu là pour celle d'autrui.

a) Tout d'abord il convient de le remarquer : toute la substance d'argumentation diffuse en ces pages se résume (comme la thèse prêtée par M. Le Roy à ses adversaires) en « un simple *Qui sait ?* » — Il y a *peut-être* dans le miracle une contradiction secrète. — Je ne l'aperçois pas, direz-vous. Il me semble même apercevoir qu'elle n'existe pas. — N'importe : elle y est *peut-être*; et vous n'êtes pas compétent pour en juger.

En effet, la chose n'a pu échapper au lecteur attentif, M. Le Roy ne décèle aucune contradiction réelle

---

1. J'en ai supprimé plusieurs dans les citations précédentes.
2. *Loc. cit.* p. 21.

dans le miracle : « Le miracle n'est-il pas absurde ? demande-t-il. Le cas du miracle ne serait-il pas analogue [aux cas de contradiction] ? » Après cela, on attendait, en réponse, l'indication de quelque absurdité précise, de quelque contradiction énoncée en termes clairs. Mais non ; l'auteur s'esquive en défendant à quiconque de répondre.

A l'inverse de cette position toute négative, la nôtre consistera à donner des raisons positives en faveur du miracle, à insister sur les certitudes indépendantes qui nous font penser que Dieu peut et que peut-être il a voulu opérer des miracles. Nous expliquerons bientôt que la possibilité du miracle s'enchâsse dans un système du monde et qu'elle est soutenue par un ensemble dont toutes les parties s'harmonisent avec elle [1]. En attendant nous n'avons qu'à montrer ce que valent les doutes assemblés par M. Le Roy.

b) Le miracle est peut-être contradictoire. Nous ne saurions juger de sa compatibilité avec un tout que nous ne pouvons embrasser ; et d'autre part, en tant que fait particulier, il amorce une analyse interminable. Comment donc, en le prenant dans sa forme abstraite, et sans que sa réalité soit certifiée, pourrions-nous le déclarer possible ? — On reconnaît ici le principe de l'interdépendance universelle, la prétention de conditionner l'aboutissement à un point

---

1. Pour avoir la réponse directe et foncière à l'objection de M. Le Roy on voudra bien, en conséquence, se reporter à la partie positive de cette étude. Ci-dessous, ch. V.

déterminé par la traversée d'une distance infranchis-
sable. Nous l'avons critiqué en d'autres ouvrages et,
en partie, dans celui-ci même[1]. Nous pouvons donc
supposer acquis qu'il n'est pas besoin de posséder
la science universelle pour aboutir à des certitudes
fondées. En particulier, c'est un fait courant dans
la vie de l'esprit que certaines possibilités se manifestent sans que l'univers ait été exploré en sa totalité, sans que chaque endroit ait été sondé en toute
sa profondeur. Nous sommes sûrs d'avance que les
théorèmes mathématiques et même les lois physiques, — qu'on les prenne pour des vérités ou,
comme M. Le Roy, pour des recettes, — se vérifie-
ront dans des milliers d'événements et d'êtres que
nous n'avons jamais vus, et dont bien des traits
seraient pour nous complètement nouveaux et peut-
être bien déconcertants[2]. — Mais surtout, et c'est le
plus grave, les prémisses que pose M. Le Roy vont
contre tout usage spéculatif et transcendant de la
raison. Le système nous interdirait l'accès aux certitudes métaphysiques. Avez-vous scruté cet abîme
qu'est l'âme humaine quand vous affirmez qu'elle
est capable de survie ? Savez-vous tout de Dieu,
ou du moins l'avez-vous saisi, Lui, en quelque expérience immédiate, quand vous en démontrez l'existence, ou l'infinité, ou l'éternité ? Touchons le point
le plus aigu de la difficulté : le lien de dépendance
des événements ordinaires à l'égard de Dieu, — qui

1. Ci-dessus, ch. III, p. 23 sq.
2. Cf. J. de Tonquédec : *Immanence*. p. 113 à 119.

est le ressort des preuves de son existence — est-il
plus observable que l'influence divine dans un phénomène miraculeux? Laissons de côté la création originelle des choses, pour ne pas greffer sur la discussion présente une discussion subsidiaire; mais cette
création constante, qu'est la production des événements usuels, est-elle objet d'expérience plus que
le miracle? M. Le Roy veut-il aller jusqu'à soutenir
que, parce que nous n'avons jamais achevé l'analyse du moindre événement cosmique, parce que
nous ne connaissons qu'imparfaitement le milieu
indéfini où il plonge, nous sommes dans l'incapacité
de saisir, par un raisonnement, sa dépendance essentielle à l'égard de la cause première? On pourrait,
en effet, contre la relation du moindre effet à cette
cause, reprendre toutes les objections de M. Le Roy
contre le miracle... Et peut-être bien, en effet,
M. Le Roy ne reculerait-il pas devant ces conséquences logiques[1]. Ce ne serait toutefois qu'au prix
de contradictions avec quelques autres de ses affirmations et raisonnements. En tout cas, pour apprécier ces positions extrêmes, ce n'est pas sur le
miracle, mais sur la métaphysique ou la critériologie
générale qu'il faudrait faire porter la discussion.

c) C'est bien en effet de métaphysique qu'il s'agit
ici, et non d'expérience. M. Le Roy essaie en vain
de nous donner le change. Représenter le miracle
comme un événement construit artificiellement de
toutes pièces dont on chercherait ensuite s'il peut

---

1. Voir ses articles intitulés : *Comment se pose le problème de Dieu.*
(*Revue de métaphysique et de morale*, 1907.)

exister, c'est se livrer à une ironie facile et trop superficielle. Nous disions tout à l'heure : d'un linéament
d'essence, d'un caractère aperçu, on peut tirer bien
des déductions légitimes. Nous n'avons pas dit qu'il
fût possible de construire *a priori* un individu concret, et de le retrouver ensuite vivant et circulant
au sein de l'univers [1]. Mais le miracle n'est pas cela.
Ce n'est pas un objet fabriqué dont on cherche la
place, l'emboîtement dans le réel. C'est un phénomène
donné, dont on cherche les causes invisibles : ce qui
est fort différent, et même inverse. Le miracle, en
effet, comme tel, comprend deux éléments : un
phénomène expérimental extraordinaire sans cause
apparente, et le rapport de causalité qui relie ce phénomène à un être surnaturel. La partie de fait est
accessible à l'observation. Qu'on explique l'événement comme on voudra, il est. Son existence concrète
est donc compatible avec le tout, puisqu'elle en fait
partie, et n'implique aucune contradiction, puisqu'elle se réalise. Qu'est-ce donc qui fait difficulté ?
C'est le rapport du phénomène à sa cause. Or ceci
n'est plus expérimental, ce n'est plus le phénomène,
l'événement pris en lui-même. Ceci est, de soi, et
dans tous les systèmes, inaccessible à l'expérience.
Nous l'avons déjà dit, à propos de Stuart Mill. On
ne peut pas voir le jeu de la causalité amenant un
événement à l'existence. Et en outre, la cause se

---

1. La raison de cette différence est simple et, à la fois, d'une longue
portée philosophique. L'entendement humain n'a pas de quoi construire
l'individuel : c'est précisément le côté singulier des choses qui n'est
pas représentable.

trouvant ici, en toute hypothèse, hors des prises de
l'expérience, il n'y a pas d'autre moyen de la découvrir qu'un « pur raisonnement ». Nous relions le
phènomène à une cause surnaturelle capable de le
produire. Nous montrons que cette cause contient
éminemment toutes les virtualités possibles des
causes les plus diverses, et beaucoup davantage.
M. Le Roy nous arrête : « Peut-être, dit-il, y a-t-il
quelque contradiction secrète à ce que cette cause
agisse. Qui sait ? »... Mais lui, rattache le phénomène
à des causes naturelles quelconques[1]. Nous l'arrête-
rons à notre tour, et pour les mêmes motifs. Il
invoque, comme nous, une cause qu'il ne voit pas,
qu'il ne saisit dans aucune observation. « Peut-être,
lui dirons-nous, y a-t-il quelque contradiction secrète
à ce que cette cause agisse. Qui sait ? Elle a même
plus de chances de se trouver insuffisante que la
cause infinie, puisque sa vertu est limitée »... Les
uns et les autres, nous serions donc acculés à un
agnosticisme silencieux. Et c'est la seule position
logique pour quiconque repousse la simple mais
saine et solide inférence, qui conclut de la toute-puissance de Dieu à son pouvoir d'opérer des miracles[2].

1. Dans l'espèce, aux forces occultes de la foi exaltée. Voir ci-dessus
p. 99.
2. Tout ce que nous venons de dire contre l'objection de M. E. Le Roy
doit être complété : 1° par ce qui sera dit p. 180 de l'anthropomorphisme,
à propos de la difficulté suivante, présentée également par M. Le Roy ;
2° et surtout, par la preuve directe et positive que le miracle n'est pas
contradictoire : nous avons déjà indiqué l'endroit où celle-ci sera fournie
et développée. (Ci-dessous p. 200 sq.).

6° Garantir une révélation par des prodiges est un procédé indigne de Dieu, parce que trop simple, trop brutal, trop extrinsèque à la vérité proposée et à l'esprit auquel on s'adresse. *(MM. Séailles, Blondel et E. Le Roy.)*

« La méthode pédagogique qui consiste à prouver une vérité morale, un dogme théologique par des prodiges où se renversent les lois naturelles, ne convient pas plus à Dieu qu'à n'importe quel être raisonnable. Il en est des miracles comme des moines : mieux valent des raisons [1]. » Cette objection, quelque peu informe sous la plume de M. Séailles, a surtout été développée par MM. Edouard Le Roy et Maurice Blondel. Mais ces deux auteurs protestent l'un et l'autre qu'ils attaquent seulement l'usage illégitime de l'argument du miracle; ils affirment qu'ils croient lui restituer toute sa valeur, en le complétant. S'il en est vraiment ainsi, ils ne sont pas nos adversaires, et ce n'est ni leurs personnes ni leurs pensées intimes que nous combattrons, mais un certain sens que semblent avoir leurs expressions. Sur ce point d'interprétation, qui n'intéresse pas spécialement notre but actuel, le lecteur pourra du reste se faire lui-même, d'après les larges citations mises sous ses yeux, une opinion fondée [2].

1. Séailles. *Les affirmations de la conscience moderne*, p. 34.
2. Consulter aussi *Immanence*, III° partie, ch. ii, section 2. Voir également ci-dessous, p. 179, note 3.

Nous avons déjà entendu M. Le Roy railler, comme
puérils les comparaisons et les raisonnements dont
on se sert pour faire entendre à tous la preuve du
miracle. Il ajoute: « D'ailleurs, quelle singulière
logique est au fond de la fameuse « preuve par le
miracle », telle qu'on la présente aujourd'hui trop
souvent! Cette prétendue preuve reste tout à fait
extérieure à la vérité en cause ; on veut qu'elle agisse
purement du dehors ; c'est le triomphe de l'extrinsé-
cisme. Or, ...que diriez-vous d'un mathématicien qui
vous ferait ce discours : « Voici l'énoncé d'un
théorème ; vous n'êtes pas assez intelligents pour en
saisir la démonstration : mais je vais vous prouver
qu'il est vrai en opérant sous vos yeux une série de
tours merveilleux qui vous montreront combien je
suis fort » ? Vous le renverriez à la foire, lui et son
boniment, et vous auriez raison. Eh bien ! votre cas
est en somme très analogue. » Les raisonnements
de l'Evangile embarrassent un peu M. Le Roy, qui
est chrétien. Jésus-Christ en appelle à ses prodiges
pour prouver la vérité de sa doctrine ; ses convertis
pensent que si Dieu n'était pas avec lui, il ne pourrait accomplir rien de tel. « C'est [par exemple] le
raisonnement de l'aveugle-né, et ce raisonnement est
fort bon, encore qu'il soit nécessaire de le compliquer quelque peu pour lui donner toute sa force pro-
bante... Le sens allégorique et mystique du récit est
plus vrai encore que son sens littéral ; et du reste,
dans le texte même de l'Evangile, le fait prend visi-
blement une allure de symbole. Nous voilà bien loin
du prodige purement physique, qui ne serait que

juxtaposé à l'enseignement sans faire corps avec lui !
Donner un tel prodige en preuve est aussi contraire
à la conscience qu'à la science, à l'esprit religieux
qu'à l'esprit critique ; car en somme, c'est spéculer
sur l'ignorance, sur les entraînements de l'imagination populaire, au lieu de s'adresser aux puissances
raisonnables et morales de l'âme. Un tel prodige ne
pourrait que *séduire* les simples, au mauvais sens
du mot, par une sorte de viol, par un véritable abus
d'autorité, d'une autorité qui n'élève pas, qui n'éclaire
pas, mais qui dompte et qui stupéfie ; en même
temps qu'il rendrait plutôt défiants les esprits capables de réflexion et ceux qui ont quelque sens de la
vie intérieure. Dieu serait-il donc assez peu habile
ou assez ignorant de la psychologie humaine que de
ne pouvoir trouver en nous, pour nous en faire
prendre conscience, les besoins profonds et les
secrètes harmonies qui font que telle doctrine est à
notre égard vivifiante et salutaire ? Ne saurait-il nous
amener, par des moyens plus spirituels et plus
moraux, à sentir, — si nous ne pouvons le comprendre pleinement, — la vérité d'un enseignement qui
est avant tout moral et spirituel ? Non certes, il ne se
peut pas que Dieu emploie un procédé de persuasion
(ou plutôt de suggestion) qui ne s'adresse qu'à ce
qu'il y a d'inférieur dans l'homme, qui est ainsi
réellement contradictoire avec le but de la révélation, et qui répugnerait déjà, par son caractère brutal et grossier, à un maître simplement humain [1]. »

1. Le Roy. *artic. cit.* pp. 184 et 185.

Le Merveilleux. 12

M. Maurice Blondel avait exposé, avant M. Le Roy,
des idées qui semblent analogues. Comment passer,
demandait-il, des données de l'histoire (c'est-à-dire
des miracles) au dogme? Et il critiquait ceux qui
veulent se borner « à fournir aux signes l'interprétation et l'appui d'un raisonnement qui du miraculeux
conclura au divin ». « Trois pièces rapportées, — ainsi
décrivait-il le procédé qu'il réprouve, — seront mises
bout à bout : le miraculeux sera fourni par la perception des sens ; le divin sera dégagé par le travail rationnel ; le surnaturel sera défini par les données de
la révélation authentiquées par le miraculeux divin.
Mais ces éléments restent extérieurs les uns aux autres et ne sont reliés pour nous que par un raisonnement, édifice tout intellectuel qui se fonde uniquement sur une constatation empirique... Pour ce qui
est du ressort initial et principal qui doit nous faire
franchir le premier pas des faits aux dogmes, il réside
tout entier dans cette inférence rudimentaire dont
la simplicité et la clarté n'empêchent pas le caractère
artificiel et trop exclusivement, trop juvénilement
intellectuel d'apparaître à beaucoup d'esprits[1]. »

Répétons-le, pour prévenir tout malentendu : si
les auteurs que nous citons veulent simplement
dire que le raisonnement dont ils parlent ne suffit
point *à lui seul* pour conduire un homme à la foi,

1. *Histoire et Dogme* (tiré à part de *la Quinzaine*, Janvier et Février 1904).
p. 8 et 9. Cf. *Immanence*, p. 18.

nous nous garderons de les contredire. La question unique est ici de savoir si ce raisonnement[1]
est valide, s'il prouve ce qu'il prétend prouver[2]. Si
les mêmes écrivains soutiennent que le miracle,
fondement d'une preuve concluante, peut être *aussi*
un symbole, nous ne leur ferons non plus ici aucune
objection [3]. Il nous suffit que, devenant symbole, il
ne cesse pas d'être preuve. Et nous ne voulons discuter que les arguments tendant à établir le contraire.

a) Répondons d'abord au reproche de puérilité et
de superficialité. Le raisonnement, dit-on, est trop

---

1. Le raisonnement qui conclut du miracle divin au fait de la révélation divine. Il suppose évidemment d'autres inférences antérieures, établissant que Dieu est l'auteur du prodige. Ce n'est pas de celles-là qu'il
est question maintenant.

2. Les expressions employées donneraient à entendre le contraire.
« Inférence rudimentaire, d'un caractère *artificiel* », dit M. Blondel.
Quand le même auteur ajoute : « Je ne dis pas que... ces trois éléments
(miraculeux, divin, surnaturel, cf. ci-dessus la citation de la page 178)
n'existent pas, ni que le fil tendu entre eux par la thèse que j'analyse
ne soit pas continu, je dis que... ce fil... *n'est pas d'une contexture assez
forte* pour rattacher au surnaturel tel qu'il est, tous les esprits tels qu'ils
sont, *même légitimement*, aujourd'hui » (*loc. cit.* p. 8, note), — ces expressions demeurent équivoques. En effet, si les esprits, tels qu'ils sont
légitimement, ne peuvent passer, sur ce fil, du miracle au fait de la révélation, c'est sans doute que le fil n'est pas solide. L'auteur veut-il dire
au contraire que le fil, solide en lui-même et tendu où il faut, n'existe
pas isolé dans le vide, qu'il a des attaches et des entours qui conditionnent sa situation, que, pour suivre ce fil, l'esprit humain a besoin de certains secours et de certaines dispositions? Nous sommes d'accord.

M. Le Roy, de même, *oppose* au raisonnement en question *d'autres*
« moyens plus spirituels et plus moraux ». Il veut qu'une doctrine soit
reconnue divine, grâce aux « besoins profonds » qu'elle assouvit, aux
« secrètes harmonies » auxquelles elle fait écho. Il déclare que le miracle
« est beaucoup moins argument... que... figure, illustration, symbole ».
(*Loc. cit.*, p. 186). Là-dessus, je demande: oui ou non, l'argument est-
il bon et indispensable?

3. Voir cette question traitée dans *Immanence*, p. 202 à 206.

simple pour que Dieu le provoque. Il faudrait au
moins « le compliquer quelque peu ». Les esprits cultivés regrettent de ne pas y retrouver les « méthodes
savantes et complexes » qui leur sont chères[1]. Les
âmes qui ont « quelque sens de la vie intérieure »
sont humiliées qu'on les convie à regarder quelque
chose d'extérieur à elles pour en tirer un enseignement. Cet enseignement qui ne sort pas d'elles leur
apparaît comme une violation de leur intime indépendance. Dieu devrait, pensent-elles, trouver chez elles
ses moyens de persuasion, exploiter, pour les convaincre, leurs richesses personnelles. Que si les
simples cèdent à de tels arguments, c'est qu'ils se
laissent « séduire ».

Etranges objections ! si Dieu veut parler pour
tous, il est nécessaire qu'il parle simplement. S'il agit
pour l'humanité entière, et non seulement pour les
« esprits capables de réflexion », il faut que son
œuvre soit populaire, que les simples soient en mesure
de l'interpréter par des raisonnements peu compliqués. Si Dieu veut être compris de l'homme il doit
lui parler un langage « anthropomorphique ». Et parlant en général, on peut dire que la Bonté infinie se
doit à elle-même de mettre à la portée de tous les
vérités qui sauvent. Il ne faut pas que les plus mystérieuses même, — telles que l'action divine dans le
monde, — soient des vérités réservées, à l'usage

---

1. « Ceux qui ont la plus grande foi dans la raison, dans ses méthodes savantes et complexes, dans la richesse de la réalité, dans la profondeur de la vie spirituelle, sont aussi ceux qui se défient le plus d'une
raciocination abstraite, etc. » M. Blondel, *op. cit.*, p. 9.

exclusif des gens distingués, des âmes exquises et profondes. Les humbles, les grossiers même, doivent être capables de s'en faire, au moyen par exemple de ces comparaisons si dédaignées, une idée qui ne soit pas déformante.

Ajoutons, — il le faut pour que la question soit traitée tout entière, — que le souci de l'indépendance intérieure, que le besoin d'autonomie intellectuelle sont des dispositions qui peuvent empêcher de reconnaître la voix de Dieu, à supposer qu'elle se fasse entendre. Elles risquent de fermer les yeux de l'âme à la perception des œuvres divines, s'il s'en produit véritablement, de la murer dans un exclusivisme qui, pour être hautain, n'en est pas moins étroit. Cela, nous le savons d'avance, avant toute conclusion sur la réalité d'une intervention divine. Nous le savons par des raisons tirées de la psychologie humaine, par l'examen des tendances antagonistes à la foi.

Sans doute la doctrine catholique, tout en faisant usage de la preuve du miracle, enseigne que c'est la grâce intérieure qui achemine les âmes à la foi; ses apologistes affirment que la doctrine révélée comble merveilleusement les plus hautes et les plus vraies aspirations de la nature humaine. Cela ne les empêche pas de maintenir la nécessité absolue du *signe* divin. Ce ne serait pas assez en effet que l'assouvissement de « besoins profonds » ou l'éveil de « secrètes harmonies », pour prouver l'origine surnaturelle de la doctrine. « Que des impressions religieuses soient bienfaisantes pour l'homme qui cherche sa voie, il

pourra reconnaître en elles l'action de l'Auteur de
tout bien, de la Providence qui prépare aux âmes,
sous mille formes, leur pâture spirituelle; il n'aura
pas le droit d'en conclure que Dieu soit le révélateur
ni même le garant du système religieux d'où elles
émanent... Le surnaturel positif n'est admissible que
sur des preuves de fait; le mystère est, par définition, un point de doctrine invérifiable par l'intelligence... » Donc, en l'absence du signe d'en-haut,
« s'incliner serait imprudent et, par là même, immoral[1] ». Pour adhérer avec prudence à une révélation
censée divine, le miracle et le raisonnement basé
sur lui sont donc absolument nécessaires. Ils sont la
seule clef qui ouvre définitivement une porte fermée
jusque-là.

Le signe pourrait à la vérité être un phénomène
psychologique aussi bien qu'un phénomène physique, miracle au sens propre où nous l'entendons en
cet ouvrage, ou « miracle intérieur ». Mais d'abord,
de toute façon, l'événement ne deviendrait signe
qu'autant qu'il serait situé en dehors de la zone des
phénomènes naturels[2]. En outre, si le plan d'une
révélation particulière faite à chaque individu n'apparaît pas absurde et irréalisable *a priori*, il en va
de même de celui d'une révélation faite à quelques-
uns seulement, « *non omni populo sed testibus
præordinatis a Deo* »[3], et authentiquée ensuite par

1. *Immanence*, appendice II, p. 289 et 290.
2. Voir *Immanence*, loc. cit., p. 287 et 288; et de plus, ci-dessus, p. 165,
166, et ci-dessous, p. 213 à 215.
3. *Actes des apôtres* X, 41.

des prodiges extérieurs. Celle-ci ne fait pas violence aux instincts naturels de l'humanité où, nécessairement, tant de vérités, surtout dans l'ordre moral et religieux, se transmettent par voie d'enseignement et méthode d'autorité [1].

b) Quant à la nature du raisonnement critiqué, elle apparaîtra mieux quand nous le reprendrons pour notre compte. Disons seulement qu'il n'y a aucune parité entre le boniment de foire imaginé par M. Le Roy et la « preuve par le miracle ». En effet, sans même qu'il soit un symbole ou une parabole en action, le miracle doit avoir des caractères moraux. L'argument le suppose. Car, pour être attribuable à Dieu, il faut que le prodige, par ses caractères intrinsèques, par la manière dont il s'accomplit, se trouve en harmonie avec notre sens moral. Il en va de même de la doctrine à laquelle le prodige rend témoignage. Celle-ci peut dépasser nos aspirations les meilleures, mais non les contredire, être au delà d'elles, mais dans la même direction. Par là, l'argument du miracle s'adresse, non « à ce qu'il y a d'inférieur dans l'homme », mais à ce qu'il y a en lui de plus noble. Il n'a aucun caractère « brutal et grossier ».

En outre, le miracle divin enferme une signification qui lui est intérieure et essentielle, indépendamment des sens allégoriques qui peuvent lui être surajoutés. C'est elle que dégage le raisonnement critiqué par MM. Blondel et Le Roy. Le miracle annonce que Dieu intervient, que Dieu parle et que, dès lors, l'homme

1. Voir ci-dessous, p. 187 sq

doit écouter à genoux. Il porte, pour ainsi dire, les marques de la majesté suprême et de la souveraine puissance. Il est la voix de Dieu[1], et il prend par là un caractère auguste. Cette signification religieuse est inséparable de lui et le relie intrinsèquement, non pas au contenu, mais à la forme du message qu'il atteste. Dans l'exemple caricatural que M. Le Roy assimile au raisonnement qu'il combat, les preuves n'ont aucun rapport avec la conclusion : un tour de batteleur ne prouve pas la science mathématique. Dans le raisonnement, même le plus « extrinséciste » sur le miracle, les termes sont du même ordre : il y a une connexion essentielle entre la puissance et la véracité divine; ici, l'on va de Dieu à Dieu, on conclut de Dieu manifesté par une œuvre surnaturelle à Dieu auteur d'une révélation.

7° Le miracle, étant lui-même un événement douteux, ne saurait garantir avec certitude une révélation (J. J. Rousseau).

Parmi toutes les objections formulées par J. J. Rousseau contre le miracle, celle-ci est une de celles qu'il affectionne davantage et qu'il développe avec le plus d'ampleur. Le miracle est, dit-il, toujours

1. « Cum floruit virga sacerdotis Aaron, *collocuta est* quodam modo cum dubitante humanitate divinitas. » S. Augustin, *de Trinitate III, cap. V.* (Migne *P. L.* 42. col. 874.) Cf. Pascal : *16e Provinciale,* à propos du miracle de la Sainte Epine : « On l'entend aujourd'hui *cette voix* sainte et terrible, qui étonne la nature ».

incertain, en particulier parce que sa réalité n'est pas immédiatement vérifiable à la plupart des hommes[1].

Nulle part l'individualiste Jean Jacques ne montre beaucoup de complaisance pour l'argument d'autorité. Même dans les affaires purement humaines, il en exténue à l'extrême la portée. Avant les objections sur le miracle, il met dans la bouche de son vicaire savoyard, ces paroles d'une superbe un peu naïve : « Nul homme n'étant d'une autre espèce que moi, tout ce qu'un homme connaît naturellement, je puis aussi le connaître, et un autre homme peut se tromper aussi bien que moi : quand je crois ce qu'il dit, ce n'est pas parce qu'il le dit, mais parce qu'il le prouve. Le témoignage des hommes n'est donc au fond que celui de ma raison même et n'ajoute rien aux moyens naturels que Dieu m'a donnés de connaître la vérité. Apôtre de la vérité, qu'avez-vous donc à me dire dont je ne reste pas le juge ? » Après

1. Voir, sur la question du miracle, *Emile*, Livre IV: *Profession de foi du vicaire savoyard* (Édition de 1820, Paris, Lefèvre, T. IX, p. 84 sq.) : — *Lettre à M. de Beaumont* (*Ibid.*, T. X, p. 99 sq.) ; — *Lettres écrites de la Montagne* 1re Partie, Lettre 3 (*Ibid.* T. X p. 234 sq. Cf. aussi la fin de la Lettre 2). — Parmi les autres objections de Rousseau, qui sont, en général, les objections vulgaires, il faut cependant noter encore celle-ci, qui est très poussée: le miracle est incertain, parce qu'on ne peut le discerner avec certitude des prestiges du démon ou des opérations magiques. « Quoi ! Dieu, maître du choix de ses preuves, quand il veut parler aux hommes,... prend pour les instruire la même voie qu'il sait que prendra le démon pour les tromper!.. Se pourrait-il que Dieu et le diable suivissent la même route ? Voilà ce que je ne puis concevoir » *Lettres de la Montagne*, loc. cit. p. 264. Cf. *Emile*, loc. cit. p. 88. Cette objection n'a lieu de se poser que si l'on prend pour accordé qu'il existe des opérations diaboliques ou « magiques », *impossibles à discerner des œuvres divines*. Nous verrons qu'il ne saurait en être ainsi. Cf. p. 207 sq., 219, 222 et 243

un tel préambule, la suite n'étonne plus : « Dieu a
parlé ! dit le vicaire, voilà certes un grand mot. Et
à qui a-t-il parlé ? Il a parlé aux hommes. Pourquoi
donc n'en ai-je rien entendu ? Il a chargé d'autres
hommes de vous rendre sa parole. J'entends : ce sont
des hommes qui vont me dire ce que Dieu a dit.
J'aimerais mieux avoir entendu Dieu lui-même ; il
ne lui en aurait pas coûté davantage et j'aurais été à
l'abri de la séduction. Il vous en garantit en mani-
festant la mission de ses envoyés. Comment cela ?
Par des prodiges ? Et où sont ces prodiges ? Dans
des livres. Et qui a fait ces livres ? Des hommes. Et
qui a vu ces prodiges ? Des hommes qui les attestent. Quoi ! toujours des témoignages humains !
toujours des hommes qui me rapportent ce que
d'autres hommes ont rapporté ! Que d'hommes entre
Dieu et moi !..... Considérez, mon ami, dans quelle
horrible discussion me voilà engagé ; de quelle
immense érudition j'ai besoin pour remonter dans
les plus hautes antiquités, etc... » Suivent de longs
développements sur les connaissances positives et
la sagacité requises pour débrouiller les questions
de critique historique. Et J. J. Rousseau conclut en
se demandant « pourquoi Dieu choisit, pour attester
sa parole des moyens qui ont eux-mêmes si grand
besoin d'attestation, comme s'il se jouait de la crédulité des hommes et qu'il évitât à dessein les vrais
moyens de les persuader[1] ».

---

1. *Emile, loc. cit.* p. 84 à 87. Cette exigence que l'homme soit instruit directement par Dieu, cette horreur des intermédiaires extérieurs,
la prétention de réduire les caractères de crédibilité de la doctrine

**

Le deuxième livre du présent ouvrage sera consacré presque tout entier à traiter les questions de critique historique. Nous espérons y mettre en bonne lumière la méthode permettant de se faire une opinion prudente sur la réalité ou la non-réalité du merveilleux connu par témoignage. Mais dès maintenant le lecteur peut remarquer que les arguments de J. J. Rousseau militent contre la certitude historique en général. Celui qui refuse de s'incliner devant un témoignage étranger s'enferme dans le scepticisme à l'égard de tout événement situé hors de son expérience personnelle. Dans son Mandement contre l'*Emile*, l'archevêque de Paris, Christophe de Beaumont, le faisait remarquer avec un bon sens et une clarté parfaite : « Pour que cette plainte[1] fût sensée, il faudrait pouvoir conclure que la révélation est fausse dès qu'elle n'a point été faite à chaque homme en particulier; il faudrait pouvoir dire : Dieu ne peut exiger de moi que je croie ce qu'on m'assure qu'il a dit, dès que ce n'est pas directement à moi qu'il a adressé sa parole. Mais n'est-il donc pas une infinité de faits, même antérieurs à celui de la révélation chrétienne, dont il serait absurde de douter ? Par quelle autre voie que par celle des témoignages

évangélique á sa « sublimité », à son excellence morale (*Lettre à M. de Beaumont*), ne sont pas absolument sans analogie avec les objections des philosophies de l'immanence, que nous examinions plus haut.

1. « Que d'hommes entre Dieu et moi ! »

humains l'auteur lui-même a-t-il donc connu cette
Sparte, cette Athènes, cette Rome dont il vante si
souvent et avec tant d'assurance les lois, les mœurs
et les héros ? Que d'hommes entre lui et les événements qui concernent les origines et la fortune de
ces anciennes républiques ! Que d'hommes entre
lui et les historiens qui ont conservé la mémoire de
ces événements ! [1]»

Dans sa réplique, J. J. Rousseau essaya d'une
distinction destinée à mettre à part et en sûreté la
certitude historique portant sur les événements
naturels. « Il est dans l'ordre, disait-il, que des faits
humains soient attestés par des témoignages humains ;
ils ne peuvent l'être par nulle autre voie : je ne puis
savoir que Sparte et Rome ont existé que parce que
des auteurs contemporains me le disent, et entre
moi et un autre homme qui a vécu loin de moi, il
faut nécessairement des intermédiaires. Mais pourquoi en faut-il entre Dieu et moi ? et pourquoi en
faut-il de si éloignés, qui en ont besoin de tant
d'autres ? Est-il simple, est-il naturel que Dieu
ait été chercher Moïse pour parler à Jean Jacques
Rousseau ? Dailleurs, nul n'est obligé, sous peine de
damnation de croire que Sparte ait existé ; nul, pour
en avoir douté, ne sera dévoré par les flammes éternelles [2]. »

---

1. *Mandement de Monseigneur l'archevêque de Paris, portant con-
damnation d'un livre qui a pour titre :* Emile ou de l'Education, *par
J. J. Rousseau, citoyen de Genève.* § xv. (Dans les œuvres de Rousseau
Edition cit. T. X p. 147)

2. *Lettre à M. de Beaumont* (Œuvres. T. X p. 100 et 101).

La boutade sur Moïse est amusante, mais elle ne prouve rien. Car si Moïse est un personnage trop éloigné et trop vague pour pouvoir être le truchement de Dieu à l'égard de Jean Jacques, que celui-ci laisse Moïse de côté, et qu'il examine si des périodes plus rapprochées et mieux éclairées de lumière historique, ne contiennent rien qui le concerne plus immédiatement... Mais bien plutôt, qu'il ajourne encore l'examen de toute question *de fait*. Un examen de ce genre, en ce moment, constituerait un vice de méthode. Car la difficulté présente ne concerne que le *droit*: est-il *possible*, est-il *vraisemblable* que Dieu choisisse, pour se faire entendre, le moyen du miracle?

En plaidant pour la certitude des « faits humains », l'auteur de l'*Emile* vient de nous affirmer la valeur de l'instrument qu'est le témoignage humain. Donc, si l'on ne nie pas toute certitude historique, si l'on ne possède par ailleurs aucune raison métaphysique qui puisse ruiner la possibilité même du miracle, il faudra bien avouer que le fait merveilleux, supposé qu'il se produise, est susceptible d'être connu et attesté comme tous les autres, comme ses voisins dans le cours du temps. Et s'il en est ainsi, en le faisant notifier aux hommes par voie d'attestation humaine, Dieu prend un moyen idoine pour en répandre la connaissance. La responsabilité de ceux qui auront été en mesure de le connaître est donc parfaitement concevable[1].

---

1. Une question toute différente serait celle de l'extension de cette révélation attestée par le miracle public. A qui parvient-elle ? peut-elle être

D'ailleurs les faits sont là pour prouver que le
moyen est bon. Il réussit. Quoi qu'on pense de la réalité des miracles, et en particulier de ceux de Jésus-
Christ, il est évident que, si la doctrine chrétienne
s'est répandue dans le monde, c'est par la voie de
témoignages qui rapportaient ces miracles là. On a
cru, non point sur la garantie de cette raison individuelle, dont Rousseau voudrait faire l'arbitre de tout[1],
mais sur l'autorité d'une révélation que l'on a esti-
mée divine, parce qu'elle s'appuyait sur des signes
et des prodiges. « *Jesum Nazarenum, virum appro-*
batum a Deo in vobis, virtutibus et prodigiis et signis
quæ fecit Deus per illum...[2] » : voilà la donnée originelle
de la prédication apostolique, celle qu'a développée

destinée à tous ? sera-t-elle suppléée, comme le suppose saint Thomas,
chez ceux qu'elle n'aurait pas atteints, par quelque révélation personnelle (incluant du reste, elle aussi, le miracle au moins intérieur)? Tous
ces problèmes (Rousseau touche à quelques-unes dans la suite des passages cités) n'ont rien à voir avec la possibilité du miracle. Admettons
que le fait de la révélation ne soit point connaissable à tous les habitants de la terre par le moyen du miracle public, il reste que ce miracle peut être un bon instrument pour le faire connaître à un grand nombre. Bien plus, nous pourrions même supposer que la révélation n'est
faite que pour quelques-uns, sans que rien s'ensuivit contre la possibilité du miracle opéré par Dieu. En réalité, de toutes ces suppositions
on pourrait peut-être tirer quelque difficulté contre la cohérence de l'enseignement de certaines Eglises, — et c'est ce que Rousseau a tenté de
faire (il a été en polémique, au sujet des miracles, non seulement avec
les catholiques, mais aussi avec les autorités de Genève; voir les *Let-*
tres de la Montagne); — mais aucune contre la possibilité du miracle en
lui-même. (Sur le premier point, on trouvera quelques indications dans
Immanence p. 256 sq.)

1. Dieu « ne m'a point doué d'un entendement pour m'en interdire
l'usage : me dire de soumettre ma raison, c'est outrager son auteur. »
Emile, loc. cit. p. 91.

2. *Actes des Apôtres* II 22. Notez aussi, tout à côté de ces paroles, l'allusion aux merveilles de la Pentecôte, 16 à 21.

ensuite, avec succès, la prédication de dix-neuf siècles. Pour persuader l'humanité, le moyen choisi
était donc bon [1].

Enfin Rousseau, — comme Stuart Mill, comme
Kant, comme tous ceux qui demandent pour une doctrine des garanties moins extérieures que le miracle [2],
— écarte d'instinct l'hypothèse d'une révélation *surnaturelle*. Une révélation de ce genre est celle qui
contient quelque doctrine inaccessible à la raison, ou
du moins qui se manifeste à l'homme autrement que
par le jeu naturel de ses facultés. Admettre un Dieu
que la nature révèle, accepter la morale évangélique
parce que notre conscience la déclare excellente [3],
tout cela n'est pas *croire* au sens propre, tout cela
n'est pas s'incliner devant un enseignement venu de
plus haut que nous. Et, encore une fois, le miracle
mis de côté, on ne voit pas quelle serait la garantie
d'un pareil enseignement [4].

1. On sait que la comparaison entre la stérilité sociale des philosophies, qui ne sortent jamais d'un petit cercle de gens cultivés, et la
diffusion des religions positives, est un argument que les théologiens
catholiques font valoir, pour montrer que la révélation est moralement
nécessaire à l'humanité dans son ensemble, même s'il s'agit de vérités
accessibles en droit à la raison.

2. En excluant ce dernier.

3. *Profession de foi du vicaire savoyard*, passim. *Lettre à M. de Beaumont* p. 106, 112 etc...

4. Cf. ci-dessus, p. 165, 166, et ci-dessous, 213 à 215.

8° Le miracle ruinerait les fondements de la certitude et de la moralité. Dieu ne saurait donc l'opérer (*Spinoza, Kant, Renan,* etc.)

Nous groupons ici, sous un même titre, des objections venues de plus d'un côté et inspirées par des doctrines assez diverses, parce que toutes ont ceci de commun qu'à leurs yeux, le miracle enlève au monde physique et moral toute stabilité. Spinoza, par exemple, prétend que la croyance au miracle nous ôterait le droit de nous fier à aucun principe, pour nécessaire qu'il nous parût : « Car, dit-il, si nous pouvions concevoir que les notions [dont notre esprit se sert pour raisonner] sont sujettes à être modifiées par une puissance quelconque, nous douterions de leur vérité, et nous ne pourrions plus être certains de rien [1]. » Kant reprend la même idée. Un miracle constaté, dit-il, devrait nous faire craindre « de perdre même la confiance dans ce qui passait déjà pour connu. Dans un monde enchanté, privé des lois de l'expérience, la raison n'offre plus aucune utilité [2]. » Nous avons naguère entendu Renan soutenir que si le miracle est

---

1. *Tractatus theologico-politicus,* cap. vi. (Edit. Van Vloten, T. II, p. 26). — Sur les idées de Spinoza au sujet du miracle voir, ci-dessous, l'Appendice I.

2. *La religion dans les limites de la raison,* II⁰ partie. Remarque générale. (Trad. Tremesaygues, p. 105.)

possible, tout calcul devient une impertinence et la science une chimère [1].

La croyance au miracle ébranlerait de même les évidences morales. Aux affirmations que nous venons de citer, Kant ajoute une remarque qui en étend la portée jusqu'au domaine de la conscience. Dans le « monde enchanté » où règne le miracle, « l'usage moral que l'on pourrait faire [de la raison] pour obéir à son devoir » devient impossible ; « car on ne sait plus si, à notre insu, il ne se produit pas, même dans les mobiles moraux, par miracle, des changements dont nul ne saurait décider qu'il doit les attribuer à lui-même ou à une cause impénétrable [2]. » Félix Pécaut pense que l'attente de prodiges détend en nous le ressort de l'action, condition du progrès scientifique et moral. A des lois nécessaires, nous pouvons nous prendre, pour les combiner et les utiliser, pour les tourner ou lutter contre elles. En face de l'arbitraire, toute ressource nous fait défaut ; sous le régime du bon plaisir, tout effort est superflu. « La foi au miracle est essentiellement contraire à la morale, en ce qu'elle altère et supprime les conditions réelles et salutaires de notre progrès moral [3]. »

1. Ci-dessus, p. 71, 72.
2. Loc. cit.
3. Félix Pécaut : *Pages choisies et fragments inédits* publiés par le Dr Elie Pécaut. Paris Fischbacher, 1906, p. 46. Cf. p. 132.

Le Merveilleux.   13

.*.

Il n'est pas besoin d'une discussion bien longue pour faire apparaître le vice commun de toutes ces conclusions. Elles supposent toutes que le miracle, du moment qu'il entre dans le monde, y envahit tout ; qu'il y devient la loi ; que, par miracle, le vrai peut devenir le faux et les termes de la nécessité se renverser[1]. Rien n'est plus opposé à l'esprit des doctrines qui admettent le miracle. Pour elles, il n'est point une contradiction réalisée : « la partie plus grande que le tout » ; il ne tord pas la nécessité pour lui imprimer des formes inédites ; il n'arrête point l'infaillible réaction de nos facultés en face de l'évidence, qui est une des formes de la nécessité. La puissance de Dieu ne saurait identifier les contraires, faire que ce qui est ne soit pas et que ce qui apparaît n'apparaisse pas. Et ces impossibilités ne restreignent pas le Pouvoir qui s'étend à tout, car aucun objet, aucun but susceptible d'être atteint ne se trouve constitué par ce vain assemblage de concepts qui s'excluent. Le miracle est un effet contingent, exception à des lois qui n'ont qu'une nécessité hypothétique, produite par l'interférence d'une cause, nouvelle et rarement en jeu, avec les causes

1. Jean Jacques Rousseau met dans la bouche d'un « inspiré » ces paroles extravagantes : « La raison vous apprend que le tout est plus grand que sa partie ; mais moi, je vous apprends, de la part de Dieu, que c'est la partie qui est plus grande que le tout. » *Emile*, p. 91. Faire *voir* cela, ce serait le miracle au sens de Spinoza.

ordinaires. L'expérience nous avertit surabondam-
ment de son infinie rareté, des chances pratiquè-
ment nulles que nous avons de le rencontrer au
cours des démarches ordinaires de la vie. Comme
corrélatif et comme condition, il suppose d'ailleurs
une loi et une règle qui fonctionne avec constance.
Inutile de revenir sur tout ceci, que nous avons longuement exposé plus haut[1].

1. A propos de l'induction et du déterminisme ch. II.

CHAPITRE V

ATTITUDE ADOPTÉE (suite)

SOMMAIRE

Section II. Les explications surnaturelles

1º Dieu (suite)

*Partie positive : la conception du monde où s'encadre
le merveilleux divin*

Question préalable, p. 198.
§ I. La possibilité physique et la cause efficiente du miracle,
p. 200. — § II. La possibilité morale et la cause finale du miracle, p. 207. — § III. Comment se ferait l'application des principes posés à des cas concrets, p. 218 à 239. — 1º Les conditions
requises pour l'attribution du prodige à Dieu, p. 218. 11º L'attribution même : ses procédés et sa valeur : A) Les procédés,
p. 222. B) Les caractères et la qualité de la certitude acquise :
a) Le minimum de certitude, p. 228. b) Le maximum de certitude, p. 229. c) C'est une certitude morale. Rôle de la volonté,
p. 233. d) Le lien du miracle et de la vérité qu'il atteste, p. 236.

2º Agents surnaturels inférieurs, p. 239

Section III. Les cas sans explication, p. 244

Conclusion de ce chapitre et du précédent, p. 245

DIEU (suite)

PARTIE POSITIVE : LA CONCEPTION DU MONDE OU S'ENCADRE LE MERVEILLEUX DIVIN

« La notion de miracle est métaphysique ; elle suppose une conception d'ensemble du monde qui dépasse les limites de l'observation. » Ainsi s'expriment deux écrivains qui croient devoir éliminer cette notion [1]. Mais ceux qui la conservent ne parlent pas autrement. « Les faits, dit Newman, ne sont improbables que tant qu'on ne peut les ranger sous aucune règle générale. Au contraire, si les miracles de l'Écriture réclament notre attention, c'est comme parties d'un système réalisé, comme résultant des attributs divins que nous connaissons, comme se trouvant en harmonie avec les dispositions ordinaires de la Providence [2]. »

Ainsi, voilà un point acquis, et sur lequel tout le monde est d'accord. Le moment est donc venu d'aborder la philosophie du miracle et d'esquisser le système du monde où il peut tenir une place. Nous n'avons pas, redisons-le, à démontrer ici la théodicée rationnelle ; notre tâche, plus circonscrite, est seule-

---

1. Langlois et Seignobos : *Introduction aux études historiques,* p. 178 note.
2. Newman : *Essays on miracles :* Essay I p. 22.

ment d'en rappeler quelques données et de montrer par où s'y articule la possibilité du miracle divin.

Question préalable. — Cependant, puisque nous allons parler de Dieu, prévenons dès maintenant l'objection qu'un certain agnosticisme ne manquerait pas de nous adresser. Quoi, nous dira-t-on, vous allez décider ce que Dieu peut faire ou ne pas faire! N'est-ce pas une présomption de vouloir percer le mystère de la puissance et des intentions divines? Dieu est incompréhensible ; nous ne saurions deviner ses capacités et ses pensées d'après les nôtres. Il y a peut-être, dans les profondeurs de l'Etre divin, quelque chose que nous ne pouvons apercevoir et qui fait échec à la réalisation du miracle, alors que nous la trouvons, nous autres, avec notre intelligence myope, si facile et si convenable. Pour juger *a priori* de ce qui convient ou non à Dieu, il faudrait connaître Dieu tout entier.

A cela nous avons d'abord à répondre que notre considération des possibilités et des convenances divines n'est nullement *a priori*. Nous concluons la Cause première de ses effets, et nous lui attribuons uniquement les caractères qu'ils exigent en elle. C'est après l'avoir une fois caractérisée par cette méthode que nous nous demandons si tel ou tel effet, si tel ou tel mode d'agir cadre avec ce que nous en savons. Encore cette dernière déduction, fondée sur un véritable *a posteriori*, ne sera-t-elle pas le seul procédé employé. Nous laisserons de côté, dans une certaine partie de cette étude, toute considération

des attributs divins pour ne regarder que ce que
Dieu fait en réalité dans le monde, et pour voir s'il
n'y a pas là quelques indices actuels pour ou contre
le miracle [1].

En outre, le fait que nous n'épuisons pas la connaissance de Dieu ne rend pas vain et nul tout ce que nous
pouvons dire de lui. Nous possédons sur lui quelques
données certaines. Autrement, il nous serait impossible d'admettre même son existence. De l'inconnu
total, on ne saurait rien affirmer. La Cause première
doit avoir certaines qualités ; *elle ne peut pas ne pas
les avoir ;* si elle en était dépourvue, elle ne serait
plus la Cause première. Cela, nous le voyons intel-
lectuellement ; ces conclusions s'imposent à nous,
sans que nous puissions nous y dérober. Et par
conséquent, il nous est impossible de supposer dans
la réalité, même divine, quoi que ce soit qui viendrait
les démentir.

Après ce bref rappel des conditions de notre étude,
nous pouvons l'aborder elle-même. Elle sera double. En effet, l'ordre du monde physique, conçu en
fonction de Dieu, englobe la possibilité du miracle ;
mais il est à son tour englobé et dépassé par l'ordre
du monde moral. Nous envisagerons ces deux points
de vue l'un après l'autre ; puis nous examinerons la
structure et la valeur des jugements qui appliquent
ces principes à des cas concrets.

1. Cf. p. 209 sq.

Iº La possibilité physique et la cause
efficiente du miracle

1º Le monde a une cause distincte de lui, Puissance infinie, créatrice, conservatrice et ordonnatrice de tout, maîtresse absolue de son œuvre. En toute activité finie, elle agit : c'est-à-dire que d'elle seule, non seulement dérive originellement et actuellement toute puissance, mais aussi dépend toute mise en train. Non seulement elle découpe, pour ainsi dire, dans le champ indéfini du possible, la structure précise et l'architecture spéciale des causes créées, mais c'est elle qui les tient en existence et en activité, — *rerum Deus tenax vigor*, — et qui, de leurs profondeurs, exprime et fait jaillir l'action.

2º. La cause suprême est libre. Rien ne la nécessite. Son indépendance à l'égard de tout ne peut être qu'absolue. Et il est *contradictoire dans les termes* de supposer qu'elle ait été obligée de créer, ou qu'elle ne puisse suspendre ou modifier, en tout ou en partie, les existences et les virtualités qui procèdent d'elle. Sans doute Dieu ne peut réaliser à la fois des effets qui s'excluent, doter le même sujet, au même instant, de caractères opposés, conférer par exemple au cercle les propriétés du carré. Mais aussi le miracle n'est-il point cela. C'est une façon d'être, d'agir ou de pâtir qui succède à une autre, un changement, une suppression ou une addition, introduits dans l'œuvre par la volonté de l'Auteur. M. Le Roy se demande si cela n'est point contradictoire. Nous lui répondons très décidément: non, car *c'est le contraire qui le serait*. Nous repoussons l'impossibilité du miracle pour la même raison qui nous fait repousser le cercle carré. S'il y a ici bas des événements distincts et des détails indépendants[1], si de plus leur existence est liée *par* essence à l'exercice de la Liberté divine, il est contradictoire que cette Liberté n'y puisse rien changer. C'est ici qu'apparaît la raison positive de la possibilité du miracle, puisque notre esprit, non seulement n'aperçoit à cette possibilité aucun obstacle, mais trouve encore le contraire inconcevable.

3° Si Dieu accomplit des miracles, cette opération n'est pas plus incompréhensible que ses autres opérations extérieures. Comme le répète si souvent saint Augustin, il y a autant de mystère dans la production du fait que nous appelons ordinaire que dans celle du miracle. L'un et l'autre a ses racines dans l'Infini, et pour comprendre à plein et à fond l'un ou l'autre, il faudrait voir clair dans le grand abîme. L'action de Dieu dans le prodige n'est ni plus forte, ni plus compliquée, que dans le plus mince événement. Le développement d'un grain de blé est une merveille aussi déconcertante pour l'esprit qui la scrute, que la multiplication des pains[2]. Le flot de la Toute-Puissance reste le même, soit qu'il atteigne immédiatement un but, soit qu'il se canalise pour ainsi dire, afin de traverser et de mettre en jeu les causes secondes. Le déclanchement des ressorts finis

---

1. Voir ci-dessus, p. 116 sq.
2. « Si [quis] consideret vim unius grani cujuslibet seminis, magna quædam res est, *horror est consideranti.* » Saint Augustin, *In Joannem*. Tr. VIII, n° 1. (Migne, *P. L.* 35, col. 1450.)

par l'action divine, et le secret de leur coopération avec elle, ne sont assurément pas des questions plus simples que celle du miracle[1]. Nous ne croyons donc pas en un Dieu absent du monde, extérieur au monde, qui après l'avoir créé, l'aurait abandonné à lui-même, et qui n'y rentrerait qu'exceptionnellement par le miracle, pour y changer quelque détail. Cette ridicule imagination est, au point de vue métaphysique, l'absurdité même. Nous croyons que Dieu habite toujours son œuvre, aussi intimement présent aux événements les plus ordinaires qu'aux prodiges les plus étonnants[2].

Telle est la cause efficiente à laquelle nous attribuons le miracle. Voilà ce qui le rend physiquement possible. Dans une telle conception du monde, il n'apparaît plus sans lien, sans attaches avec le reste, invraisemblable et inconcevable *a priori*. Il a sa place dans un ensemble et dans un système. Car un ensemble est autre chose que l'uniformité d'une loi ou d'une formule ; un système n'est pas nécessairement déterminisme universel, monisme ou immanentisme.

---

1. Cf. ci-dessus, p. 132 sq.
2. Cf. Hakluyt Egerton : *The reasonableness of miracles* p. 5 et 6. — Il ne faut cependant pas aller jusqu'à laisser entendre, comme M. J. Martin, qui prête cette opinion à saint Augustin, que, dans le miracle, l'action divine *n'atteint pas l'effet plus immédiatement et plus directement qu'ailleurs* (J. Martin: *Saint Augustin* p. 317, 320, cf. 326). Ces expressions peu exactes ne sont pas celles du saint docteur. Celui-ci affirme seulement que la nature n'est pas moins « admirable », moins « étonnante » que le miracle ; que Dieu agit également en tout. Mais dans le miracle, il remarque une intervention divine qui se passe de certaines causes secondes et qui les supplée : ce qui est une manière plus directe et plus immédiate d'atteindre l'effet. (Voir ci-dessus, p. 79, note.) Cela n'empêche pas que Dieu ne soit toujours immédiatement présent *dans l'effet même*, de quelque façon qu'il soit produit.

Prenons maintenant les choses par l'autre bout et considérons l'action divine du côté de son terme.

1° En lui-même, et par sa *matière*, le phénomène dit miraculeux prend rang au milieu des autres. Il est perceptible et observable comme les autres. Il a des tenants et des aboutissants. Il n'est pas une déchirure, un trou dans la trame des événements. Il a sa place dans le temps et dans l'espace. Il est défini, au point de vue historique et scientifique, par ses rapports avec le reste du monde[1]. La science positive et l'histoire, si elles pouvaient se dégager complètement de toute métaphysique, devraient se borner à l'enregistrer, comme un phénomène quelconque, qui apparaît à son tour dans le déroulement, non des causes et des effets, mais des antécédents et des conséquents[2]. Seule la métaphysique est qualifiée pour percer jusqu'à la région sous-jacente des causes, ou plutôt pour les découvrir dans les matériaux que les autres disciplines lui ont livrés. Une fois qu'on est sur ce terrain, il n'y a plus qu'à décider quelle est la meilleure métaphysique... Aussi longtemps donc que la science n'assimile aucune donnée proprement philosophique, elle n'a pas à se prononcer sur les causes réelles. Elle n'a point à affirmer ou à nier le caractère miraculeux d'un phénomène. Elle est tenue seulement de le laisser intact, lui et ses entours, sans le déformer ni le réduire ; de constater par exemple, s'il y a lieu, qu'il

1. Voir ci-dessus, p. 115.
2. Voir ci-dessus, p. 152, les déclarations du théoricien de la méthode expérimentale Stuart Mill.

s'est montré sans aucun des antécédents ordinaires, connus, et réputés suffisants.

Notons à ce propos les équivoques d'un écrivain que nous avons déjà rencontré plus d'une fois sur notre route. « On ne peut pas, écrit M. Le Roy, tenir pour *donné à titre de phénomène* ce à quoi on commence par attribuer des caractères inverses de ceux qui composent la notion de *phénomène donné*... La réalité d'un fait, c'est l'entrecroisement des rapports qu'il soutient, la convergence des liens dans la trame desquels il est engagé et forme centre... Il faut le concevoir comme un nœud de relations, comme une onde stationnaire dont l'immobilité naît par interférence de mouvements contraires. » D'où M. Le Roy conclut que le miracle, étant par hypothèse un phénomène qui ne tient à aucune condition phénoménale, est « impensable » [1]. — Mais, je le demande, en s'exprimant ainsi, M. Le Roy entend-il parler le langage de la science ou celui de la métaphysique ? A-t-il en vue l'interférence des conditions vraiment efficaces, au sens ontologique du mot, le point d'intersection des influences causales, — ou simplement le confluent des données diverses, le tissu des phénomènes entrecroisés ? Il semble que sa pensée oscille d'une signification à l'autre. Il va et vient des phénomènes aux causes et des causes aux phénomènes. De ce que tout phénomène doit avoir des tenants et des aboutissants *d'ordre phénoménal*, il

---

1. *Essai sur la notion du Miracle*, I, p. 23, 24. *Le Problème du Miracle* p. 92, 93. Cf. ci-dessus, p. 117.

conclut qu'un événement, qui n'a point de *cause ontologique efficiente* en ce monde, ne peut y apparaître
comme phénomène. On voit à plein le vice du raisonnement. Il faut choisir. Si l'on se tient en dehors
du plan métaphysique, si l'on exclut la considération
des causes, au sens fort et scolastique du mot, on
n'a plus devant soi que des successions de phénomènes qui, pour être constantes, ne sont point, du
même coup, nécessaires. Aux yeux de la pure expérience, la nécessité n'existe pas. Dire qu'un phénomène antérieur exerce une influence sur ceux qui
suivent, qu'il les soutient et leur fournit les éléments qu'ils s'assimilent, établir entre eux et lui un
lien de proportionnalité, de raison suffisante, ou de
succession infaillible, ce n'est plus observer, c'est
philosopher. On pense alors, qu'on l'avoue ou non,
à quelque « vertu » invisible qui s'exerce des uns
aux autres, à quelque transfusion de forces ou d'éléments[1]. Si l'on passe au contraire dans le plan métaphysique, toutes ces spéculations seront à leur
place. On pourra s'arrêter par exemple au postulat
déterministe[2], qui explique tout par des lois rigides

1. C'est ce qui est sensible en particulier dans les définitions de Kant.
Le concept de cause, dit-il, n'implique « pas seulement que l'effet vient
après la cause, mais encore qu'il est posé par elle et qu'il résulte d'elle
(*durch* derselbe gesetzt sei und *aus* ihr erfolge) ». (*Raison pure*, 108.)
Cf. *Vocabulaire philosophique*, au mot *Cause*, p. 164.
2. Il est à regretter que le mot « déterminisme » soit parfois employé
par certains auteurs en un sens nouveau, exclusif de toute idée de
nécessité et signifiant seulement les conditions de fait et les éléments
constitutifs d'un phénomène. (Le Roy. *Le Problème du Miracle*, p. 99).
Cela ne contribue pas à la clarté des discussions. Voir, à ce sujet, le
Vocabulaire philosophique de M. Lalande, au mot *Déterminisme*, p. 195,
où il est recommandé « d'éviter le sens A », celui que nous venons de
signaler chez M. Le Roy.

et des connexions infaillibles. Mais alors il ne faudra plus parler simplement de « phénomène donné ».

Pour éviter toutes ces confusions, nous dirons donc que le miracle, s'il existe, est un phénomène apparu dans le monde sensible, encadré d'autres phénomènes, en relation intime avec eux, mais que les causes, également invisibles, des uns et des autres ne sont pas identiques[1].

2º En lui-même encore, mais dans sa *forme*, c'est-à-dire considéré comme intervention d'une liberté parmi des phénomènes sensibles, le miracle soulève le même problème que notre liberté créée, que les réactions de l'esprit sur la matière. Nous avons entendu un certain déterminisme matérialiste le déclarer : le sort du miracle et celui du libre arbitre sont liés[2]. Tactique imprudente, disions-nous, mais au fond très logique. De part et d'autre, en effet, il s'agit d'une énergie d'ordre spirituel, qui ne tombe point sous l'expérience sensible, qui ne se mesure ni ne se pèse, qui n'agit point nécessairement, et qui

1. Il n'entre pas dans notre sujet présent d'examiner la valeur de la philosophie générale de l'être qui circule dans les arguments de M. Le Roy. Que l'être soit composé, à l'exclusion de tout « noyau subsistant », par un « nœud de relations », c'est ce que plusieurs sans doute trouveront, à leur tour, «impensable». De purs rapports, qui ne sont que cela, et qui se tiennent debout, sans appui et sans substrat, leur paraîtront contradictoires. Mais ce n'est pas ici le lieu de discuter cette métaphysique.

2. « Du principe déterministe, on tire immédiatement ces deux corollaires : 1º il n'y a pas de miracle ; 2º il n'y a pas de libre arbitre » E. Goblot (Cf. ci-dessus p. 67) De même, M. Le Dantec énonce ce principe qui élimine l'un et l'autre: « Rien ne se passe dans l'homme sans que se modifie quelque chose qui est susceptible de mesure. » *L'Athéisme* p. 201.

pourtant modifie le jeu du déterminisme matériel.
N'ayons pas la naïveté de nous représenter la liberté
divine sur le modèle exact de la nôtre; n'oublions
pas que nous expérimentons celle-ci, tandis que
nous concluons celle-là[1]; il reste après tout qu'une
expérience irrésistible nous met justement en face
de ce que les adversaires du miracle répugnent si
fort à admettre : *des modifications matérielles sans
cause du même ordre*, des phénomènes sensibles
qu'aucun antécédent nécessaire ne suffit à expliquer.

De la convergence des idées que nous venons
d'indiquer ressort, ce semble, la possibilité physique du miracle. Nous possédons une vue du monde
où elle se dessine, sans heurt et sans incohérence.
Celui qui accepte cette vue pourra, sans coup d'état
intérieur, sans bouleversement des principes et des
fondements de sa vie mentale, admettre la réalité
d'une intervention extraordinaire de Dieu, si quelque jour elle s'impose à lui.

II° LA POSSIBILITÉ MORALE ET LA CAUSE FINALE
DU MIRACLE

Cependant le point de vue que nous venons d'indiquer est encore trop restreint et trop superficiel;
il demande à se situer dans un autre, plus ample et
plus profond. Celui-ci n'a jamais été mieux exposé

---

1. « L'intervention divine n'est pas certifiée par le témoignage direct de
la perception, mais... elle reste toujours question d'inférence et d'inférence plus ou moins spéculative » Stuart Mill. *Essais sur la religion.*
Trad. Cazelles, p. 213.

que dans quelques pages de Newman, dont nous donnerons ici la substance et parfois la traduction[1].

Tandis que les rationalistes insistent si fort sur la régularité du système de la nature physique, ils oublient tout à fait l'existence d'un système moral, qui pourtant n'est pas moins certaine. Quand on considère les objections des Hume et des Voltaire, on voit qu'elles naissent toutes de la même racine : ces auteurs argumentent comme si la réalité matérielle existait seule, comme si elle était seule à pouvoir nous fournir des indices sur la puissance de Dieu et sur les voies de sa providence. Dans cette abstraction même, la possibilité du miracle ne s'évanouit pas, nous venons de le voir. Mais toute une partie de l'univers reste dans l'ombre, qui eût mis en lumière sa probabilité antécédente et sa vraisemblance. Il suffit de recueillir et de marquer les traits du système moral pour voir, dans leur prolongement naturel, cette vraisemblance se dessiner. En effet, si le miracle s'écarte de l'ordre du monde physique, on peut montrer qu'à un autre point de vue, plus élevé et plus complet, il s'harmonise admirablement avec l'œuvre divine. Insistons un peu sur ceci.

1° *L'existence du système moral.* — Aux yeux de quiconque admet un Dieu sage et bon, le système physique du monde ne peut être qu'un fragment dans un ensemble plus vaste. Il doit s'enchâsser dans un système moral et s'y subordonner de façon absolue.

---

1. *Essays on miracles.* Essay I, p. 16 à 22. Nous en plaçons une traduction plus complète à l'Appendice V, sans prétendre néanmoins en faire nôtres toutes les pensées et expressions.

Car Dieu n'est pas seulement «le Grand Architecte», l'ouvrier du monde. Il est surtout le Bien et la Vérité première, l'Amour, la Justice et la Sagesse infinie. Et ses fins suprêmes ne peuvent être que des fins de vérité, de justice et d'amour.

En particulier, pour ce qui concerne l'homme, nous pouvons déduire de la seule notion de Dieu que les intentions divines sur lui sont qu'il s'oriente vers la vérité et la vertu, et que ce monde physique, — dans la mesure où il est en relation avec l'homme, — n'a pas d'autre fin que de l'y aider.

Mais pour ceux à qui cette métaphysique ne se ferait pas entendre, les faits parleront sans doute un langage plus clair. On se souvient que c'est sur ce terrain des faits que Hume voulait nous conduire. Nous ne pouvons, disait-il, savoir ce que Dieu veut faire ou fera qu'en examinant ce qu'il a fait en réalité. Or ce qui frappe nos yeux dans l'univers, c'en est la régularité constante, l'uniformité. L'hypothèse du miracle se trouve donc, par là même, rendue invraisemblable. — Nous avons déjà montré[1] que cet argument, d'allure facile, n'est pas de taille à porter la conclusion large et universelle que Hume a tenté de faire tenir sur lui. Mais il y a autre chose et plus à dire sur ce sujet. Newman en effet s'est emparé du principe même de l'objection et, en le poussant à fond, en a fait sortir une preuve de la possibilité antécédente du miracle.

« Nous ne pouvons connaître les intentions de Dieu

---

1. Cf. ci-dessus chapitre III, et chapitre IV, 4°, p 145 sq.

qu'en considérant ce que Dieu fait. » Soit. Admet-
tons-le pour un instant [1]. Mais précisément ce que
Dieu fait n'est pas tout entier d'ordre physique.
L'œuvre divine contient des éléments moraux que
personne ne peut méconnaître, et que l'expérience
aussi nous révèle. On trouve ici-bas des réalités
morales : certaines lois concernant le bien et le mal
se manifestent à notre conscience ; il y a pour
l'homme un perfectionnement spirituel, fort différent de son perfectionnement physique. Le sentiment de la responsabilité, l'approbation instinctive
du bien et la condamnation spontanée du mal, tous
ces traits fonciers de notre nature morale ne viennent
pas moins de Dieu que la structure de nos organes.
De même, l'orientation de notre esprit vers la vérité,
le désir inné de connaître, surtout les causes et les
fins suprêmes, le besoin d'éclaircir à fond le secret
de notre destinée spirituelle et de savoir ce qu'il y a
derrière le voile de la mort : tout cela est comme
une impulsion de Dieu qui nous pousse dans une
certaine direction. Un jugement, que nous portons
nécessairement, prononce d'ailleurs que ces valeurs
spirituelles sont les principales et que tout le physique y est, dans le plan divin, subordonné.

2° *Le système moral et la révélation.* — Or ces aspirations et ces tendances de notre nature se conti-
nuent en de vagues appels à un secours divin qui

1. Ce n'est pas absolument exact. Car, une fois que nous l'avons con-
quise et épurée, la notion de Dieu nous éclaire, dans une certaine mesure, sur les intentions qu'il peut avoir. Voir la page précédente et
p. 198.

nous aiderait à les satisfaire. Le besoin d'observances religieuses positives, qui complètent, concrétisent, où plutôt absorbent en les transformant
les obligations morales, est presque universellement ressenti : dans son ensemble, l'humanité ne
pense pas pouvoir être morale sans relations avec
la divinité. La conscience, sitôt qu'elle dépasse les
premières notions du bien et du mal est sujette à des
hésitations ; elle se trouble en découvrant l'antagonisme de ses propres jugements avec ceux des autres consciences. Si indépendante qu'elle soit, elle
estime, à certaines heures, le bienfait d'être guidée
de l'extérieur par une loi infaillible et précise, par
une autorité qui soit en même temps une lumière.
L'âme aspire à posséder les vérités nécessaires d'une
façon ferme et stable ; elle les veut soustraites aux
disputes, et accessibles à tous. De là naît dans
l'humanité l'aspiration vers « quelque guide céleste », et « ce désir inextinguible d'un message
divin qui de tout temps conduisit les hommes
à accepter des révélations fausses, plutôt que
de se passer de la consolation qu'elles apportaient[1] ». Qu'on relise le Phédon, et les mélancoliques paroles de Simmias sur la difficulté d'arriver,
par la raison seule, à la certitude sur le problème
de notre destinée: « Prendre ce qu'il y a de meilleur
dans les doctrines humaines (ἀνθρωπίνων λόγων) et se risquer sur cet esquif pour faire la traversée de la vie »,
tel est notre sort, « à moins que nous ne trouvions

1. Newman : *loc. cit.* p. 19.

à nous embarquer sur un véhicule plus solide ou
sur une doctrine divine (λόγου θείου) [1] ». — Voilà quelles
aspirations sont diffuses dans l'humanité, quels pro-
longements pousse le système moral du côté de
Dieu.

Assurément, c'est là une matière indécise et flot-
tante, que l'on dénaturerait si on voulait la durcir
en exigences rigoureuses, ayant pour objet le surnaturel au sens strict. Mais l'imprécision même de
ces commencements opérés par Dieu les rend aptes
à recevoir des achèvements et des couronnements
de plus d'une sorte. Et donc une révélation, qui
viendrait en aide à de pareilles tendances, qui les
dirigerait et les ferait aboutir, qui remédierait divi-
nement aux tâtonnements de la conscience morale
et aux défaillances de l'esprit dans la recherche de
la vérité nécessaire, — une telle révélation n'apparaît pas comme une chose improbable d'avance et
invraisemblable. Que si quelqu'un, au nom des méthodes de la science positive, refusait de reconnaître
ces indices, il faudrait lui dire que les moules trop
étroits, où s'est coulée son intelligence, laissent fuir
ce qu'il y a de plus délicat, de plus vivant et de plus
profond dans la réalité humaine.

3° *La place du miracle dans le système moral,
comme moyen d'une révélation.* — Le monde physique est donc pénétré et enveloppé par le monde moral. Les deux ne forment qu'un tout. Et si le miracle se produisait, ce ne serait qu'une modification de

1. *Phédon,* ch. 35.

la partie inférieure au profit ¦de la partie capitale
et dominante. Cette modification n'impliquerait
d'ailleurs aucune incohérence intrinsèque, aucun
manque d'harmonie dans le système total, mais au
contraire, la subordination des parties entre elles :
de même que l'on voit dans une machine certains
ressorts commander, contrebalancer et, au besoin,
arrêter les autres, au profit du mouvement d'ensemble et selon le but visé.

Or si nous avons pu marquer dans l'œuvre
divine la place possible et convenable d'une révélation, nous y avons marqué du même coup la place
du miracle. Il est en effet le moyen et la condition
nécessaire de la révélation. Nous l'avons expliqué à
propos des objections de Stuart Mill et de MM. Blondel et Le Roy[1]. La révélation est un enseignement
qui se présente comme fondé sur l'autorité de Dieu.
C'est là son titre distinctif et particulier de créance,
la raison formelle et décisive de l'adhésion qu'elle
réclame. Par conséquent, le moins qu'on puisse exiger pour y croire, c'est que l'autorité en question se
montre, qu'elle atteste son intervention actuelle. Le
signe de cette intervention ne peut être qu'un fait,
et un fait contingent. Car la révélation elle-même
est, d'abord, un fait de ce genre. Elle ne se présente
pas comme une doctrine *déduite*, comme la conclusion
de principes nécessaires ou de données possédées
par la raison. D'autre part, les aspirations naturelles
et les anticipations imprécises dont nous avons parlé

1. Ci-dessus p. 165, 166 et 181, 182.

ne font qu'établir sa convenance et sa probabilité. Elles ne certifient point son existence. Elles portent à regarder d'un certain côté, à ne point tenir la découverte comme improbable, peut-être même à l'espérer[1] : mais elles ne la font point elles-mêmes. Encore moins pourraient-elles suffire à déterminer la qualité et la teneur de la révélation. C'est ce que semblent oublier ceux qui voudraient que le message divin s'y référât comme à sa garantie propre. Les convenances internes préparent en nous la place de la vérité surnaturelle ; elles y conforment notre âme par avance ; elles font que, descendue en notre intérieur, la nourriture céleste y pourra être assimilée ; elles sont la condition qu'une révélation doit remplir : mais elles n'en peuvent être la garantie spéciale, le signe caractéristique et distinctif. Car une religion d'origine terrestre, une vieille institution par exemple, modelée par le temps sur les besoins de l'homme, pourrait offrir aussi de remarquables convenances avec notre nature, et fournir à l'individu un appui moral. Une sage doctrine traditionnelle, élaborée par les ancêtres, œuvre de raison et de poésie, pourrait procurer d'appréciables satisfactions à la conscience et à l'esprit. Au point de vue des convenances, elle aurait même cet avantage sur une doctrine censée révélée qu'elle ne contiendrait aucun mystère, aucun fait surprenant[2]. Tout cela est bien éloigné

1. Au moins dans sa généralité, comme un secours dont on ne sait s'il sera surnaturel ou simplement providentiel.
2. Certains attribuent en partie le succès de l'Islam à ce que son dogme est très simple et composé de vérités accessibles à la raison. Par ailleurs, on sait que Mahomet refusa toujours de donner le miracle comme signe de sa mission.

d'une preuve d'origine surnaturelle. Une révélation divine ne saurait évidemment contredire ce qu'il y a de légitime en nos aspirations; mais c'est là une qualité toute négative, et après en avoir pris acte, on attend toujours l'argument positif. — Davantage, si l'on réfléchit à tout ce que la science et l'amour infinis de Dieu peuvent nous découvrir d'inattendu, à l'ampleur des courants de vérité et de grâce qu'il est capable de déverser sur nous, on conçoit qu'une révélation puisse être autre chose que l'explicitation de nos besoins intérieurs, qu'elle ne soit pas mesurée et, pour ainsi dire, dessinée d'avance par eux, qu'elle puisse les déconcerter autant qu'elle les comblera. Le mystère attire parfois; mais aussi il choque et rebute. Il ne saurait donc, en aucun cas, être sa preuve à lui-même. Un signe sûr et d'interprétation facile[1], doit l'accompagner, pour montrer aux plus simples comme aux plus doctes que c'est Dieu qui le présente et qu'il faut absolument s'incliner. Encore une fois, en dehors du miracle, on se demande quel signe pourrait remplir ce rôle[2].

1. Quelles que soient les discussions théoriques sur le miracle, il est certain qu'en pratique et chez la moyenne des hommes, ce signe amène une conclusion rapide et persuasive. Cf. ci-dessus p. 165, 190 et 191.

2. Le miracle intérieur, suffisant pour l'individu qui l'expérimente, peut parfois, de façon indirecte, servir aussi de preuve à d'autres. On conçoit par exemple qu'un homme, à cause de la noblesse de son caractère et de la lucidité de son intelligence, à cause de sa droiture impeccable et de sa grandeur morale, soit cru sur parole, quand il dit : « Dieu m'a parlé.» (Cf. Bainvel : *Nature et surnaturel*[4], p. 301). Mais ceci revient simplement au cas du miracle admis sur un témoignage suffisant.

Autre hypothèse. Un individu constaterait son impuissance, — et celle de l'humanité, — à se suffire au point de vue moral. De là il tirerait cette conclusion probable. que Dieu n'a pas dû nous laisser à nos seules

Avant donc toute constatation positive du miracle, on est amené à en admettre la vraisemblance. Une fin religieuse élevée ou, selon l'expression de Newman, « un grand objet moral » apparaît comme un motif suffisant à légitimer une interruption de l'ordre physique. Et ce motif s'adapte sans heurt à ce que l'expérience naturelle nous fait connaître des intentions de Dieu sur le perfectionnement spirituel de l'humanité ; il cadre avec ce que la raison nous apprend du but suprême pour lequel nos âmes ont été semées dans cet univers visible.

Conclusion. — Si donc nous concluons quelque jour à la réalité du miracle, ce ne sera pas uniquement parce que nous nous serons trouvés à court d'explications physiques. Nous ne ferons pas appel

forces. Par ailleurs, il trouverait établie une religion qui enseignerait certains dogmes comme révélés et qui, appuyée sur eux, lui offrirait, mieux qu'aucune autre, les secours dont il a besoin. Il conclurait que cette religion est de Dieu et qu'il doit y adhérer. Ne serait-il pas ainsi arrivé à la révélation, sans passer par le miracle ? (Cf. Bainvel *op. cit.* p. 309). — Ce n'est là qu'une apparence. Il faut prendre cette religion telle qu'elle est. Rien ne peut dispenser l'homme, qui fait adhésion à une doctrine censée surnaturelle, de croire qu'elle l'est vraiment, que son origine est en réalité une intervention extraordinaire de Dieu. Autrement l'adhésion serait un acte immoral. Il faut donc que le néophyte ait des preuves de cette intervention miraculeuse. Ici ces preuves seraient, d'après l'hypothèse, l'autorité de l'institution elle-même, autorité manifestée par certains de ses caractères : moralité élevée, bienfaisance, fécondité etc. Notre homme se dirait : « Il est impossible qu'une institution si excellente repose sur le mensonge ou l'erreur ; il ne peut se faire que la garantie invoquée par un enseignement si bien adapté à notre nature ne soit que duperie. Donc en se prétendant fondée sur le miracle, cette religion dit vrai. » Nous retombons derechef dans le cas du miracle attesté et cru sur des témoignages valables. (Voir aussi *Immanence.* Appendice II.)

à la causalité divine en désespoir de cause [1]. Dieu
ne sera pas pour nous l'inconnue, l'x que l'on suppose derrière les événements dont la cause échappe,
le nom que l'on donne à une difficulté irrésolue.
Le surnaturel ne sera pas le fonds de réserve où
l'on puise des explications, invérifiables mais com-
modes, pour les cas embarrassants, la région obscure
dont on ne sait rien et dont on peut, par conséquent,
tout supposer. Un tel recours au surnaturel ne serait
pas raisonnable. Cette fuite vers les ténèbres, ce
« saut dans le noir » légitimerait pour le coup les
railleries des incrédules, les reproches de faiblesse
d'esprit ou d'excentricité.

Le miraculeux ne sera pas non plus pour nous le
résidu toujours provisoire que la science laisse après
elle, la *terra incognita* dont les limites diminuent à
mesure que les explorations se poursuivent, l'îlot
dont les rivages sont incessamment rongés par le
flot montant des découvertes, et dont on peut prévoir qu'il finira un jour par disparaître. Non, ces
caractères tout négatifs ne sont point, à nos yeux,
ceux du miracle. Nous sommes amenés à l'admettre
comme possible et vraisemblable par des raisons
positives, d'ordre philosophique, qui resteront les
mêmes, quels que soient les progrès futurs de la
science. Il sera éternellement vrai qu'il y a un Dieu
et que ce Dieu peut intervenir dans son œuvre, que des

---

1. We are not left to contemplate the bare anomalies and, from the
mere necessity of the case, to refere them to the supposed agency of the
Deity. (Newman, *op. cit.*, p. 18.)

motifs se présentent capables de légitimer son intervention ; et qu'enfin tout ceci s'accorde avec les indices du dessein moral que nous relevons dans le
monde. Les miracles ne se présentent pas à nous
« comme des accidents sans lien et sans signification,
mais comme tenant leur place dans le vaste plan du
gouvernement divin, comme complétant un système
moral [dejà connu par ailleurs], comme reliant l'homme
à son créateur et comme prétendant lui fournir les
moyens de s'assurer le bonheur dans un autre monde
éternel[1] ».

III° Comment se ferait l'application des principes posés aux cas concrets ?

1° *Les conditions requises pour l'attribution d'un prodige à Dieu.*

D'après ce qui précède, ce ne sera pas un phénomène extraordinaire quelconque qui nous fera penser
au surnaturel. Et tout ce que l'on dit parfois sur le
caractère « merveilleux » des découvertes scientifiques, sur leurs analogies avec le miracle, est ici
complètement hors de propos. Il n'y a aucune apparence que les propriétés singulières du radium soient
dues à une intervention spéciale de la divinité ; et
même les gens les moins instruits raisonneraient
mal s'ils prenaient pour des miracles le phonographe
ou le téléphone. En effet, ces phénomènes sont

---

1. Newman : *op. cit.*, p. 22.

d'abord constants, semblables à eux-mêmes, et sans savoir les expliquer, on peut connaître les conditions fixes de leur apparition ou même le moyen de les obtenir. Devant eux, on est en présence d'une loi, inconnue peut-être, mais régulière. De plus, rien dans leurs entours ne peut faire soupçonner quelque intention religieuse ou morale, pour laquelle Dieu les aurait produits[1].

Les seuls phénomènes extraordinaires qui puissent être candidats au titre de miracle sont donc, en premier lieu, des phénomènes d'exception ; des événements qui portent la marque de la liberté et qui aient au moins l'apparence d'avoir pour origine les intentions d'une volonté maîtresse de ses fins et de ses moments. En outre, ceux-là seuls seront susceptibles de s'encadrer dans le plan du gouvernement de l'univers qui fourniront l'indice que Dieu se sert d'eux comme truchement. Non seulement rien en eux ne devra contredire la droite raison ou choquer le sens moral bien développé, mais encore ils ne devront point être des phénomènes neutres et muets qui, par la façon dont ils se produisent, ne disent rien à l'âme préoccupée des problèmes religieux. Un commentaire sera requis pour qu'ils prennent leur signification : commentaire explicite fourni, soit par la prédication d'un thaumaturge, soit par la prière des croyants ; ou commentaire en action, donné par les circonstances ambiantes, par l'atmosphère spirituelle où les faits éclosent. « Un seul caractère, écrit M. l'abbé

1. Voir la *Note préliminaire*, p. xv et ch. II, p. 73.

Bros, donne à ces faits, outre leur étrangeté, une
forme particulière : c'est que, soit avant, soit après,
soit pendant leur production, ils sont liés à des phénomènes religieux ; ces phénomènes varient sans
doute, c'est tantôt une prière, parfois un ordre au
nom de Dieu, ou bien un simple acte de confiance
en une puissance surnaturelle ; mais ils ont tous un
point commun, et cela est assez frappant pour être
remarqué par un savant impartial; il y a là les indices d'une causalité qu'il serait peut-être facile de
découvrir[1]. »

Par tout ceci, l'on voit qu'un miracle divin n'est
pas un pur prodige, τέρας, mais un signe, σημεῖον[2].
Matthew Arnold prête gratuitement des absurdités
à ses adversaires lorsqu'il résume ainsi leur opinion : « Si je pouvais, de façon visible et indéniable,
changer la plume, avec laquelle j'écris ceci, en
essuie-plumes, non seulement ce que j'écris acquer-
rait un titre à être admis comme vérité absolue, mais
moi-même je me trouverais investi du droit d'affirmer
— et d'être cru en affirmant — les propositions les
plus ouvertement opposées aux faits ordinaires et à
l'expérience[3]. » C'est là défigurer entièrement la

1. *Annales de philosophie chrétienne.* Juin 1906 p. 263.
2. La distinction de ces deux termes, fondée en raison, et souvent
faite, n'a cependant point son origine dans les écrits du Nouveau
Testament, qui accouplent très souvent les deux mots grecs pour signifier les mêmes œuvres, et les prennent pour synonymes. Voir, par
exemple, *Évangile de saint Jean*, IV, 48; *Actes* II, 22, 43; V, 12.
« Quæ nomina [apud auctores sacros] non re et notione, sed tantum
etymo differunt ». Wilke-Grimm : *Lexicon græco-latinum in libros Novi
Testamenti* au mot σημεῖον.
3. *Litterature and Dogma*[4], ch. V : *The proof from miracles*, p. 128.

notion du miracle divin et la confondre avec celle de
la magie ou de la simple prestidigitation. Qu'un esca-
moteur nous fasse voir un tour de sa façon, qu'un
sorcier, s'il en existe, stupéfie ou épouvante ses clients,
cela ne donne ni à l'un ni à l'autre même l'apparence
d'être les porte-parole de la vérité infaillible. Il reste
à voir par quels moyens le prodige a été accompli,
si c'est par des trucs proportionnés au résultat
obtenu, ou sans moyens naturels assignables ; et dans
ce dernier cas, la question n'est pas encore vidée.
Il faut maintenant décider, d'après les caractères du
fait, de son milieu et de ses entours, par l'enseignement même dont il s'accompagne et qu'il est censé
autoriser[1], s'il est susceptible d'être pris pour une
œuvre divine. Tant que ce dernier point est en suspens, le phénomène demeure à tout le moins équivoque, énigmatique, suspect. C'est un hiéroglyphe
dont les spectateurs intrigués considèrent la structure bizarre sans pouvoir le déchiffrer, une missive
venue on ne sait d'où, tracée par on ne sait quelle
main.

2° *L'attribution même ; ses procédés et sa valeur.*
— Supposons maintenant un homme, muni de toutes

---

1. Nous avons dit ailleurs comment ce dernier trait pouvait entrer en
ligne de compte sans cercle vicieux. « On doit juger du prodige, non
point directement par la doctrine qu'il atteste ou qu'il exprime, mais de
cette doctrine, et conséquemment, du prodige lui-même, par *une autre
doctrine* indépendante... Pour apprécier le fait et la doctrine attestée, je
me sers de principes venus d'une source différente : avant de considérer
l'un et l'autre, j'avais déjà une conscience formée, certaines idées sur
l'honnêteté et la décence, certaines convictions philosophiques ou religieuses. » *Immanence*, p. 225.

les certitudes philosophiques et de toutes les indications de fait que nous avons dites, et qui, rencontrant
le merveilleux sur sa route, l'attribue à une intervention extraordinaire de Dieu. Quel est ici le procédé
logique et psychologique employé ? et que vaut-il?

A) L'hypothèse est la suivante. Les faits qu'il s'agit
d'interpréter sont des événements réels, bien constatés, indiscutables, et que la science laisse sans
explication. Ils s'accomplissent en faveur d'une certaine doctrine, qui prétend être une révélation : ils
l'annoncent ou la confirment. Ils se passent dans
les sanctuaires d'une certaine religion, à l'invoca-
tion de son Dieu ou de ses saints, au commandement de son fondateur ou de ses apôtres. Par ailleurs, la façon dont s'opèrent les prodiges, les idées
qu'ils attestent, les circonstances qui les accompagnent ne sont pas seulement irréprochables au
point de vue moral, mais encore de nature à élever
les âmes vers Dieu, à les ennoblir, à les pousser vers
le bien. Si quelque mystère est proposé, rien en lui
de puéril, ou qui ressemble à ces absurdités gratuites et stériles, inventées à plaisir pour amuser ou
scandaliser la raison[1]. De ses ténèbres émergent des
apparitions lumineuses, dont l'intelligence ne sait si
elles sont réelles ou non, mais où elle n'aperçoit du
moins aucune difformité évidente. Enfin la bienfaisante efficacité de la doctrine en question se trouve
confirmée par son influence dans la société humaine...
Faut-il donc conclure que les prodiges opérés en sa

1. Voir la note de la page 194.

faveur sont divins? et que par conséquent, elle n'est pas une doctrine humaine, où de l'or pourrait être emprisonné dans une gangue, mais la pure révélation de Dieu? Ne vaudrait-il pas mieux suspendre son jugement, se dire qu'on se trouve devant l'inexplicable, devant des coïncidences, singulières à la vérité, mais peut-être fortuites, amenées par le jeu de causes naturelles inconnues? Nous ne connaissons pas le tout de la nature, ses puissances et virtualités cachées. L'inconnu est peut-être là. Qui sait? L'avenir peut-être et les futures découvertes scientifiques le démasqueront. Comment donc l'exclure légitimement? Nous voici rendus au point le plus délicat et le plus difficile de l'interprétation des faits.

Pourquoi préférer Dieu à l'inconnu? Parce que toutes les raisons *positives* sont pour Dieu, tandis qu'il n'y en a aucune en faveur de l'inconnu. J'ai par devers moi une explication pleinement satisfaisante, et qui répond exactement à toute la question posée. Je connais une cause capable de produire le résultat; je la sais présente; je la vois, tout à l'entour de l'événement merveilleux, plier la matière à des fins intelligentes et morales, analogues à celle que je pressens ici; de plus, tous les indices recueillis me rendent son action vraisemblable en l'occurrence. Pourquoi lui donner l'exclusive et me réfugier dans l'inconnu? Celui-ci, en vertu de l'hypothèse même, est un pur x dont j'ignore tout, l'existence, la présence, l'action, et qui ne se manifeste par aucun indice; sans cela, il ne serait plus l'inconnu. C'est donc une simple possibilité abstraite et indéterminée, dénuée de probabilité positive, que je ferais surgir uniquement pour éviter de conclure à Dieu. Cette manière de raisonner ne serait employée en aucun autre domaine. Toutes les fois que l'homme ne connaît à un événement qu'une seule cause vraisemblable, il conclut que c'est elle qui agit et non point un x. Lorsque le savant a relevé les conditions d'un phénomène, qu'il les sait présentes et qu'il les suppose libres d'opérer, il prononce sans hésiter qu'elles agissent et leur attribue le résultat. Et jamais il ne lui viendra en pensée que quelque cause inconnue s'est glissée à leur place pour mimer leur façon d'agir.

Qu'on ne s'y trompe pas en effet : conclure à une cause parce qu'elle est la seule vraisemblable, n'est pas un « hapax » de raisonnement, un procédé qui ne sert qu'en apologétique. Partout on raisonne de même. Nulle part, — nous avons eu plus d'une occasion de le rappeler, — on ne voit la cause produire l'effet. L'influx causal n'est pas objet d'expérience [1], ni de science positive. De la liaison de deux faits on conclut leur rapport causal. Mais à qui dirait, par exemple : le premier fait n'est qu'un antécédent sans efficacité, et c'est d'une cause occulte que vient l'effet, — il n'y aurait rien à répondre d'immédiatement évident au point de vue de l'expérience et du raisonnement scientifique. Et c'est pourquoi l'*occasionnalisme*[2] est si difficile à réfuter.

1. J'entends d'expérience extérieure.
2. On sait que cette doctrine de Malebranche dénie toute efficacité réelle aux causes secondes.

On ne le réfute pas sur le terrain des faits. Il ne nie aucune évidence d'observation. On le réfute uniquement par un appel au principe de raison suffisante, en tout semblable à celui dont on se sert dans le cas du miracle. Par exemple, on dira que le charbon incandescent approché du bois est la cause de la brûlure. Pourquoi? parce que nous avons en lui une cause proportionnée à l'effet, capable de le produire, possédant en elle l'analogue de ce qui apparaîtra dans le résultat. Nul motif n'existe de chercher plus loin. Il n'y a pas à penser, bien que, si l'on met de côté le principe de raison suffisante, la chose soit théoriquement possible, que quelque « malin génie », comme disait Descartes, substitue son action à celle du feu et produit à sa place la brûlure[1]. De même, dans le cas du miracle, la seule cause vraisemblable est Dieu. Il n'y a pas à penser, bien que ce soit théoriquement possible, abstraction faite du principe de raison suffisante, qu'une cause occulte agit là où Dieu semble agir, où il a toutes les raisons d'agir. Et voilà pourquoi tombe à faux l'objection d'apparent bon sens que l'on formule parfois contre le recours à la causalité divine. L'action de n'importe quelle cause naturelle, dit-on, est plus vraisemblable qu'une action miraculeuse de Dieu[2]. Au contraire, répondrons-

1. Quelqu'un dira peut-être que la combustion se produit constamment à l'approche d'un corps enflammé, et que c'est pour cela qu'on juge celui-ci cause véritable. Mais la répétition n'est pas une preuve plus décisive que la proportionnalité, au contraire (Cf. ci-dessus Ch. II, p. 59, 60). Et la cause occulte peut aussi bien se trouver constamment sous la cause apparente qui la masque.
2. Le Roy, *Essai*, II, p. 169.

nous; il y a des cas où cette dernière, de par toutes les considérations que nous avons rappelées, est plus vraisemblable que n'importe quelle autre, et même la seule vraisemblable.

De quelque façon que l'on retourne la difficulté des causes inconnues, on n'y trouvera pas autre chose à opposer au miracle qu'une pure possibilité négative. Les faits passés auxquels on essaie de l'appuyer, les prévisions de l'avenir vers lesquels on la tend, n'y ajoutent rien et n'en changent point la nature. Pour épuiser le sujet, il reste à le rappeler en quelques mots.

Des faits, censés jadis miraculeux, ont été expliqués scientifiquement. Donc, conclut-on, tout ce qui n'a pas aujourd'hui d'explication naturelle peut demain en recevoir une. Pour que nos considérations sur le plan divin et la vraisemblance antécédente du miracle ne restent pas à l'état de pure théorie sans application concrète, une condition est requise : c'est qu'il y ait des faits naturellement inexpliqués. Or cette condition varie avec le développement scientifique. La perfectibilité indéfinie de la science évoque devant nos yeux la perspective de la disparition progressive du miracle. Dès lors, notre conclusion, appuyée sur un fondement qui se rétrécit et qui menace de disparaître, devient elle-même branlante. — Nous avons déjà rencontré ces idées et, tout en réservant notre réponse de fond qui ne saurait précéder l'examen des faits, nous avons observé que la perfectibilité indéfinie de la science était un simple postulat, que rien n'appuie positivement[1]. Rien ne nous assure que la science doive, un jour, tout expliquer. Nous avons noté aussi, dans l'argument, un passage indu à la limite. Il est entendu qu'une cause inconnue peut simuler le miracle, et qu'on peut s'y tromper, et qu'on s'y est trompé. Seulement il ne suit pas de là qu'on ait le droit de *soupçonner* partout la présence de l'erreur. Nous verrons bientôt avec quel degré de rigueur elle peut être exclue[2]. Quoi qu'il en soit, si l'on raisonnait en d'autres matières comme nos adversaires le font dans la question du miracle, aucune certitude n'y tiendrait. Parce que certains calculs se sont trouvés faux, faut-il n'accepter aucun calcul qu'à titre provisoire? Parce que certaines explications scientifiques ont été reconnues inexactes, a-t-on le droit de se méfier de toute la science? Est-il *positivement probable*, à cause de ces rectifications partielles, que tout y est faux? et par exemple, que l'on découvrira un jour que l'hydrogène et l'oxygène ne sont pas les composants de l'eau, mais qu'elle provient d'un *tertium quid*, resté jusqu'ici dans l'ombre? Sans doute la matière du miracle, — matière religieuse, psychologique, historique et métaphysique, — est infiniment plus

1. Ci-dessus Ch. II, p. 76 à 85. Nous avons vu à cet endroit que les cas d'explications naturelles données à de prétendus miracles, ont été relativement rares. Si l'on met à part la catégorie des maladies nerveuses, simulant des maladies organiques et guéries instantanément par suggestion, ils se réduisent presque à rien. La masse du merveilleux a plutôt été réduite par la critique historique que par les explications naturalistes.

2. Cf. ci-dessous, B. Il y a des cas où elle est métaphysiquement impossible. *Ibid.* 2°.

délicate à manier que ces grosses évidences scientifiques. Mais le bon de celles-ci est précisément qu'elles
font saillir brutalement la difformité d'un procédé
qui se dissimule ailleurs. Laissons donc de côté ces
soupçons généraux, qui ne sont que des nuées. Il
n'y a ici que des questions d'espèces. Dans le problème du miracle, comme partout, il arrive que l'on
confonde une cause apparente avec une cause réelle.
Parfois aussi, comme partout, entre deux causes
vraisemblables au premier coup d'œil, un examen
plus approfondi permettra de choisir. Parfois enfin,
comme partout, la question pourra demeurer indécise. Voilà un terrain concret et solide, où l'on peut
se tenir et avancer. Mais dire : « parce qu'on s'est
trompé quelquefois, peut-être se trompe-t-on toujours », c'est reprendre, à propos d'un sujet spécial,
le « Qui sait ? » du scepticisme universel, c'est émet-
tre une assertion en l'air et évoquer une possibilité
sans fondement positif.

B) Quels sont les caractères et la qualité de la
certitude dont nous venons de décrire l'acquisi-
tion ?

1° *Le minimum de la certitude.* — En général elle
implique au moins ceci. La nue possibilité théorique
et négative des causes inconnues ne constitue pas
un motif suffisant de douter [1]. Le doute reste possible,

1. « Hæc ... possibilitas, nisi ratio aliqua sit quæ suadeat eam reipsa
contigisse, non est sufficiens motivum ut quis formidet quando assensum

mais il ne saurait être fondé en raison. La prudence permet, conseille l'assentiment. Car l'inconnu
est improbable; il n'est pas seulement dépourvu de
raison, il y a des raisons de l'exclure. Dans les
sujets neutres, que nous avons rapprochés de celui
du miracle[1], personne, à moins d'une originalité
d'esprit exceptionnelle, ne préférera la nue possibilité à une vraisemblance positive. La chose pourtant,
là aussi, serait faisable. Mais ce serait caprice évident,
bizarrerie sans intérêt et sans fruit. Au contraire, la
question du miracle a de tels tenants et aboutissants,
elle commande de façon si immédiate l'aménage-
ment de notre vie morale, que le recul de l'esprit
devant une conclusion positive est ici concevable.
On voit que la certitude dont il s'agit n'est pas celle
d'une démonstration mathématique, où la vérité
s'impose de toute nécessité, investissant l'esprit de
toute part sans qu'il trouve un coin d'ombre pour lui
échapper. C'est une certitude où la sagesse pratique,
la volonté droite, la prudence ont leur rôle à jouer[2].

2° *Le maximum de la certitude.*—Souvent cependant,

---

præbet... Absoluta enim ac præcisa oppositi possibilitas non consti-
tuit nisi meram atque absolutam possibilitatem erroris in assensu... At-
qui talis possibilitas non est *periculum* erroris, quod non in malo mere
possibili, sed impendente et appropinquante consistit. Ubi autem periculum erroris abest, formido etiam abesse debet, quippe quæ suo
proprio motivo destituitur.» S. Schiffini. *Principia philosophica. Logica
major.* n° 232.

1. Voir page 227.

2. Voir la note 3 de la page 233. — La certitude du miracle, telle que
nous venons de la décrire, avec son minimum de fermeté, dans ce
paragraphe, se distingue nettement de *l'opinion seule probable*, à

il y aura, dans l'affirmation du miracle, beaucoup
plus que nous n'avons dit. Des cas se présenteront
où la nue possibilité de l'inconnu naturel n'existera
même pas. On a beau insister sur les virtualités secrètes de la nature physique ou psychologique, et
sur notre ignorance à leur égard : il y a de ce côté
des bornes qu'une intelligence saine refusera obsti-
nément de franchir. Nous ne connaissons pas les
limites positives des forces naturelles, mais nous
en connaissons certaines limites négatives. Nous ne
savons pas bien jusqu'où elles vont, nous croyons
pouvoir affirmer qu'elles ne vont point ici et là. En
combinant de l'oxygène et de l'hydrogène, on n'obtiendra *jamais* du chlore ; en semant du blé, on n'obtiendra *jamais* des roses ; et de même une parole
humaine ne suffira *jamais* par elle-même à calmer

laquelle, de prime abord, on pourrait être tenté de l'assimiler. Cette
dernière prend également parti pour une hypothèse, parce qu'il n'y a
aucun motif d'en choisir une autre. Par exemple, je tiendrai provisoirement pour vrai ce qui m'est affirmé par un inconnu, parce que je n'ai
aucun motif d'en douter, et que cette affirmation quelconque, insuffisante
pour produire la conviction, est tout de même une raison en faveur de
la réalité affirmée.

Mais il y a de grandes différences. Dans l'opinion seule probable, les
deux hypothèses ne sont pas confrontées et comparées ; on n'en choisit
pas une de préférence à l'autre. Il y en a une qui n'est pas considérée ;
elle n'est pas écartée, elle est ignorée. On n'a rien contre elle, parce
qu'on n'en sait rien. Elle est *non-probable*, pourrait-on dire, puisqu'aucune raison n'apparaît en sa faveur ; mais elle n'est pas *improbable*
puisqu'il n'y a non plus aucune raison qui s'y oppose. Il en va tout autrement dans l'affirmation du miracle. L'hypothèse des causes inconnues
est explicitement jugée et écartée. En outre, dans l'affirmation du miracle, on a un motif suffisant, et connu comme tel, de donner son assentiment à l'une des hypothèses : explication pleinement satisfaisante en
soi, indices qu'elle s'applique en l'occurrence. Dans l'opinion seule probable, on n'a, en faveur de l'opinion choisie, qu'un motif connu pour être
insuffisant : par exemple un témoignage de valeur problématique.

les tempêtes ou à ressusciter les morts [1]. Contre cela, il n'y a pas de possibilité, même négative, qui tienne, pas de « peut-être », si en l'air qu'on le suppose, qui puisse subsister. Si quelqu'un, en semant du blé, croit que *peut-être* des rosiers vont sortir de ses graines ; si en combinant de l'oxygène et de l'hydrogène, il croit que *peut-être* il obtiendra du chlore ; ou s'il pense que *peut-être* sa parole aura pouvoir sur les morts et les tempêtes, c'est un anormal. Des expériences en nombre infini et infiniment variées, instituées dans toutes les circonstances imaginables depuis que le monde est monde, nous assurent que ces résultats sont purement impossibles pour la nature laissée à elle-même. Si elle avait la vertu de les produire, sans doute, une fois ou l'autre, dans cette infinie différenciation des circonstances, elle les eût produits. Mais c'est surtout dans certaines coïncidences, évidemment amenées par une Volonté maîtresse des choses, que ces impossibilités apparaîtront. « En ouvrant la bouche d'un poisson pris dans le lac, il est possible que j'y trouve un didrachme ; mais que Jésus, quand on demande à Pierre si son maître ne payera pas, lui aussi, l'impôt pour le temple, dise à Pierre : Je pourrais ne pas payer ; mais, pour ne pas les scandaliser, va à la mer, jette l'hameçon, prends le premier poisson qui montera, ouvre-lui la bouche et tu y trouveras un statère : prends-le et paye pour moi et pour toi »,

---

1. On se souvient des objections adressées par M. Loisy à M. Le Roy : le pouvoir de l'esprit sur la matière ne va certainement pas jusqu'à la réanimation des cadavres (voir Appendice II).

et que tout se passe comme il le dit, comment se
refuser à voir là un miracle? On peut nier le fait,
mais nul ne niera, dans les circonstances ainsi données, le caractère transcendant du fait[1]. » L'accumulation de coïncidences semblables finit par former
un poids si lourd que, *à supposer les faits réels*, il
devient presque impossible d'y résister. « Voilà un
homme qui se donne comme l'envoyé de Dieu et qui
fait des miracles pour accréditer sa mission... Cet
homme est entouré d'ennemis qui l'épient en toutes
ses démarches, ils ont tout intérêt à le montrer comme
un imposteur, à démasquer ses faux miracles, et
nous les voyons qui s'y essaient de leur mieux. Or
jamais ils ne l'ont surpris à feindre, et eux-mêmes
sont les premiers à reconnaître qu'il a guéri, qu'il
a ressuscité, qu'il a fait toutes sortes de miracles...
Et cet homme ne fait pas seulement quelque prodige,
de telle espèce déterminée, dans telle et telle circonstance ; mais il en fait des centaines en tout
genre, de toutes les façons : il dit à la mer de se
calmer, et elle se calme, à des morts de se lever, et
ils se lèvent; il multiplie les pains, il change de
l'eau en vin ; il maudit un arbre et l'arbre se dessè-
che ; il dit: *C'est moi*, et les soldats qui viennent le
prendre tombent à la renverse; il dit : *Jetez vos filets
de ce côté*, et les filets sont tout à coup remplis, après
mille essais infructueux durant toute une nuit; il
guérit toutes les maladies d'un mot, ou par simple
attouchement, de près, de loin, tantôt exigeant la foi,

---

1. J. V. Bainvel: *Nature et surnaturel*[1], p. 299.

tantôt opérant sans que le malade se doute de rien,
etc., etc. ...Je ne sais pas tout ce qu'on peut attendre
de la nature; mais je sais bien qu'elle n'est pas ainsi
à la disposition des hommes; devant cette multitude de faits, cette variété de circonstances, toutes
les causes d'erreur sont éliminées ; la transcendance
du fait devient manifeste[1]. » Enfin si tout ce merveilleux se trouve mis au service d'une révolution
morale, la plus profonde et la plus bienfaisante
qu'ait subie l'humanité, l'intervention divine apparaît
si évidente qu'aucune échappatoire ne reste ouverte.

Malgré tout cependant, j'estime qu'un esprit, qui
a fermement pris parti contre le surnaturel, peut se
roidir encore contre ces évidences. Peut-être n'affir-
mera-t-il pas carrément qu'il possède une explication
satisfaisante dans les causes naturelles inconnues,
mais du moins il se refusera à conclure en aucun
sens. J'ai dit : *à supposer que les faits soient réels.*
Dans les cas dont nous parlons, c'est en effet à
propos de cette réalité que le doute sera plus aisé.
On échappera surtout au miracle en se rejetant sur
les difficultés critiques, sur l'authenticité et l'interprétation des documents[2].

*3o La certitude en question est une certitude morale.
Rôle de la volonté.* — La certitude dont nous parlons
peut donc être appelée *morale*, au sens qu'Ollé-
Laprune a donné à ce mot[3]. C'est en effet une

1. *Ibid.*, p. 299 et 300.
2. Ces questions seront examinées dans le IIe Livre de cet ouvrage.
3. Ce sens n'est pas étranger à l'usage scolastique. Suarez écrit :
« Sententia [hæc, scilicet] miracula facta in testimonium veritatis

certitude qui porte sur des questions religieuses
et morales, où le doute est toujours possible, où il
peut être suggéré comme écarté par les dispositions
de la volonté [1]. Ce peut être, en beaucoup de cas,
sinon en tous, une certitude libre, ce qui ne veut
pas dire une certitude arbitraire ou mal fondée. Elle
ne consiste pas en effet à tordre son esprit pour le
tourner violemment du côté d'une hypothèse préférée; elle ne fait pas voir réel, en vertu d'un décret
subjectif, ce qui ne l'est pas. Mais elle résulte d'une
volonté loyale et franche, qui n'a pas peur de la
lumière, et qui prend librement et méritoirement la
position qu'il faut pour bien voir. On ne voit pas ce
que l'on veut, mais on est libre de prendre la position où l'on verra ce qui est. La nue possibilité de
la cause naturelle inconnue est une chose trop vide
et trop légère pour que l'esprit s'y suspende ; mais

[non] efficere evidentiam ejus..., fortasse vera est de evidentia mathe-
matica, non tamen de evidentia morali, quæ sufficiat ad convincendum
intellectum non admodum prave dispositum. » *In IIIam P. Sti Thomæ.
T. II, de Mysteriis.* Disp. 31, sectio 2.

1. Je l'appellerais encore morale dans un autre sens, qui peut-être
n'est pas d'un emploi courant, mais qui me semble cependant se rap-
procher d'un certain usage classique. Plusieurs scolastiques modernes
nous disent qu'une proposition est vraie d'une certitude morale, quand
sa contradictoire est exclue par les lois de la nature morale. Ceci se
réalise, d'après eux, principalement sinon uniquement, quand de deux
hypothèses, également possibles au point de vue physique, une seule
se trouve pourvue de motifs suffisants. On donne en exemple les propositions suivantes : nul ne ment sans y avoir intérêt ; les mères aiment
leurs enfants. Aucun motif n'existe en effet pour mentir ainsi ; aucune
raison générale ne se présente pour contrebalancer l'affection naturelle
des mères pour leurs enfants. De même, dans le cas qui nous occupe,
nous sommes empêchés de nous arrêter à l'hypothèse des causes inconnues, non par quelque impossibilité physique, mais parce qu'il n'y a en
sa faveur aucun motif suffisant.

des apports étrangers, préventions ou intérêts, peuvent l'étoffer et la remplir. Pour déterminer l'esprit à embrasser cette hypothèse, il faut chez lui la répugnance invincible, le parti pris contre le surnaturel. Avec cela, elle pourra suffire : sans cela, non.

Cette influence des dispositions morales est surtout visible chez les esprits que j'appellerai critiques, sans attacher aucun sens favorable ou péjoratif à ce mot : je veux dire ceux qu'un motif quelconque, de l'ordre intellectuel ou de l'ordre affectif, aura poussés à la recherche curieuse des raisons de douter. D'autres, — la plupart assurément parmi ceux qui admettent les certitudes antécédentes que nous avons dites, — n'auront même pas l'idée du doute. La possibilité abstraite des causes inconnues ne se présentera même pas à eux, et c'est d'instinct, tout naturellement, qu'ils adopteront l'hypothèse seule appuyée de motifs suffisants, la seule cause positive et satisfaisante qu'ils connaissent. Ceci n'implique cependant pas que là volonté ne joue, en ce cas, aucun rôle. Elle peut avoir des habitudes profondes, des attitudes prises non sans mérite, une absence de passions qui rende raison de ses démarches les plus instinctives en apparence.

Tout ce qui précède ne doit pas donner l'idée que la certitude du miracle soit une certitude mal appuyée. Ce serait en effet une grossière méprise que de confondre les dispositions du sujet avec les motifs de ses jugements. Il ne faut pas croire qu'à une certitude où la volonté intervient, corresponde nécessairement un objet vacillant ou incertain. On sait

assez qu'en philosophie, par exemple, aussi bien
qu'en histoire, les thèses les mieux appuyées ne sont
pas à l'abri de contestations, dont l'origine est très
souvent la variété des tendances du sentiment. Et
il est superflu d'insister sur ce fait bien connu
que la claire vision de certaines vérités, nécessaires
pourtant, — telles que l'existence de Dieu ou l'im-
mortalité de l'âme — requièrent, pour l'ordinaire au
moins, une préparation morale. L'Eglise catholique
enseigne aussi que la certitude de la foi est une certitude libre et cependant la mieux fondée de toutes.
De même, le caractère moral de la certitude du miracle n'ôte rien à sa solidité. Il suffit que les motifs
en soient bons et qu'ils s'imposent à une vue que
rien n'offusque.

4° *Le lien du miracle et de la vérité qu'il atteste.* —
Quelle est enfin la fermeté du lien qui rattache
à la certitude du miracle, celle de la vérité qu'il
atteste ? Nous n'avons pas à nous demander si, une
fois la première acquise et tant qu'elle subsiste, la
seconde peut venir à manquer, à cause par exemple
d'une défaillance de la volonté. Ce serait aborder une
question qui n'offre pas d'intérêt direct pour notre
recherche actuelle. Mais nous devons dire que, si la
certitude du miracle disparaît, la certitude de la
vérité qu'il atteste ne peut absolument pas subsister.
Que le fondement s'écroule, et ce qui est bâti dessus tombera du même coup. Or, comme la première
certitude dépend, ainsi que nous l'avons vu, de dispositions morales, la seconde en dépend donc aussi

et dans la même mesure. Et par conséquent enfin, ces dispositions de la volonté doivent persévérer sous l'acceptation de la vérité attestée, comme une condition indispensable. — Mais, cela entendu, il importe, ici plus encore qu'ailleurs, de se souvenir de la distinction établie entre les motifs de la créance et les dispositions du croyant. Que celles-ci soient contingentes, cela n'empêchera pas le fondement de la créance d'être métaphysique et absolu. Dans le cas présent, il n'est autre que la véracité divine. Dieu ne peut ni opérer des miracles, ni permettre qu'il en soit opéré au profit du faux. Si des faits certains, et tels que nous les avons décrits, étaient présentés à l'homme, et si l'homme se trompait en les jugeant comme nous avons dit, c'est Dieu même qui l'induirait en erreur. En effet, dans l'espèce, le miracle est mis en connexion expresse avec la doctrine. Le thaumaturge, par exemple, s'y réfère comme à la preuve de ce qu'il enseigne. Il dit à ceux qui l'écoutent : « Pour vous prouver que je viens de la part de Dieu, je vais faire marcher ce paralytique. » Et le paralytique marche. D'autres connexions du même genre sont fournies par les circonstances où le miracle s'opère. Devant un tel spectacle, partout et toujours, l'homme moyen, qu'aucune passion ne préoccupe, dira : le doigt de Dieu est là. Il le dira instinctivement, spontanément, naturellement. D'autre part l'homme averti de la difficulté, l'esprit critique arrivera aux mêmes conclusions, si sa réflexion suit la marche tracée en ce chapitre, conformément aux règles de la logique, de la prudence et de la droiture

morale. Il conclura à écarter toute autre explication
que l'explication surnaturelle. Et néanmoins l'un et
l'autre se tromperaient! Ils se tromperaient, non pas
accidentellement, par suite d'une circonstance personnelle, temporaire ou locale, d'une ignorance ou
d'une dépravation particulière, mais normalement,
naturellement, en suivant la droite pente de leur
raison, en faisant usage de toute leur intelligence,
de toute leur loyauté et de toute leur prudence. Ce
serait l'erreur forcée, invincible. Et cette erreur por-
terait sur les plus importants problèmes : sur les
volontés de Dieu à l'égard de ses créatures, sur le
chemin du vrai et du bien en matière religieuse et
morale, sur le chemin du salut. Tout ceci paraît
incroyable, s'il existe un Dieu juste et véridique. Ce
Dieu ne peut permettre les événements qui détermi-
neraient une pareille erreur; il ne peut laisser s'établir ces connexions intimes, expresses, entre une
doctrine fausse et des prodiges indiscutables, portant le cachet divin. Car elles amèneraient infailliblement les conditions funestes et irrémédiables dont
nous parlons. Pour la même raison, Dieu ne saurait
permettre que des prodiges, apparents ou réels,
opérés au profit de l'erreur par un agent quelconque,
soient, en droit et par eux-mêmes, indiscernables des
miracles divins [1]. L'impossibilité devient plus criante
à mesure que l'on prête à l'erreur une plus grande

1. Dieu pourrait-il même laisser s'autoriser de la sorte une doctrine
dont le contenu serait vrai, mais qui se prétendrait faussement révélée?
Je ne le pense pas, si l'attestation portait précisément sur l'origine de
la doctrine. Car ce serait encore couvrir l'erreur et induire l'homme à
l'idolâtrie qui consiste à adorer comme divine une parole humaine.

durée et une extension plus large. Qu'une pareille
duperie parvînt à s'accréditer durant des siècles,
auprès d'une portion notable de l'humanité, ce serait
le plus grand scandale qu'il soit possible d'imaginer.
Si donc Dieu s'intéresse au sort moral de ses créatures, il se doit à lui-même de détourner d'elles cette
fatalité. Autrement elles auraient le droit de reprendre, pour s'excuser et pour l'accuser, le mot célèbre :
Domine si error est, te ipso decepti sumus[1] *!*

II. AGENTS SURNATURELS INFÉRIEURS

Un certain nombre de doctrines religieuses ou
philosophiques admettent l'existence et l'action dans
le monde de forces spirituelles autres que Dieu et

1. Richard de Saint-Victor : *de Trinitate* I. 2. Migne *P. L.* 196,
col. 891. — Un mot est ici nécessaire, au sujet d'un passage de Lugo, dont
M. E. Le Roy s'est fait une arme contre la thèse que nous venons de
soutenir (*Essai sur la notion du miracle.* II, p. 188). L'illustre théolo ·
gien se demande, à l'endroit cité par M. Le Roy, si Dieu pourrait opérer
le miracle pour quelque fin de bonté et de miséricorde, sans se préoccuper des doctrines avec lesquelles les circonstances le mettraient en connexion. Et il conclut très nettement, — ce que les citations de M. Le
Roy ne permettent pas de soupçonner, — que Dieu ne peut agir ainsi,
si les doctrines sont fausses, à moins de découvrir ses véritables intentions et de signifier qu'elles ne sont nullement de sanctionner les doctrines ·
Pour Dieu, dit Lugo, agir autrement serait participer au mensonge.
« Loquendo vero de re ipsa, placet mihi quod Deus non possit in iis
circumstantiis ad verum miraculum concurrere, nisi, per se loquendo,
constare possit Deum ob alium finem facere, et non ad confirmandum
doctrinam falsam... [secus Deus fieret] particeps deceptionis et falsitatis » Lugo : *de Virtute Fidei Divinæ* Disp. II. sect. 1ª, n° 24. (Il faut
noter que, dans le premier passage cité par M. Le Roy et emprunté au
n° 14, Lugo n'exprime point sa propre pensée, mais rapporte une opinion qu'il se réserve d'apprécier plus loin, nᵒˢ 22, 23, 24 etc.)— En réalité, la thèse que nous avons exposée est la thèse commune des théologiens catholiques.

les âmes des vivants. Elles professent la croyance
aux esprits, bons ou mauvais : divinités inférieures,
éons, anges, démons, génies, âmes des morts, etc.
D'autres, telles que l'occultisme, admettent en outre
l'existence de certains agents de nature mal définie,
« esprits des éléments » ou « élémentals », sans
conscience ni volonté propre, que l'initié peut cap-
ter et diriger à ses fins personnelles[1]. Enfin la théur-
gie, les sectes mystiques de l'Islam et de l'Inde, le
spiritisme, la théosophie veulent que des pouvoirs
merveilleux, latents dans l'humanité ordinaire, puissent être développés par une éducation spéciale ou
apparaître spontanément en certains sujets privilégiés. En ce dernier cas, c'est l'homme lui-même
qui passe, pour ainsi dire, à un plan supérieur et
qui joue le rôle d'agent surnaturel.

Si toutes ces influences, pour étonnants que soient
leurs effets, sont conçues comme faisant normalement partie de l'Univers, elles demeurent étrangères à l'objet de cet ouvrage. Saint Thomas attribue
aux anges le mouvement des astres[2]. Newman les
voit à l'œuvre dans toutes les opérations de la nature[3]. Nous n'avons pas à apprécier ici ces théories.

---

1. Cf. Papus : *Traité méthodique de science occulte*, pp. 318, 352, 353,
373, 909.
2. Cf. par exemple : *de Spiritualibus creaturis* art. 6. — *II Dist.* 1
q. 1. art. 4 ; — q. 2. art. 5. ; — 14. q. 1. art. 3. ; — 15. q. 1. art. 2. etc.
Ailleurs, une influence encore plus vaste leur est attribuée, par exemple Ia q. 110, art. 1.
3. « Comment se meuvent les vents et les eaux, la terre et le feu ? Ici
l'Écriture intervient et semble nous dire que toute cette merveilleuse
harmonie est l'œuvre des anges. Ces événements que nous attribuons
au hasard, comme le temps qu'il fait, ou à la nature, comme les sai-
sons, sont des *devoirs* rendus au Dieu qui fait de ses anges des vents

Les influences en question ne nous intéresseraient
qu'au cas où elles se présenteraient, non pas comme
perdues dans le cours ordinaire de la nature et
masquées par lui, mais comme exceptionnelles,
comme dues à des actes de liberté particuliers, in-
termittents, et discernables à ce titre. — De même
quelques doctrines ésotériques ont la prétention de
se tenir sur un terrain « scientifique ». Les effets
surprenants que leurs adeptes disent constater,
seraient, d'après eux, attribuables aux forces de la
nature, mais à des forces cachées que l'application
de certaines recettes permettrait seule de dégager.
Si ce n'est pas là pure duperie et s'il y a vraiment,
dans l'espèce, application de moyens naturels proportionnés au résultat obtenu, les faits en question
échappent à la sphère du merveilleux. Nous aurons
à rechercher ce qu'il en est. Nous ne devons ici

et de ses ministres des flammes de feu. Par exemple, c'était un ange
qui donnait à la piscine de Béthesda ses qualités médicinales. Or il n'y
a aucune raison de douter que les autres sources thérapeutiques, qui
existent en ce pays-ci et dans les autres, soient dues au même invisible
ministère... Ainsi la portée des indications de l'Écriture va jusque-là :
elles nous apprennent que le cours si étonnant, si beau et si terrible
de la nature est produit par le ministère de ces êtres invisibles... Chaque souffle d'air, chaque rayon de lumière ou de chaleur est, pour ainsi
dire, la frange du vêtement et le flottement des robes de ceux dont la
face voit Dieu dans le ciel... Quelles seraient les pensées du chercheur,
si en examinant une fleur, une herbe, un caillou, un rayon de lumière,...
il s'apercevait subitement qu'il est en présence d'un être puissant, caché
derrière ces choses visibles, et qui, tout en dissimulant sa main habile,
leur donne, comme instrument de Dieu, leur beauté, leur grâce et leur
perfection, oui, devant un être dont ces objets merveilleux sont la robe
et la parure? » *Parochial and plain sermons* II. sermon XXIX : *The
Powers of nature* (The feast of Saint Michaël). Inutile de remarquer
que cette interprétation de l'Écriture est personnelle à Newman et qu'elle
consiste en une généralisation de données très particulières.

qu'indiquer brièvement d'après quels principes notre
enquête sur ce sujet sera conduite.

Les deux hypothèses que nous venons de mentionner, — duperie ou action de causes naturelles —
sont-elles les seules admissibles? Faut-il rejeter
a priori l'influence des agents dont on nous parle?
où pouvons-nous au contraire, — comme nous l'avons
fait, à propos de l'intervention divine, — en légitimer d'avance la possibilité?

Nous ne connaissons aucun argument *a priori*
contre l'action en notre monde d'agents surnaturels
distincts de Dieu. Il est très facile de se moquer de
la croyance aux « esprits », et de plaisanter ceux qui
l'admettent. Il est très vrai que nombre de personnes
s'y arrêtent pour des motifs parfaitement ridicules.
La question actuelle n'est pas là. La raison fournit-
elle, oui ou non, des arguments qui démontrent
l'inexistence des êtres en question ou l'impossibilité
de leur action autour de nous? Non. La science positive présente-t-elle des preuves expérimentales
allant dans le même sens? Des preuves contre des
interventions surnaturelles analogues à celles de la
liberté humaine, discernables comme elle, et ordinaires comme elle, oui assurément. Les acteurs
mystérieux dont nous nous occupons ne sont pas à
demeure sur la scène du monde. Mais de preuves
scientifiques, établissant par avance l'impossibilité
de leur apparition occasionnelle, il n'y en a pas.
Nous avons suffisamment établi ce point en parlant
de l'induction.

En revanche, nous ne voyons non plus rien de

décisif à alléguer en faveur de la possibilité ou de la probabilité antécédente de ce surnaturel spécial. Indépendamment d'une révélation, qui a elle-même besoin d'être prouvée, son existence ne peut être démontrée que par des constatations de fait.

Nous nous bornerons à les attendre. La constatation sera très difficile à faire, s'il s'agit d'êtres surnaturels opérant en qualité d'instruments de Dieu, car comment discerner à coup sûr leur action de la sienne ? Heureusement, il importe peu, au point de vue pratique, de distinguer un effet provenant immédiatement de Dieu seul, d'une action conduite par ses ordres. Au contraire, des agents préternaturels mauvais, agissant pour des fins immorales, seront, de ce chef, certainement reconnaissables. Si donc on peut montrer, dans tel ou tel cas, qu'on se trouve en présence d'une liberté perverse, différente de la liberté humaine, la preuve expérimentale du surnaturel non divin sera fournie. Pour le moment, nous resterons à son égard dans l'ignorance : ignorance sans parti pris, qui ne s'érige pas en attitude définitive et irréformable, et qui se tient prête au contraire à recevoir des faits tous les enseignements qu'ils peuvent contenir. Remarquons toutefois, ici encore, que ces enseignements, — si intéressants et utiles qu'ils soient, — n'auront pas une importance capitale. L'intérêt est beaucoup moindre pour nous de déterminer avec précision la cause positive, naturelle ou préternaturelle, d'un phénomène reconnu non divin, que de savoir si Dieu s'est révélé à l'humanité. Ce qui ne vient pas de Lui ne peut avoir, sur l'orientation religieuse et morale de notre vie, qu'une portée indirecte : et l'explication en peut être sans grand dommage, différée ou supprimée.

Section III. — *Les cas sans explication*[1]

Il faut enfin le prévoir et l'avouer modestement : il est fort possible que notre enquête sur les faits n'aboutisse pas, au moins en quelques-unes de ses parties. Les principes de solution énumérés ci-dessus ne sont point des passe-partout, garantis capables d'ouvrir toutes les serrures. Faire pour eux l'article en les prônant comme tels serait du pur charlatanisme. Nous nous attendrons donc à rencontrer des points obscurs, et nous n'en serons ni étonnés ni troublés. Un reliquat inexpliqué ne détruit pas les explications acquises. Un groupe de faits peut avoir montré sa cause, alors que ses voisins demeurent impénétrables. La science partielle est valable et n'implique pas l'omniscience. Et cette simple réflexion, qui devrait être banale, nous conduit à deux conclusions, inverses et également importantes. Le savant n'a pas le droit de dire : « tels phénomènes sont le résultat des lois ordinaires; donc les autres ne sauraient être surnaturels. » Le théologien, qui a

---

1. Noter la différence de cette hypothèse et de celle des lois inconnues (ci-dessus p. 124). Quand on attribue un phénomène à des lois inconnues, on le classe déjà dans l'ordre naturel. Ici, on laisse la question indécise.

conclu fermement au miracle pour tel cas particulier, peut s'arrêter ensuite, et confesser qu'il y a plus de choses au ciel et sur la terre que n'en sait expliquer sa philosophie.

Telles sont les lumières philosophiques dont nous éclairerons notre route. Les principes de solution que nous adoptons sont tous ceux dont l'humanité s'est jamais avisée dans l'interprétation des phénomènes d'apparence merveilleuse. Des uns et des autres elle a fait souvent un usage peu judicieux, la plupart du temps parce qu'elle ne voulait en employer qu'un seul. Pour notre part, nous ne renonçons d'avance à aucun. Impossible d'être moins exclusif et de se réserver une plus large liberté d'appréciation. Cette liberté n'est point restreinte parce que nous avons admis la possibilité d'un merveilleux réel. Il est évident, au contraire, qu'elle se trouve, par là même, amplifiée. Quelqu'un comparait naguère la liberté dont jouissent en critique les croyants et les incroyants. Modifions quelque peu sa thèse et ne faisons consister la croyance qu'à admettre Dieu et la possibilité d'un merveilleux quelconque : l'assertion s'appliquera tout juste à notre position présente. « Nous autres croyants, disait-on, nous usons plus qu'eux [les incroyants] de la liberté scientifique. Dans bien des cas, qui *peuvent*, mais ne *doivent* pas nécessairement s'expliquer par le surnaturel, nous avons le droit de réserver notre jugement. Eux, ils ne

l'ont jamais... Dès qu'ils se trouvent placés en face
d'un événement ou d'un récit merveilleux,... *il faut*
qu'ils tranchent par la négative, quels que soient
les témoignages, l'état du texte, son origine, le sens
obvie de l'auteur et ses facultés d'information [1]. »

1. B. Allo : *La liberté scientifique* (Revue du Clergé français, 15 janvier 1912 p. 153).

LIVRE II

La méthode pour constater les faits merveilleux

———

Ce n'est pas tout d'avoir déterminé l'esprit philosophique dans lequel on abordera l'étude des faits. Cette étude elle-même peut être conduite selon des méthodes bien diverses ; et il est bon, ici encore, d'éclairer le terrain devant soi, afin de choisir sa route en critique comme en philosophie. Car des personnes qui seraient d'accord sur la métaphysique pourraient néanmoins se disputer sur l'histoire ; et plusieurs, qui n'auraient rien à objecter contre les possibilités dont nous avons parlé jusqu'ici, trouveront au contraire les régions de l'expérience hérissées de difficultés.

Avant donc de prendre parti sur l'existence de fait du merveilleux, il est indispensable de se demander comment on fera pour en constater la simple apparence. Avant d'attribuer les événements à telle ou telle cause, il faut savoir quels moyens on emploiera pour en faire matériellement le contrôle.

.

CHAPITRE I

LES FAITS DONT NOUS SERIONS NOUS-MÊMES LES TÉMOINS

SOMMAIRE

A. Préjugés négatifs. — La possibilité de l'hallucination, p. 252.
— Discussion, p. 256.
B. Préjugés positifs. — Crédulité, exaltation, p. 262.

Quelques remarques suffiront ici, car les difficultés naissent plutôt à propos de la critique historique. Celles qui se présentent dès maintenant se retrouveront, grandies et universalisées, sur ce terrain-là. Ce n'est pas à dire cependant que les choses aillent toutes seules même ici, et qu'il ne soit pas plus difficile, — comme certains apologistes superficiels le donnent à entendre, — de constater le miracle que n'importe quel autre événement.

Supposons en effet un événement extraordinaire dont je serais le seul observateur, ou du moins à propos duquel je ne m'appuierais pas sur le témoignage d'autrui. En moi-même je trouverai des obstacles à

le bien observer. Par son étrangeté même, il me
fera sortir de mon état d'esprit habituel : je le regarderai avec d'autres yeux que les autres faits. Selon
mes idées ou mon humeur, je me trouverai incliné
ou bien à me raidir contre lui, pour le contester ou
le corriger, — ou bien au contraire à l'accueillir avec
une bienveillance inaccoutumée, sans prendre la
peine de le bien regarder. Les deux attitudes ne
valent pas mieux l'une que l'autre.

Devant les apparences du merveilleux, nous avons
donc à nous défendre de préjugés inverses.

A). Il y a d'abord les préjugés négatifs. Le scepticisme empêche de regarder. Combien d'hommes,
formés pourtant aux bonnes méthodes scientifiques,
font la critique des faits de Lourdes, qui n'y ont
jamais été voir. Ce scepticisme n'est pas toujours
d'une sérénité entière. On y découvre parfois quelque mélange de sentiment ou de passion : peur instinctive de voir surgir les grandes questions trou-
blantes, amour de la quiétude intellectuelle, dédain
pour ce qui alimente une forme de religion que l'on
estime inférieure. Tout cela fait qu'on détourne la
tête ou qu'on se contente d'explications improvisées.
Un certain respect humain produit les mêmes résultats. Bien des gens craindraient de se disqualifier,
s'ils prêtaient attention à l'extraordinaire. Tout ceci
n'est guère raffiné et ne mérite point la discussion.

Mais il y a des scrupules plus délicats. Sans aucun
parti pris, sans aucun respect humain, sans même
aucune crainte des répercussions philosophiques ou
morales que le fait pourrait avoir, je puis me trouver

porté à douter. Oui, à douter de ce que je vois. En effet, même pour un esprit qui admet le miracle en théorie, sa rencontre est extrêmement peu probable et peu vraisemblable [1]. Dès lors, loin d'en croire d'emblée les apparences, il peut craindre de se tromper. « Que nous voyions en effet ce que nous croyons voir, écrit Stuart Mill, n'est rien moins qu'universellement vrai. Nos organes ont pu être dans un état morbide, ou bien nous avons pu prendre pour une perception directe une simple inférence » [2]. Et l'auteur du *Système de logique* explique ce dernier point comme il suit : « Lors même que nous nous imaginerions avoir réellement vu ou senti le fait contraire à la loi, il faut se souvenir que ce que nous percevons n'est qu'un assemblage d'apparences, desquelles la nature réelle du phénomène est une simple inférence, inférence dans laquelle les généralisations approximatives ont une large part [3]. »

Ainsi donc on pourra se persuader, au moins après coup, que l'on a mal vu, que l'on a conclu trop vite, par exemple à la réalité d'une maladie. C'est le cas de beaucoup de médecins : quand ils constatent la guérison de ce qu'ils estimaient incurable, ils disent que leur diagnostic précédent *a dû* être erroné.

On pourra même se persuader que l'on n'a pas vu. « Je sais trop bien, par ma propre expérience,

---

1. On a souvent remarqué que des théologiens, qui enseignaient la possibilité du miracle dans l'abstrait, étaient des plus rétifs à l'admettre en fait.

2. *Système de logique.* Trad. Peisse. T. II, p. 162.

3. *Ibid.* p. 164.

écrit le professeur Richet, combien *il est difficile de croire à ce qu'on a vu*, quand ce qu'on a vu n'est pas en accord avec les idées générales, banales, qui forment le fond de nos connaissances. Il y a quinze jours, j'ai vu tel fait étonnant, qui m'a convaincu. Aujourd'hui je hoche la tête, et je commence à en douter. Dans six mois d'ici, je n'y croirai plus du tout. C'est là une curieuse anomalie de notre intelligence. Il ne suffit pas en définitive, pour amener la conviction, qu'un fait soit logiquement et expérimentalement prouvé, il faut encore que nous en ayons pris, pour ainsi dire, l'habitude intellectuelle. S'il heurte notre routine, il est repoussé et dédaigné[1]. » Un savant, ami du célèbre physicien anglais William Crookes, lui écrivait, à propos de « faits nouveaux » dont celui-ci l'avait entretenu : « Je vois qu'il n'est pas de raison qui puisse convaincre un homme, à moins que le fait ne se répète si souvent, qu'alors l'impression semble devenir une habitude de l'esprit, une vieille connaissance, une chose connue depuis si longtemps qu'on ne peut plus en douter. C'est un des côtés curieux de l'esprit humain, et les hommes de science le possèdent à un haut degré, — plus que les autres, je crois. C'est pour cela que nous ne devons pas dire toujours qu'un homme est déloyal parce qu'il résiste longtemps à l'évidence[2]. »

Au moment même de la perception, et plus tard,

---

1. Ch. Richet, préface au livre du Dr Ochorowicz : *La Suggestion mentale*, p. III.

2. W. Crookes : *Recherches sur les phénomènes du spiritualisme*. Trad. Alidel p. 143 note.

si l'impression persiste dans toute sa force, on aura du moins la ressource de se persuader que l'on est victime d'une hallucination. En effet, tous les hallucinés ne sont point dupes; il y en a de lucides et de conscients. Plutôt donc que d'admettre un événement miraculeux, dont elles seraient les témoins solitaires, des personnes, même religieuses, préféreront se croire hallucinées. La peur de « devenir visionnaire » hante le curé de N.-D.-des-Victoires, M. Desgenettes, à l'audition des fameuses paroles qui lui suggèrent de consacrer sa paroisse au Cœur de Marie. « C'est une illusion, se dit-il à lui-même;... c'est... le fruit de l'ébranlement donné à ton cerveau... Tu n'as pas entendu, tu n'as pas pu entendre [1]. » Théodelinde Dubouché, la future fondatrice des religieuses de l'Adoration réparatrice, se comporte de même en présence de l'apparition d'une hostie qui se produit pour elle à Notre-Dame. « Je crus, dit-elle, être le jouet d'un éblouissement; je me remis la tête dans les mains, néanmoins le cœur me battait; je regardai de nouveau, ma vue était parfaitement claire, et toujours l'hostie était là, immobile. Je fus saisie de terreur, je pensai que j'avais une hallucination... Je voulus essayer de me distraire; je fis le tour de l'église, je revins, l'hostie était toujours exposée à cette même place... Je m'approchai d'un ecclésiastique, je lui demandai ce que je voyais de blanc...; il ne comprit pas, il ne voyait

---

1. Relation de M. Desgenettes, insérée dans le *Mois de Marie de N.-D. des-Victoires*, par M. l'abbé Desfossés. Paris, Régis Ruffet, 1865, p. 83 et 93.

rien [1]. » On peut se rendre compte par cet exemple, que le phénomène extraordinaire, loin de s'imposer toujours invinciblement, laisse parfois à l'esprit toute liberté pour inventer de nombreux moyens de contrôle. — Bien plus, certaines hallucinations peuvent affecter tous les sens, sans produire la conviction. M. Marillier raconte qu'étant étudiant, il voyait une jeune femme blonde venir s'asseoir auprès de son bureau. Les traits de l'apparition n'étaient point vagues. Elle prenait place au milieu des objets réels et leur paraissait semblable. Son corps cachait le fauteuil où elle s'asseyait. Marillier la voyait, l'entendait parler, sentait son parfum et son haleine, la chaleur et la résistance de sa main. La vision persistait quelque temps, puis s'évanouissait subitement : et c'était le seul signe qui distinguât le fantôme des personnes réelles [2].

Ainsi, après une ou plusieurs observations solitaires d'un phénomène étrange, le doute sur sa réalité sera toujours possible. Il reste à voir s'il sera toujours raisonnable.

*
* *

Tous les motifs ou prétextes de doute que chacun peut invoquer contre soi-même peuvent également servir à discréditer le témoignage d'autrui. On peut penser que les témoins ont mal vu, qu'ils ont cru

1. *Vie de la mère Marie-Thérèse* (Théodelinde Dubouché) par Mgr d'Hulst, 5ᵉ édition p. 85, 86.
2. *Revue philosophique* 1886. T. I. p. 205 sq.

voir, qu'ils ont mal interprété ce qu'ils voyaient, ou qu'ils ont été hallucinés. L'appréciation de ces difficultés sous leur forme personnelle sera donc applicable, toute proportion gardée, à la critique du témoignage.

1° Se dire que l'on a mal interprété le phénomène n'est ni toujours raisonnable, ni même toujours possible. On ne se tire pas d'affaire avec des généralités, du genre de celles de Stuart Mill, sur les inférences qui se mêlent à toute perception. Par exemple, l'observation d'une solution de continuité et ensuite d'un raccord dans des tissus organiques n'est pas affaire de théorie ou de point de vue. Ces constatations s'imposent et ne laissent pratiquement aucune place à des interprétations divergentes[1]. En outre, ce n'est pas assez qu'une interprétation, même délicate et compliquée, ait été donnée, — comme par exemple quand on a déclaré une maladie incurable, — pour qu'on puisse, après coup, et sans autre motif que celui d'une guérison inattendue, réputer cette interprétation fautive. Il faut prouver qu'elle l'est. Il faut montrer le vice du précédent diagnostic, indiquer le détail négligé, le symptôme décisif que l'on n'avait point attendu pour conclure. Sans cela, on commet une grosse pétition de principe, puisque, dans une recherche du merveilleux, on rejette d'emblée tout ce qui en présente la simple apparence.

2° Se persuader que l'on n'a pas vu ce que, sur le moment, on se croyait certain de voir, — par cela

1. Je parle de l'interprétation du fait et non de son explication ou de son attribution à des causes quelconques.

seul qu'il s'agit d'un phénomène étrange, — est également imprudent. L'imprudence peut, du reste, être
commise ailleurs que sur le terrain du merveilleux,
et par exemple, sur le terrain purement scientifique :
il n'est pas besoin d'insister sur les conséquences
désastreuses qu'elle peut avoir là. La méfiance du
fait nouveau, signalée par M. Richet et par Crookes
n'a, comme ils l'avouent, rien de raisonné. C'est une
sorte d'instinct de l'esprit, un moment réveillé et
dérangé, qui tend à se rendormir dans sa position
première. Il ne s'agit point là de « logique », selon
le mot de M. Richet, c'est-à-dire d'une discussion
de méthodes ou d'une critique de l'expérience. On
ne propose point de tenir pour non avenue une
expérience conduite par autrui, parce qu'on y soup-
çonne de la tricherie ou de l'erreur. On se méfie de
ce que l'on a, soi-même, — c'est l'hypothèse, — bien
et dûment constaté. On « résiste à » une « évidence »
et on la surmonte[1]. En particulier, il ne s'agit pas
de ce principe méthodologique, d'après lequel une
expérience, qu'on ne peut répéter ou varier dans une
mesure suffisante, demeure inutilisable en science.
Car l'application de ce principe ne rend point douteuse l'expérience en question. Elle subsiste en sa
matérialité, à l'état isolé, comme un bloc réfractaire
à l'analyse et qui, avec ses antécédents et ses éléments non dissociés, ne peut trouver en aucune
théorie de place à sa mesure. « Elle ne prouve rien »,
comme on dit, mais elle est. Ici au contraire ce qui

---

1 Crookes *loc. cit.*

a été n'est plus. Ce qui a été enregistré est biffé, ou plutôt s'efface de soi-même, comme une encre qui pâlit. Il s'agit tout simplement d'un vertige de l'esprit devant l'inconnu, d'une panique, qui le fait fuir en abandonnant ce qu'il avait saisi. Dans tous les domaines, aussi bien dans celui de la science que dans celui que nous explorons, il faut vaincre cette impression de dépaysement et résister à ces impulsions non fondées, si l'on ne veut pas risquer de perdre quelque parcelle du trésor de la réalité [1].

3° L'hypothèse de l'hallucination est une de celles que l'on pourra pousser le plus loin, en ligne droite, sans heurter aucun obstacle proprement logique. Je constate une fois le phénomène étrange : hallucination. Je le revois dix ou vingt fois : hallucination persistante. Je le contrôle par tous les moyens dont je dispose, je le vérifie par tous mes sens : hallucination généralisée. D'autres personnes autour de moi font pour leur compte les mêmes expériences, avec le même résultat : hallucination collective. Il est clair que rien ne peut arrêter quelqu'un qui est décidé à marcher jusqu'au bout dans cette voie. Evidemment on lui demandera comment et à quel signe *il* distingue la perception vraie de l'hallucination. Mais précisément à cette demande, qui semble être de philosophie pure et ne plus avoir aucun rapport avec le problème du merveilleux, certains feront

1. L'expérience du merveilleux n'est pas nécessairement unique. On peut examiner plusieurs fois un « miraculé » avant et après sa guérison. Même une « vision » individuelle peut se reproduire. Bernadette voyait toujours la même « Dame » au même endroit.

une réponse qui le réintroduira soudain pour le trancher du même coup. L'objet n'est pas réel, diront-ils, s'il se comporte autrement que les objets de nos perceptions ordinaires[1].

Je n'objecterai pas à cette réponse qu'elle suppose une science parfaite et invariable, où ne pourra pénétrer désormais aucun élément nouveau. Je ferai seulement observer qu'elle classe d'avance le merveilleux dans l'irréel. En effet, à supposer qu'il y ait des miracles, ils se distinguent, par quelque chose, des phénomènes ordinaires. Si donc on affirme l'hallucination toutes les fois qu'on croit remarquer un phénomène anormal, et qu'on n'a pas la ressource d'en attribuer l'apparence à un vice d'interprétation, c'en est fait : le merveilleux, s'il existe, ne sera jamais reconnu. C'est la manière la plus radicale de terminer le débat.

Est-il utile d'ajouter qu'elle est aussi la plus arbitraire? Il est impossible de s'en contenter, si l'on accepte, comme nous avons montré qu'il le fallait, la possibilité du merveilleux, — moins que cela, si l'on pense que la science n'est pas achevée et que quelques phénomènes inconnus pourront encore se révéler dans l'avenir. Sans doute, une perception anormale peut être hallucinatoire. Mais elle peut être aussi produite par une cause réelle, sur-naturelle ou non. Il faut étudier les circonstances d'espèce pour voir quelle explication est la plus

----

1. M. Marillier, par exemple (*loc. cit.*), propose, comme signes distinctifs de l'hallucination, plusieurs caractères qui reviennent à celui-là.

vraisemblable. L'explication par le merveilleux ne
serait exclue de façon universelle, qu'au cas où l'on
admettrait l'une des philosophies négatrices que
nous avons réfutées, ou bien, — ce qui revient presque au même, — si l'on supposait l'hallucination
plus vraisemblable dans tous les cas qu'une intervention surnaturelle. Nous montrerons bientôt que
cette supposition est insoutenable[1]. Si donc on ne
prend ni l'un ni l'autre parti, il ne restera plus qu'à
étudier les faits, sans préjugé d'aucune sorte, afin
de les classer. Leurs caractères intrinsèques pourront fournir des indications décisives; ils suffiront,
par exemple, à écarter absolument l'hypothèse du
surnaturel divin[2]. De même, les antécédents con-
tiendront parfois un événement naturel qui donnera
le mot de l'énigme. Les troubles apparaîtront, par
exemple, à la suite d'une maladie ou d'une fatigue

1. Ci-dessous, ch. II, p. 272 sq.
2. Taine raconte la jolie histoire suivante, d'après un auteur anglais.
« Un gentleman de Glascow, d'habitudes dissipées, fut saisi du cho-
léra, mais guérit. La guérison ne fut accompagnée de rien de particulier, excepté la présence de fantômes de trois pieds de haut environ,
proprement habillés de jaquettes couleur de pois verts et de culottes
de la même couleur. Cette personne, étant d'un esprit supérieur et con-
naissant la cause des illusions, n'en prit aucune inquiétude, quoiqu'elle
en fût souvent hantée. A mesure que les forces revenaient, les fantômes
apparaissaient moins fréquemment et diminuaient de grandeur jusqu'à
ce que, à la fin, ils ne furent pas plus grands que son doigt. Une nuit
qu'il était assis seul, une multitude de ces Lilliputiens parurent sur la
table et l'honorèrent d'une danse. Mais, comme il était occupé ailleurs
et point d'humeur à jouir d'un tel amusement, il perdit patience, et,
frappant rudement sur la table, il s'écria avec une violente colère :
« Allez à vos affaires, impudents petits coquins! Que diable faites-
vous ici? » Toute l'assemblée disparut à l'instant, et il n'en fut jamais
incommodé. » De l'Intelligence. T. I p. 104. Voilà qui ne sent guère le
divin.

particulière des organes sensoriels[1]. Mais pour s'en tenir d'avance, et dans tous les cas où l'on ne pourrait arguer d'un vice d'interprétation, à l'hypothèse de l'hallucination, il faut accorder une foi sans restriction à quelque thèse naturaliste ou déterministe.

B). Certains sujets éprouveront des tentations inverses. Le scepticisme n'est pas leur pente. Ils auront une si grande envie de voir des miracles qu'ils finiront par en voir. On rencontre à Lourdes des personnes fanatiques qui s'emportent contre les médecins et même taxent au besoin des théologiens d'impiété, parce que les uns et les autres demandent du temps pour réfléchir. Crédules, amoureuses du merveilleux, impressionnables à l'excès, exaltées par l'enthousiasme personnel ou la contagion des foules, pas assez patientes et maîtresses d'elles-mêmes pour suspendre leur jugement et s'enquérir de sang-froid, elles sont prédestinées à l'erreur positive et parfois même, — c'est maintenant le cas de le dire, — à de véritables hallucinations. Il est fort difficile de faire reconnaître ces tares à ceux qui en sont atteints. Et c'est surtout à propos de la critique du témoignage qu'il y aura lieu d'en tenir compte. Nous devions cependant les signaler ici, parce

1. Voir la note précédente. Au même endroit, Taine cite les hallucinations produites par la fatigue des sens. Après avoir préparé des cerveaux avec de la gaze fine, Baillarger voit tout se couvrir de gaze (p. 101). Après s'être fatigué les yeux à lire du sanscrit, Maury voit reparaître les caractères de cette langue (p. 96) etc.

qu'elles sont l'un des principaux obstacles à la constatation personnelle exacte du merveilleux. Peut-
être même, si la maladie n'est pas trop aiguë, et une
fois la fièvre tombée, quelqu'un sera-t-il rendu plus
attentif à s'en garder par le peu que nous en avons
dit.

Sur les phénomènes merveilleux contemporains,
dont nous ne serions pas personnellement les témoins,
il n'y a rien de particulier à dire. Les règles de la
critique historique, dont nous allons maintenant
aborder l'étude, leur sont applicables.

CHAPITRE II

LES FAITS ATTESTÉS PAR LE TÉMOIGNAGE D'AUTRUI
LA CRITIQUE HISTORIQUE DU MERVEILLEUX

Première partie. — *Règles générales*

SOMMAIRE

Quel rôle doivent jouer, dans la critique du merveilleux, les notions de possible et d'impossible, de probable et d'improbable ?

1re Réponse. — Le miracle écarté au nom des notions de *possible* et d'*impossible*, fournies par les sciences expérimentales, quels que soient les témoignages qui l'attestent, p. 267.

2e Réponse. — Le miracle écarté de même au nom des notions de *probable* et d'*improbable*, p. 271.

3e Réponse. — Dans la critique du merveilleux, on ne doit tenir aucun compte de ces notions, mais seulement de la valeur des témoignages, p. 278.

4e Réponse. — Ces notions doivent se combiner avec l'estimation de la valeur des témoignages, p. 279 à 291.

  a) Jugements de probabilité, p. 283.
  b) Jugements de possibilité, p. 284.

Il n'est pas possible de faire de l'histoire séparée, c'est-à-dire de dégager complètement la matière

historique de la matière des autres connaissances
humaines. En effet, la matière historique, c'est tout
le passé ; et par conséquent les objets particuliers
qu'étudient les diverses disciplines intellectuelles
contribuent à la former. En histoire donc, pour comprendre les documents, on aura sans cesse besoin
de recourir à quelque source étrangère et de supposer
des résultats acquis par ailleurs. Ceci est particulièrement vrai des résultats de la psychologie et de
la métaphysique. Les jugements psychologiques et
métaphysiques s'incorporent intimement aux jugements historiques ; ils en font partie intégrante.

Qu'il en soit ainsi pour les jugements psychologiques, c'est évident. Par exemple, les chapitres sur
les causes d'erreur et de mensonge, que l'on trouve
dans tous les manuels de critique historique, ne
contiennent que de la psychologie pure. De même
les appréciations du genre littéraire d'un document
et de ce qu'il comporte sont inspirées par un certain flair psychologique, qui fait deviner l'état d'esprit de l'écrivain. Au reste, ces opérations ne sont
point de celles que tout le monde réussit et sur lesquelles tout le monde s'accorde en théorie et en
pratique. Elles sont au contraire fort compliquées et
délicates. Et comme elles ne s'accomplissent pas
toujours de façon consciente et réfléchie, comme
elles sont inspirées trop souvent par des instincts
non contrôlés ou par de simples impressions, on
s'explique les divergences et la part d'arbitraire qui
se rencontrent dans les diverses constructions historiques.

La plupart du temps cependant ces divergences et cet arbitraire ont une racine plus profonde que l'irréflexion. Je veux parler des préférences métaphysiques. Et c'est ici surtout que la question du merveilleux est intéressée. L'admission d'un miracle comme fait historique dépendra évidemment de l'usage que fera l'historien des notions de possible et d'impossible, de probable et d'improbable. Or ces notions ne sont fournies par aucune science positive : elles sont d'ordre strictement philosophique ; elles dépendent, par exemple, en particulier, de l'idée qu'on se fait de Dieu et de son rôle dans l'Univers [1].

Dans une enquête sur le merveilleux, le croyant et l'incroyant peuvent faire abstraction de leur pensée *sur la révélation*, n'asseoir leurs jugements historiques que sur des données étrangères à leur croyance positive ou négative. Cette abstraction est de rigueur, s'il s'agit de vérifier les fondements d'une foi religieuse. Car ce serait faire un cercle vicieux que de leur donner la foi comme base logique ou de les nier au nom de l'incrédulité. Mais il est impossible de faire abstraction de toute philosophie. Les notions que nous avons indiquées l'introduisent dans l'interprétation même des témoignages, c'est-à-dire dans les moelles de l'histoire [2].

---

1. Voir le texte de MM. Langlois et Seignobos cité p. 268, au bas.

2. Tout ceci n'est peut-être pas toujours suffisamment distingué par les théoriciens mêmes de la méthode historique. Ch. et V. Mortet écrivent par exemple : « *Après* avoir consciencieusement accompli son œuvre d'érudit et de savant, l'historien peut faire acte de moraliste, de politique ou de psychologue ; *après* avoir reconstitué les faits sans parti pris, les apprécier à la lumière des principes que lui fournissent les

Cependant, une grande discussion s'élève ici sur
le rôle qu'elles doivent jouer en critique historique.
Faut-il en tenir compte, et dans quelle mesure ? Soit
du côté des tenants du miracle, soit du côté de ses
adversaires, les opinions sont loin d'être unanimes.
C'est généralement à propos de la dernière partie des
méthodes historiques, — la critique du témoignage,
— que l'on aborde cette discussion. Nous jugeons
nécessaire de nous en expliquer dès le début, parce
que la façon dont elle est tranchée peut influer sur
les premières opérations de la critique, — même sur
la critique textuelle.

I. Un premier parti, très radical, consiste à rejeter le miracle, comme impossible, quels que soient
les témoignages qui l'attestent. On n'allègue point
contre lui d'arguments philosophiques analogues à.
ceux que nous avons analysés dans la première moitié de cet ouvrage ; on prétend recevoir des sciences

autres sciences morales... » (*Grande Encyclopédie* T. XX, p. 126, art.
Histoire. C'est moi qui souligne). Le psychologue intervient dans la
reconstitution même des faits, et peut-être aussi le moraliste ; le méta-
physicien y introduit ses « partis pris ». — Le P. de Smedt nous dit :
« Les textes et autres monuments originaux, voilà les seules armes, les
seuls instruments du vrai critique. ...Lorsqu'il sera ainsi arrivé à la
connaissance certaine du fait, et qu'il pourra y conduire les autres par
la même voie, alors seulement il s'attachera à en apprécier le caractère,
à en montrer les différents aspects et les ressources qu'il offre pour
découvrir des vérités d'un ordre plus élevé. » (*De la critique historique.
Études religieuses*, février 1869, p. 236.) Fort bien ; mais l'appréciation du
« caractère » des événements contribue à leur admission dans l'histoire ;
à la « connaissance certaine » des faits concourent déjà des « vérités
d'un ordre plus élevé » que les faits mêmes. L'essentiel est de savoir
celles à qui l'on permet d'intervenir. Le préjugé et la passion joueront
ici un rôle d'autant moins perfide que le choix sera fait d'une façon
plus consciente et plus réfléchie.

expérimentales la notion de son impossibilité, et on l'écarte au nom des règles de la méthode historique. MM. Langlois et Seignobos exposent cette manière de voir dans leur *Introduction aux études histori-ques.* « Il arrive, disent-ils, qu'un fait obtenu par conclusion historique soit en contradiction... avec une loi scientifique établie par la méthode régulière d'une science constituée... Comment trancher ce conflit?... Pour l'historien, la solution du conflit est évidente. Les observations contenues dans les documents historiques ne valent jamais celles des savants contemporains... La méthode historique, indirecte, ne vaut jamais les méthodes directes des sciences d'observation. Si ses résultats sont en désaccord avec les leurs, c'est elle qui doit céder; elle ne peut prétendre, avec ses moyens imparfaits, contrôler, contredire ou rectifier les résultats des autres; elle doit au contraire employer leurs résultats à rectifier les siens [1]. »

Nous avons discuté la compétence des sciences expérimentales à l'égard du miracle. Nous avons vu qu'aucune accumulation de faits, qu'aucune induction rigoureuse ne les mettait en mesure de prononcer contre lui un verdict d'impossibilité. C'est du reste ce que reconnaissent, par une contradiction inconsciente, les écrivains que nous venons de citer : « La science [d'observation directe], disent-ils, ne connaît pas le possible ou l'impossible, elle ne connaît que des faits correctement ou incorrectement

1. P. 178.

observés [1]. » Il n'y a donc pas à la consulter sur une question de possibilité! « La notion même du miracle, poursuivent fort justement nos auteurs, est métaphysique; elle suppose une conception d'ensemble du monde qui dépasse les limites de l'observation [2]. » C'est dire que l'illégitimité de cette notion doit être plaidée à un autre tribunal que celui des sciences d'observation. Du reste, MM. Langlois et Seignobos dénaturent complètement l'alternative où se trouve placé l'historien à propos du merveilleux. Sans prétendre « contrôler, contredire ou rectifier les résultats » des autres sciences, l'histoire peut exposer modestement ceux qu'elle obtient par ses propres méthodes. Pourquoi vouloir qu'elle « cède » devant des juridictions scientifiques censées supérieures? Cette abnégation, qui ferait supprimer des données authentiquement acquises, ressemblerait à un escamotage [3].

Le sacrifice serait d'ailleurs imprudent. Il pourrait conduire à rejeter des observations correctes, et par conséquent des faits réels. Ceci est vrai dans la sphère entière de l'histoire, et abstraction faite de toute question religieuse. Les auteurs de l'*Introduction aux études historiques* l'avouent, non sans ingénuité. « Le progrès des sciences directes, écrivent-ils, modifie parfois l'interprétation historique... : les cas de stigmates et d'anesthésie nerveuse observés scientifiquement ont fait admettre les récits historiques de

1. *Ibid.* note.
2. *Ibid.*
3. Voir ci-dessous p. 289 et 290.

faits analogues (stigmates de quelques saints ; possessions de Loudun)... Des faits déclarés impossibles,
comme les aérolithes, ont été reconnus exacts [1]. »
N'insistons pas sur le postulat naturaliste qui s'étale
ici dans toute sa franchise : un fait passe de la catégorie du faux à celle du vrai selon qu'il est surnaturel ou naturel, et sans qu'on découvre en sa faveur
aucune attestation nouvelle. Prenons seulement acte
des conclusions. Il demeure établi que c'était par
ignorance et préjugé que certains historiens avaient
rejeté les témoignages portant sur les faits en question. Les témoignages étaient bons et valables, et
les témoins avaient bien observé. Je sais qu'un
témoignage excellent peut paraître mal fondé. Mais
ce n'est point ce qu'on allègue ici. On suppose que
le témoignage, au point de vue purement historique,
était recevable, n'ayant contre lui que l'impossibilité
des faits. Et l'hypothèse implique qu'aucune raison n'a
jamais existé pour établir ce dernier point. Les
sciences positives ne pouvaient faire à ce sujet qu'un
aveu d'ignorance. Les faits n'étaient point impossibles, — puisqu'ils se sont trouvés réels — ; ils
étaient seulement en dehors de l'expérience commune et de l'expérience scientifique d'une certaine
époque. Il fallait donc enregistrer les témoignages
qui en parlaient, comme une pierre d'attente pour
les vérifications futures [2].

Enfin MM. Langlois et Seignobos font encore subir

1. *Loc. cit.*
2. La chronique scandaleuse serait longue des vérités même naturelles qui furent rejetées au nom de la science. Beaucoup de savants ont
fait comme le prince indien qui refusait de croire à la glace parce qu'il

une autre déformation considérable à l'hypothèse. Ils parlent comme si elle impliquait une contradiction entre les données de l'histoire et celles des sciences. Il n'en est rien. Les sciences établissent une loi, c'est-à-dire la manière dont les choses se passent pour l'ordinaire, en règle générale. L'histoire ici est supposée établir un fait unique, isolé, exceptionnel. Or l'exception ne détruit point la loi. Elle ne la détruirait que si elle se présentait comme habituelle, en d'autres termes, si cessant d'être l'exception, elle devenait elle-même la loi. Le témoignage des sciences et celui de l'histoire ne portent point sur le même objet. Ils ne sauraient donc se contredire.

II. Un deuxième parti, moins absolu d'apparence que le précédent, aboutit à des conclusions aussi catégoriques. C'est celui que nous suggèrent deux philosophes que nous avons déjà rencontrés plus d'une fois : Hume et Stuart Mill. Entendons bien la nouvelle difficulté qu'ils nous présentent : c'est, prétendent-ils, une règle de critique historique, un principe d'interprétation des documents[1]. La voici d'un

n'en avait jamais vu. Un académicien respectable, lorsqu'on vint lui montrer en 1879 le premier phonographe, déclara que c'était de la ventriloquie. Certaines associations savantes, en Angleterre et en France, ont refusé d'examiner des phénomènes nerveux actuellement entrés dans la science. Comte déclarait impossible la chimie stellaire etc, etc. — Il faut noter, comme Hume et Stuart Mill le reconnaissent, que ces faits ainsi rejetés n'étaient *contraires* à aucune expérience, mais seulement *non conformes* aux expériences acquises (Hume, *op. cit.*, p. 119. Stuard Mill, *Logique*, trad. cit. T. II., p. 168).

1. Chez ces écrivains, elle fait corps à la vérité avec les autres difficultés que nous avons déjà examinées. Et cependant, en droit, elle en

mot. Une erreur, — innocente ou voulue, — dans le témoignage humain, est toujours infiniment plus probable qu'une exception surnaturelle aux lois de l'univers. Donc il est sage, en toute occurrence, de s'arrêter plutôt à la première explication qu'à la seconde[1].

Faisons abstraction de toutes les théories dont Hume et surtout Stuart Mill ont entouré ce raisonnement. Admettons que l'argument inductif de « l'expérience uniforme » ne prouve pas l'impossibilité du miracle[2]. Admettons que, pour conclure en sens inverse de cette expérience, une « inférence spéculative » puisse être efficace[3]. Il reste que dans la balance des probabilités, le miracle pèse infiniment moins qu'une erreur de témoignage.

C'est Hume surtout qui a placé et maintenu l'argument sur ce terrain qui est proprement celui de la critique historique. Là, Stuart Mill n'y a rien ajouté[4]. « Aucun témoignage, affirme le premier de ces écrivains, n'est suffisant pour établir un fait miraculeux, à moins que la fausseté dudit témoignage ne fût un plus grand miracle que le miracle même qu'il s'agit d'établir... Si quelqu'un me dit qu'il a vu un mort revenu à la vie, je considère immédiatement en moi-même lequel est le plus probable : que cette personne

est indépendante. Celles-là réglées, elle subsiste, et elle pourrait encore arrêter un esprit sur lequel toutes les autres considérations n'auraient pas mordu.

1. L'admission de l'existence d'un Dieu capable d'opérer le miracle est supposée par cet argument.
2. Nous l'avons démontré ci-dessus. Livre Ier, ch. II.
3. Même remarque; cf. ci-dessus. Livre Ier, ch. IV, p. 154 sq.
4. Voir l'Appendice VI.

mente ou se trompe, ou bien que le fait soit réellement arrivé. Je balance l'un des miracles par l'autre;
et, selon l'excédent que je découvre, je formule ma
décision, et je rejette toujours le plus grand miracle.
Si la fausseté du témoignage était plus miraculeuse
que l'événement raconté, alors, et alors seulement,
ce témoignage pourrait prétendre à commander ma
créance ou mon opinion[1]. »

L'argumentation est spécieuse et elle a un air de
gros bon sens qui peut faire illusion sur sa valeur.
Cependant le parti qu'elle suggère serait fort imprudent.

Tant qu'un événement n'est pas considéré comme
impossible, c'est se risquer beaucoup que de décider contre son existence par une balance de probabilités. Car en définitive c'est parfois le moins probable qui s'accomplit :

Le vrai peut quelquefois n'être pas vraisemblable.

Il suffit qu'un fait soit possible, pour qu'il ait
quelque chance d'arriver à l'existence. A travers les
probabilités adverses, sa voie sinueuse est frayée,
et rien ne la barre absolument. Il peut donc passer.
Et sur la question de savoir si, oui ou non, il s'est
réalisé, il n'y a plus à consulter que les documents
de fait.

Prenons une exception d'un autre ordre que le miracle physique, miracle encore, mais au sens péjoratif de
monstruosité morale: une mère qui tuerait son enfant.

---

1. Hume, *op. cit.*, t. II, pp. 121, 122. Cf. p. 136.

C'est là une possibilité qui a très peu de chances de se réaliser, du moins dans les milieux de haute culture morale. L'événement est beaucoup moins probable que son contraire. L'affection maternelle normale fait qu'une mère prend soin de la vie de son enfant; l'infanticide est *a priori*, infiniment peu probable. Cependant il se produit parfois. Et qui oserait rejeter sur ce point un témoignage parfaitement bien appuyé, sous le prétexte que le fait est, en soi, moins probable que son contraire? — Bien plus, il arrive que l'hypothèse la moins probable abstraitement et relativement à la totalité des cas, sera la plus probable en l'espèce, étant données les circonstances de fait. Reprenons notre exemple. Qu'une femme ait des antécédents criminels, qu'elle soit d'un caractère violent et sauvage, que les circonstances mettent en lumière l'aversion contre nature qu'elle a conçue, qu'elles en expliquent la genèse, qu'elles montrent l'intérêt que la malheureuse pouvait avoir au crime, il deviendra probable *a priori* que le crime a été commis. Et le témoignage de fait qui l'établira s'entourera d'un système de vraisemblances concrètes qui le soutiendront. De même, si l'on accepte la possibilité du miracle, quoique pris dans l'abstrait et par rapport à la généralité des cas, il soit très peu probable, et qu'il ait beaucoup moins de chances de se réaliser que n'importe quel événement naturel, on sera obligé de l'admettre, s'il a pour garant un témoignage irrécusable. Le milieu et les circonstances où le fait se produira pourront même présenter tout un ensemble de traits où il viendra s'encadrer, oserait-on dire, naturellement [1].

Il faut donc distinguer avec soin les divers sens que peut prendre cet axiome, que le miracle est moins probable qu'une erreur de témoignage.

1° Si l'on considère la généralité des témoignages portant sur le merveilleux; si l'on forme à leur sujet une appréciation préjudicielle d'ensemble, avant de les avoir considérés en particulier et d'avoir recherché ce qu'ils valent; si l'on n'a pas encore étudié non plus les circonstances concrètes des cas et les traits qui peuvent y rendre vraisemblable une intervention divine ; — alors oui, on peut s'attendre raisonnablement à trouver dans le domaine du merveilleux plus de fables que de réalités. Le miracle, exigeant une cause surnaturelle, qui n'agit que par exception très rare, a moins de chances de se

---

1. Stuart Mill rapporte et taxe d'inefficacité une réponse analogue à celle-ci, quoique avec plusieurs différences non négligeables. Certains adversaires de Hume, dit l'auteur du *Système de logique*, ont cru le réfuter complètement, en faisant remarquer que, même dans l'ordre naturel, ce n'est pas toujours le plus probable qui se réalise. Par exemple, « avec un dé régulier, les chances d'amener tout autre point que l'as sont de cinq contre un, c'est-à-dire qu'en moyenne l'as sera amené une fois sur six coups. Mais rien n'empêche de croire que l'as ait été amené au premier coup, dans une occasion donnée, si un témoin digne de foi l'affirme. » (*Système de logique*, traduction Peisse T. II, p. 172.) — Stuart Mill observe avec raison qu'il y a disparité entre cet événement et le cas du miracle. L'as amené est un événement *conforme* aux données expérimentales usuelles ; le miracle leur est *contraire*. *Avant* que le fait naturel qui a contre lui beaucoup de chances se réalise, son invraisemblance est très forte ; *après* sa réalisation, cette invraisemblance se dissipe : c'est un fait comme un autre. Il n'en va pas ainsi du miracle ; une fois réalisé, il reste un événement extraordinaire, invraisemblable. Tout cela est très vrai. Aussi, pour notre part, avons-nous choisi comme exemple un événement qui reste extraordinaire et monstrueux même après sa réalisation. Il n'y a pas, aux dés, contre l'apparition de l'as, d'obstacle positif : aucun autre nombre « n'a isolément plus de chances que l'as ». (Stuart

réaliser dans un nombre donné de cas, que les
erreurs ou les inventions, événements naturels qui
ne demandent que des causes banales faciles à rencontrer.

2° Si l'on considère un fait en particulier, au concret, en tenant compte des circonstances qui le par-
ticularisent et des témoignages qui l'appuient; si,
dans l'espèce, les témoignages sont indiscutables et
si les circonstances montrent la possibilité ou du
moins la non-répugnance d'une intervention divine :
— je ne vois pas comment l'erreur serait plus probable, pour ce cas spécial, que la réalité du miracle.
Regardons-y de près. Nous sommes en présence de
deux probabilités, diverses d'origine, mais convergentes. Un témoignage solide a une connexion plus

---

Mill, *loc. cit.*) Tout se réduit ici à établir une moyenne de chances entre
des événements dont chacun est également probable. Au contraire,
il y a contre l'infanticide de forts obstacles moraux : c'est une hypothèse
moins probable que les hypothèses opposées. — Cependant comparaison n'est pas raison, et nous entendons bien — est-il besoin de le dire?
— qu'il n'y a aucune parité entre le miracle et un événement naturel
improbable. Nous n'avons point fondé notre réponse sur cette prétendue parité. Mais la question est ailleurs, et Stuart Mill paraît mélanger
ici deux objections. S'appuyer sur le caractère non-naturel du miracle
et sur son opposition aux données usuelles de l'expérience pour conclure
à son *irréalité* est une chose ; et s'appuyer sur ce même caractère pour
corser son *improbabilité* en est une autre. Nous avons discuté le premier argument dans notre chapitre sur l'induction. Ici, c'est le second
seul qui est en question. Que le fait d'être contraire aux lois de la nature augmente l'improbabilité du miracle, que ce caractère la classe
dans une catégorie spéciale d'improbabilité, nous ne le nions pas. Mais
tout cela supposé et accordé, il reste donc que c'est proprement d'improbabilité qu'il s'agit ici. L'objection porte sur l'improbabilité en général, sur toute espèce d'improbabilité. Et la réponse vaut contre l'improbabilité en général, contre toute espèce d'improbabilité, à condition
qu'elle montre, — comme nous croyons l'avoir fait, — que l'improbabilité n'est pas un obstacle décisif à la réalisation d'un fait possible.

probable avec la vérité qu'avec l'erreur. Ce n'est
pas assez dire. C'est une chose invraisemblable, un
vrai prodige moral, que des témoins, sains de sens
et d'esprit, compétents, sincères, et bien en mesure
d'observer, se trompent. Cela est *inexplicable :*
aucune raison ne se présente pour éclairer et rendre
admissible une pareille hypothèse. C'est l'absurde
réalisé; c'est un événement construit d'éléments
contradictoires[1]. — Vis-à-vis de cette première probabilité, plaçons celle de l'événement lui-même.
Pris en soi et dans l'abstrait, le miracle est moins
probable, nous l'avons dit, qu'un phénomène naturel. Cependant il n'est pas impossible, si l'on prend
la position philosophique qui est la nôtre. Une cause
existe, capable de le produire ; des motifs apparaissent, plausibles, pour qu'elle le veuille. Or ici, au
concret, cette cause semble pouvoir agir et ces motifs exister. Toute circonstance examinée, rien donc
n'apparaît ici qui s'oppose à la réalité du miracle. —
En réunissant ces deux probabilités, en regardant le
point unique vers lequel leurs courbes s'infléchissent, on peut découvrir, ce semble, une vraisemblance extrêmement forte en faveur du miracle.
Dans l'hypothèse donnée, il est, — pour ne rien
dire de plus, — beaucoup plus probable que l'erreur.

*
* *

Quant à la règle, posée par Hume, qu'entre deux
miracles il faut choisir le moindre, et opter pour la

1. Quand on croit que des témoins se trompent, on leur refuse l'une
ou l'autre des qualités indiquées.

réalité d'une exception aux lois naturelles uniquement au cas où elle serait moins miraculeuse que la fausseté d'un témoignage, rien ne s'oppose, on le voit, à ce qu'elle soit admise, à condition d'être bien entendue. Car en définitive, malgré sa forme provocante, elle ne veut pas dire autre chose que ceci, que nous avons dit plusieurs fois et qui est banal : entre deux explications il faut choisir la plus vraisemblable. Seulement ne laissons pas cette règle dans un vague où sa rigueur se détendrait ; poussons-la jusqu'à la précision parfaite, que son auteur ne lui a pas donnée. Elle signifiera alors que nous devons choisir, non pas l'hypothèse la plus naturelle : ce qui serait une pétition de principe; ni la plus fréquemment réalisée, ni la moins extraordinaire dans l'abstrait : en soi, le miracle est toujours un événement rare et plus extraordinaire que l'erreur, — mais l'hypothèse la moins extravagante dans l'espèce et au concret. En d'autres termes, nous ne devrons conclure au miracle que si, toutes circonstances pesées, l'erreur devient, non seulement moins probable que le miracle, mais tout à fait improbable.

III. Un troisième parti s'oppose radicalement au premier. Il en est le contraire exact. Le premier consistait à rejeter tout événement, même bien attesté, s'il paraissait impossible en lui-même. Le parti que nous examinons à présent consiste à ne tenir aucun compte de la possibilité intrinsèque de l'événement, ni de sa probabilité, et à considérer uniquement la valeur des attestations dont il est muni. Cette opinion semble impliquée dans certaines théories de critique historique, qui n'ont peut-être que le tort d'être insuffisamment précises. Stuart Mill, par exemple, attribue au Dr Campbell, l'un des adversaires de Hume, l'assertion suivante : « Rien de ce qui est appuyé sur un témoignage digne de foi ne saurait être nié[1]. » La vraisemblance intrinsèque des faits est ici entièrement passée sous silence et ne semble point, d'après cette règle, devoir entrer en ligne de compte. C'est aussi ce que dit, et plus explicitement, M. Fonsegrive. Après avoir admis qu'il faut « être d'autant plus difficile sur les témoignages que les faits rapportés sont moins communs », il ajoute : « Mais c'est sur les témoins que doit porter la critique et non sur la probabilité des faits[2]. » Opinion quelque peu incohérente, car cette sévérité à l'égard des témoignages suppose que l'on a critiqué d'abord les faits en eux-mêmes et que l'on y a découvert quelque raison de se méfier *a priori*. Quoi qu'il en soit, les auteurs que nous citons paraissent croire que l'examen des faits ne peut fournir à l'historien aucune lumière. Certains apologistes seraient peut-être tentés d'estimer cette position commode et avantageuse pour la défense du miracle. Nous la jugeons défectueuse. Et nous allons le montrer en indiquant celle que nous prenons nous-même.

IV. Nous avons admis, dans nos présupposés

1. Stuart Mill. *Logique*, trad. cit. T. II, p. 173.
2. *Éléments de philosophie.* Tome II. Logique, p. 129 et 130.

philosophiques, la possibilité du merveilleux, comme
aussi celle de faits naturels inexplicables pour notre
science. Cette attitude nous oblige-t-elle d'accepter
la possibilité de n'importe quoi ? Par le fait que
nous professons ces doctrines générales, renonçons-
nous à la faculté de critiquer désormais, en particulier, la possibilité intrinsèque, la vraisemblance, la
probabilité objective des événements ? Nous plaçant
aux antipodes de MM. Langlois et Seignobos, allons-
nous dire que la qualité des témoignages est la
seule raison qui puisse commander l'acceptation ou
le rejet d'une donnée historique ?

Non ; ce serait procéder d'une manière trop rapide
et trop sommaire.

Examinons en effet plus attentivement la psychologie de la croyance au témoignage. La certitude
d'un fait historique dépend pour nous en partie de
la qualité des attestations qui le soutiennent, mais
peut-être plus encore de l'idée que nous nous faisons
de sa possibilité ou de sa probabilité intrinsèque [1].
On croit facilement ce qui est vraisemblable, banal,
fréquent. On n'a pas d'objections contre les rapports
qui en sont faits. On croit difficilement l'invraisemblable, l'extraordinaire, ce qui arrive rarement, le
fait inouï qui n'a point d'analogue dans ce que l'on
connaît déjà. On ne croit pas du tout ce que l'on juge
absolument impossible. Tel fait est déjà arrivé, nous

---

1. We estimate the worth of each statement partly by our appre-
ciation of the external evidence on which it rests, but still more (in
the most cases at least) by what we call the internal evidence of its
intrinsic probability. (Carpenter : *On the psychology of belief*. Contemporary Review. December 1873, p. 128.)

en avons été souvent les témoins : qu'il se soit produit une fois de plus, la chose est extrêmement vraisemblable. Tel autre fait est rare : nous en concluons
qu'il y a peu de chances pour qu'il se soit réalisé. Un
troisième arrive toujours, en règle générale, après
certaines circonstances : nous pensons qu'il a dû se
produire là où elles étaient présentes. Un dernier
fait enfin constituerait une anomalie unique : il devient
par là même très invraisemblable, et, si aucune raison
étrangère ne milite en sa faveur, il sera rejeté.

Les faits historiques portent donc à nos yeux deux
coefficients d'admissibilité, de signes positif ou négatif, qui peuvent s'additionner ou s'entre-détruire :
l'un représentant la valeur du témoignage, l'autre la
vraisemblance du fait. Hume cite le dicton romain :
« Je ne croirais pas cette histoire, même si Caton
me la racontait[1]. » Dans ce cas, le caractère incroyable de l'événement tient en échec une autorité qui
semblait *omni exceptione major*. Les valeurs des deux
coefficients se combinent ailleurs dans des proportions
variables. La probabilité externe peut être faible et
la vraisemblance intrinsèque très grande, ou à l'inverse. Et dans ce cas, l'un des deux coefficients peut
suppléer à ce qui manque à l'autre. « Un témoignage,
dit avec raison M. Rabier, qui paraîtra suffisant pour
un certain fait de nature vulgaire, paraîtra à bon droit
insuffisant pour un autre fait de nature extraordinaire[2]. » On me dit qu'il est tombé hier une averse

---

1. Hume, *Op. cit.* p. 120.
2. *Logique*, p. 323.

en tel endroit. Je le croirai aisément sur un témoignage quelconque. Mais qu'on vienne m'affirmer qu'un enfant de douze ans a découvert à lui seul la géométrie jusqu'à la 32e proposition du premier livre d'Euclide, j'y regarderai de beaucoup plus près.

Ce n'est pas seulement l'instinct fruste du vulgaire qui juge ainsi. Les professionnels de l'histoire font de même, et ceux d'entre eux qui ont le plus réfléchi sur leurs méthodes admettent la valeur du critère interne. Nous avons entendu MM. Langlois et Seignobos le préconiser jusqu'à l'excès. Dans une école historique bien différente, et avec beaucoup plus de mesure, un bollandiste, le P. de Smedt, en conseille l'usage. Et pour notre étude du merveilleux, ce nous est une bonne fortune d'avoir l'avis motivé d'un historien que sa spécialité a appliqué, pendant de longues années, à la critique des récits merveilleux. Voici ses paroles. L'argument *a priori*, dit-il, « consiste dans un raisonnement fondé sur la nature même du fait considéré en lui-même, en dehors des témoignages et d'autres indices particuliers, par lesquels nous pouvons arriver à le connaître et à en démontrer la vérité ou la fausseté. En d'autres termes, plus précis et plus distincts, nous dirons qu'il fournit une preuve pour ou contre la vérité du fait, en établissant qu'il est ou qu'il n'est pas conforme aux lois générales qui régissent le monde... Le désaccord avec une loi... ne va pas toujours jusqu'à rendre le fait absolument impossible : souvent il n'arrive qu'à mettre l'esprit plus ou moins en défiance. Il n'en sera tenu aucun compte, bien entendu, lorsque la vérité du fait sera appuyée

par ailleurs sur des témoignages d'une autorité irrécusable. Mais si les témoignages n'ont pas cette
valeur qui impose la conviction à l'esprit, le fait
deviendra d'autant plus improbable qu'il sera plus
difficile de le concilier avec des lois générales dûment
établies. D'un autre côté aussi, l'accord complet et
frappant d'un fait avec toutes les lois physiques et
morales, ce qu'on peut appeler sa vraisemblance, sa
probabilité intrinsèque et positive, forme quelquefois un véritable argument en sa faveur, et cet argument pourra suppléer, dans une certaine mesure, au
poids d'ailleurs fort léger des textes apportés comme
preuves de sa réalité[1]. » Bref on a pu poser, en critique historique, cette loi qui porte parfois le nom de
principe de Laplace : Le poids des preuves doit être
proportionné à l'étrangeté des faits.

Que ces règles soient, dans l'ensemble, inspirées
par la prudence et par une saine logique, on ne le
conteste guère. Les discussions ne surgissent qu'à
propos de leur application aux récits de miracle. Disons donc comment, à notre avis, elle doit se
faire.

I. Jugements de probabilité. — Les faits extraordinaires, en particulier ceux qu'on attribue à des causes surnaturelles, étant *a priori* plus invraisemblables que les autres[2], demandent l'appui de preuves
plus fortes. Le coefficient du témoignage doit mon-
ter, puisque celui de la probabilité intrinsèque des-

---

1. De Smedt. *Règles de la critique historique* (Liège-Paris 1883), p. 273
et 278.
2. Cf. ci-dessus, p. 275.

cend. Les critiques croyants, dit le P. de Smedt, « savent qu'ils doivent demander..., pour affirmer le miracle, une surabondance de preuves qu'ils n'exigeront pas lorsqu'il s'agit d'un fait entièrement d'accord avec les lois physiques [1] ».

II. Jugements de possibilité. — A. — Un fait est impossible en soi, s'il est intrinsèquement contradictoire, c'est-à-dire formé d'éléments inconciliables entre eux. Nous hausserions les épaules si on nous racontait sérieusement qu'un savant est arrivé, après de profondes méditations et par un secours exceptionnel de Dieu, à réaliser la quadrature du cercle ; ou qu'un thaumaturge a formé, en preuve de sa mission, un triangle où la somme des angles n'était pas égale à deux droits. Ici le miracle est impossible, parce que toute violation des lois mathématiques implique contradiction.

B. — Un fait est encore impossible par manque d'une cause qui puisse le produire, soit en général, soit dans tel cas particulier. Nous manions ici des évidences beaucoup moins grosses que les précédentes et des raisonnements d'espèce délicate, dont une certaine école historique a grandement abusé. Mais la chose est incontestable. Nous déclarons parfois invraisemblable et même impossible un fait auquel nous ne voyons aucune raison suffisante, pour lequel nous ne connaissons pas de cause proportionnée.

1. Le P. de Smedt ajoute : « Nous pouvons en toute sûreté renvoyer aux procès de canonisation pour montrer comment cette règle est comprise par le tribunal le plus respectable aux yeux des catholiques. » *Op. cit.* 276, 277.

En ce cas, l'interprétation du fait réagit sur sa vérification ; la question de l'explication causale influence
le jugement porté sur la matérialité des événements.
Un témoignage, relatant des faits qu'aucune cause à
nous connue ne peut produire, nous devient par là
même suspect : nous croyons avoir des raisons excellentes pour nous méfier de sa véracité.

En principe, cela est légitime. Aucune philosophie,
excepté celle de l'incohérence pure, ne fera disparaître
de partout ce motif de non-croyance fondé sur l'impossibilité de trouver, à des résultats donnés, une
raison suffisante. Admettre des causes plus nombreuses, toutes les causes possibles, ce n'est point admettre
qu'elles puissent produire n'importe quoi. Les agents
plus ou moins variés, auxquels nous reconnaissons la
faculté d'intervenir, présentent toujours certains caractères essentiels, avec lesquels ne peuvent s'harmoniser certains effets. Il est contradictoire par exemple d'attribuer des actions intelligentes à des
forces brutes. Il est contradictoire d'attribuer des
actes puérils ou immoraux à un Dieu sage et bon.
Même aux esprits séparés, — si nous les acceptons
et du moment que nous croyons pouvoir nous en
former quelque idée, — nous ne pouvons attribuer
n'importe quel genre d'activité. Celui qui admet la
possibilité de ces interventions surnaturelles possède
par devers lui un plus grand nombre d'explications
à essayer, mais autour des endroits où elles peuvent
réussir subsiste toujours une marge d'impossible.
Aux causes inconnues elles-mêmes il ne nous est
pas loisible de prêter une puissance que rien ne

définisse ni ne limite. En effet, dans toute conception du monde, il y a une cohérence, une logique quelconque ; et si certains événements, même non contradictoires en eux-mêmes, sont incapables de s'adapter à l'ensemble où la pensée essaie de les placer, on les déclarera, dans l'hypothèse, impossibles.

Dès lors il se peut que, les plus larges sources d'explication ayant été épuisées, il reste des événements pour lesquels aucune explication raisonnable ne se présente. En présence de documents relatant des faits de ce genre, l'instinct naturel et normal de l'esprit sera de se dire : ce qui n'a aucune raison d'être ne saurait exister.

Il se rencontre des cas où l'application de ces principes ne fait aucune difficulté. Quand bien même, par exemple, nous ne serions pas avertis, par l'examen du genre littéraire, des intentions d'un auteur de contes de fées, nous refuserions de croire à ce règne absolu de la fantaisie, à ce merveilleux sans frein et sans but proportionné, à ces métamorphoses incessantes des personnes et des choses, à cette absence totale de loi et de mesure dans certaines parties de l'univers. Nous n'apercevons peut-être pas en tout cela d'évidente impossibilité physique, un manque évident de causes efficientes, mais nous n'y voyons pas de cause finale. Nous ne voyons pas comment tout cela peut entrer dans le plan d'un monde dont nous connaissons la sage ordonnance et la sobre beauté. Ce merveilleux puéril et ces riantes absurdités ne sauraient se rattacher à aucune cause que la raison admette.

Il en est de même des faits extraordinaires entassés à plaisir en certaines légendes religieuses. Quelques exemples feront tomber, je m'en assure, toutes les objections. Citons d'abord un morceau d'hagiographie musulmane. Un débiteur insolvable prie au Caire sur le tombeau du saint Abul-Makarim « le père des grâces ». Il s'endort. Dans son sommeil, Abul-Makarim lui apparaît et lui dit: « Au réveil, prends ce que tu trouveras sur mon tombeau. » Il trouve un oiseau qui récitait le Koran, « selon les sept modes de lecture consacrés et en observant toutes les règles rituelles ». Il le prend, le montre à la foule. Une grande affluence se produit. Le Prince du pays achète l'oiseau un prix énorme, grâce auquel le débiteur paie sa dette et possède de quoi vivre jusqu'à la fin de ses jours. Mais le Prince qui a mis l'oiseau en cage voit une nuit Abul-Makarim qui lui apparaît et lui dit: « O prince, sache que tu tiens mon esprit enfermé dans une cage ! » Et le lendemain, la cage est trouvée vide. L'esprit de l'imam, quittant sa forme d'oiseau, était retourné au paradis [1]. Aucun homme sensé n'attendra, pour juger ce récit, de connaître les « témoignages » sur lesquels on prétendrait l'appuyer. — Voici maintenant une page naïve d'un de nos vieux légendaires chrétiens, à laquelle la nature même des faits qu'elle raconte suffirait, sans plus ample informé, à faire dénier toute valeur historique. Il s'agit de saint Hervé, jeune enfant

---

1. Ignace Goldziher. *Le culte des saints chez les musulmans* (*Revue d'Histoire des religions*, 1880. T. II, p. 274).

aveugle. « Une fois, comme il alloit à l'Église Paro-
chiale, la vigile de la Toussaincts, passant par un village où on lui donna quelque rafraischissement, il
s'assit sur un rocher pour se délasser. Une dent luy
estant tombée en éternuant, il la mist en une fente de
ce rocher. Estant parti de ce village, poursuivant son
chemin vers l'Église, les villageois virent, sur le roc
où il s'estoit si z, une grande clarté comme d'une
lampe ou flambeau, et mesme son guide regardant
derrière soy vit le village d'où ils sortoient luire
comme un grand brandon de feu qui sembloit atteindre jusques aux nuës, et en advertit le S. Enfant,
lequel lui dist : c'est ma dent qui reluit de la sorte,
allez me la querir et je vous attendray icy. Et ce
disant, ficha son bourdon en terre. Le garçon y alla
et luy apporta sa dent mais il avoit tellement couru
qu'il mouroit presque de chaud et de soif. S. Hervé
prévoyant cela luy commanda de tirer son bourdon
de l'endroit où il l'avoit fiché, et tout incontinent il
sourdit au lieu mesme une belle fontaine dont il
beust, qui dure encore à présent [1]. » — Enfin je
trouve, dans la biographie d'un saint religieux ita-
lien du XVIe siècle, le trait suivant. Un jour qu'il
disserte des choses divines dans le salon d'une mai-
son noble de Naples, le jeune héritier de la famille
fait irruption dans l'appartement, pleurant à chaudes
larmes son oiseau favori qui vient de s'envoler. Pour
consoler l'enfant et pouvoir continuer en paix son
discours, le Père crée instantanément un autre oiseau

---

1. *Vie des Saints de Bretagne* par Albert le Grand, au 17 Juin (2ᵉ Edition. Rennes. Jean Vatar. 1659. p. 209).

plus beau que le premier[1]. La grandeur du miracle semble bien disproportionnée à son motif.

Cependant le critère dont nous soutenons la légitimité ne saurait être manié avec trop de circonspection. Arago disait : « Celui qui, en dehors des mathématiques pures, prononce le mot impossible, manque de prudence. » C'est à peine exagéré. Pour rendre cet axiome admissible sans restriction, il suffit d'ajouter aux mathématiques pures la métaphysique, en se souvenant combien les éléments de cette dernière science sont plus compliqués et ses procédés plus faciles à fausser que ceux des mathématiques. Surtout n'identifions pas l'inexpliqué et le contradictoire : la divergence avec une loi physique connue n'est pas la vraie contradiction[2]. Ne croyons même pas que les modes d'agir des causes, — en particulier des causes surnaturelles, — dont nous admettons l'existence, nous soient entièrement connus. Par exemple, si nous pensons qu'un Etre infini est l'auteur de ce monde, nous savons quelque chose de Lui ; mais la première leçon que nous recevons de cette connaissance, c'est que les intentions de Dieu peuvent nous être inconnues, nous dépasser et nous déconcerter[3]. Ne prononçons donc le mot impossible que devant l'absurdité évidente.

1. *De vita et virtutibus R. P. Bernardi Colnagi* a Joanne Paullino. 1662, p. 330.
2. Cf. ci-dessus p. 270 note et 271.
3. Quelques réflexions formulées à propos de l'ordre naturel du monde, trouvent ici leur application. « On ne réfléchit pas assez, écrivions-nous naguère, à ce que l'on veut, quand on demande que l'art divin nous soit complètement intelligible. Si nous trouvions dans le monde des œuvres

C. — Mais enfin, si cette absurdité éclate?... Pour suivre ces réflexions jusqu'au bout, il faut poser, malgré son étrangeté, le cas extrême. C'est celui où un témoignage excellent attesterait une sottise, un événement qui, en raison de ses caractères intrinsèques ou des circonstances, nous paraîtrait impossible. Nulle explication, naturelle ou surnaturelle, n'arriverait à le rendre acceptable. L'hypothèse est peut-être chimérique. Le cas fictif, imaginé par Hume, d'une résurrection de la reine Elisabeth d'Angleterre, attestée par des documents irréprochables [1], la réaliserait assez bien. Quoi qu'il en soit, supposons-la un instant. En ce cas, le devoir de l'historien serait clair. Il ne se trouverait autorisé à supprimer aucun des termes de l'énigme. Il devrait la laisser subsister entière, sans y toucher. Solliciter, dans un sens ou dans l'autre, les données discordantes, serait une improbité. Même les essais de conciliation ne seraient pas toujours sans danger. Le concordisme pressé et désireux d'aboutir à tout prix est la disposition d'esprit la moins scientifique et la moins prudente, peut-être aussi la moins religieuse. Que l'historien tienne donc « les deux bouts de la chaîne », en renonçant provisoirement à saisir les

exactement pareilles aux nôtres, ou même plus réussies et plus parfaites dans le même genre, il faudrait conclure tout bonnement que leur auteur est un homme, ou un surhomme, quelque chose comme un Dieu d'Homère. L'Absolu doit avoir des allures un peu plus déconcertantes. Et c'est un non-sens trivial de s'étonner que Dieu n'ait pas fait les choses comme nous les eussions faites à sa place. » (*Dieu dans « l'Evolution créatrice »*, p. 13).

1. *Op. cit.* p. 135.

anneaux intermédiaires ; qu'il se souvienne que la patience est une vertu intellectuelle, et qu'il espère de l'avenir, sans y compter absolument, de nouvelles lumières [1].

1. Le célèbre érudit allemand, Adolf Harnack, a donné naguère un mémorable exemple d'impartialité historique, en suivant la règle que nous indiquons ici. Protestant libéral, M. Harnack n'admet ni le miracle ni la prophétie. Or les évangiles synoptiques contiennent des miracles et des prophéties, par exemple celle de la ruine de Jérusalem. Ç'avait été, aux yeux de la plupart des exégètes libéraux, une raison décisive pour faire descendre leur composition à une date très postérieure aux événements. Le professeur berlinois fut amené, par une critique sans préjugés, à conclure qu'elle remontait au contraire à une époque fort ancienne. Dès lors il se trouvait en face d'une antinomie. Les miracles et les prophéties étant impossibles, tout récit qui en raconte ne peut être qu'une légende tardivement formée ; or les Evangiles sont nés rapidement dans le milieu où Jésus venait de passer. Une prophétie ne peut être écrite qu'après l'événement ; or les Evangiles, qui annoncent la ruine de Jérusalem, sont certainement écrits avant l'an 70, qui la vit s'accomplir. — Très loyalement et très objectivement, M. Harnack avoue la difficulté, mais ne permet pas à ses opinions philosophiques de modifier ses conclusions d'historien. Cf. *Das Wesen des Christentums* Leipsig. 1906. Deuxième Conférence, p. 16, 17, 19 (toute une classe d'événements merveilleux racontés par les Evangiles reste inexplicable, impénétrable « *undurchdringliches* ») ; — et surtout *Neue Untersuchungen zur Apostelgeschichte und zur Abfassungszeit der Synoptischen Evangelien.* Leipsig. 1911. On peut voir une analyse de ce dernier ouvrage dans un bulletin de M. L. de Grandmaison (*Etudes.* Avril 1911. p. 263).

Un vice de méthode, inverse de celui que nous venons de signaler, se rencontre parfois chez les historiens croyants. Au lieu de récuser, d'après une opinion *a priori*, des récits de miracle, ils se servent d'un principe du même genre pour extorquer aux documents des attestations sur le merveilleux, qui n'y sont pas contenues. Je ne censure point ici le procédé qui consiste à établir la réalité d'un fait historique au nom d'une autre autorité que celle du témoignage humain, par exemple au nom de la révélation. Je parle de celui qui présente comme historiquement attesté ce qui ne l'est pas de cette façon. Ce genre de falsification, opposé à celui dont s'occupe le présent chapitre, s'inspire au fond du même embrouillement de méthodes. Appuyé sur des principes extra-historiques, on altère, de part et d'autre, les données de l'histoire : on supprime ou l'on suppose des témoignages. Aussi le P. de Smedt confond-il à bon droit dans une même réprobation ces deux vices de critique. *La critique historique*. (*Études religieuses*. Février 1869 pp. 225 à 235.) Le second ne nous concerne pas spécialement ici. Nous cherchons comment interpréter des attestations existantes; nous n'avons pas à qualifier les moyens employés pour en faire surgir. Enfin le second procédé suppose une révélation déjà admise, tandis que nous étudions en cet ouvrage ce qui peut conduire à la faire admettre.

CHAPITRE III

Deuxième partie. — *Règles particulières aux diverses espèces de critique*

SOMMAIRE

Section I. — *Critique textuelle*, p. 294.

Section II. — *Critique littéraire externe ou critique de provenance*, p. 296.

Section III. — *Critique littéraire interne ou critique d'interprétation*, p. 301 à 310.

Considérons maintenant, par ordre, les diverses opérations de la critique[1], au point de vue de la question du merveilleux.

---

1. Peut-être la classification que nous en présentons, établie pour la commodité de la présente étude, différera-t-elle quelque peu de celle des manuels, — qui au surplus ne s'accordent pas toujours entre eux. Mais sous des noms et dans un ordre parfois différents, on retrouvera aisément des matières connues.

SECTION I. — CRITIQUE TEXTUELLE

Sur ce sujet, nous n'avons que peu de choses à
dire. Il est possible cependant que le miracle apparaisse ou s'évanouisse selon qu'on lit le document
de telle ou telle façon. Et il n'est pas inouï que des
opinions *a priori*, relatives au merveilleux, aient
influencé la lecture des textes. Un exemple bien
connu est celui du Psaume XXI° (en hébreu,
XXII°) : *Deus, Deus meus, ut quid dereliquisti me.*
L'Eglise catholique y reconnaît un sens messianique
et une prédiction de la passion du Christ. Or, au
verset 17° du texte hébreu de ce Psaume, se trouve
un mot qui peut être écrit de deux façons diverses : כָּארוּ ou כָּאֲרִי On voit que les consonnes sont
toutes les mêmes, sauf la dernière[1], dont le jambage
plus ou moins allongé figure soit un iod י, soit un
vau ו. Par ailleurs, on sait que les voyelles hébraï-
ques, marquées par des points et de petits traits,
n'étaient pas écrites dans les textes anciens. On a
donc le choix entre deux groupes de consonnes,
identiques sauf la moitié d'un jambage, mais pouvant
être vocalisées de façons différentes. Le sens varie
avec ces variations d'écriture. La plupart des anciennes versions de la Bible ont adopté la première
lecture, qui se traduit : « ils ont percé ». Le verset
complet offre ainsi le sens suivant : « Ils ont percé
mes mains et mes pieds. » Mais l'hébreu *actuel*
porte la seconde lecture, qui se traduit : « comme

---

1. En lisant *de droite à gauche,* comme on le fait pour l'hébreu.

un lion ». Cette lecture rend la phrase peu cohé-
rente. Si on l'écrit ainsi, il est même bien difficile
de lui trouver un sens acceptable et de relier, de
façon satisfaisante, ses deux tronçons disparates.
Cependant la peur d'admettre un texte susceptible
d'être interprété comme une prophétie messianique
a pu conduire à préférer cette seconde lecture. Et
c'est ainsi que des préoccupations métaphysiques ou
religieuses trouvent moyen de se glisser dans les
premières et les plus matérielles opérations de la
critique.

Des méprises du même genre peuvent se produire
sans aucun parti pris et grâce à une simple étourde-
rie : « C'est peut-être, écrit le P. Delehaye, une très
légère erreur de copiste qui a transformé en un
miracle un incident naturel raconté dans les actes
de sainte Marciana. Un lion lancé dans l'arène sauta
sur elle avec violence, se dressa et posa ses griffes
sur la poitrine ; puis, l'ayant flairée, il la laissa sans
lui faire de mal : *martyris corpus odoratus, eam ul-
tra non contigit.* L'auteur d'une hymne en l'honneur
de sainte Marciana a été amené à confondre *adorare*
avec *odorare*, à moins qu'il n'ait lui-même retouché
le tableau de l'hagiographe en écrivant :

> *Leo percurrit percitus*
> *Adoraturus veniens*
> *Non comesturus virginem* [1]. »

1. *Les légendes hagiographiques*, p. 90.

SECTION II. — CRITIQUE LITTÉRAIRE EXTERNE[1] OU CRITIQUE DE PROVENANCE

Qui a composé le document? où et quand? d'après quelles sources? telles sont les questions que pose la critique de provenance. Pour les résoudre, elle doit tenir compte en particulier de deux lois psychologiques qui intéressent l'origine des récits merveilleux.

Première loi : *Déformation d'une donnée en proportion du nombre des intermédiaires.* — Une tradition non écrite qui passe de bouche en bouche, un récit non encore fixé qui subit plusieurs rédactions successives, se déforment en raison du nombre des intermédiaires qui les relatent. Or une tendance naturelle porte ces intermédiaires à forcer ou à multiplier les traits pittoresques et surprenants. En suivant cette circulation du récit, on va toujours, selon l'expression vulgaire, « de plus fort en plus fort ». L'expérience quotidienne nous fait assez connaître ce genre de développement ou de perfectionnement que subissent les anecdotes. Qu'on se rappelle la fable : *les Femmes et le secret!* — Je sais bien que cette tendance peut être contrariée par une autre, que l'on a appelée la « tendance rationnelle[2] ». Celle-

---

1. Le mot externe désigne l'*objet* et non les *moyens* de cette critique. Son but est en effet de chercher simplement à qui il faut attribuer l'ouvrage, et non d'en déterminer le sens ou la valeur. Mais elle peut se fonder pour cela sur quantité d'indices « internes » : langue, style, allusions à des événements datés par ailleurs, etc.

2. « Verstandstrieb ». Cf. Bernheim. *Lehrbuch der historischen Methode.* Leipzig. 1889 p. 338 sq.

ci porte les narrateurs qui veulent être crus à accommoder le récit aux données de l'expérience usuelle, à l'expliquer pour le rendre plus compréhensible, à en effacer tout ce qui le rendrait moins facile à accepter. « Les premiers qui sont abreuvés de ce commencement d'estrangeté, dit Montaigne, venant à semer leur histoire, sentent par les oppositions qu'on leur fait où loge la difficulté de la persuasion, et vont calfeutrant ces endroits de quelque pièce fausse [1]. » Mais outre que ces deux tendances peuvent se combiner pour élaborer un récit à la fois surprenant et admissible, la première prévaut largement dans certains milieux populaires et crédules.

Appliquons ceci au merveilleux. Si la relation en est transmise par des personnes réfléchies, douées de sens critique, ou encore arrêtées par le scrupule de ne pas altérer un dépôt sacré, elle pourra rester intacte ; mais on devra s'attendre à ce que le peuple livré à lui-même, corse la dose de l'extraordinaire et en force la couleur. C'est ainsi que se forment les légendes [2].

1. *Essais*. Livre III, ch. 11.
2. Y a-t-il, au point de vue historique, quelque chose à tirer des légendes ? Les documents ainsi frappés de suspicion peuvent-ils fournir quelques fragments de vérité ? Niebuhr, du moins en théorie, tenait pour la négative. Les légendes, disait-il, « sont des mirages produits par un objet pour nous invisible, selon des lois de réfraction à nous inconnues ». (Cité par Bernheim, *op. cit.* p. 342. Ce théoricien de la critique est du même avis que Niebuhr, comme aussi MM. Langlois et Seignobos, *op. cit.* p. 154 sq.) — D'autres soutiennent l'opinion contraire. On voit des érudits traiter les récits légendaires comme une matière qui ne résiste pas. D'après des critères éminemment subjectifs, ils prennent ceci et rejettent cela. Ils aboutissent ainsi à élever des édifices fragiles, appuyés sur des probabilités de valeur

*Deuxième loi : déformation en proportion de la dis-
tance des faits*. — On sait que la facilité de faire
accepter des récits mensongers augmente en raison
directe de la distance où l'on se trouve des événements, soit dans l'espace, soit dans le temps. « A
beau mentir qui vient de loin », dit le proverbe. L'éloi-
gnement rend le contrôle impossible. Au contraire,
la transformation d'un événement ne pourra pas
s'accomplir avec facilité sur les lieux mêmes, et au
milieu des personnes qui en ont été les témoins.
Sa réalité ne pourra être imposée d'autorité à ceux
qui auraient dû le voir et qui ne l'ont pas vu.

De ces deux lois, découlent deux conséquences inverses pour la critique de provenance.

*1° Date du document suspecte à cause du merveil-
leux*. — Soit un écrit dont la date n'est pas connue
d'ailleurs avec certitude. Je dis que le merveilleux
qu'il contient est une raison de le tenir pour posté-
rieur. Plus ce merveilleux sera abondant et extraordinaire, plus le critique sage inclinera à en abaisser
la date, à le situer loin de l'époque à laquelle il se
réfère. En effet, la vraisemblance antécédente des

---

diverse, et que chacun défait et refait selon la mesure de sa virtuosité
critique ou de son génie architectural. — Ce sont là, à notre avis, deux
excès opposés. Il est évident qu'il y a inconséquence à croire sur parole
un témoin discrédité, selon qu'il affirme ceci ou cela : son autorité est
nulle. Cependant, il peut se faire qu'on trouve, même dans les légendes, des indices particuliers, indépendants de l'autorité du document,
qui garantissent certains détails. On peut découvrir, par exemple, que la
légende, composée à une époque tardive, a été pourtant en mesure d'in-
corporer certains fragments de vérité, alors encore accessibles. (Cf.
Paul Allard : *Histoire des persécutions pendant les deux premiers siècles*.
T. I. Introduction, p. x et xii).

faits décroît, nous l'avons vu, avec la dose et l'étrangeté du merveilleux. Un certain merveilleux peut être vrai ; il sera toujours *a priori* moins vraisemblable que des événements naturels. Or le document n'étant point daté avec certitude, l'absence de probabilité interne n'est ici compensée par aucun témoignage authentique. Dans l'hypothèse donc, en l'absence de preuve décisive pour la réalité du merveilleux, la critique aboutira le plus souvent à le considérer comme inventé. Mais il n'a pu être inventé que loin des faits, et par exemple, en s'amoncelant peu à peu tandis que le récit circulait. La conclusion s'impose : le document a dû être composé à une époque tardive.

2º *Merveilleux suspect à cause de la date du document.* — Réciproquement, si la critique de provenance est arrivée, par l'examen des témoignages extérieurs ou des indices internes (langue, style, etc.), à prouver qu'un document a été composé loin des faits, ou seulement si elle est dans l'impuissance d'en fixer la date, — le merveilleux qu'il contient ne devra point être admis. En effet il est suspect de s'être introduit dans le récit en vertu des deux lois précitées.

De tout ceci donnons quelques exemples indiscutables.

Le *Lalitavistara* est un ouvrage mêlé de vers en prâkrit et de prose sanscrite où est racontée la vie du Bouddha. Sa date, certainement bien postérieure aux événements, n'est pas connue de façon précise[1].

1. Cf. **Foucaux**: traduction du *Lalitavistara*. Annales du musée Guimet 1884. Tome VI, pp. VIII et x.

J'y trouve des récits comme les suivants. Un éléphant mort gît sur le sol. Le jeune Bouddha le prend par la queue et le jette au delà de la ville. A l'endroit où tombe l'éléphant se produit une grande excavation. On apporte au jeune Bouddha un arc énorme que personne ne peut tendre ; il le tend avec un seul doigt et tire une flèche. Le sifflement retentit dans toute la ville et les habitants en sont effrayés. A l'endroit où la flèche arrive, il se forme un puits. Et aussitôt les dieux font tomber du ciel une pluie de fleurs sur le jeune héros[1], etc. Vingt raisons nous empêchent de prendre ces contes pour un grave procès-verbal, dressé par les témoins oculaires d'un événement réel. Mais n'y en eût-il pas d'autre que la présence même du merveilleux, et d'un merveilleux si énorme, dans un écrit de date inconnue, la question serait jugée : le document ne peut passer pour contemporain du personnage qu'il met en scène.

Exemple inverse. Le *Protévangile de Jacques* a été composé plus de cent ans après les événements qu'il prétend raconter[2]. Les descriptions fleuries et merveilleuses qu'il nous fait de la nativité et de l'enfance de la Vierge Marie sont donc dépourvues d'attestations suffisantes. Ce merveilleux-là, qui a eu le temps et la facilité de se former d'après les lois indiquées plus haut, demeure suspect d'être purement légendaire.

---

1. *Lalitavistara*, chap. XII.
2. Amann : *Le Protévangile de Jacques*, p. 100.

SECTION III. — CRITIQUE LITTÉRAIRE INTERNE
OU CRITIQUE D'INTERPRÉTATION

Cette partie de la critique a pour but de déterminer *le sens* du document. Qu'a voulu dire l'auteur? que signifie son langage? quelle est la portée de ses affirmations?

Il peut avoir employé certains mots dans un sens figuré ou détourné. Si nous les prenions à la lettre, nous aboutirions à des significations extraordinaires auxquelles il n'a point songé. « Que parfois, dit le P. Condamin, un miracle, aperçu dans la Bible, repose uniquement sur un contresens, sur l'expression métaphorique d'un fait naturel, mal comprise et mal traduite, cela n'est pas un cas chimérique [1]. » Par exemple, au chapitre X du livre de Josué est mentionné un secours prêté par Jéhovah à son peuple en guerre contre les Amorrhéens. En quoi consiste ce secours? Faut-il comprendre que le Seigneur fît tomber du ciel sur l'ennemi « une grêle de pierres » ou simplement« des pierres de grêle »? Le prodige grossit ou diminue, selon le sens littéral ou métaphorique que l'on donne au mot« pierres » [2].

---

1. *Notes d'histoire biblique. Etudes* 1902 Tome I, p. 242.
2. « Or, d'une part, la locution *pierres de grêle*, pour signifier la grêle, est une expression hébraïque (cf. Isaïe, XXX, 30); elle a son équivalent en syriaque; elle se rencontre aussi dans le mot allemand *Hagelstein*. D'autre part, la version des Septante, en ce passage, *au commencement comme à la fin*, ne parle pas de cailloux, mais de grêle pure et simple (λίθους χαλάζης, deux fois); et l'Ecclésiastique, rappelant cette intervention divine, n'a pas non plus l'idée d'une pluie de pierres (λίθοις χαλάζης XLVI, 6). Contre le sentiment de plusieurs commentateurs, il est donc

Ce n'est pas seulement le sens des mots isolés qui peut prêter à discussion, mais celui du récit. Le genre littéraire adopté par un auteur est comme la clef musicale qui indique la valeur qu'il faut donner aux notes : selon qu'il est tel ou tel, le sens de toutes les affirmations se trouve transposé. L'auteur a-t-il prétendu écrire un roman, un conte, une parabole, un poème épique ou symbolique, une fiction édifiante, — ou une histoire? Dans tous ces cas, il formulera des propositions catégoriques; il dira : « Telle chose est arrivée. » Mais il n'entendra pas toujours exprimer des faits réels, et les mêmes expressions pourront être chargées de significations fort diverses. « Tout ce qui a l'apparence d'une histoire, dit le P. Lagrange, n'est pas une histoire[1]. » En outre, dans un même ouvrage, il peut y avoir certaines affirmations pour lesquelles l'auteur prétend réclamer la créance, et d'autres qui ne sont là que pour faire cortège ou ornement. Comment distinguer celles-ci de celles-là? Comment extraire la substance de vérité de l'enveloppe où elle se coule et qui lui est si adhérente?

C'est le point le plus délicat de la critique d'interprétation. Impossible, et inutile, d'exposer ici des règles détaillées pour dénouer toutes les difficultés

---

tout à fait probable — d'autres exégètes l'ont reconnu depuis longtemps — que les Chananéens, en ce jour-là, ne furent point victimes d'une grêle de pierres, mais plutôt mis en déroute par d'énormes grêlons, ou pierres de grêle, que Dieu fit pleuvoir sur eux. » Condamin, loc. cit. — Un exemple analogue se présente à propos de l'interprétation de deux mots du livre des Juges (XV, 19). Voir la traduction de Crampon (note in h.l.).

1. La Méthode historique, 6ᵉ conférence. Lecoffre 1903, p. 185.

de ce genre. Bornons-nous à fournir quelques spécimens des indices qui peuvent y aider.

a. — La matière même du récit peut nous avertir des intentions de l'auteur. Les événements racontés seront bizarres, fantastiques, dépourvus de finalité, impossibles. On y saisira le jeu conscient de l'imagination qui s'ébat en liberté, sans autre but que de s'exercer, ou d'amuser le lecteur, ou bien encore d'habiller d'une forme ingénieuse certains enseignements. Une application fort aisée de ces remarques nous empêche de placer dans le dossier du merveilleux les *Métamorphoses* d'Ovide, les *Contes* de Perrault ou les *Fables* de La Fontaine. Nous en écarterons de même les récits qui se trouvent inconciliables avec ce que l'histoire authentique nous apprend. Bon nombre de détails racontés par les *Actes de Paul et de Thècle* ne peuvent absolument trouver place entre les lignes définitivement fixées de la vie de l'Apôtre.

En dehors de la contradiction ou des impossibilités physiques, l'invraisemblance morale peut donner l'éveil à la critique. La psychologie des personnages mis en scène suffit parfois à montrer que l'auteur entend se mettre à l'aise avec le réel. Les acteurs qu'il fait paraître ne semblent avoir pour mobiles de leurs démarches que le souci de composer une jolie histoire. Ils se laissent persuader, ils forment des projets impromptus et ils y renoncent ; ils sautent avec souplesse par-dessus tous les intermédiaires psychologiques que les hommes réels sont si longs à parcourir; ils exécutent avec une

grâce parfaite les pirouettes morales les plus déconcertantes, pour amener un dénouement qui satisfasse
ou qui amuse. Les événements sont aussi bien sty-
lés. Ils se hâtent ou s'attardent selon les nécessités
du spectacle ; ils arrivent toujours au bon moment.
Les roues de la fortune se sont vidées de la matière
pesante qui les ralentit dans le monde réel ; elles se
sont détachées du sol raboteux d'ici-bas ; elles glis-
sent dans l'éther, elles se sont faites ailées. Nous
avons affaire au conte, au roman, à la légende.

b. — Le ton de l'auteur montre souvent ce qu'il
pense lui-même de ce qu'il écrit. Les Evangélistes,
qui racontent l'histoire du Christ, le font avec un
sérieux candide, une gravité pénétrée qui prouve l'importance qu'ils attachent à leur sujet : ils y croient
évidemment de toute leur âme, et s'ils écrivent
pour catéchiser, l'objet de leur catéchèse est à leurs
yeux une vérité sacrée. Ils veulent narrer des événements réels et les faire croire. Le ton des *Mille et une
nuits* est tout différent. Les conteurs sont évidemment beaucoup plus détachés de ce qu'ils racontent.

c. — La technique de la composition est encore
un signe instructif. Elle laisse voir que le réel a
été travaillé, façonné, embelli. Un ouvrage de poésie,
avec son vocabulaire spécial et sa forme rythmique,
ne se donne point pour un calque de la réalité. Le
style chargé d'ornements, par exemple les comparaisons « à longue queue » où se complaît le vieil
Homère, nous avertissent qu'il s'agit d'art plutôt que
de vérité, et de plaisir esthétique plutôt que de renseignements exacts. L'allégorie, le symbole, le mythe

sont composés pour enseigner quelque chose, non
seulement des doctrines, mais parfois aussi des faits,
particulièrement des faits d'ordre religieux. Il n'est
pas toujours facile de distinguer, dans ces sortes
d'ouvrages, ce qui n'est qu'artifice de composition
de ce qui est substantiel aux yeux de l'auteur. Du
moins l'intention évidente de certains passages, par
exemple certains anthropomorphismes incontesta-
bles, peuvent avertir du genre adopté et d'un secret
à deviner. Au surplus, pour l'objet qui nous occupe
en ce livre, tous ces genres littéraires n'ont pas
grande importance. Car bien que des événements
surnaturels puissent y trouver leur expression, il
sera bien difficile de tirer de là, en faveur du merveilleux, des preuves documentaires, capables de
s'imposer à quiconque n'a pas encore fait adhésion
à la doctrine.

Plus important pour notre recherche actuelle est
le discernement des genres apparentés à l'histoire
proprement dite. Le roman historique contient parfois de larges portions d'histoire, toute une mosaïque de détails authentiques dont l'auteur se sert
pour remplir un cadre d'imagination. Sa structure
cependant, entre autres indices, suffira la plupart du
temps à le trahir. Nous l'avons dit : l'histoire vraie
ne marche pas comme un roman. Le romancier
dégage une intrigue de tous les événements para-
sites qui la surchargent, l'étouffent, l'embrouillent,
en émoussent le mordant, la font dévier ou avorter.
Il la prend ou plutôt il la crée à l'état pur, il en
nettoie les contours et en affine le dessin. S'il a du

Le Merveilleux.   20

talent, il la fait évoluer harmonieusement à travers
des péripéties graduées. Il condense en un temps très
court les situations les plus piquantes ou les plus
émouvantes. Le drame est ici intéressant par lui-
même, en tant qu'action, indépendamment des renseignements qu'il peut contenir sur la psychologie
ou l'histoire. — Dans un livre même proprement
historique, dont la substance est certainement tirée
de la réalité, les soucis artistiques peuvent encore
prévaloir. Les scènes trop bien composées, le drame
noué comme une tragédie classique, les détails tous
pittoresques, frappants, suggestifs, les discours
étudiés, dont tous les mots portent et où ne manque
aucune transition, mis dans la bouche de personnages qui sont censés les improviser au fort de
l'action, tout cela constitue un ensemble de signes
non équivoques. L'auteur a dégrossi et arrangé ses
matériaux. Dans cet arrangement, il y a bien des
degrés. Il faut savoir à quelle espèce d'histoire l'on
a affaire. L'histoire artistique des Annales de Tacite
n'est point l'histoire fruste de l'Evangile de saint
Marc.

d. — L'art personnel du narrateur n'est pas seul à
faire question. Au contraire, il y a des compositions
où le recours aux lieux communs est de règle. Les
panégyriques, les épitaphes, les narrations oratoires,
certains récits d'édification contiennent des clauses
de style, des affirmations obligatoires, des ornements
convenus où l'on aurait tort de chercher l'expression
des faits. Quelques écrivains suivent le précepte de
Quintilien qui conseille d'ajouter à un sujet trop

pauvre « *omnia quæ in re præsenti accidisse credi-bile est*[1] ». Il ne faut point prendre tout cela pour de l'histoire. En particulier, dans une enquête sur le merveilleux, il importe de se souvenir que le miracle peut faire partie de ces ornements obligés. Un saint personnage *a dû* faire des miracles, et tels miracles. On les lui attribuera. Il y a le miracle cliché, qui n'est point un fait constaté et attesté par un témoin, mais un passe-partout, où s'encadrent les conjectures d'un panégyriste. Hâtons-nous d'ajouter que le caractère impersonnel, abstrait, banal, compassé, de ces affirmations, suffit le plus souvent à en faire discerner la nature.

e. — Analogue à l'emploi des lieux communs est celui d'un canevas ou d'un motif particulier déjà utilisé ailleurs. L'auteur trouve ce vêtement d'occasion et l'ajuste à sa mesure. De tels emprunts sont la marque décisive que le récit n'est point historique. Si l'écrivain possède quelque originalité ou quelque érudition, il aura pu rajeunir un thème usé, lui donner des airs d'inédit, de vraisemblance et de couleur locale. Mais que, par exemple, l'étude des traditions populaires et du folk-lore vienne à découvrir une forme plus primitive de la même histoire, qui a circulé sous des latitudes très diverses, avec des variantes de noms propres, de topographie, de mœurs et de costumes, la question d'historicité sera jugée. Nous avons affaire à une fiction. Qu'on veuille bien au surplus s'en souvenir : il n'est point question ici

---

1. *De Instit. orat.*, VI, 2. — Cf. sur ce genre littéraire le P. Delehaye, *Les légendes hagiographiques* ch. III.

de tromperie. Nous n'examinons point pour le moment la valeur des assertions; nous ne discutons pas le degré de confiance qu'elles méritent, mais seulement leur portée, leur sens. Or, sans être ni dupe ni menteur, un écrivain aura pu s'emparer d'une donnée ancienne pour l'accommoder à ses fins. Il aura placé ses idées à lui, ou des leçons morales nouvelles, dans une enveloppe littéraire qu'il aura trouvée prête et commode. La tâche de la critique d'interprétation sera de découvrir ses intentions, de discerner, dans l'œuvre composite, les énoncés dont il prend la responsabilité et dont il a voulu imposer la créance. Nous avons tous lu dans notre enfance des « livres d'exemples », où étaient proposés à notre imitation des modèles fictifs. Ceux-ci avaient un nom et une histoire. Pourtant l'intention de l'auteur n'était point de nous y faire croire, mais de nous inculquer une morale. Il est évident qu'à ce but pédagogique peuvent servir des thèmes de rencontre, déjà employés. Qu'un ouvrage d'édification ait été ainsi composé, il n'y a là rien d'invraisemblable *a priori*. Un savant bollandiste, le P. Delehaye, nous affirme que le fait est arrivé plusieurs fois. « Plus d'une grave leçon, dit-il, a été donnée au peuple sous la forme d'un conte hagiographique... Qui ne sait que la vie des saints Barlaam et Josaphat n'est autre chose qu'une adaptation de la légende du Bouddha? Dans l'esprit du moine Jean, à qui nous la devons sous sa forme chrétienne, elle n'était pas autre chose qu'un récit agréable et piquant, servant de véhicule à un enseignement moral et religieux [1]. » Supposé donc que les preuves de fait soient fournies, — ce que je n'examine point en ce volume où il n'est question que de principes, — supposé que telle *vie de Saint* reproduise véritablement des données de folk-lore, un ensemble d'aventures caractéristiques attribuées ailleurs à d'autres personnages, ce serait évidemment se fourvoyer que de discuter la valeur du merveilleux qu'elle contient.

f. — Enfin, l'absence de lien avec la réalité concrète, avec la durée véritable où se pressent les événements historiques, est un signe non équivoque que l'on se trouve hors de l'histoire. « Tout événement historique est localisé dans le temps et dans l'espace, sinon ce ne serait pas un fait historique. Aucun fait n'est utilisable en histoire, s'il ne se présente pas avec l'étiquette : en tel endroit, à telle époque [2]. » Ajoutons que tout événement historique doit être formé d'un concours de circonstances particulières qui lui donnent sa physionomie originale, que chaque personnage historique doit avoir une figure qui permette de l'identifier. Faute de cela, ni l'un ni l'autre ne se poseront devant nous comme des réalités. « Si un écrivain affirmait qu'aux premiers âges du monde Titius a épousé Titia, nous ne verrions pas là de l'histoire [3]. » Lors donc que manquent

1. *Op. cit.* p. 71, 72.
2. C. Seignobos : *Les conditions pratiques de la recherche des causes dans le travail historique. Bulletin de la Société française de philosophie*, 1907, n° 7, p. 271. Cf. p. 264.
3. Lagrange : *La méthode historique*, 6e conférence, p. 187.

dans un récit les indications concrètes, et que sont coupés tous les liens qui rattachent les personnages et les événements aux réalités d'ici-bas, il est évident que les affirmations sont dépourvues de signification historique. « Il y avait une fois... » Où ? quand ? on ne sait pas. « Il y a bien longtemps. » Cela ne nous avance guère. C'étaient « un roi et une reine » quelconques, qui vivaient dans « un château », dont on sait seulement qu'il était « très beau ». Cela c'est le langage du conte, de l'allégorie, de la fable. Et que les héros de ces sortes de récits soient des rois et des reines, ou des saints, ou des personnages surnaturels, cela ne modifie aucunement le genre de la composition.

CHAPITRE IV

LA CRITIQUE HISTORIQUE DU MERVEILLEUX

Deuxième partie. — *Règles particulières* (suite)

SECTION IV. — CRITIQUE HISTORIQUE PROPREMENT DITE OU CRITIQUE DU TÉMOIGNAGE[1]

SOMMAIRE

I° CONDITIONS RELATIVES AUX FAITS, p. 313 à 324.
  A. Exigences fondées, p. 313.
  B. Exigences déraisonnables, p. 317.
II° CONDITIONS RELATIVES AUX PERSONNES, p. 324 à 408.
  § I. Les Anciens, p. 325.
  § II. Le Moyen Age, p. 333.
  § III. L'Orient, p. 352.
  § IV. Les Croyants, p. 359 à 393. — I. Pas de connexion nécessaire entre la foi et l'erreur ou la fraude, p. 364. — II. Rapports des croyances religieuses avec l'erreur et la fraude, p. 369. — 1re Hypothèse : croyance au miracle qui fait l'objet du témoignage, p. 370. — 2e Hypothèse : croyance à des miracles antérieurs, p. 372. — A. Concessions, p. 372. —

---

1. Cette critique fait partie, comme la critique d'interprétation, de ce que l'on appelle en général la *critique interne* et parfois la *haute critique*. Cf. Langlois et Seignobos, *op. cit.*, p. 46 et 47. Bernheim, *op. cit.*, ch. IV début.

B. Solution : 1º Croyance vraie, p. 376; 2º Croyance quelconque : α. appréciée en elle-même, p. 381; β. par comparaison avec l'incroyance, p. 387. — 3º Conclusion, p. 390.

V. Les non-professionnels, p. 393.

VI. Les foules : contagion mentale et hallucination collective, p. 399.

Remarque sur quelques indices d'erreur ou de fraude :

1º Le brillant des événements rapportés, p. 409.

2º Les répétitions d'événements semblables, p. 413.

Toutes les opérations précédentes concernent aussi bien l'éditeur d'une œuvre littéraire quelconque que celui d'un document historique. Quel que soit le texte que l'on ait devant les yeux, il importe de le bien lire, de l'attribuer à son auteur véritable, et de l'interpréter correctement. Mais s'il s'agit d'histoire, ce n'est pas tout. La critique philologique et la critique littéraire ayant dit ce qu'elles ont à dire, le rôle de l'historien commence[1]. Puisque la lettre et le sens du texte sont établis et l'auteur connu, nous sommes en possession de certaines affirmations émanant d'un certain personnage. Mais une question reste à trancher : que valent ces affirmations? Dans quelle mesure pouvons-nous les employer comme moyens de pénétrer dans la connaissance du passé? A ce point précis, nous entrons dans le propre domaine de l'histoire.

---

1. Je n'ai nullement l'intention d'insinuer que ces opérations aillent toujours à part les unes des autres et qu'elles se déroulent inflexiblement dans l'ordre où je les ai énumérées.

Les affirmations d'un témoin sont dignes de foi s'il est sincère et bien informé. De là, les deux subdivisions classiques de la critique du témoignage : *critique de sincérité* et *critique d'exactitude*[1]. Cependant l'objet spécial que nous envisageons ici rend inutile de séparer les deux questions. Car les mêmes objections visent à la fois la sincérité et l'exactitude de ceux qui prétendent avoir observé le merveilleux[2]. Nous diviserons donc de préférence le sujet comme il suit. Pour qu'un témoignage relatif au merveilleux soit valable, 1°) quelles sont les conditions qui regardent les faits? 2°) quelles sont celles qui regardent les personnes ?

I. — CONDITIONS RELATIVES AUX FAITS

Avant d'admettre un témoignage quelconque, la critique historique se demandera s'il porte sur des faits susceptibles d'être observés. S'agit-il d'événements publics ou privés? de scènes qui ont eu beaucoup de témoins et sur lesquelles pouvaient tomber les regards du premier venu ; ou au contraire de circonstances malaisées à découvrir, de détails qui n'ont pu être connus que par conjecture? Tout

---

1. Renan écrit : « Autrefois on supposait en chaque légende des trompés et des trompeurs ; selon nous, tous les collaborateurs d'une légende sont à la fois trompés et trompeurs. » (*Vie de Jésus.* Préface de la 13ᵉ édition, p. xxvii.) Soit. Cela ne détruit pas le bien fondé de la distinction classique, que maintiennent tous les manuels de critique. Quand bien même tous les témoins seraient trompés et trompeurs, il y aurait lieu de chercher dans quelle mesure ils sont l'un ou l'autre, et l'un plutôt que l'autre. Et c'est aussi ce qu'a fait Renan (*Ibid.* et *passim*).

2. Cf. Langlois et Seignobos. *Op. cit.*, p. 139.

cela était-il accessible en particulier au témoin qui le rapporte? Inutile de développer ce questionnaire général, d'en noter toutes les subdivisions et modalités : on voit tout de suite quelles applications il peut avoir en ce qui concerne le merveilleux. Il y a[1] un merveilleux qui s'étale au grand jour et que tout le monde est à même de contrôler. De ce genre sont les prodiges opérés en public, à la parole d'un thaumaturge ou à la suite de pratiques religieuses. Saint Paul en appelle, pour attester la résurrection du Christ, à « cinq cents frères [témoins des apparitions], dont la plupart sont encore vivants »[2]. Il y a des faits qui se produisent devant des témoins plus rares, mais spécialement qualifiés pour les observer : certains « miraculés » produisent les certificats des médecins qui les ont examinés avant et après leur guérison. — D'autre part, il y a un merveilleux occulte, qui se passe dans des assemblées d'où les profanes sont absents, en des réunions dont l'organisation même restreint singulièrement les facilités de contrôle. Par exemple, les « matérialisations » spirites ont d'ordinaire pour théâtre des salles obscures, où les fantômes sortent d'un « cabinet » voilé de rideaux. De ceci il ne faut pas conclure immédiatement que tout le merveilleux spirite soit irréel; il faut seulement noter que les conditions où il est censé

1. Dans tout ce passage, les expressions affirmatives ne sont employées que pour faire court. Elles n'ont pour but que de caractériser une hypothèse, d'enregistrer des apparences ou des on-dit, et non d'exprimer aucun jugement définitif sur les faits.
2. Ire aux Corinthiens, chap. XV, 6.

se produire sont extrêmement favorables à l'erreur et à la fraude. — Ces variétés de circonstances dicteront au chercheur impartial l'attitude qu'il doit prendre et les précautions dont il doit s'entourer.

Certains prétendent que l'allure même du fait extraordinaire et censé miraculeux en rend la constatation impossible. « Le miracle, écrit M. E. Le Roy, est un phénomène sporadique et fugitif, qui ne se produit qu'une fois, très vite, au milieu des circonstances les moins propres à permettre qu'on le note exactement, sans qu'on puisse jamais prévoir où il apparaîtra, ni que par conséquent on soit en mesure de se disposer à une étude critique entourée des précautions voulues[1]. » Quand bien même ceci serait universellement vrai, aucune conclusion ne s'ensuivrait contre la possibilité de constater le merveilleux. On peut voir et très bien voir un phénomène exceptionnel et que l'on n'attend pas. Les annales de la médecine, par exemple, fourniraient plus d'un cas d'anomalies qui ont surpris les praticiens, et dont ils nous ont laissé néanmoins la description minutieuse. Mais les affirmations de M. Le Roy sont absolument inexactes en leur généralité. Si le miracle est un phénomène rare en comparaison de l'ensemble, il n'a rien cependant d'essentiellement « sporadique ». En certains lieux privilégiés et autour de certains personnages, il pullule. Cela est si vrai que M. Le Roy, ayant écrit le passage rapporté plus haut, éprouve immédiatement le besoin

---

1. *Essai sur la notion du miracle*, II, p. 172.

de corriger, disons mieux, de détruire ses premières assertions. « Je sais bien, dit-il, que l'on peut citer des endroits et des moments où les miracles éclosent en foule, où par suite il est loisible à chacun d'aller les attendre[1]. » Le miracle ne se présente donc pas toujours à l'état isolé, et il y a des cas où les occasions de l'étudier se multiplient singulièrement[2].

Il est encore moins vrai que le miracle soit un phénomène essentiellement « fugitif ». Par exemple, une infirmité est un fait durable et sa guérison laisse des traces. Supposons que la guérison de Pierre de Rudder[3] soit un fait acquis. Voilà un homme que l'on a vu estropié pendant des années ; on le revoit, et on peut l'examiner à loisir, lorsqu'il revient du pèlerinage où il prétend avoir été guéri. Tout cela n'est pas plus « fugitif » que n'importe

1. *Ibid.*
2. « Ceci (poursuit M. Le Roy pour atténuer l'effet de sa correction) n'arrive guère qu'à des époques ou en des milieux particulièrement crédules. » En tout cas, cette remarque ne suffirait pas à restituer au miracle le caractère « sporadique » qu'on lui prêtait. Mais il convient d'en restreindre la portée par d'autres remarques qui se présenteront plus loin, à propos des contagions de crédulité dans les foules (cf. ci-dessous, surtout p. 404 sq). En outre, quand on parle de crédulité, il importe de bien savoir ce que l'on veut signifier par là. Ce mot n'est nullement synonyme de croyance. Nous verrons bientôt (ci-dessous § IV, p. 376 sq.), que la croyance antécédente au merveilleux ne disqualifie point par elle-même un témoin, que la foi ne suffit point à tuer la faculté critique et à aveugler irrémédiablement l'esprit. La multiplication des miracles en un milieu croyant n'est donc pas, sans plus, un motif de les déclarer irréels.
3. Pierre de Rudder eut la jambe gauche brisée par la chute d'un arbre en 1867. Censé incurable et menacé de l'amputation, il demeura dans le même état jusqu'en avril 1875. A cette époque, pendant un pèlerinage à N.-D. d'Oostakker, (7 avril), il parut subitement guéri. — Voir tous les documents sur cette affaire dans l'ouvrage du Dr Deschamps : *Le Cas Pierre de Rudder* (Gabalda et Desclée 1913).

quelle guérison d'ordre naturel. Et les moyens d'investigation sont exactement les mêmes de part et d'autre. Aucun motif plausible ne se présente pour les déclarer d'avance impraticables dans le cas d'une guérison censée miraculeuse.

Il y a donc des conditions de visibilité que le chercheur impartial est en droit d'exiger des faits miraculeux; et il n'apparaît point jusqu'ici que tous les faits réputés tels en soient dépourvus.

Mais certains critiques exigent beaucoup plus. Ils posent à l'observation du miracle de telles conditions qu'elle en devient irréalisable. Le miracle, s'il existe, est, par hypothèse, l'acte d'un agent libre, auquel nous ne pouvons pas commander ni imposer nos conditions. Cet agent opère selon son bon plaisir, à ses heures, pour ses fins, qui ne sont pas les nôtres. Bien que ses interventions se répètent parfois à de courts intervalles, elles ne deviennent jamais l'ordinaire, la règle : elles restent toujours l'exception.

Or nos critiques méconnaissent absolument ces caractères qui sont pourtant la marque spécifique du miracle, sa forme et son essence, s'il existe. Ils demandent que le miracle soit un fait qui se produise et se répète à volonté, au moment et dans les conditions que l'on désire, devant des témoins désignés d'avance; ils veulent qu'il devienne un *fait expérimental*, analogue à ceux que le savant maîtrise et produit dans son laboratoire. Ils supposent que le pouvoir du thaumaturge est quelque chose comme une affinité chimique, une propriété stable qui réside en certains sujets et dont on peut obtenir à coup sûr certaines réactions. A leurs yeux, il est cela ou rien.

Voltaire, un des premiers, a mis au jour ce beau raisonnement : « On souhaiterait, dit-il, pour qu'un miracle fût bien constaté, qu'il fût fait en présence de l'Académie des Sciences de Paris, ou de la Société Royale de Londres, et de la Faculté de médecine, assistées d'un détachement du régiment des gardes, pour contenir la foule du peuple, qui pourrait par son indiscrétion empêcher l'opération du miracle [1]. » Renan, qui n'est pas toujours si loin de Voltaire qu'il voudrait le faire croire, répète et développe ce thème, dans un passage fameux. « Que demain un thaumaturge se présente avec des garanties assez sérieuses pour être discuté; qu'il s'annonce comme pouvant, je suppose, ressusciter un mort, que ferait-on? Une commission composée de physiologistes, de physiciens, de chimistes, de personnes exercées à la critique historique, serait nommée. Cette commission choisirait le cadavre, s'assurerait que la mort est bien réelle, désignerait la salle où devrait se faire l'expérience, réglerait tout le système de précautions nécessaire pour ne laisser prise à aucun doute. Si, dans de telles conditions, la résurrection s'opérait, une probabilité presque égale à la certitude serait acquise. Cependant, comme une expérience doit toujours

1. *Dictionnaire philosophique* au mot *Miracle.*

pouvoir se répéter, que l'on doit être capable de
refaire ce que l'on a fait une fois, et que, dans l'ordre du miracle, il ne peut être question de facile ou
de difficile, le thaumaturge serait invité à reproduire
son acte merveilleux dans d'autres circonstances,
sur d'autres cadavres, dans un autre milieu. Si chaque
fois le miracle réussissait, deux choses seraient prou-
vées : la première, c'est qu'il arrive dans le monde des
faits surnaturels ; la seconde, c'est que le pouvoir de
les produire appartient ou est délégué à certaines
personnes[1]. » Les modernes adversaires du miracle
n'ont pas renoncé à cette argumentation. Bien au
contraire ; c'est une de celles qu'ils affectionnent particulièrement, parce qu'elle leur semble plus radicale.
Une fracture se consolide subitement, à l'improviste[2]. Le médecin n'avait jamais eu, ne pouvait
avoir l'idée d'employer les rayons X afin d'en attester
la réalité antérieure, trop évidente pour lui comme
pour quiconque avait examiné la malade. N'importe :
on considérera comme inexistantes toutes les autres
preuves qu'il est en mesure de fournir, et on lui
réclamera celle-là[3]. Il y a mieux. Un certain professeur de philosophie, grand adversaire du miracle,

---

1. *Vie de Jésus* [13], Introduction, p. xcvii. — Cf. *La chaire d'hébreu au
collège de France*, dans *Questions contemporaines* [2], p. 226. — Renan se
trompe : la réussite des moyens de contrôle qu'il préconise n'établirait
pas le caractère *surnaturel* des faits, mais au contraire leur caractère
naturel.

2. Je prends le fait comme une hypothèse, sans avoir aucunement
l'intention d'en attester la réalité. Il s'agit du cas de Mlle Marguerite
Verzier, signalé dans une thèse de doctorat en médecine : *Sur quelques
guérisons de Lourdes*, par le Dr Jeanne Bon.

3. « Pourquoi ne pas apporter le document qui fermerait la bouche à

ne demandait-il pas naguère pourquoi on n'avait pas
employé le même procédé radiographique pour cer-
tifier des phénomènes *arrivés en 1875* [1] ?

On le voit. Nos critiques ne se bornent pas à
demander que les faits soient prouvés par des preuves solides, irrécusables. Ils veulent de plus que ces
preuves soient d'un certain genre. En particulier, la
certitude d'observation, la seule possible en l'espèce,
ne leur suffit pas ; ils exigent la certitude d'expéri-
mentation, incompatible par hypothèse avec la nature
des faits. Ils réclament des moyens de contrôle inap-
plicables, alors qu'il y en a d'autres qui suffisent.
Autant vaudrait avouer d'abord, tout candidement,
le parti pris de rejeter les faits en question.

Appliquée à d'autres matières, cette méthode critique donnerait d'étranges résultats. Il y a dans la
nature beaucoup de phénomènes singuliers, sur lesquels l'expérience n'a point prise, que l'on ne reproduit pas à volonté, et que l'on est réduit à enregistrer
où et quand ils se produisent : les comètes par
exemple. « Mais alors, dit M. Le Roy, les phénomènes
se répètent, sont périodiques ; on peut les prévoir,

tous les sceptiques, deux radiographies dont la date serait certifiée? »
Compte rendu de l'ouvrage de Mme Bon dans la *Revue de métaphysique
et de morale,* Juillet 1914, *Supplément,* p. 3.

1. « A-t-on seulement radiographié la fracture de la jambe avant et
après le miracle, ou ce que vous nommez ainsi? » (M. Chide, professeur
au lycée de Gap, dans une polémique sur le cas de Pierre de Rudder.
Ap. Deschamps, *op. cit.* p. 65.) Un philosophe est sans doute excusable
d'ignorer l'histoire des découvertes scientifiques, mais on voit que les
plus intransigeantes « exigences critiques » ne sont pas toujours accom-
pagnées d'une compétence proportionnée. Parlant de ces exigences, un
médecin faisait observer fort justement qu'« à ce compte, on serait en
droit d'exiger la photographie de Jules César ! » (*Ibid.* p. 98.)

puis contrôler les calculs par les observations ;
et cela équivaut à une expérience dont la nature elle-
même aurait fait les frais [1]. » Mais, objecterons-nous
à notre tour, *avant* que les phénomènes se répètent
et qu'on puisse les prévoir, alors que l'on en cherche encore la loi, peut-on, oui ou non, les observer,
les tenir pour certains, acquis ? Avant l'établisse-
ment des lois astronomiques, pouvait-on enregistrer
l'apparition d'une comète ? Cette apparition semblait
alors purement fortuite : on l'attribuait communément à un libre décret de Dieu. Nous pourrions poser
la même question à propos de tous les faits non
encore classés ni informés par les lois et les théories
scientifiques. Epars en dehors de la science, ils en
sont les matériaux possibles. S'ils ne sont pas bien
établis d'abord, elle ne pourra jamais commencer. Si
l'on nie qu'ils puissent être premièrement recueillis
à l'état brut et décousu, sous les apparences du
hasard, où veut-on qu'elle aille chercher ses éléments ? Elle suppose des constatations préalables
qu'elle n'a point dictées. Et alors même qu'elle est
construite, sa bâtisse reste environnée de matériaux
non utilisés, qui n'ont trouvé place nulle part. Il y
a par exemple des anomalies biologiques dont on
cherche encore l'explication [2]. Bref, un fait certain
n'est pas nécessairement un fait scientifique. Une

1. *Op. cit.*, II, p. 171.
2. Un médecin me cite le cas d'un homme qui buvait chaque matin
un verre à bordeaux de laudanum, et qui ne s'en portait pas plus mal.
Normalement le dixième de cette dose suffit à amener la mort.

observation exacte n'implique nécessairement ni classification, ni calcul, ni prévision.

Et s'il en va ainsi des phénomènes physiques, que nous supposons régis par des lois fatales, que dirons-nous de ceux qui procèdent de l'esprit et de la liberté ? Ceux-ci sont l'ingrédient le plus indispensable de la substance historique. Or si on leur applique les exigences formulées à propos du miracle, c'est elle tout entière qui va s'en aller en fumée. Que penserait-on d'un homme qui refuserait de croire à une scène d'histoire contemporaine, à moins que les acteurs ne la rejouassent sous ses yeux et à son heure ? — ou encore de quelqu'un qui dirait : Je ne croirai point à cette prouesse de talent, à cette scène de passion, s'il ne s'en produit une semblable tel jour, devant des photographes, des sténographes et des témoins par moi désignés ? Ce serait de la pure démence. En vain cet observateur exigeant objecterait-il que les scènes en question sont extraordinaires et paraissent tout à fait invraisemblables. On lui répondrait que, si leur réalité a besoin d'être examinée, ce ne peut être que par un contrôle approprié à leur nature [1]. La même réponse convient à ceux qui ont, à propos du miracle, les mêmes exigences.

Acceptons donc les données du problème tel qu'il se pose indépendamment de nous. S'il est impossible de prévoir le prodige et de braquer à l'avance sur lui des appareils enregistreurs, s'il refuse de se

---

1. Ajoutons que la question de vraisemblance doit être réglée auparavant. (Cf. ci-dessus, ch. II, p. 280 sq.)

laisser reconstruire artificiellement comme une
synthèse chimique, il faut en prendre notre parti, et
trouver d'autres procédés d'investigation. Si la
nature du miracle est de ne point apparaître dans
les laboratoires, mais dans les sanctuaires et parmi
les foules religieuses, c'est là qu'il faudra aller regarder pour savoir s'il existe ou non ; et le savant
qui l'attendrait à sa table de travail montrerait qu'il
se désintéresse de sa réalité (ce qui est, au reste, au
probablement le cas, pour les critiques dont nous
discutons les difficultés). Celui qui, au temps des
premières expériences de photographie, eût nié les
phénomènes, sous prétexte qu'ils se produisaient
dans une chambre noire et que l'expérience à ciel
ouvert eût présenté plus de garanties, se fût rendu
bien ridicule. Ceux qui veulent déformer le miracle
pour le mieux saisir ne sont pas plus raisonnables.
En posant des conditions aux faits, on s'expose à
ne pas voir tout ce qui arrive, à perdre quelque
chose, et beaucoup, de la réalité. Nous devons
prendre les faits tels qu'ils sont, avec les circonstances concrètes qui les revêtent, et non leur imposer l'uniforme officiel qu'ils devront endosser, sous
peine de n'être pas reçus. Nous n'avons pas à leur
fournir un programme, mais à nous conformer au
leur. Cela seul est scientifique ; et les exigences
hautaines de séances d'amphithéâtre et de commis-
sions académiques, imaginées par Voltaire ou
Renan, le sont fort peu. Selon une formule célèbre,
l'esprit scientifique consiste dans la « soumission
aux faits ».

Puis, si c'est vraiment un agent libre qui produit le merveilleux, qui vous dit qu'il consentira à en passer par tous vos caprices, qu'il trouvera bon, utile, convenable à sa dignité et à ses fins, d'agir ou de s'abstenir d'agir, précisément dans les conditions que vous aurez imaginées ? Et si cet agent est un Dieu infini, digne de respects souverains, si c'est vraiment Celui dont on dit qu'Il résiste aux superbes et qu'Il donne sa grâce aux humbles, pensez-vous qu'une telle attitude le décide à se manifester? Si vous avez, dans ce qui est mis sous vos yeux, tout ce qu'il vous faut pour être convaincu, à condition que vous consentiez à l'étudier, pourquoi voulez-vous qu'on vous donne davantage ? Supposé que les miracles de Jésus-Christ fussent réels et évidents, on comprend qu'il ait jugé superflu d'y ajouter le « signe du ciel » exigé par les pharisiens. On comprend qu'il ait dit d'une certaine catégorie de ses auditeurs : « Quand même un mort ressusciterait, ceux-là ne croiraient pas[1]. »

II. — Conditions relatives aux personnes

Toutes les difficultés se résument ici en un certain nombre d'exceptions que l'on oppose aux attestations du merveilleux. Certaines catégories de personnes, qui embrassent la majeure partie, sinon la

---

1. *Luc* XVI, 31. — La discussion de certaines questions, qui complétera tout ce que nous venons de dire, sera mieux à sa place plus loin : *Conditions relatives aux personnes :* § V, p. 393 : *Les non-professionnels.*

totalité des témoins possibles, sont exclues tout
d'abord, comme suspectes. Quelques généralités sur
le manque de critique des anciens, sur le mensonge
congénital à certaines races, sur l'esprit passionné
des croyants, sur l'incompétence du vulgaire ou la
trouble psychologie des foules, etc., suffisent à établir une prévention d'ensemble contre les témoignages favorables au merveilleux. On s'en débarrasse
ainsi à bon compte. Il est absolument nécessaire d'y
regarder d'un peu plus près.

§ I. — Les Anciens

C'est presque un axiome, pour certains critiques,
que les anciens avaient de l'histoire une conception
si large qu'elle enlève toute valeur à leurs travaux
en ce genre. Impossible de faire fonds sur leur sincérité ou leur exactitude : ils se croyaient dispensés
de tout cela. Pour étayer ce jugement, on cite les
formules célèbres de Cicéron et de Quintilien : « *Opus
oratorium maxime*[1] » ; « *in qua narratur ornate*[2] » ;
« [*historia*] *proxima poetis et quodammodo carmen
solutum*[3]. » Aux yeux de ces lettrés, dit-on, les vieux
annalistes avaient le tort de n'être que des narrateurs : « *Non exornatores rerum sed tantummodo nar-
ratores*[4] » : ce qui, de nos jours, serait un éloge.

1. Cicéron : *de Legibus*, I, 2.
2. Cicéron : *Orator*, XX.
3. Quintilien : *de Instit. orat.*, X, 1.
4. Cicéron : *De Oratore*, II, 15.

Bien plus, on prétend que l'antiquité accordait sérieusement aux orateurs « la permission de mentir » :
« *Concessum est rhetoribus ementiri in historiis, ut
aliquid dicere possint argutius* [1] » ; et, en vertu du
voisinage des genres, on suppose que cette permission s'étendait aux historiens proprement dits. L'histoire antique serait donc surtout une œuvre littéraire ; elle ignorerait la critique et se soucierait peu
de la vérité ; les faits ne seraient pour elle qu'une
matière à développer brillamment. Or, cette conception de l'histoire est censée s'être transmise, comme
un vice originel, aux héritiers de la tradition classique, jusqu'au moyen âge et à la renaissance. Il est
donc de la plus grande conséquence pour notre sujet
de contrôler son existence.

Tout d'abord, quel que soit le sens des formules
précitées, il est certain que l'antiquité a connu des
historiens fort soucieux de la vérité et de l'exactitude. Thucydide fait, au début de son ouvrage, cette
déclaration de principes: «Pour ce qui est des faits,
je ne m'en suis pas rapporté au dire du premier
venu ni à mes impressions personnelles; je n'ai
raconté que ceux dont j'avais été moi-même spectateur ou sur lesquels je m'étais procuré des renseignements précis et d'une entière exactitude [2]. » Des
découvertes inattendues ont confirmé telle affirmation du vieil auteur, que des critiques pressés

1. Cicéron : *Brutus*, 42.
2. I, 22. Cf. L. Laurand, *Remarques sur la méthode historique. Etudes*,
nov. 1914, p. 223, 224. Pour tout ce qui concerne le présent sujet, j'ai
mis largement à contribution ce suggestif article, ainsi que les autres
publications du même auteur.

s'étaient permis de contredire [1]. Et un récent historien de la littérature grecque lui a décerné ce bel éloge : « Nous pouvons hardiment avancer que Thucydide nous a laissé, d'une période longue et pleine d'événements, une histoire plus exacte qu'aucun historien moderne ne l'a su faire pour une période aussi longue et aussi remplie [2].» Xénophon, dans son *Anabase*, Polybe, dans ses *Histoires*, ne se montrent pas moins amoureux de documentation précise.

Sur les latins, interrogeons l'un des hommes qui les a le plus finement étudiés, Gaston Boissier. Pour montrer que les historiens de Rome n'ignoraient pas la nécessité de contrôler leurs sources, « je pourrais, écrit-il, renvoyer à certains passages de Suétone, notamment à celui où il cherche à établir le lieu de naissance de Caligula. C'est un modèle de discussion historique [3] ». Tacite, ce grand artiste, ne procédait pas autrement. Arrêtons-nous un peu, avec le critique que nous venons de citer, sur ce représentant illustre de l'histoire antique. « Quand il s'agit d'un jugement à porter sur Sénèque, [Tacite] nous dit qu'on ne peut pas entièrement se fier à ce qu'en raconte Fabius Rusticus, qui était son intime ami (*Ann.*, XIII, 20) ; ailleurs, il laisse entendre que les ouvrages qui ont paru pendant que la dynastie flavienne était au pouvoir lui sont suspects, lorsqu'il s'agit d'un personnage ou d'un événement de cette

1. Même article, p. 217.
2. W. Smith, *ap.* L. Laurand, *Manuel des études grecques et latines*, II, p. 183.
3. G. Boissier, *Tacite*, p. 57, note.

époque. (*Hist.*, ii, 101.) On voit que, dans ces deux cas au moins, il a pris ses précautions pour être exactement informé et choisir des témoins dignes de sa confiance ; et certainement il a dû le faire plus souvent qu'il ne le dit[1]. » Dans le prologue des *Histoires*, il censure les écrivains de l'époque impériale, et leur reproche leur manque de sincérité, les atteintes qu'ils ont portées à la vérité historique « *veritas infracta* ». Lui, il veut être impartial ou, comme on dirait maintenant, strictement « objectif ». Il l'affirme et on le sent. Il écartera, comme indignes de la gravité de son œuvre, les merveilles fabuleuses, qui ne seraient bonnes qu'à amuser le lecteur[2]. Pour se renseigner il ne s'est pas contenté d'un document quelconque ; il a beaucoup lu, beaucoup consulté, beaucoup comparé, quelquefois sans se décider entre les divers témoignages[3]. Et ses formules nuancées traduisent minutieusement les degrés d'autorité qu'il leur attribue : *Secutus plurimos auctorum, celeberrimos auctores habeo, tradunt temporis hujus auctores, sunt qui ferant, alii perhibent*, etc. « Nous voyons même qu'il ne se contentait pas de consulter les plus célèbres ; de ceux qu'on ne lisait pas d'ordinaire il tirait des renseignements ignorés... Il est fier de ces trouvailles, dont quelques-unes sont en effet curieuses, et s'en fait grand honneur... Est-ce

---

1. *Ibid.*, p. 57.
2. *Conquirere fabulosa et fictis oblectare legentium animos procul gravitate cœpti operis crediderim.* (*Hist.*, II, 50, *Otho.*)
3. Sur ses hésitations, cf. Boissier, *op. cit.*, p. 77.

là le ton d'un homme à qui les faits sont indifférents et qui ne tire vanité que de son style [1] ? »

Les auteurs chrétiens ont hérité, nous dit-on, du sans-gêne ancien à l'égard de la vérité. Dès les débuts de l'histoire ecclésiastique, j'en trouve un pourtant, et non des moindres, qui a pour la pièce authentique un culte de collectionneur : c'est Eusèbe de Césarée. « Le soin avec lequel, dans tout le cours de l'*Histoire ecclésiastique*, [il] indique et distingue ses sources, les nombreuses citations par lesquelles il nous a conservé tant de fragments d'auteurs perdus, et qui font de certains livres de cet ouvrage comme une continuelle mosaïque, suffiraient, s'il en était besoin, à garantir la sincérité critique de l'écrivain [2]. »

Ne concluons pas de tout ceci qu'il faut se fier aveuglément à la parole des anciens, — même de ceux que nous avons cités, — mais avouons du moins l'exagération manifeste des jugements qui les représentaient tous comme absolument dépourvus de sens critique.

*
* *

Que veulent dire cependant les formules employées par Cicéron et Quintilien pour caractériser l'histoire? L'idée d'une « permission de mentir » sérieusement accordée aux auteurs est tout à fait fantaisiste : elle repose sur une interprétation inexacte [3].

1. Boissier, *ibid.*, p. 76.
2. Paul Allard. *La Persécution de Dioclétien*, t. I. *Introduction*, p. xxxvi.
3. « Le malheur est que ce passage [le passage du *Brutus*, cité plus haut, p. 326] cesse d'être probant si on le lit dans son contexte. Il est

Quant à la parenté établie entre l'histoire et d'autres compositions moins astreintes à l'exactitude, il faut la bien entendre. Elle n'implique pas du tout que l'histoire ait le droit de s'affranchir de la vérité. Cicéron, dans le passage où il expose *ex professo* ses idées sur la question, dit formellement et fortement le contraire : « *Nam quis nescit primam esse historiæ legem, ne quid falsi dicere audeat? deinde ne quid veri non audeat? ne quæ suspicio sit gratiæ in scribendo? ne quæ simultatis? Hæc scilicet fundamenta nota sunt omnibus*[1]. » Mais une fois le fondement posé, il faut bâtir dessus ; une fois les matériaux assemblés et triés, il faut les employer, et c'est ici que le talent littéraire entre en jeu. L'historien, dit Cicéron, doit mettre en lumière l'enchaînement des faits ; il doit décrire les pays et les hommes[2]. Et pour cela, il a besoin d'une partie des dons de l'orateur, apte à parler de tout avec souplesse et variété[3], du poète (en particulier du poète épique), qui peint lui aussi des hommes et des scènes, mais d'une manière plus libre et plus brillante. Cependant entre ces genres divers, des séparations sévères sont maintenues : « *Ab his* [c'est-à-dire de ce qui concerne l'histoire], *non multo secus quam a poëtis hæc eloquentia quam quærimus sevocanda*

emprunté à un dialogue où tout n'exprime pas la pensée de l'auteur ; il est d'un écrivain qui savait manier la plaisanterie, etc. » L. Laurand, *art. cit.*, p. 222. Cf. du même auteur, *l'Histoire dans les discours de Cicéron*. Paris, Champion, 1911, p. 26, 27.

1. *De Oratore*, II, 15.
2. *De Oratore, loc. cit.*
3. C'est bien là l'idée que Cicéron se fait de l'orateur. Cf. *de Oratore* II, 2 et 9 ; III, 14 ; et G. Boissier, *op. cit.*, p. 59.

*est... Sejunctus igitur orator a philosophorum elo-
quentia, a sophistarum, ab historicorum, a poeta-
rum[1]. »*

Ce qu'il faut concéder, c'est que des deux moments
du travail historique, recherche des documents et
composition, les anciens (certains anciens du moins
car ce n'est même pas vrai de tous[2]) ont surtout
décrit et peut-être apprécié le second. D'instinct, les
plus intelligents et les plus sincères d'entre eux
accomplissaient un labeur critique. Mais il est évident qu'ils n'en avaient point approfondi la méthode,
comme on l'a fait depuis trois ou quatre siècles. Ils
n'avaient point pris possession, de façon réfléchie et
analytique, des règles de cette science délicate et
compliquée, dont la théorie est toute récente. Il n'en
estimaient peut-être pas comme il convient l'importance et les difficultés[3]. En revanche, le souci
artistique était très développé chez eux. Cicéron
nous répète que l'histoire a besoin d'être « ornée » :
ce qui ne veut pas dire qu'on doit embellir les faits,
mais qu'il faut les mettre en beau style. C'est une

1. *Orator* XX. Ces textes suivent (le premier immédiatement) celui
que l'on cite toujours en sens contraire : *in qua et narratur ornate*, etc.
Il suffit d'aller jusqu'au bout pour trouver le correctif.

2. Cicéron reproche aux vieux annalistes leur récit nu et fruste (*de
Orat loc. cit.*).

3. Même en ceci, il ne faut cependant pas se représenter les anciens
comme des esprits tout à fait incultes. L'antiquité réserve des surprises
à qui l'étudie de près. « Quintilien nous dit qu'on enseignait [la criti-
que] dans les écoles (I, 4, 3). Sous le nom de *judicium*, l'esprit critique
était l'une des qualités que le grammairien cultivait chez ses élèves. Il
les exerçait, soit à corriger les textes corrompus, soit à rayer de la liste
des ouvrages d'un auteur ceux qui ne lui appartenaient pas « comme
on chasse de la famille les enfants supposés. » G. Boissier. *Op. cit.*, p. 57.

manière de les orner sans les altérer[1]. Du reste, le
souci littéraire n'a pas disparu chez les modernes.
Il ne peut disparaître de l'histoire, étant dans la
nature de l'œuvre. De nos jours encore, l'historien
est plus qu'un simple éditeur de textes. Telles pages,
composées par les plumes les plus érudites, sont
des modèles de clarté limpide, de sobre coloris et
de mouvement aisé. Il a fallu savoir beaucoup pour
être si net et si concret. Mais aussi un travail sagace,
une élaboration intense a été nécessaire pour que,
du chaos des documents, les faits se dégagent ainsi,
avec leurs lignes pures et leurs justes proportions.

Il n'y a donc pas lieu de faire des anciens et des
héritiers de leur manière, un bloc condamné, une
massa damnata. Parmi eux, nous trouverons d'aima-
bles conteurs, d'impudents faussaires, et aussi de
consciencieux érudits. Il faut regarder chacun à part,
pour voir le degré de confiance qu'il mérite; il faut

---

1. Cf. *de Oratore, locis citatis*, et Boissier, *op. cit.*, p. 59. — Je reçois
d'un maître en philologie, auquel j'ai déjà fait dans ce chapitre de nombreux emprunts, la note suivante : « *Ornate* est le mot employé très
souvent pour désigner un style brillant, mais n'indique pas qu'on modifie le fond; *ornatus* s'emploie en parlant d'un style imagé, dans lequel
il y a beaucoup de métaphores et autres figures de style. Quintilien
indique très exactement (X, 1, 31) en quoi le style de l'histoire se rapproche de celui de la poésie : par les mots rares ou les figures plus
libres. L'emploi de mots comme *cupido, senecta*, au lieu de *cupiditas,
senectus...*, est une des choses que j'ai eu très souvent l'occasion de
remarquer dans les historiens, et qui est d'ailleurs assez connue. » —
Quant aux discours composés par les historiens, on sait assez qu'il n'y
a là qu'un artifice littéraire pour exposer une situation. G. Boissier a
remarqué qu'ils constituent aussi un raffinement de couleur locale : rien
dans l'antiquité ne se passait sans discours.

étudier chaque ouvrage en particulier, pour discerner dans quelle mesure le souci de faire beau y a pu prévaloir sur celui de faire vrai[1].

§ II. — Le Moyen Age

Les défauts de l'antiquité sont censés s'être démesurément accrus au moyen âge. Pendant cette époque, de mœurs littéraires déplorables et de crédulité excessive, la critique a complètement disparu. A ce point de vue, comme aux autres, le moyen âge est « la grande nuit ». Ce sont là des jugements courants, non seulement dans un certain enseignement primaire, mais chez un grand nombre de lettrés.

1° Pour ce qui est des mœurs littéraires, nous n'avons aucune peine à concéder qu'elles n'étaient pas au moyen âge ce qu'elles sont maintenant, et que le changement s'est opéré en mieux. Le plagiat, par exemple, n'était pas alors considéré comme une espèce de vol. Ce qui était écrit appartenait à tout le monde, et un écrivain ne se faisait pas scrupule d'insérer, sans prévenir, dans ses ouvrages, de larges portions des ouvrages d'autrui. Parfois même, les écrits existants étaient considérés comme des sources de lieux communs où l'on allait puiser, selon le besoin, des anecdotes, des descriptions, des discours, des récits de miracles, bien entendu en changeant les

1. Cf., ci-dessus, ce que nous avons dit des divers genres littéraires, p. 302 sq.

noms propres [1]. La même notion de la propriété littéraire autorisait à continuer, à compléter, à supplémenter les ouvrages anciens, et l'on sait le grand nombre de *spuria* qui s'abritent, à cette époque, sous les noms illustres. Bien plus, le genre pseudépigraphe était en honneur. « Il faut croire, tant les exemples en sont nombreux, que les hagiographes se croyaient permise la fiction littéraire qui consistait à parler au nom d'un disciple du saint, pour donner plus de poids à leurs narrations. On connaît Eurippus, le prétendu disciple de saint Jean-Baptiste ; Pasicrate, le serviteur de saint Georges ; Augarus, le secrétaire de saint Théodore ; Athanase, le sténographe de sainte Catherine ; Nil, le compagnon de saint Théodote ; Théotime, celui de sainte Marguerite ; Evagrius, le disciple de saint Pancrace de Tauromenium ; Florentius, le serviteur des saints Cassiodore, Senator et Dominata ; Gordien, le serviteur de saint Placide ; Enoch, le témoin des actions de saint Ange. Cette liste pourrait être considérablement allongée [2]. » A des époques d'information difficile et de critique rudimentaire, de telles supercheries pouvaient réussir longtemps.

La question de la bonne foi des écrivains qui usaient de ces procédés n'a pas pour nous grande

---

1. Cf. Delehaye, *Les Légendes hagiographiques*, p. 111 à 120. — Le bréviaire romain contient, au commun des confesseurs pontifes, un discours de saint Maxime sur saint Eusèbe, et, au commun des confesseurs non pontifes, un discours de saint Jean Chrysostome sur saint Philogone, où les noms propres, laissés en blanc, doivent être ceux des saints quelconques dont on célèbre la fête.

2. Delehaye, *op. cit.*, p. 80, 81.

importance[1]. Qu'il y ait eu là simple artifice littéraire ou fraude proprement dite, peu nous importe :
une cause d'erreur existe qu'il faut reconnaître. Mais,
on le pense bien, les problèmes que soulèvent de
tels documents ne sont point insolubles pour notre
critique moderne. Devant ce genre de supercherie,
si supercherie il y a, elle n'est pas désarmée. Et
même, pour la découvrir, elle n'a pas besoin, dans
la plupart des cas, d'une grande perspicacité. Les
faussaires et les plagiaires du moyen âge étaient loin
d'avoir à leur disposition, en fait de trucs et de documents classés, les ressources de leurs successeurs.
Ils n'ont rien produit de comparable aux poésies de
Clotilde de Surville, aux *Déliquescences* d'Adoré Flou-
pette, ou à la tiare de Saïtaphernès. Leur maladresse,
leur information déficiente les trahit le plus souvent[2].

En outre, le grand nombre des faux disciples ou
des prétendus compagnons des saints n'empêche pas
les vrais d'avoir existé et de nous avoir transmis

1. Le P. Delehaye, qui connaît bien la mentalité de ces vieux hagiographes, croit à la sincérité d'un très grand nombre (*op. cit.*, p. 80 et
119). En tout cas, on ne saurait sans injustice appliquer le dur quali-
ficatif de *faux* à tout ouvrage où l'auteur joue le personnage d'un autre.
Il peut, en effet, laisser voir clairement le genre littéraire qu'il prend et
ne pas dissimuler ses intentions. Prenons un exemple en dehors du
moyen âge et sans attaches à la question du merveilleux. Quand l'auteur
de l'*Ecclésiaste*, se donnant pour Salomon, écrit, au passé, « *j'ai été* roi
de Jérusalem » (Eccl., I, 12), on voit que ce n'est point Salomon qui écrit.
« Le véritable Salomon, qui n'a cessé d'être roi qu'à sa mort, n'aurait
jamais pu, de son vivant, s'exprimer ainsi. » Condamin. *Etudes sur
l'Ecclésiaste. Revue biblique,* 1900, p. 44.

2. « Les naïfs hagiographes du moyen âge, obligés de suppléer par
des emprunts plus ou moins légitimes à l'insuffisance de la source primitive, ne nous mettent guère en présence de cas réellement embarrassants. Leurs méthodes sont, en général, peu compliquées, et ils laissent
facilement surprendre leur secret. » Delehaye, *op. cit.*, p. 113.

d'authentiques mémoires. Nous n'avons point les
écrits des disciples de saint Jean-Baptiste ou de saint
Georges, mais nous avons ceux de saint Luc, le compagnon de voyage de saint Paul ; de saint Athanase,
l'ami de saint Antoine ; de saint Possidius, le familier de saint Augustin ; de Sulpice Sévère, le contemporain et l'admirateur de saint Martin ; de Thomas
de Celano, qui toucha les stigmates de saint François d'Assise ; de Joinville qui accompagna saint
Louis à la Croisade ; de Raymond de Capoue, le
confesseur de sainte Catherine de Sienne, etc. Ces
documents originaux, ces témoignages véritables
n'ont rien de commun avec les compositions artifi-
cielles dont nous avons parlé, et n'en sont point indiscernables.

2° La crédulité du moyen âge est passée en proverbe. Parmi les innombrables développements donnés à ce thème, prenons l'un des plus récents et des
plus brillants : l' « essai de psychologie historique »,
où E. Gebhart nous présente « l'état d'âme d'un
moine de l'an 1000 », Raoul Glaber, et de ses contemporains[1]. « La terreur du démon, écrit-il, tel
est l'état permanent de ces pauvres âmes, dont la
raison dépérit, faute de culture, et qui, bornées à
la seule théologie, une théologie dépourvue de dialectique, livrées aux songes mélancoliques, souffrent
d'une véritable anémie intellectuelle. On leur répète

1. *Moines et Papes. Essais de psychologie historique* 1896.

chaque jour que Satan les guette... Ils retrouvent la
figure du démon aux étranges chapiteaux de leurs
églises, au chœur sous l'appui de leurs stalles; le·
démon se tapit entre les piliers du portail, il les
regarde en grimaçant du haut du clocher... A force
de songer à lui, ils souhaitent de le voir, et le démon
ne se fait pas prier : ils le voient face à face et lui
parlent. Ils savourent les mortelles délices de l'extase infernale... Quand un moine, chaque soir, en
s'endormant, se demande s'il ne sera pas réveillé
par un démon couleur de suie, cherchant la perdi-
tion d'une âme de bénédictin, le merveilleux lui
devient sans peine un élément familier, l'air respi-
rable en quelque sorte; la nature et la vie lui sem-
bleraient vides, si le miracle ne les pénétrait d'une
façon constante... Le moyen âge, enivré de surna
turel, appliqua à la vue des choses une optique
intellectuelle très singulière. La préoccupation du
miracle, l'ignorance de toute loi expérimentale, la
recherche malsaine du mystère, cette croyance que
l'objet atteint par les sens est une figure ou un signe, une menace ou une promesse..., tous ces excès
de l'idéalisme faussèrent alors l'instrument de la
connaissance... [Le] rayon [de la discipline ration-
nelle] a manqué à Raoul Glaber. Il semble qu'il ait
vécu au fond de quelque crypte de cathédrale, à la
lueur d'une lampe sépulcrale, n'entendant que cris
de détresse et que sanglots, l'œil fixé sur un
cortège de figures mélancoliques ou terribles,
ægri somnia. Le plus triste, c'est que la maladie
intellectuelle, l'espèce de fièvre obsidionale dont

Le Merveilleux. 22

il a pâti, n'est point alors un cas isolé mais une
épidémie [1]. »

Si cette description est exacte, tous les témoins du
merveilleux au moyen âge sont récusables. Avec eux,
nous avons affaire à des fous. Il est évidemment
vain de demander des renseignements sérieux à des
hallucinés, incapables de discerner la réalité de
leurs fantômes, à des affamés de miracle, portés à le
voir partout et à le proclamer sur les plus légers
indices. Mais la hardiesse même des raccourcis de
ce tableau, l'outrance caricaturale de certains traits,
la généralisation qui attribue à toute une époque des
caractères aussi anormaux, le ton tour à tour amusé
ou mélodramatique de l'écrivain, éveillent notre
défiance. Nous sentons le besoin de critiquer ce critique.

Et en effet, après enquête, nous trouvons au
moyen âge, même parmi les chroniqueurs qui rapportent des miracles, de calmes physionomies qui ne
ressemblent guère aux obsédés excentriques dessi-
nés par Gebhart. Nous rencontrons des écrivains
qui ne mettent pas le miracle au premier rang de
leurs préoccupations. Instruits par les Livres saints
et par la tradition catholique de sa valeur et de sa
place, ils savent répéter au besoin, même dans une

---

1. *Op. cit.*, p. 21, 25, 26, 29, 60, 61. Ce jugement cliché sur le moyen
âge se retrouve partout. Il passe, comme un article autorisé, sans être
arrêté ni examiné nulle part. Dans un article sur le franciscain Fra Salimbene, un professeur de l'Université Harvard écrit : « *Mediæval* in his
faith, in his class spirit, in his *childlike indifference to observed facts*,
in his *utter incapacity to estimate the value of evidence...* » *Fra Salimbene
and the franciscan ideal*, par E. Emerton. (*The Harvard theological
Review*. Vol. VIII. 1915. P. 482.) Les italiques sont de moi.

Vie de Saint, cette maxime, courante dans l'Église, que la vertu et la grâce intérieure sont des dons bien plus excellents que celui des miracles. C'est, par exemple, Sigebert de Gembloux († 1112) qui, dans la vie de saint Guibert, fondateur de son monastère, *auquel il n'attribue aucun miracle*, fait ces sages réflexions : « L'homme de Dieu mourut consommé dans la grâce des vertus, ce qui est plus que s'il s'était illustré par des miracles. Car les vertus sont quelquefois obscurcies par les miracles, tandis que ceux-ci ne sont rendus recommandables que par les vertus [1]. » C'est Hugues Farsit, chanoine régulier de Saint-Jean des Vignes à Soissons (vers 1128), qui, au contraire, dans un recueil de miracles, fait la profession de foi suivante : « Admire qui voudra, comme c'est juste, les miracles corporels. Pour nous, Seigneur, nous admirons davantage votre grâce [dans les âmes des pèlerins du sanctuaire miraculeux]. Ce sont là nos miracles à nous, que nous avons surtout à cœur, et pour lesquels nous vous glorifions, Seigneur Jésus [2]. »

Ceci n'est encore que peu de chose. Mais nous voyons au moyen âge la critique s'exercer contre les

1. « Tandem vir Dei consummatus in virtutum gratia, quod majus est quam si claruisset miraculorum gloria (miraculis quippe nonnunquam virtutes offuscantur, miracula vero solis virtutibus commendantur)... spiritum reddidit. » *Vita Wicberti*, c. 17. (Migne. *P. L.* 160; col. 675

2. « Corporalia qui volunt admirentur, ut vere justum est, miracula ; nos vero gratiam tuam magis admiramur Domine... Hæc sunt miracula nostra quæ præcipue cordi sunt nobis; pro his glorificamus te, Domine Jesu... » *Libellus de miraculis Beatæ Mariæ in urbe suessionnensi*, c. 6. (Migne, *P. L.*, 179; col. 1780, 1781.)

faux miracles et la superstition. Il y a, même à cette
époque, des gens qui tiennent à n'être point dupes
en fait de merveilleux. J'en citerai seulement deux
ou trois exemples caractéristiques.

Agobard, évêque de Lyon (mort après 841), envoie
à son collègue Barthelemy de Narbonne une consul-
tation « sur quelques miracles illusoires : *de quo-
rumdam inlusione signorum* [1] ». Il s'agissait de certaines maladies inconnues, de certaines convulsions,
analogues aux crises des « épileptiques ou de ceux
que le vulgaire croit et appelle démoniaques : *modo
epilepticorum, vel eorum quos vulgus dæmoniacos
putat vel nominat*[2] ». Agobard rappelle que tout mal
n'arrive que par la permission de Dieu (c. 2) ; et que,
d'autre part, l'Évangile attribue des maladies quelconques à l'influence des mauvais anges (c. 9). Il blâme
en conséquence la superstition du peuple, frappé par
les maladies en question d'une terreur déraisonnable
« *irrationabili terrore perterriti* », ainsi que les dons
faits aux Églises pour ce motif[3]. Il ne faut pas, dit-
il, se laisser séduire par les prestiges du démon,
qui s'en prend surtout aux faibles d'esprit et de foi :
« *Maxime in illos inhiat quibus... prævalere se posse
videt eo quod sint exiguæ fidei et vacui pondere ratio-
nis. Et inde est quod pueros vel puellas et hebetes
quosque dejicere videtur*[4] »... Voilà un conseil sobre
et qui ne se sent guère des « délices mortelles de

---

1. Migne, *P.L.*, 104 ; col. 179 *sqq.*
2. Col. 179.
3. *Ibid.*
4. Col. 184.

l'extase infernale ». Ailleurs, avec une impétuosité de parole qui l'emporte presque au delà de l'exactitude théologique, Agobard blâme les excès du vulgaire dans le culte des saints et prêche la religion inté- rieure [1]. Fort de l'autorité d'un concile de Carthage, il censure les dévotions fondées sur des songes mer- veilleux et sur de vaines révélations « *per somnia et inanes quasi revelationes* [2] ». Enfin, dans un traité « sur la sotte opinion du vulgaire touchant la grêle et les tonnerres : *Liber contra insulsam vulgi opinio- nem de grandine et tonitruis* », il fait le procès des sorciers, qui prétendent susciter les orages, et de leurs dupes. Fausseté et mensonge (c. 1), exploita- tion intéressée de la crédulité populaire (c. 15), erreur très sotte (c. 3), grosse absurdité (c. 16) : voilà quelques échantillons des qualificatifs que l'évêque de Lyon décerne aux pratiques qu'il combat. Et il conclut en se lamentant sur ce misérable monde devenu si bête et si crédule à l'absurde : « *Tanta jam stultitia oppressit miserum mundum, ut nunc sic absurde res credantur* [3] »... Cet âpre langage n'est assurément pas celui d'un visionnaire. Ce qu'il y a de plus remarquable, c'est que, pour parler ainsi, Agobard ne se fonde pas seulement sur les données du dogme. Ce n'est pas *a priori* qu'il juge les faits. Il a tenu à se renseigner minutieusement sur eux, et, dit-il, jamais il n'a pu en découvrir un seul authentique. « *Frequenter certe audivimus a multis*

1. *Liber de imaginibus sanctorum*, c. 16, col. 212 ; c. 33, col. 225.
2. *Ibid.*, c. 34, col. 226.
3. C. 16, col. 158.

*dici quod talia nossent certe in locis facta ; sed
necdum audivimus utaliquis se hæc vidisse testaretur.
Dictum est mihi aliquando de aliquo quod se hæc
vidisse diceret. Sed ego multa sollicitudine egi ut
viderem illum... confessus est se... præsentem non
fuisse* [1]. »*

Un autre exemple est celui de Guibert de Nogent
(✝ 1124), l'auteur du *Gesta Dei per Francos*. On sait
avec quelle impartialité ce moine raconte les mé-
faits comme les prouesses des Croisés [2] ; comment
il distingue ses sources et les critique [3]. Dans la
question du merveilleux, il apporte le même esprit
de clairvoyance et de discernement. Il constate que
le « vulgaire indiscipliné et avide de nouveauté » se
laisse tromper par de faux miracles et il indique les
procédés de la supercherie [4]. Il est en méfiance
contre certains prodiges qui ne lui paraissent pas
authentiques et il accuse l'un des chroniqueurs qui
l'ont précédé, de les avoir admis trop facilement [5].
Il raconte comment des événements naturels, dont il

1. C. 7, col. 151, 152.
2. *Gesta II*, c. 4. Migne, *P. L.*, 156, col. 705, 706.
3. *Gesta I*, c. 31, col. 689 : sur Mahomet, il n'a que des traditions orales
incertaines. *Gesta V*, c. 1, col. 749 : sur le siège d'Antioche, aucun témoin n'a pu le renseigner complètement. *De Vita sua II*, c. 1, col. 893 :
il a découvert, sur la fondation du monastère de Nogent, une vieille
chronique en vers, à laquelle, dit-il, il n'aurait pas accordé d'autorité,
s'il ne l'avait trouvée souvent d'accord avec des faits actuels, qu'il a pu
vérifier. *Gesta VIII*, c. 9, col. 821, 822 : il blâme l'emphase et la naïveté
d'un de ses prédécesseurs en histoire, etc. Voir, sur ce sujet : Bernard
Monod, *De la méthode critique chez Guibert de Nogent*. (*Revue historique*,
tome LXXXIV, année 1904.)
4. *Gesta IV*, c. 7, col. 747.
5. *Gesta VIII*, c. 9, col. 821, 822.

a été lui-même témoin, ont été pris pour des miracles, comment, par exemple, dans un nuage de forme quelconque, on a voulu voir une croix parue dans les airs[1]. Il signale, en les qualifiant comme il convient, et non sans une ironie mordante, les racontars ineptes dont la foule se repaît[2]. Un austère souci de la gravité de ses devoirs d'historien chrétien anime ses protestations : « *Quod totum ob hoc a nobis historiæ veraci attexitur, ut se noverint quique commonitos, quatenus nequaquam, fide vulgi fabulis attributa, Christiana gravitas levigetur*[3]. » — Mais Guibert a fait plus. Il a écrit tout un livre contre les abus et les fraudes qui se glissaient dans le culte des saints : *de Sanctis et eorum pignoribus*. Le ton dont il y parle des fausses reliques, des fausses légendes et des faux miracles, est hardi, parfois violent. Il s'indigne qu'on lui ait demandé d'écrire des Vies de Saints sans lui fournir de documents authentiques[4]. Il stigmatise la niaiserie de certains récits hagiographiques et poursuit, avec une verve terrible et sans respect, certaines traditions locales mal établies : « Si la tête de saint Jean-Baptiste est à la fois à Constantinople et à Saint-Jean-d'Angely, dirons-nous que le Précurseur fut bicéphale[5] ? » Les moines de Saint-Médard sont traités carrément de « faussaires », à cause d'une

1. *Ibid.*
2. *Ibid.*
3. *Ibid.*
4. *De Pignoribus sanctorum*, I. c. 3, col. 624.
5. *Ibid.* Cf. *Gesta I*, c. 5, col. 695.

relique inauthéntique qu'ils montraient aux fidèles.
Attendite, falsarii[1] ! Et Guibert s'élève avec véhé-
mence contre les canonisations populaires, trop
rapides, et contre les miracles truqués accomplis
à certains tombeaux : « *Infecta fieri miracula...
fictitiæ surditates, affectatæ vesaniæ, digiti studio
reciprocati ad volam, vestigia contorta sub clu-
nibus*[2]. »

Veut-on enfin la scène classique du miracle créé
de toutes pièces dans une foule, où l'enthousiasme
aveugle et le désir du merveilleux sont servis par
une complaisance plus ou moins loyale? La voici,
peinte en fortes couleurs par un chanoine du dou-
zième siècle, Geroh, prévôt de Reichersberg (1093
à 1169). « Des aveugles, ou des demi-aveugles, et
des boiteux étaient amenés. On les bénissait, on
priait sur eux, on leur imposait les mains. Or, au
milieu des paroles mêmes de la bénédiction, ces
personnes qui exigent violemment le miracle leur
demandaient : Allez-vous mieux? Et les malades,
désireux eux-mêmes de guérir, laissaient échapper
quelques paroles ambiguës. Aussitôt on criait [au
miracle], on les portait en triomphe, on se les passait
de mains en mains comme s'ils eussent été guéris.
Mais à la fin, laissés à eux-mêmes, ils ne pouvaient
longtemps simuler la santé et ils reprenaient les
secours ordinaires de leur infirmité : les estropiés
leurs petits escabeaux, et les aveugles leurs guides. »

1. *De Pignoribus III*, c. 6, col. 652.
2. *Ibid.*, *I*, c. 2, col. 621.

Et maintenant, voici le mieux passager, dû à quelque
surexcitation nerveuse et qui ne se soutient pas :
« J'ai appris, poursuit notre auteur, que certains,
après avoir été vraiment bien pendant deux ou trois
jours, avaient été repris de leur infirmité [1]. »

Si je ne me trompe, en voilà assez pour montrer
que la critique pouvait pénétrer jusque dans les
églises et les cloîtres du moyen âge. Nous possédons
la preuve que l'esprit des prêtres et des moines de
ce temps n'y était pas irrémédiablement réfractaire.
Avec cela, ils croyaient au merveilleux et pensaient
le rencontrer beaucoup plus souvent que la plupart
des croyants modernes. Guibert de Nogent lui-même,
si avisé et si prudent, nous raconte un certain
nombre d'histoires de diables et quelques prodiges
qui nous paraissent bien invraisemblables[2]. Cela
prouve que les auteurs en question, même ceux que
nous avons cités, et les autres qui seraient animés

1. « Adducebantur namque cæci vel semicæci et claudi, et benedice-
bantur ab eis oratione facta super eos cum manus impositione. Dumque,
inter ipsius benedicentis verba, requisiti ab ipsis violentis miraculorum
exactoribus fuissent, an aliquid melius haberent ? illique propriæ sani-
tatis cupidi aliqua dubie responderent, statim cum clamore sublimes
rapiebantur et quasi sani inter manus vectantium ducebantur. Qui tandem sibi dimissi, non diu sanitatem potuerunt simulare, sed suæ infir-
mitatis consueta subsidia, scamnella videlicet claudi ac cæci duces
resumebant. Audivimus etiam de quibusdam quod post veram curatio-
nem, duobus vel tribus diebus interpositis, pristina ad eos redierit
infirmitas. » De Investigatione Antichristi, Lib. I, cap. 66 (alias 79).
(Monumenta Germaniæ, in- 4. Libellorum de lite Imperatorum et Pon-
tificum Tomus III, p. 383.)
2. Par exemple, de Vita sua III, c. 18 et 19, surtout col. 954, 955, 958.
Il est remarquable que, chez notre chroniqueur, la plupart de ces récits
sont peu appuyés, que, les autorités qui les garantissent, au lieu d'être
clairement indiquées comme ailleurs, restent souvent dans la pénombre,
et qu'en somme ils se réduisent à de vagues on-dit.

du même esprit, sont sujets à être critiqués, comme
tous les témoins historiques. Mais si nous rejetons
leurs dires, ce sera pour des motifs spéciaux, et non
point simplement par cette raison sommaire qu'ils
sont du moyen âge. Rien n'empêche de croire qu'à
cette époque, comme aux autres, on puisse recueillir, même sur la question du merveilleux, des jugements sensés et clairvoyants[1].

***

Deux remarques particulières préciseront, pour
certains cas, l'application des principes énoncés. Si

1. Sur Raoul Glaber lui-même, dont les défauts sont évidents, il ne
faudrait pas accepter les yeux fermés le jugement d'E. Gebhart. Dans
les *Histoires*, le but du chroniqueur était de recueillir des prodiges autant
et plus que n'importe quelle autre espèce d'événements : « eventorum
atque prodigiorum. » (*Vita Gulielmi*, c. 27, col. 718.) Cela explique que
le merveilleux forme une grande partie de la matière de l'ouvrage. Dans
la vie de Guillaume, abbé de Saint-Bénigne, il est au contraire fort
rare. Un seul chapitre, extrêmement court, est consacré aux miracles de
Guillaume, qui n'ont rien de « puéril », ni même toujours de bien extraordinaire : « plures in corpore tactu ejusdem redintegrati, oratione refo-
cillati, visitatione confortati, ac benedictione firmati. » (C. 26, col. 717.)
C'est la vie d'un moine austère, fondateur et réformateur de monastères,
dont les « vertus » ne durent point être si « petites » que veut bien le
supposer Gebhart. Par ailleurs, si l'on retranche des *Histoires* les
songes, les coïncidences et présages plus ou moins vagues, les éclipses
et les comètes, et tous les faits naturels *interprétés* surnaturellement
(cf. ci-dessous, p. 347 sq.), la dose du merveilleux sera considérablement
réduite. — Il est, en outre, fort exagéré de prêter à Glaber les goûts
pervers d'un des Esseintes ou la recherche maladive du symbolisme
d'un Durtal. C'est un gros anachronisme de faire d'un moine de l'an mil
quelque chose comme un personnage de Huysmans. Notre chroniqueur
ne paraît nullement affolé par le merveilleux qu'il enregistre impertur-
bablement ; et telle de ses histoires de diables a un ton de bonhomie
narquoise tout à fait tranquillisant : elle ne déparerait pas quelque
joyeux fabliau (cf. *Historiarum, lib*. V, c. 1, col. 687 B). — D'ailleurs,

l'on trouve que certains *mirabiliarii* racontent trop
de prodiges, que la densité du merveilleux à certaines
époques ou en certains lieux le rend suspect, il est
logique de s'inscrire en faux. Toutefois il faut noter
que bon nombre des événements contenus dans les
recueils de miracles, ne sont guère miraculeux. Ils
consistent bien souvent en certains enchaînements de
faits, en certaines coïncidences et consécutions, où le
chroniqueur a cru découvrir des intentions particulières de Dieu. Le cas se présente bien des fois dans
les *Miracles de saint Benoît* recueillis par Raoul de
Fleury. On nous raconte, par exemple, qu'il est
arrivé malheur à des individus ou à des groupes de
personnes qui ont violé l'immunité d'un monastère,
volé des biens d'Église [1], etc. Pour Raoul Glaber,
une comète présage l'incendie du Mont-Saint-Michel [2],

il n'est pas avide de merveilleux jusqu'à le recevoir de toutes mains.
Il a sa critique. Par exemple, il se sait gré de ne s'être point laissé
prendre aux tours d'un montreur de reliques (IV, c. 3, col. 674), et il a
des mots d'ironie contre la vulgaire crédule qui demande des miracles
hors de propos : « On regrette de n'être point malade pour demander
d'être guéri : *pœnitet si non est sibi morbus quo curari deposcat* ». (*Ibid.*,
col. 673.) Il n'est pas bien sûr que l'éclipse ne soit pas un événement
naturel « *sive patratum a Deo ostensum, seu invertente sphæra alterius
sideris* ». (V, c. i, col. 694.) A propos d'un météore, qui ne consiste,
d'après lui, qu'en des reflets de lumière, il combat l'opinion qui en
exagère l'étrangeté: « *insulsum vulgus perhibet stellam de cælo cadere.* »
(*Ibid.*) Bref, en traçant son portrait d'un moine de l'an 1000, E. Gebhart
s'est amusé à forcer les traits et les couleurs ; il a interprété les textes
avec un parti pris évident et parfois à contresens. (On sera édifié sur
ce dernier point en comparant l'extravagant discours que Gebhart met
dans la bouche de l'abbé de Saint-Bénigne (*Moines et Papes*, p. 8 et 9
avec le latin, col. 716 D.) C'est de l'histoire à la Michelet.

1. *Miracula sancti Benedicti*, auctore Radulpho Tortario : c 24, 36,
37, 49, etc. Migne, *P. L.*, 160; col. 1190 *sqq.*

2. *Hist.*, III, c. 3, col. 650.

une éclipse de soleil l'émeute où le pape est détrôné [1].
Post hoc, vel ante hoc, vel cum hoc : ergo propter hoc.
Certains de ces rapprochements sont évidemment
enfantins. On ne peut découvrir aucune connexion
raisonnable entre l'apparition d'une comète et l'incendie d'une église. Les deux événements sont
d'ordre naturel et il n'y a point d'apparence que la
relation établie entre eux soit empruntée aux intentions divines. De quelque façon que l'on entende
le mot, le surnaturel est ici inexistant. Les conjectures qui ont pour objet des châtiments divins ont un
aspect plus sérieux. Pourtant il faut dire qu'elles
laissent dans le vague le point décisif de la question.
Que l'ordre général du monde, non seulement par sa
direction d'ensemble, mais encore par tels de ses
détails, soit apte à procurer un bien d'ordre moral,
nul n'en doute parmi les spiritualistes. C'est même,
à leurs yeux, la fin suprême et principale de la création. Et, par conséquent, le vouloir et le bon plaisir
divins se portent avant tout sur ce qui, dans le cours
des choses, favorise le bien, la justice, le salut des
individus. Si donc un événement, dont les causes
sont entièrement naturelles, peut servir de punition
ou de récompense, d'avertissement salutaire ou de
stimulant au bien, il est voulu de Dieu à ce titre. Et
l'on peut légitimement l'interpréter ainsi. Mais cela
n'en fait pas un miracle. La marque spécifique du
miracle est d'être un plan particulier enchassé dans
le plan général, et non une résultante de celui-ci [2].

1. *Ibid.*, IV, c. 9, col. 684.
2. Cf. ci-dessus, la *Note préliminaire* placée au début de l'ouvrage.

Le miracle se reconnaît à un groupe de circonstances disposées exprès pour des fins intermittentes, individuelles, distinctes des fins ordinaires du monde[1]. Or les faits rapprochés dans les exemples que nous avons en vue n'ont pas entre eux ces connexions complexes, précises, évidentes, qui sont le signe d'un dessein spécial. Ils peuvent être de l'ordre providentiel, mais non de l'ordre miraculeux. Dans les récits en question, nous n'avons donc à apprécier qu'une certaine *interprétation* d'événements naturels, et nullement des faits présentant l'apparence du surnaturel. Cette simple remarque diminue beaucoup la part du merveilleux dans plusieurs documents du moyen âge.

Une autre partie, très considérable, des miracles rapportés dans les écrits dont nous parlons, consiste en des apparitions à des personnes particulières. Nous avons exclu cette catégorie de faits, non vérifiables extérieurement, de notre étude du merveilleux. Mais nous ne pouvons omettre ici une question qu'ils font surgir et que suggère, par exemple, le morceau cité plus haut d'E. Gebhart. Le fait de rapporter des visions, ou même d'en avoir eu, donne-t-il lieu à une prévention défavorable contre un auteur[2]?

---

1. Je parle des fins *prochaines* du miracle. Il est entendu qu'il se subordonne lui aussi aux fins suprêmes et dernières du système où il entre. Cf. ci-dessus, Livre I, chap. IV. *Dieu*, p. 208 sq.

2. Quand ces apparitions sont censées avoir eu lieu en rêve, comme cela est fréquent, leur qualité « miraculeuse » se dégrade singulièrement. Qu'un moine, par exemple, voie le démon en songe, ce n'est pas bien extraordinaire. Si ces rêves sont en connexion précise et évidente

Remarquons d'abord que beaucoup de personnes, qui ne sont pas folles au sens ordinaire du mot, dont — ce point mis à part — la vie psychologique paraît absolument normale, et dont le témoignage serait reçu sans difficulté sur tout autre objet, déclarent avoir perçu ce qui d'ordinaire est invisible. Tels certains ascètes et mystiques du passé et du présent : tels aussi ceux qui, en dehors de toute préoccupation religieuse, prétendent avoir reçu des communications télépathiques, ou éprouvé quelque pressentiment vérifié [1]. Sans doute, par une définition toute nominale (que nous avons entendu formuler par un professeur de l'École des Hautes Études, section des sciences religieuses), on peut dire : « J'appelle anormaux tous les sujets dont la vie mentale présente de tels phénomènes. » Mais cela ne résout rien, car il s'agit précisément de savoir si cette « anomalie » ne peut coexister avec une mentalité normale en tout le reste. Bien plus, l'hallucination ordinaire, quoique provenant de causes pathologiques, n'indique pas toujours, dans le sujet, un déséquilibre général actuel. A côté de perceptions fausses, le jugement peut rester intact et capable de discerner très finement l'illusion de la réalité. Nous possédons d'excellentes analyses de l'hallucination faites par des hallucinés [2]. C'est donc ici une question d'espèces. Un homme

---

avec d'autres événements futurs, il en va autrement. Mais souvent la connexion est vague, et nous retombons dans un cas d'*interprétation* d'événements naturels.

1. Voir le livre de Gurney, Myers et Podmore : *Phantasms of livings*, traduit en français sous ce titre : *les Hallucinations télépathiques*.

2. Voir ci-dessus, p. 255 et 256.

qui a des visions peut être un fou ou un homme
raisonnable. En réservant le point de la cause de ses
visions, on peut posséder par ailleurs l'assurance
de sa solidité mentale, de sa capacité, par exemple.
à rendre compte d'une scène à laquelle il a assisté.

Cependant il est évident que l'appréciation du
point réservé éclairera seule le fond du problème.
Or, des visions, il faut juger, proportionnellement,
comme des miracles extérieurs. A leur égard
nous pouvons user à peu près de tous les principes
de solution que nous avons appliqués à ces derniers.
Si l'on admet qu'aucune raison métaphysique ou inductive ne rend incroyable la manifestation des agents
surnaturels en ce monde, on ne trouvera pas facilement de motif pour rejeter cette espèce particulière
de manifestation qui ne serait perceptible qu'à quelques-uns [1]. Seulement, dans chaque cas, il faudra
voir si une telle manifestation est vraisemblable, si
rien dans les circonstances concrètes ne la rend suspecte, si elle est conforme à la nature des agents
qui sont censés la produire, etc. C'est derechef une

1. Dans un passage humoristique, MM. Langlois et Seignobos font
valoir les mêmes raisons contre les visions que contre les miracles.
« Historiquement, disent-ils, le diable est beaucoup plus solidement
prouvé que Pisistrate : nous n'avons pas un seul mot d'un contemporain
qui dise avoir vu Pisistrate ; des milliers de « témoins oculaires » déclarent avoir vu le diable, il y a peu de faits historiques établis sur un
pareil nombre de témoignages indépendants. Pourtant nous n'hésitons
plus à rejeter le diable et à admettre Pisistrate. C'est que l'existence du
diable serait inconciliable avec les lois de toutes les sciences consti-
tuées. » (*Introduction aux études historiques*, p. 177-178). Quoi qu'il en
soit de la question de fond, l'argument donné ici est débile : il ne vaut
pas plus contre les apparitions que contre le miracle. L'induction ne
peut pas, dans une hypothèse plus que dans l'autre, franchir ses limites
essentielles. Voir ci-dessus, livre I, chap. II.

question d'espèces. Or, s'il est une fois établi que
telle vision est pourvue des caractères indiqués, elle
pourra être tenue pour réelle, — c'est-à-dire pour
ayant une cause objective surnaturelle, — et elle ne
fondera aucun préjugé contre la bonne santé psychologique du témoin. On voit combien cet ensemble
de jugements est délicat et complexe. Tout n'est
donc pas dit sur un auteur, quand on a fait remarquer qu'il rapporte des visions et qu'il y croit, ou
qu'il prétend en avoir eu lui-même. Après cela, il
reste à les apprécier comme on fait de tout autre
phénomène présentant l'apparence du merveilleux.

§ III. — L'Orient

Le souci de la vérité et de la véracité est, paraît-
il, étranger à certaines races humaines. Les voyageurs nous parlent de tribus sauvages où l'on ment
d'instinct, sans intérêt, sans passion, comme nous
disons la vérité. A un niveau plus élevé de civilisa-
tion, on rencontre encore, dit-on, des anomalies de
ce genre. « Un Hova ne vous répondra jamais ce qu'il
pense, moins d'ailleurs pour vous le cacher que pour
chercher à dire ce qu'il suppose que vous désirez
entendre : de là ses contradictions successives au
cours d'un même interrogatoire, au fur et à mesure
que ses dernières réponses semblent ne pas vous
contenter ; pendant que vous vous acharnez à poursuivre sa vraie pensée, il court éperdument après la
vôtre. » Les écrivains auxquels nous empruntons ces

lignes pensent que « cette duplicité est une déformation morale produite par des siècles de terreur [1] ».
Il faut ajouter qu'un protocole obligé de mensonge,
ou même un jeu de menteries pratiqué par plaisir,
ne prouvent pas, à eux seuls, l'absence du souci de
la vérité. Dans nos milieux civilisés européens, beaucoup de personnes, qui ne sont nullement dépourvues du désir de connaître le vrai, ni même de la
tendance à le répandre toutes les fois qu'il n'y aura
pas de raisons d'agir autrement, mentent cependant
par politesse, ou par jeu, ou par bassesse et lâcheté.
Quoi qu'il en soit, partout où serait démontrée l'existence d'une dépravation habituelle de la sincérité,
il est évident que la critique devrait s'armer d'un
scepticisme sans complaisance.

Or, le cas se réaliserait spécialement pour l'Orient.
C'est du moins l'avis de Renan. « Pour nos esprits
clairs et scolastiques, dit-il, la distinction d'un récit
réel et d'un récit fictif est absolue... » Mais pour d'autres, il en va autrement. « Le légendaire, l'agadiste,
ne sont pas plus des imposteurs que les auteurs des
poèmes homériques, que Chrétien de Troyes ne
l'étaient. Une des dispositions essentielles de ceux
qui créent les fables vraiment fécondes, c'est l'insouciance complète à l'égard de la vérité matérielle.
L'agadiste sourirait, si nous lui posions notre question d'esprits sincères : « Ce que tu racontes est-il
vrai ? » Dans un tel état d'esprit, on ne s'inquiète

1. Marius et Ary Leblond : *Madagascar*, IV. *Revue des Deux Mondes*,
15 juin 1907, p. 862, 863.

Le Merveilleux.   23

que de la doctrine à inculquer, du sentiment à exprimer. L'esprit est tout ; la lettre n'importe pas. La curiosité objective, qui ne se propose d'autre but que de savoir aussi exactement que possible la réalité des faits, est une chose dont il n'y a presque pas d'exemple en Orient[1]. » « Nous comprenons peu, avec nos natures froides et timorées, une telle façon d'être possédé par l'idée dont on se fait l'apôtre. Pour nous, races profondément sérieuses, la conviction signifie la sincérité avec soi-même. Mais la sincérité avec soi-même n'a pas beaucoup de sens chez les peuples orientaux, peu habitués aux délicatesses de l'esprit critique. Bonne foi et imposture sont des mots qui, dans notre conscience rigide, s'opposent comme deux termes inconciliables. En Orient, il y a de l'un à l'autre mille fuites et mille détours... La vérité matérielle a très peu de prix pour l'Oriental ; il voit tout à travers ses intérêts, ses préjugés, ses passions[2]. »

Ces deux passages de Renan traitent de la même déformation d'esprit. Dans le second, il ne s'agit pas, comme on pourrait d'abord le croire, d'une croyance enthousiaste qui fausserait tous les points de vue[3]. Mettre ce que l'on croit vrai à une place prépondérante, être empêché par là d'apercevoir le reste, ce n'est pas une forme du détachement de la vérité : c'en est même exactement le contraire. La maladie endémique de l'Orient, telle que Renan l'a

1. *Les Evangiles*, p. 89, 90.
2. *Vie de Jésus* (13ᵉ édition), p. 262, 263.
3. Ceci est, d'après Renan, le vice propre aux croyants en général, et non pas spécialement aux Orientaux. Cf. ci-dessous, § IV, p. 360 sq.

diagnostiquée, c'est la mésestime de la vérité objective en elle-même, l'incapacité d'adopter, à propos
des faits, un point de vue qui ne soit pas celui de
l'art, de l'intérêt ou de la passion.

L'auteur de la *Vie de Jésus* excellait à dessiner
ainsi, du bout de sa plume légère, des croquis
rapides de psychologie conjecturale. Tout le monde
se souvient de son joli portrait du Sémite nomade
qui devait nécessairement être monothéiste[1]. Par
malheur la vérité matérielle se trouva différente de
cette description par trop « agadique ». « Chaque
coup de pioche donné en pays sémite lui a apporté le
démenti des inscriptions. Les dieux des sémites ne
se comptent plus... Il faut se rendre aux faits[2]. » Les
généralités sur « l'Orient » n'auront-elles pas le
même sort ?

« L'Orient » est une chose fort vaste, où bien des
races, bien des tempéraments et bien des individua-
lités différentes peuvent trouver place. Je me défie
un peu, je l'avoue, de cette psychologie de «l'Oriental » en soi. Mais puisque ces généralités ne sont
là que pour étayer des conclusions sur cette partie
de l'Orient qui est la Palestine, portons aussi de
préférence nos regards de ce côté.

L'agada (ou hagada) est une espèce du genre
Midrasch, qui comprend les commentaires des rab-
bins sur la Bible. Parmi ces commentaires, les uns
portent sur les textes législatifs : on les appelle

---

1. *Histoire du peuple d'Israël*, I, p. 43 *sqq*.
2. Lagrange: *Étude sur les religions sémitiques*, p. 20.

halaka; les autres s'appliquent aux textes historiques ou moraux : c'est l'*agada*. Celle-ci supplée par
des détails provenant de sources inconnues, à ce
que ne disent pas les textes authentiques. Elle nous
renseigne, par exemple, sur ce que faisait Abraham
à Ur en Chaldée, sur ce que disaient Eldad et Medad
quand ils prophétisaient, sur les circonstances igno-
rées de la mort de Moïse[1]. Évidemment le cadre
historique de tels récits n'est guère rigide et l'imagination s'y meut à l'aise.

Mais est-ce là tout ce que l'Orient, ou seulement
l'Orient hébreu, a connu en fait d'histoire ? L'agada
brode sur un fond préexistant. Elle a été surtout
inventée pour boucher les lacunes qui se trouvaient
dans des compositions d'un genre tout différent.
Les Livres des Rois[2], par exemple, appartiennent à
cet autre genre. Le point de vue élevé d'où ils considèrent l'histoire, — celui des conseils de Dieu sur
son peuple, — n'en fait point fondre le contenu
solide. L'auteur, qu'il soit un ou multiple, prétend
très sérieusement nous renseigner avec exactitude
sur ce qui a eu lieu. Il a manié une masse considérable de documents, dont il nomme quelques-uns[3].
Il y renvoie ceux qui seraient curieux des détails
que son but spécial lui a fait omettre[4] : ce qui laisse

1. Voir les dictionnaires bibliques aux mots *Midrasch, Commentaire,
Hagada,* etc.
2. On sait que la Bible hébraïque réserve ce nom aux livres que la
Vulgate intitule troisième et quatrième livre des Rois.
3. Par exemple, le *Livre des actes de Salomon,* le *Livre des annales
des rois de Juda,* le *Livre des annales des rois d'Israël.*
4. Voir la clausule qui revient à la fin de l'histoire de chaque roi. « Et
tout le reste des actions de N. et tout ce qu'il fit, n'est-ce pas écrit dans
le livre des *Annales,* etc. ? »

supposer chez des lecteurs orientaux une certaine
dose de « curiosité objective ». « On peut définir
exactement les Livres des Rois comme une *histoire*
de la période monarchique en Juda et en Israël.
Étant donné l'excellence de leurs sources, ils tiennent le premier rang parmi les documents historiques de l'Ancien Testament[1]. »

Autre exemple. Est-ce encore un « agadiste »,
un souriant conteur, épris de l'art pour l'art, qui a
écrit le premier Livre des Machabées, cette œuvre si
sobre de merveilleux et d'un accent si grave ? Est-ce
un passionné, insouciant de vérité objective que celui
dont les spécialistes en histoire biblique louent l'impartialité, la modération, la chronologie exacte, et
au sujet duquel ils ne craignent pas d'écrire :
« Parmi les critiques modernes, il n'y a qu'une voix
pour reconnaître sa véracité générale[2] ? »

Si nous regardons du côté de l'histoire séculière,
nous trouvons que, précisément au début de l'ère
chrétienne, l'Orient juif a produit un historien qui
n'est pas sensiblement au-dessous des autres historiens antiques : Flavius Josèphe. Aucun critique, que
je sache, pas même Renan, n'a proposé sérieusement de reléguer celui-là parmi les fabulistes que
l'on peut impunément négliger. Le caractère tendancieux de quelques récits ou appréciations, certaines fautes notables de critique, n'autorisent pas
à fermer, sans autre forme de procès, ces sources

1. Hastings. *Dictionary of the Bible*, II, p. 857, col. 1.
2. *Ibid.*, III, p. 189, col. 1.

inappréciables de renseignements que sont les *Antiquités Judaïques* et la *Guerre de Judée*.

Enfin, puisque c'est contre la véracité des évangélistes que sont dirigées toutes ces théories de Renan,
on nous permettra bien de dire, sans traiter à fond
la question, qu'il est évidemment paradoxal de leur
attribuer « une insouciance complète à l'égard de la
vérité matérielle ». Quand de larges portions d'histoire neutre, c'est-à-dire indépendante du but de
l'auteur, affleurent dans son ouvrage, quand, par
exemple, des détails de mœurs, de géographie, etc.,
exacts et vérifiables par ailleurs, y foisonnent, —
quand, d'autre part, une certaine gaucherie de style
et de procédés littéraires nous avertit que nous
avons affaire à un simple, incapable de construire
avec art un roman historique, — tout cela forme un
préjugé favorable au souci d'exactitude de l'écrivain.
Or, c'est le cas pour une bonne partie au moins des
récits évangéliques[1]. A la vérité leurs auteurs ne
les ont point rédigés simplement *ad narrandum;*
ce sont des convaincus qui veulent faire partager
leur conviction, mais cette conviction porte avant tout
sur des faits. « L'agadiste sourirait, dit Renan, si nous
lui demandions : ce que tu racontes est-il vrai? » Saint
Paul, en qui nous entendons le témoignage des chré-
tientés primitives, était apparemment dans un état
d'esprit fort différent. Car voici de quel style il écrit
aux Corinthiens : « Si le Christ n'est pas ressuscité,
notre prédication est vaine, et vaine est votre foi.

---

1. Voir, par exemple, Lagrange, *Evangile selon saint Marc*. Introduction, p. cxxiv.

Nous sommes de faux témoins[1]. » Celui qui parle
ainsi peut être un croyant exalté, mais on ne l'accu-
sera certes pas de manifester une indifférence exagérée pour les faits.

« L'esprit est tout ; la lettre importe peu », dit
encore Renan. Cela peut être vrai dans l'agada. Mais
le respect de la lettre n'était certes point inconnu
dans le milieu qui vit naître le pharisaïsme, et où
les Livres saints étaient gardés avec un soin jaloux.
« La grande vénération que nous avons pour nos
livres, dit Josèphe, se manifeste en ce que, durant
un si long temps, personne n'a osé y rien ajouter, ni
en rien retrancher, ni rien y changer. Tous les Juifs
sont accoutumés, dès leur naissance, à y voir des
déclarations divines, et pour eux, s'il était nécessaire,
nous subirions volontiers la mort[2]. »

Bref l'agada est un genre spécial : ce n'est pas le
genre unique. Elle a fleuri en Orient, dans l'Orient
juif, mais à côté d'elle il y a place pour un genre historique véritable. Elle est quelque chose : elle n'est
pas tout.

§ IV. — Les croyants

Tout a été dit, et dans les termes les moins atténués, contre la sagacité et la bonne foi des croyants.
Hume a écrit sur ce sujet, dans la seconde partie de
son *Essai sur les Miracles*, une véritable satire.

---

1. *I*[re] *aux Corinthiens*, XV, 14.
2. *Contre Apion*, I. 8.

Quand le sentiment religieux, dit-il, travaille sur cet amour de l'étrange et du merveilleux qui est au fond de la nature humaine, c'en est fait du sens commun « *there is an end of common sense* ». Les mobiles les plus vulgaires et les plus bas peuvent porter un homme à raconter des miracles : exciter l'étonnement est un délice, passer pour l'ambassadeur du ciel est un rôle sublime et qui tente. Un croyant peut fort bien savoir que ce qu'il raconte est faux et cependant continuer à le soutenir, avec les meilleures intentions du monde (*sic*), pour promouvoir une cause si sainte. Ses auditeurs peuvent ne point avoir et d'ordinaire n'ont point assez de jugement pour contrôler ses dires ; s'ils en ont quelque peu, ils y renoncent par principe en ces matières sublimes et mystérieuses; ou bien, s'ils tentent de s'en servir, la passion et l'imagination échauffée en troublent les opérations. De là les succès des orateurs religieux populaires : les effets qu'un Démosthène ou un Cicéron obtenaient à grand'peine sur les auditoires d'Athènes ou de Rome, le premier capucin venu, un prédicateur quelconque, itinérant ou sédentaire, les produit aisément [1]. Renan n'est guère moins brutal : « Un miracle, dit-il, suppose trois conditions : 1° la crédulité de tous ; 2° un peu de complaisance de la part de quelques-uns ; 3° l'acquiescement tacite de l'auteur principal... On commence par la naïveté, la crédulité, l'innocence absolue : on finit par des embarras de toute sorte, et, pour soutenir la puissance divine

---

1. *Op. cit.*, p. 123, 124, 132, etc.

en défaut, on sort de ces embarras par des expé-
dients désespérés... Un exposé d'histoire religieuse
n'ouvrant pas quelque jour oblique sur des suppositions de ce genre, est par là même argué de n'être
pas complet[1]. » « L'histoire est impossible, si l'on
n'admet hautement qu'il y a pour la sincérité plusieurs mesures. La foi ne connaît d'autre loi que l'in
térêt de ce qu'elle croit le vrai. Le but qu'elle poursuit étant pour elle absolument saint, elle ne se fait
aucun scrupule d'invoquer de mauvais arguments
pour sa thèse, quand les bons ne réussissent pas. Si
telle preuve n'est pas solide, tant d'autres le sont...
Si tel prodige n'est pas réel, tant d'autres l'ont été !...
Combien d'hommes pieux, convaincus de la vérité
de leur religion, ont cherché à triompher de l'obsti-
nation des hommes par des moyens dont ils voyaient
la faiblesse[2] ! » A tout cela d'ailleurs, l'auteur de la
Vie de Jésus, avec son indulgence coutumière, accorde
une bénigne absolution : « La fraude se partageant
entre plusieurs devient inconsciente, ou plutôt elle
cesse d'être fraude et devient malentendu. Personne,
en ce cas, ne trompe délibérément; tout le monde
trompe innocemment[3]. » « Le seul coupable... c'est
l'humanité qui veut être trompée[4]. »

Ces imputations ont le tort d'être vagues. Mais il
n'est pas difficile de les appuyer sur un certain nombre de faits, de rappeler quelques grandes duperies

1. *Vie de Jésus*, 13ᵉ édition, p. xxvii, xxiv, xxv.
2. *Ibid.*, p. 2 63.
3. *Ibid.*, p. xxvii.
4. *Ibid.*, p. 264.

dont le monde religieux a été le théâtre. N'a-t-on pas
vu naguère en France, un malhonnête homme berner
pendant longtemps un public catholique, des fidèles,
des prêtres et même quelques évêques, par d'invraisemblables histoires de diables et par l'invention
du personnage de Diana Vaughan? Les écrivains
modernistes n'ont pas manqué d'exploiter une aussi
grave défaillance intellectuelle contre la croyance à
ce surnaturel *extrinsèque*, qui est l'objet principal de
leurs attaques [1]. Dans un passé plus reculé on trouve
mieux encore en ce genre. Cinq ans après la mort
de Jeanne d'Arc, une aventurière, Jeanne des Armoises [2], qui lui ressemblait physiquement, se fit passer
pour elle. C'était, disait-on, la Pucelle même, miraculeusement échappée aux flammes du bûcher. Les
deux frères de Jeanne, Pierrelot et Petit-Jean, la
reconnurent pour leur sœur. Les bourgeois d'Or-
léans, qui avaient vu et défrayé la vraie Pucelle, —
Jean Luillier, Jacquet Leprestre et Thévenon Ville-
dart, — accueillirent celle-ci et la défrayèrent pareillement. Les comptes de la ville portent mention de
ce qui fut dépensé pour être offert à la fausse Pucelle,
à ses « frères », à ses hérauts, etc. Il est vrai que
l'Inquisiteur de Cologne excommunia l'aventurière
et que l'Université de Paris, l'ayant fait comparaître,
lui infligea une solennelle réprimande. Mais la mys-
tification avait réussi auprès de plusieurs [3]. Croyants

---

1. « Faut-il rappeler le succès qu'ont eu, dans un certain monde, les
diableries de Léo Taxil? Le témoignage de ce monde n'en devient-il pas
suspect? » E. Le Roy. *Essai sur la notion du miracle*, II, p. 172, note.
2. Elle ne prit ce nom qu'après son mariage.
3. Les documents sur cette affaire se trouvent dans Quicherat, *Procès*

naïfs, aucun miracle n'était fait pour les étonner; au besoin ils eussent admis même une résurrection.

Ainsi, conclut-on, les milieux croyants sont privilégiés pour l'éclosion de l'erreur et de la fraude. Trompeurs et trompés s'y multiplient naturellement. La foi dissout la vigueur de l'esprit. Débilité par elle, les coups les moins adroits suffisent à le faire tomber et il se noie sans résistance dans l'absurde. La même cause attaque sa droiture : quand il s'agit de religion, les notions de juste et d'injuste, de vrai et de faux, s'embrouillent devant lui. Au nom de l'intègre incroyance, Renan se sépare, avec une pudeur hautaine, de la tourbe religieuse. « Par notre extrême délicatesse dans l'emploi des moyens de conviction, écrit-il, par notre sincérité absolue et notre amour désintéressé de l'idée pure, nous avons fondé, nous tous qui avons voué notre vie à la science, un nouvel idéal de moralité [1]. »

***

Je pense n'avoir pas atténué la force du réquisitoire. Peut-être sa violence même et sa généralité en diminuent-elles déjà quelque peu le crédit. Faisons-lui cependant l'honneur de le discuter à fond.

de Jeanne d'Arc, tome V. Elle est bien étudiée dans Lecoy de la Marche A la gloire de Jeanne d'Arc (1895), et Germain Lefèvre Pontalis, La fausse Jeanne d'Arc, plaquette extraite du Moyen Age, mai-juin 1895.

1. Vie de Jésus, p. 467. Pour sentir la haute saveur de cette déclaration, il ne faut pas oublier que le vieil idéal de moralité, au-dessus duquel Renan place le sien, est celui du Christ lui-même.

1° Pas de connexion constante entre la foi et l'erreur ou la fraude

a) Les faits d'erreur ou de fraude allégués à la charge des croyants n'autorisent aucune conclusion générale. Que ceux-ci aient compté dans leurs rangs des naïfs et des dupes, aussi nombreux qu'on le voudra, que l'intérêt de la religion ait parfois inspiré des supercheries, cela ne suffit à établir aucune liaison constante entre les croyances religieuses et ces misères. Pour avoir prouvé que certains croyants sont des témoins récusables, on n'a pas créé une prévention d'ensemble contre tous les témoignages des croyants. Après ce que nous avons dit plus haut des généralisations abusives qui s'abritent sous le nom d'induction [1], et des vains efforts tentés pour rendre l'erreur ou la fraude partout plus probable que la véracité [2], il n'est pas besoin d'insister longuement sur ceci.

b) Aussi bien, des faits non moins caractéristiques peuvent être allégués en sens inverse. Ils sont même si nombreux, et si évidents pour un esprit non prévenu, qu'on éprouve, à le faire, quelque embarras. La chasse à l'erreur et à l'imposture a été menée vigoureusement, par exemple, dans l'intérieur du christianisme, du catholicisme. De robustes croyants, qui n'étaient certes touchés d'aucun scepticisme à l'endroit du miracle, s'y sont employés. L'inventeur

1. Livre I, ch. II.
2. Livre II, ch. II, p. 271 sq.

de Diana Vaughan, qui n'était pas un catholique,
fut confondu par des écrivains qui l'étaient[1]. Les jésuites belges, qui ont rendu célèbre le nom de Bol-
landistes, se sontfait, depuis le dix-septième siècle,
bien des ennemis par leur impitoyable franchise en
matière d'hagiographie. Les enquêtes épiscopales
ou pontificales sur les phénomènes merveilleux aboutissent à en éliminer plus des deux tiers. La lecture
de ces procès ne donne point, à coup sûr, l'impression que ceux qui les conduisent soient disposés
à recevoir les témoignages de toute qualité et le
merveilleux de toute provenance[2]. Et ne croyons pas
que cette police du miracle soit d'invention absolument récente. En parlant du moyen âge, nous avons
été à même d'en donner quelques exemples[3]. A
propos de Jeanne des Armoises, nous avons signalé

1. Citons, à titre d'exemple, parmi les premiers et les plus vigoureux
articles qui dénoncèrent la fourberie, ceux du P. Portalié : *Etudes*, novembre 1896, janvier 1897.

2. A propos du procès de béatification de saint Pierre Fourier
(†1640), M. Léonce Pingaud écrit : « On sait combien de temps durent
les enquêtes de ce genre et les frais considérables qu'elles entraînent. Il
y eut dix-sept informations juridiques, tant de l'Ordinaire que du Saint-
Siège. Les débats sur Fourier, sur l' « héroïcité » de ses vertus, sur
l'authenticité de ses miracles, sur la doctrine de ses ouvrages..., se pro-
longèrent au delà d'un demi-siècle. Plus de quatre cents témoins furent
entendus, *plus de deux cents faits surnaturels attestés sous la foi du
serment et neuf retenus et approuvés.* » *Saint Pierre Fourier.* Collection
« Les Saints », p. 185. — « D'environ cent miracles, qui furent proposés... pour la canonisation d'un saint des derniers siècles, il [le Saint-
Siège] n'en approuva qu'un seul ; et la canonisation fut suspendue jusqu'à ce qu'il plût à Dieu d'en opérer de nouveaux par son intercession. »
P. Daubenton : *La Vie du bienheureux François Régis*, à propos de l'examen des miracles du serviteur de Dieu. Le P. Daubenton fait suivre ce
renseignement d'une jolie anecdote, souvent citée, mais qui est malheureusement trop vague de références pour faire pleine autorité.

3. Ci-dessus § II.

l'attitude d'un Inquisiteur et celle des théologiens de Paris : il y faudrait ajouter celle du roi Charles VII lui-même qui démasqua, sinon Jeanne des Armoises en personne, du moins une intrigante qui se donnait pour la Pucelle ressuscitée[1]. Renan cite le cas du prêtre d'Asie qui forgea le roman de *Paul et Thècle*; mais il coupe le texte de Tertullien, qui nous instruit de l'histoire, juste à l'endroit où est mentionnée la destitution du faussaire[2]. — La suspicion de fourberie, que Hume et Renan essayent de faire planer sur tous les croyants, pour atteindre en particulier les chrétiens, est spécialement mal fondée. Une alliance naturelle entre la foi chrétienne et la malhonnêteté serait une chose bien étrange. Dans le christianisme, en effet, le mensonge est un péché. Cela est écrit en vingt endroits de l'Ancien et du Nouveau Testament. Et le service du Dieu des chrétiens n'autorise point à mentir : *Numquid indiget Deus mendacio vestro*[3]? S'il est des communautés chrétiennes déchues où cette règle se soit relâchée, nous en savons où elle continue d'être inculquée de façon intransigeante. Dès lors, ne serait-il pas psychologiquement invraisemblable qu'un précepte aussi net s'obscurcît toujours, comme par enchantement, chez les personnes qu'on nous

---

1. Quicherat, *Procès.* IV, p. 281 ; Lecoy de la Marche, *op. cit.*, p. 118 ; Lefèvre Pontalis, *op. cit.*, p. 3, 4.

2. In Asia presbyterum, qui eam scripturam construxit... convictum atque confessum id se amore Pauli fecisse, *loco decessisse.* (Tertullien *de Baptismo*, 17. Migne, *P. L.*, 1, col. 1219.) La citation de Renan ne comprend pas les mots mis ici en italique.

3. Job. XIII, 7.

représente justement comme les plus zélées au point
de vue religieux? Quel incroyant, de bonne foi lui-
même, et de sang-froid, oserait affirmer qu'il en est
ainsi ? Quel est celui qui ne connaît point, parmi les
chrétiens dont il est entouré, quelques âmes assez
hautes pour être incapables de s'abaisser à la supercherie religieuse ? Ces âmes, qui se rencontrent aussi
bien parmi les plus humbles que parmi les plus cultivées, ont des idées fort étroites sur la sincérité.
Elles seraient à coup sûr plus choquées que Renan
par une atteinte à cette vertu en des matières qu'elles
regardent comme sacrées. Et les pages où le douce-
reux écrivain trouve à cette indignité des excuses,
produiraient sur elles un effet de révolte et de dégoût.

De tout ceci, on ne conclura pas à l'infaillibilité
des croyants ni à leur incorruptibilité ; ce serait
commettre le sophisme inverse de celui que nous
réfutons. Mais on verra du moins, par ces preuves
de fait, que la sincérité et l'honnêteté ne sont pas le
privilège des incrédules.

c) En faisant la contre-épreuve, on rencontrera du
reste, alliées à l'inverse de la croyance, les défaillances dont on accuse celle-ci d'être la source. Ici
encore, il serait facile de multiplier les exemples. Je
sais un petit pays, où une jeune phtisique est revenue
de Lourdes avec une santé meilleure, du moins en
apparence. Les rationalistes de village ont trouvé
du fait une explication aisée. Les poumons malades
ont été enlevés par les médecins catholiques, et remplacés par des poumons artificiels, « en bois », qui

permettent à la jeune fille de respirer à l'aise... Au temps où l'on parla des premières guérisons obtenues à Lourdes, un pharmacien des environs découvrit que l'eau de la grotte renfermait des substances thérapeutiques propres à les expliquer : ce qui, bientôt après, fut déclaré inexact, à la suite d'une analyse faite par un professeur de la Faculté des sciences de Toulouse[1]. Or, quand bien même la thèse qu'il n'y a pas de miracles serait vraie, ces explications inspirées par elle n'en seraient pas moins ridicules. Personne ne saurait alléguer de telles bévues pour prouver que les incrédules ont toujours tort quand ils assignent une cause naturelle à un phénomène d'apparence merveilleuse, pour montrer que leur incrédulité les entraîne naturellement à l'absurde. Nous demandons simplement qu'on n'exploite pas autrement les méprises des croyants. D'autre part, la passion antireligieuse n'est pas toujours d'une délicatesse extrême sur le choix de ses moyens : elle a inspiré bien des attaques déloyales, bien des inventions calomnieuses. Personne n'en conclura que ces bassesses soient le fait, ni même la tentation de tous les incrédules. Nous demandons simplement qu'on évite également de généraliser, quand il s'agira des croyants.

d) Une conviction quelconque, vraie ou fausse, positive ou négative, outre son influence naturelle et nécessaire, bonne ou mauvaise, peut produire dans l'esprit de fâcheux accidents. On est porté à lui

_____

1. J. B. Estrade. *Les Apparitions de Lourdes*, p. 205, 246.

chercher, à temps et à contre-temps, des justifica-
tions, à la défendre par des arguments de rencontre, à
se précipiter à l'aveugle vers toute conclusion qui la
confirmerait. Vraie, on lui fait ainsi un entourage de
faux. Fausse, on greffe sur sa fausseté congénitale
des faussetés accessoires, qu'elle n'eût pas engen-
drées toute seule. D'autre part, dans l'emmêlement
inextricable de nos puissances de voir et d'aimer, il
arrive parfois que l'âme mette quelque déloyauté ou
perfidie au service de ce qu'elle estime être la vérité. Ces abus-là ne sont nulle part nécessaires ; ils
se produisent partout, et, par conséquent, ils ne
donnent lieu à aucune prévention contre qui que ce
soit en particulier.

2º Rapports des croyances religieuses avec l'erreur et la fraude.

Jusqu'ici, nos conclusions sont purement négatives. Nous avons démasqué un sophisme, rejeté des
généralisations arbitraires. Il est temps d'étudier,
pour notre compte et d'une manière plus approfon-
die, la nature de la foi religieuse, et de voir s'il n'y a
vraiment en elle rien qui puisse légitimer la méfiance.
N'étant liée de façon constante à aucune défaillance
de l'esprit ou de la volonté, n'y donne-t-elle pas cependant quelque inclination ou occasion ? Comment
et dans quelle mesure ceci pourrait-il se produire ?
Et comment serait-il possible d'en juger dans les cas
concrets ?

Nous envisageons ici la foi religieuse à un point

de vue très particulier. Nous entendons par croyance l'acceptation du merveilleux ou de quelque autre donnée surnaturelle qui conduit à cette acceptation. Ainsi compris, le mot croyance peut encore avoir deux sens bien distincts. Il peut désigner la croyance à ce qui fait l'objet même du témoignage, ou bien quelque croyance antérieure. Le témoin paraîtra suspect, simplement parce qu'il croit au caractère surnaturel de l'événement qu'il raconte, ou bien parce qu'il croyait auparavant d'autres miracles ou d'autres mystères. Examinons les deux hypothèses.

Première hypothèse : croyance au miracle qui fait l'objet du témoignage. — Pour autant que cette hypothèse se distingue de la suivante, le témoin dont il s'agit ici n'est sous l'influence d'aucune croyance antérieure au miracle, soit qu'il se trouve dépourvu de toute donnée ou théorie sur le sujet, soit que sa conviction nouvelle s'appuie à des motifs spéciaux et tout à fait étrangers à ses convictions premières. Et il rapporte simplement ce qu'il croit, comme il le croit. — De là ressortent deux conclusions évidentes. D'abord, on ne peut arguer contre cet homme d'aucun *préjugé* de croyance. En effet, il n'a été amené à croire par aucune croyance préalable. Il n'a pas considéré le fait dont il témoigne avec des yeux de croyant : vis-à-vis de lui, il s'est comporté tout comme ceux qui ne croient pas. En second lieu, on ne peut lui imputer aucune fourberie, puisque, par hypothèse, il croit ce qu'il dit. Si l'on suppose que, l'ayant cru d'abord pour lui-même et de bonne foi, il l'embellit ensuite, d'instinct ou consciemment, afin de faire partager plus aisément sa conviction, on retombe dans l'hypothèse suivante, d'une croyance antérieure qui influe sur le témoignage.

Cela étant, il n'apparaît aucune raison de se défier de ce témoin. Mais, dira-t-on, il interprète les faits dans le sens surnaturel ; et ceci suffit pour que sa déposition revête un caractère tendancieux. Une telle objection manifeste d'abord un complet oubli de la question. Il s'agit présentement de voir, par l'examen des dépositions, si de fait il s'est produit des miracles. Et l'on propose de récuser en bloc toutes les personnes qui pensent en avoir constaté ! C'est l'incohérence même.

Au surplus, exiger d'un témoin qu'il ne se fasse aucune idée sur le sens et la portée de ce qu'il raconte, est une exigence déraisonnable. L'homme ne peut s'empêcher d'interpréter ce qu'il voit : il en essaye toujours quelque explication. Et s'il fallait réduire les témoignages historiques à ceux qui se contentent de ramasser une poussière de faits, sans en agglutiner les particules au moyen de quelque théorie, c'en serait fait de l'histoire.

Du reste, cette neutralité n'est point nécessaire. Il y a, en effet, deux espèces d'interprétations. L'une qui, partant d'idées préconçues, les insinue dans l'observation même, qui dirige ou fait dévier le regard, qui accueille les données d'expérience dans des cadres tout prêts. L'autre qui, une fois le phénomène observé et acquis, en recherche les causes. De la première, nous n'avons rien à dire ici, puisque par hypothèse il s'agit de la seconde. Et l'on voit que celle-ci, n'intervenant pas dans l'observation, ne saurait être tenue responsable des défauts qui ont pu s'y glisser.

On ne pourra donc jamais récuser un témoin pour la seule raison qu'il regarde le fait dont il témoigne comme un miracle. Le cas d'ailleurs se réalisera bien rarement dans toute sa pureté. Il sera difficile d'avoir jamais la certitude qu'aucune croyance antérieure n'est intervenue dans l'appréciation des faits. La plupart du temps on se trouvera en présence du cas qu'il nous reste à décrire.

Deuxième hypothèse : croyance à des miracles anté-rieurs. — Voici, en effet, un témoin fort différent du précédent. Celui-ci a l'esprit garni de théories et de données historiques sur le merveilleux. Les faits nouveaux ne l'ont pas pris au dépourvu. Ils ont été accueillis sans surprise. Ils sont venus tout naturel-lement se placer au milieu des autres déjà admis et classés. Et ils se sont trouvés immédiatement enré-gimentés au service d'une certaine foi religieuse qui les domine et les dispose à son profit. Pour le coup, n'y a-t-il pas à craindre que la partialité s'en mêle?

1° Avouons-le sans ambages, la foi possédée exerce une influence favorable à l'acceptation du merveil-leux. En effet, elle accoutume l'esprit à admettre le surnaturel, la donnée mystérieuse qu'il ne peut ni maîtriser, ni analyser tout entière, ni mesurer à son aune. Elle lui donne des leçons d'humilité intel-lectuelle, qui le portent à s'incliner devant ce qu'il

ne comprend pas et dont l'organisation intérieure
lui échappe. Ce sont déjà des dispositions propices
à l'acceptation du miracle. Mais il y a plus. La foi
apprivoise l'esprit avec cette idée que le miracle
existe. Du moment qu'elle est là, il est accepté, soit
comme partie intégrante du dogme, soit comme sa
gârantie et son titre. La pensée l'envisage désormais, non plus seulement comme une chose acceptable, mais comme une chose arrivée, non plus
comme une hypothèse qui se dessine aux horizons
fuyants du possible, mais comme un fait solide, bien
assis dans le monde que l'homme habite, comme une
pièce de ce monde, non moins authentique que les
autres. Dès lors, l'esprit verra sans étonnement le
noyau préexistant grossir en s'aggrégeant des parties
nouvelles, la frange lumineuse qui marquait les
limites du merveilleux glisser un peu plus loin. Ce
ne sera pas une révolution soudaine, la révélation
d'un monde inconnu. Pour le croyant, un cas de
merveilleux ne pose pas un problème nouveau ; la
question n'est plus intacte : en principe, elle
est résolue. Il faut donc le reconnaître, la foi
ouvre à l'admission du miracle une porte que
l'incrédulité tient hermétiquement fermée. Le
croyant n'a point, contre un acquiescement trop
facile, cette défense inexpugnable qui est l'incroyance même.

D'autre part, il est évident qu'un intérêt existe
pour le croyant à voir sa croyance justifiée par des
arguments nouveaux. Et chez certaines âmes, de
moralité trouble et d'esprit faible, la tentation peut

venir d'aider à cette justification par des moyens quelconques.

A la vérité, l'incrédulité donne lieu à des inconvénients inverses et symétriques de ceux-ci[1]. Il n'en reste pas moins sûr qu'elle est de nature à renforcer un témoignage sur le miracle. Si, par exemple, quelque esprit neutre, dépourvu de toute complaisance pour le merveilleux, ou, à plus forte raison, quelque incrédule niant jusqu'à la possibilité du miracle, se trouvaient forcés par l'évidence d'en avouer la réalité[2], leurs attestations seraient d'une valeur exceptionnelle. Ce n'est pas que ces dispositions constituent, en elles-mêmes, une supériorité quelconque. Loin de là. Au sujet de la réalité des miracles préalablement admis par le croyant et niés par l'incroyant, la raison peut être du côté du premier : c'est un point que, seule, l'enquête sur les faits pourra nous découvrir. Quant à la possibilité du miracle, nous savons dès maintenant, par la première partie de cet ouvrage, que c'est l'incrédule qui a tort. C'est lui qui est dans le préjugé, au sens péjoratif du mot, c'est-à-dire dans l'erreur antécédente qui est un obstacle à la vue exacte des choses. Mais nous ne nous plaçons pas, pour le moment, au point de vue de la vérité des convictions. Nous considérons seulement la force des témoignages. Or, une évidence apparaît plus indiscutable quand elle triomphe d'un esprit prévenu, quand elle perce une

1. Voir ci-dessous, p. 388.
2. Soit que l'incrédule cessât de l'être par le fait même, soit que sa conviction n'allât pas plus loin que la matérialité des faits.

cuirasse de préjugés. L'aveu, plus difficile, a plus d'importance et plus de prix.

2° Ce que nous venons de dire est vrai de toute croyance comparée à l'incroyance. Mais que dirons-nous s'il s'agit d'une croyance absurde ou mal fondée ? Nous avons vu[1] que des idées préconçues peuvent influencer même l'observation des faits. Ici les applications de cette remarque se présentent en foule. Quand on a la tête farcie d'histoires de revenants, on finit par en voir : un drap qui flotte au vent la nuit, une ombre qui se déplace, un bruit insolite aux heures du silence seront la matière anodine que l'imagination délirante pétrira pour y incarner ses rêves. De même, en fait de ouï-dire, l'esprit meublé déjà de croyances absurdes accueillera n'importe quoi. Des mythologies bizarres, des contes de magiciens et de sorcières, des légendes hagiographiques, où pullule un merveilleux sans raison et sans mesure, troublent l'esprit et dépravent en lui le sens du possible et du vraisemblable. Enfin, abstraction faite du caractère intrinsèque des croyances, il suffit qu'elles aient été admises sans motif sérieux, à la légère, pour qu'elles constituent un précédent fâcheux, un pli mauvais dans l'esprit, un commencement d'habitude funeste à la critique.

Quant à la fourberie, on comprend que ceux-là en soient suspects qui font partie de certaines sectes dégradées, où de pires défaillances peut-être sont tolérées.

---

1. Cf. ci-dessus, p. 371.

.

Toutes ces concessions ne nous ont pourtant pas encore amenés au centre du sujet. C'est lui maintenant qu'il faudrait aborder, afin de saisir le problème par ce qu'il a de vraiment essentiel.

1° *Croyance vraie.* — Ce serait une grosse illusion de penser qu'on puisse vider cette question de l'influence bonne ou mauvaise de la foi religieuse, sans juger d'abord cette dernière en elle-même au point de vue de la vérité. Est-ce le croyant ou l'incrédule qui est dans l'erreur? Toute la question est là et, pour la résoudre à fond, c'est sur cela qu'il faudrait avoir déjà pris parti. Impossible également d'apprécier « la croyance » en général, abstraction faite de ses variétés et de la réalité de leur objet. L'égalité qu'on établirait entre elles sous prétexte d'impartialité engendrerait la pire des confusions.

Mais alors, ne nous voilà-t-il pas engagés dans un cercle vicieux? Nous cherchons s'il y a des témoignages valables en faveur du merveilleux; et pour connaître s'ils sont valables, il nous faudrait déjà savoir que penser du merveilleux.

Ce n'est pas tout à fait cela. Nous ne disons pas que, pour entreprendre l'enquête dont nous dessinons le plan dans cet ouvrage, il faille être déjà fixé sur l'existence du merveilleux. Nous avons montré que l'on peut y procéder sans cela [1], et nous dirons

1. Dans le premier livre de cet ouvrage.

bientôt comment la critique des témoignages est possible avec des données incomplètes sur les croyances des témoins [1]. Seulement, au cours des recherches, le point de vue initial peut se compléter et s'enrichir. L'enquête ne s'arrêtera point nécessairement après tel ou tel résultat acquis. Au cas où elle aboutirait à constater le merveilleux quelque part, elle pourrait encore se continuer et s'étendre. Et alors, les certitudes déjà possédées entreraient de droit en ligne de compte. Et les renseignements recueillis sur la réalité d'un certain merveilleux, admis par certaines personnes, pourraient nous servir à apprécier le témoignage de celles-ci sur d'autres faits. Pour traiter donc, d'une façon vraiment objective et sans la mutiler, la question de l'influence des croyances sur le témoignage, il faut poser l'hypothèse d'une croyance vraie et solidement appuyée.

J'ajoute qu'au point où nous sommes rendus de cet ouvrage, nous avons le droit de la poser. En effet, si ce que nous avons écrit jusqu'ici prouve quelque chose, c'est que le miracle n'est pas un concept irrationnel et ridicule, c'est qu'on peut en admettre la possibilité, la vraisemblance et, sur preuves de fait, la réalité, sans renoncer pour cela au sens commun, ni au sens critique, ni au sens moral. En particulier, tout ce second livre montre qu'après avoir pris le parti d'accepter le miracle, s'il existe, avec toutes ses conséquences, on peut encore parler de critique et n'être disposé à se laisser duper par aucun témoignage douteux.

1. Voir ci-dessous, p. 381 sq.

Supposé donc que des interventions divines se soient vraiment produites ici-bas, qu'une révélation ait eu lieu, et qu'on en ait des preuves solides, il n'y aurait, à s'incliner après cela, ni légèreté, ni bizarrerie, ni témérité, ni faiblesse. Et pourquoi voudrait-on qu'une moralité inférieure allât de pair avec un assentiment si justifié, qu'une atmosphère de mensonge se dégageât du vrai ? Ce serait absurde.

J'irai plus loin. Puisque celui qui s'incline de la sorte est, par hypothèse, dans la vérité, il possède de ce chef un avantage intellectuel pour les recherches ultérieures. La vérité est une semence de vérité : outre ce qu'elle montre au jour, elle jette dans l'esprit les germes cachés et innombrables de découvertes futures. *Habenti dabitur.* Elle rectifie l'intelligence en la conformant à soi, et par là elle en fait un instrument juste et sûr, plus apte au travail exact. Celui qui la possède, entré plus avant dans le réel, est mieux placé pour le voir. Supposez même que l'adepte d'une croyance vraie commette quelque erreur dans l'appréciation du merveilleux, sa position intellectuelle, à l'égard de la question même, est incomparablement meilleure que celle de l'incroyant. C'est en effet lui qui a raison en principe, quoiqu'il puisse errer sur le détail. Si le merveilleux est possible, — comme nous l'avons démontré, — s'il s'est déjà réalisé quelque part, — comme nous le supposons et comme l'étude des faits nous l'apprendra peut-être, — il faut tenir compte de ces éléments d'appréciation. Ils seront fort utiles à la juste solution des cas qui se présenteront. Sans doute, ils ne

suffiront pas à prévenir toute erreur d'application ;
mais les conséquences d'une erreur de fait sont infiniment moins étendues et moins graves que celles
d'une erreur de principe.

De même, au point de vue moral, si le miracle est
une réalité, s'il a servi à authentiquer des prescriptions divines, celui qui l'accepte possède une véritable
supériorité. La morale confirmée par l'autorité divine
sera évidemment la plus complète et la plus exquise.
Elle sera aussi le frein le plus efficace contre tous les
vices, en particulier contre la déloyauté. Nulle part
une alliance de la religion avec la fraude ne sera
moins probable que là où une telle morale sera reconnue. Le vrai et le bien sont d'intimes alliés. Une
vue exacte des choses divines et humaines est le
fondement d'une pratique droite. Celui qui l'adopte
se trouve par là même établi sur le terrain de la
moralité parfaite et entière ; il sera, par conséquent,
— toutes choses égales d'ailleurs, — l'homme dont
le témoignage aura le plus de chances d'être vrai.

Nous pouvons donc passer légèrement sur une
bonne partie des griefs enregistrés plus haut. Ceux
qui ont été présentés en dernier lieu[1] supposent
tous des croyances fausses, absurdes et immorales.
Or, nous venons de le voir, il peut y en avoir d'autres,
et toutes ces tares ne sont point essentielles à l'acceptation du merveilleux.

Du moins, dira-t-on, il reste à la charge du
croyant, même si sa croyance est justifiée, cette

_____

1. Ci-dessus 2°, p. 375.

espèce de partialité dont nous avons parlé d'abord. Familiarisé avec le merveilleux, il sera plus facile à l'admettre ; convaincu déjà, il pourra être tenté de défendre sa conviction par de mauvaises raisons [1]. Cela est entendu. Mais en vérité, il serait plaisant de se méfier d'une idée juste sous prétexte que l'on en peut abuser ; de recommander l'abandon d'un principe exact comme antidote des applications vicieuses que l'on en pourrait faire. Certaines erreurs s'excluent : cela ne suffit pas à transformer l'une ou l'autre en supériorité intellectuelle, en condition du bien juger. Il serait non moins étrange que le danger d'une partialité malhonnête pour le vrai fût une raison de suspecter *a priori* la loyauté de ceux qui le possèdent. Qu'un homme qui se trompe se trouve protégé par son erreur contre les entraînements de la vérité qui s'y oppose, cela ne lui confère, — sauf pour le cas où il témoignerait contre son erreur même, — aucun titre spécial à la créance. Pour l'ensemble, il est inférieur en autorité et en compétence. Si donc l'incroyance est une erreur, les aveux de l'incroyant seront d'un prix singulier et ses dénégations de peu de valeur.

La science aussi crée un préjugé. Elle familiarise le savant avec les données scientifiques, et il se trouve plus incliné que ceux qui les ignorent à les retrouver partout. Même il peut être tenté de faire prévaloir ses convictions scientifiques en sollicitant les faits et en truquant les preuves. Il n'est pas sans exemple

_____

1. Ci-dessus 1°, p. 372 et 373.

qu'un savant ait succombé à de telles tentations. Allons-nous, à cause de cela, suspecter le savant et, pour l'examen des faits scientifiques, lui préférer, comme plus impartial, un ignorant ?

2° *Croyance quelconque.* — Mais en bien des cas, il sera difficile ou même impossible de juger les croyances en elles-mêmes. Cet homme dit avoir vu un miracle ; déjà auparavant il en admettait d'autres. Or, il est plus facile de savoir à quoi s'en tenir sur le fait récent, objet du témoignage immédiat, que sur des faits plus anciens et que le témoin lui-même ne connaissait peut-être que par ouï-dire. Par exemple, les miracles de Moïse sont plus malaisés à apprécier que ceux de Jésus-Christ, et les uns et les autres sont plus loin de notre portée que les miracles de Lourdes. Attendrons-nous, pour juger le témoignage des premiers chrétiens sur Jésus-Christ, de savoir s'ils avaient raison d'admettre auparavant ceux de Moïse, et pour juger des attestations sur Lourdes, d'avoir des certitudes sur tout le merveilleux judéochrétien ? Ce ricochet de problèmes qui se suscitent l'un l'autre nous entraînerait toujours plus loin d'une solution. Heureusement il y a des chemins moins longs et moins compliqués.

A) Croyance quelconque appréciée en elle-même. — Sans être en mesure de juger entièrement les croyances d'un homme, nous pouvons en savoir assez sur lui pour lui accorder ou lui refuser prudemment notre confiance. Le point de la réalité du

merveilleux qu'il admet antécédemment sera toujours pour nous le plus difficilement accessible.
Les documents historiques, les procès-verbaux contradictoires, qui nous permettraient de la contrôler, feront souvent défaut. Mais, dans la plupart des
cas, nous pourrons au moins apprécier la vraisemblance de ce merveilleux, son caractère de puérilité
ou de sérieux, ainsi que ses attaches morales. Ce
sera déjà quelque chose.

Surtout nous pourrons juger le témoin lui-même,
et ceci suppléera parfois à tous les autres renseignements. Est-il grave et droit, simple ou habile,
d'imagination pauvre ou féconde ? S'est-il trouvé en
posture de bien observer le fait dont il témoigne ?
A-t-il eu les moyens de tromper, à supposer qu'il
l'ait voulu ? Les réponses à ces questions ren-
dront le plus souvent inutile toute autre inquisi-
tion.

En effet, tout en ayant des croyances absurdes,
le témoin peut avoir bien regardé et parler sincèrement. Si nous avons la preuve de ceci, le reste importe peu. Du moment qu'il s'est trouvé dans l'impossibilité de dire faux, il n'y a plus à s'occuper de
toutes les causes antécédentes qui *auraient pu* l'y
porter. « Dans la pratique, écrivent MM. Langlois
et Seignobos, on a très rarement besoin de savoir ce
qu'a cru un auteur; à moins qu'on ne fasse une
étude spéciale de son caractère, l'auteur n'intéresse
pas directement, il n'est qu'un intermédiaire pour
atteindre les faits extérieurs rapportés par lui. Le
but de la critique est de déterminer si l'auteur a

représenté ces faits exactement[1]. » D'après son contexte, ce passage s'applique à ce que croit un témoin
sur les faits mêmes qu'il relate. Mais si l'appréciation que le témoin en a portée est à ce point indifférente, qu'en sera-t-il de ses appréciations sur d'autres faits qui n'intéressent pas directement son témoignage ?

A supposer donc que le témoin ajoute foi à un
merveilleux que nous sommes incapables de contrôler, que nous estimons irréel ou même déraisonnable, nous pourrons cependant, en certaines circonstances, faire cas de sa déposition.

1° Pour ce qui concerne la clairvoyance ou la sagacité du témoin, sa croyance au merveilleux renforce
à peine, en bien des cas, l'idée de la possibilité du
miracle, laquelle est, ne l'oublions pas, une idée
juste. On croit d'une croyance habituelle, imperson-
nelle, d'une opinion générale et vague, qu'il y a parfois
des miracles, qu'il y en a eu jadis. On n'en considère
point le détail. Il s'agit d'événements anciens, dont
les couleurs et le relief sont atténués par la distance,
effacés par l'usage que l'enseignement religieux en a
fait. On serait bien étonné de rencontrer leurs pareils
dans la réalité vivante. Ils sont situés aux origines de
la religion, autour de son fondateur et de ses grands
hommes ; accoutumé à les voir là, on les trouverait
improbables ailleurs. Cela n'ajoute en vérité que
bien peu de chose à la simple et nue conception du
miracle possible.

1. *Introduction aux études historiques*, p. 139.

Venons à des remarques d'une portée plus générale. La croyance antécédente au merveilleux, bien
ou mal fondée, peut, nous l'avons dit, altérer l'observation même. Mais la chose n'arrive pas nécessairement. Des personnes qui croient avoir vu, la
nuit, quelque fantôme, ne seront pas pour cela incapables de constater, en plein jour, qu'une jambe
cassée est remise. D'autres, qui accueillent trop
facilement les rumeurs qui circulent dans une foule,
sauront pourtant dire avec précision ce qu'elles ont
personnellement vu. Quand bien même, par exemple, les *Miracles de saint Benoît*, que nous raconte
Raoul de Fleury, seraient douteux dans leur ensemble[1], la relation candide des événements qu'il a observés lui-même pourrait faire exception. Lorsqu'il nous
décrit, en traits si précis et si caractéristiques, l'incendie de son monastère[2] ou l'histoire de l'ouvrier
tombé des échafaudages de l'église, qu'il a vu successivement blessé et bien portant[3], on ne voit pas
pourquoi ses affirmations seraient rejetées. Bien
souvent d'ailleurs, l'interprétation surnaturelle où
se reflètent les croyances d'un auteur, est une interprétation purement explicative, logiquement et chronologiquement postérieure aux faits[4] : elle laisse
donc intactes les données de l'observation. Et quand
bien même on la jugerait absurde, on pourrait être
amené à conserver la matière solide, qu'elle enveloppe légèrement sans la déformer. Charcot tourne

1. Je n'entends aucunement l'affirmer.
2. *Miracula Sancti Benedicti*, ch. XXVII.
3. *Ibid.*, ch. XXX.
4. Voir ci-dessus, p. 371.

en ridicule l'explication surnaturelle des cas de
« possession » ou des guérisons accomplies à la parole des thaumaturges; mais il ne conteste point les
faits, et de ces mêmes faits, censés bien vus et bien
décrits par les hagiographes, il propose à son tour
une explication. Raoul Glaber, qui considère l'éclipse
du soleil comme un signe divin et un présage, analyse
cependant le phénomène avec une rare précision[1].
Quoi qu'on pense des extases de sainte Catherine de
Sienne, on prisera le caractère concret et réaliste
des peintures que Raymond de Capoue, qui les
attribuait à une cause surnaturelle, nous en a lais-
sées[2].

Certes, il y a des faits de pénombre et de brume,
des phénomènes fugitifs et imprécis qu'une opinion
préconçue pourra déformer[3]. Mais « il y a des faits
si gros qu'il est difficile de les voir de travers[4] » :
ils s'imposent lourdement et leur poids étouffe, pour
ainsi dire, dans l'esprit la faculté d'interprétation.
Donc on pourra parfois affirmer que la croyance
antérieure a dû être sans influence sur l'observation.

Bien plus, une erreur de jugement sur le merveilleux n'entraîne pas toutes les erreurs possibles.

---

1. Sol ipse factus est sapphirini coloris, gerens in superiori parte
speciem lunæ a sua reilluminatione quartæ... Res vero quæcumque
sub aere crocei coloris esse cernebantur. *Historiarum*, lib. IV, ch. ix,
Migne *P. L.*, 142, col. 683.
2. *Vie*, Partie II, ch. i, n° 126; cf. ch. vi, n° 178. *Acta Sanctorum*
avril, t. III, p. 1347 à 1380.
3. Cf. ci-dessus, p. 375.
4. Langlois et Seignobos, *Op. cit.*, p. 159.

Convaincu de s'être trompé une fois, d'avoir cru à tort au miracle, un auteur ne sera point, par le fait même, suspect de s'être trompé toujours. Il y faudra des raisons spéciales. Car enfin aucun chemin logique, aucune impulsion irrésistible ne mène, du miracle admis ici et là, au miracle admis partout. Pascal schématise ainsi le sophisme propre de la crédulité. « Le peuple raisonne ordinairement ainsi : Une chose est possible, donc elle est; parce que la chose ne pouvant être niée en général, puisqu'il y a des effets particuliers qui sont véritables, le peuple qui ne peut pas discerner quels d'entre ces effets particuliers sont les véritables, les croit tous [1]. » C'est le passage indû de la possibilité au réel, ou d'un cas particulier à un autre cas particulier. Néanmoins, pour son compte personnel, Pascal croyait très fort au miracle, et à des miracles attestés par « le peuple ». Il pensait donc qu'un tel sophisme n'était pas fatal, même chez les simples, et qu'on pouvait savoir qu'il n'avait pas été commis. Et en effet, dans tous les autres domaines où on le commet également, on ne le commet pas universellement : ce n'est pas le procédé normal et naturel de l'esprit. Pourquoi en irait-il autrement sur le terrain religieux? Les mathématiques font naître chez ceux qui les possèdent la tentation d'appliquer à tout la méthode mathématique, d'envisager toute chose sous la catégorie de la quantité. Si certains mathématiciens succombent à

1. *Pensées*. Édit. Havet. Art. XXIII, n° 23.

cette tentation, d'autres y résistent; et la connexion entre les mathématiques et ces fautes de jugement est tout accidentelle. On n'osera pas les attribuer *a priori* à un mathématicien, par le seul fait qu'il l'est. Qu'on en agisse de même à l'égard du croyant. Qu'on veuille bien prendre la peine de discuter les cas un par un, au lieu de les expédier tous par un verdict général ; on sera ainsi plus près de l'équité et de la vérité.

2º Pas plus qu'elle n'obscurcit nécessairement la claire vue des choses, la croyance, même mal fondée, au merveilleux, n'a en soi et par essence de quoi altérer le sens moral. Nous avons dit ce qu'une sanction divine *réelle* conférerait d'autorité à des prescriptions pratiques. Faisons maintenant abstraction de sa réalité. Il suffit que le surnaturel soit *cru*, pour obtenir, en partie, ces effets. Il suffit qu'il apparaisse comme l'auréole brillante d'une loi morale austère pour que celle-ci voie son influence grandir sans mesure.

B) Croyance quelconque appréciée par comparaison avec l'incroyance. — Pour épuiser ce sujet, comparons une croyance quelconque au merveilleux avec l'attitude d'esprit qu'on lui oppose : l'incroyance. Quelle est la valeur respective de l'une et de l'autre au point de vue critique? Je ne parle pas ici de l'incroyance expectante qui, sans prévention contre la possibilité du merveilleux, attend la leçon des faits pour se prononcer sur sa réalité. C'est l'attitude même préconisée en cet ouvrage. Je parle de l'incrédulité définitive, arrêtée, qui tient pour certain qu'il n'y a pas de miracle et qu'il ne peut y en avoir. Et je dis que celle-ci n'a par elle-même aucun avantage sur une croyance quelconque au merveilleux.

D'abord il est faux qu'elle rende l'esprit plus impartial. « L'impartialité ne consiste pas à noter sans idée explicative préconçue, et comme le ferait un appareil enregistreur, mais à être disposé, quelles que soient nos convictions, à voir ce qui se passe avec précision et netteté. L'incrédule n'a aucun privilège sur le croyant pour constater un fait miraculeux. Tous deux ont conçu une hypothèse et cette confiance en leur hypothèse ne les empêchera pas plus de se rendre compte d'un phénomène, que la gravitation, à laquelle il « pensait toujours », n'empêcha Newton de voir une pomme se détacher de l'arbre et tomber à terre [1]. » Croyants et incroyants ont donc des préjugés divers. Il faut ajouter : et des désirs divers. Supposons-les appliqués tous deux à une enquête sur des faits d'apparence merveilleuse. Ni l'un ni l'autre n'est indifférent à l'issue de cette recherche. Chacun souhaite naturellement qu'elle aboutisse à justifier ses convictions, à les mettre en un jour meilleur aux yeux de tous. Si donc on pose en principe que, pour bien apercevoir les faits et les attester avec sincérité, il faut n'y avoir aucun intérêt, croyants et incroyants seront des témoins également suspects [2].

1. Bros, *Comment constater le miracle ? Annales de philosophie chrétienne*, juin 1906, p. 257.
2. Dans l'ensemble. Quant aux avantages de détail que l'un ou l'autre

D'autre part, celui qui croit au merveilleux a sur
l'incrédule des avantages marqués. D'abord pour
la question préalable de la possibilité du miracle, —
ne nous lassons pas de le redire, — c'est lui qui
tient la position correcte. S'il est possible que le
merveilleux se réalise, il faut être prêt à le reconnaître, le cas échéant. L'incroyant n'a pas cette disposition indispensable que le croyant possède. Bien
plus, l'incroyant a établi sa position intellectuelle
sur une erreur de principe[1]. Or, une erreur de ce
genre est, directement et par elle-même, une source
d'erreurs ; un principe vrai est au contraire un instrument de recherche exact et ce n'est que par accident qu'on en peut mal user. Allons plus loin : en
vertu de son présupposé même, l'impartialité sera,
— toutes choses égales d'ailleurs, — plus facile au
croyant. Il a, en effet, autour de lui, plus d'espace
libre où se mouvoir. Ses enquêtes sur le merveilleux peuvent avoir plus d'une issue. Leurs résultats
peuvent être positifs ou négatifs, favorables ou
défavorables. Il n'est pas obligé de conclure, dans
tous les cas, au miracle. Rien ne s'oppose à ce qu'il
admette, en grand nombre, des faits de supercherie,
d'illusion, ou des faits inexpliqués. Pour l'incroyant
au contraire, la route est rigoureusement jalonnée
et le point d'arrivée marqué d'avance. Pour lui, il

pourrait posséder dans tels cas particuliers, ils se compensent. Si,
comme nous l'avons dit, l'affirmation par l'incroyant d'un fait d'apparence merveilleuse est d'un prix exceptionnel, il en va de même de sa
négation par le croyant.

1. Cf. ci-dessus, p. 374 et 378.

faut absolument que tout soit erreur ou illusion. Il
ne peut admettre le moindre cas de merveilleux réel,
car une seule exception constatée ferait crouler sa
thèse[1]. Enfin, outre que le croyant apporte d'une
part une curiosité plus aiguisée et plus sympathi-
que, un goût plus vif à l'étude des faits censés merveilleux, il a, d'autre part, le plus grand intérêt à
savoir si Dieu intervient vraiment, à ne pas confondre les influences divines avec les autres. Ce sont là
d'excellentes dispositions critiques. Sans doute, elles
peuvent être accidentellement entravées ou recou-
vertes par d'autres. Il reste qu'elles sont naturelles
au croyant en vertu de sa croyance même.

De tout ceci résulte une conséquence évidente.
C'est que, quand bien même la croyance au miracle
s'étalerait ouvertement dans un livre écrit pour la
faire partager, en d'autres termes, quand bien même
on aurait affaire à une œuvre d'apologie ou de prédication, il n'y aurait là aucun motif suffisant pour
en rejeter le témoignage. Chacun fait de l'apologie
et de la prédication pour les idées qui lui sont chères,
pour les faits auxquels il attache de l'importance.
Condamner tous ceux qui agissent ainsi serait
condamner l'univers.

3° *Conclusion.* — Remontons aux principes de
psychologie humaine qui dominent toute cette discussion. En thèse générale, il est impossible de

1. Cf. Liv. I, ch. v. Conclusion du chapitre, p. 245, 246.

soutenir que l'homme se trompe ou trompe toutes
les fois qu'il observe ou rapporte des faits qui ne lui
sont pas indifférents. Cela mènerait à supprimer
purement et simplement la valeur du témoignage
humain, car les hommes ne remarquent et ne rapportent des événements que ce qui les intéresse[1]. Cela
contredirait l'expérience ; car — on peut le savoir par
des contrôles efficaces, — les hommes voient juste
et disent vrai, même dans des affaires où les passions les plus vives sont engagées. Par exemple, les
Allemands ne se trompent ni ne mentent, en disant
qu'ils sont entrés à Paris en 1871. Donc la règle
générale proposée est fausse. Il faut dire, non pas :
« l'homme altère », mais « l'homme est exposé à
altérer les faits toutes les fois qu'il y a intérêt ». Puis
il faut mettre cette loi en regard d'une autre loi plus
primitive et plus profonde, qui est celle-ci : « L'homme
a une inclination naturelle à reconnaître et à affirmer
la vérité, et il ne se laissera aller à l'erreur, et surtout à l'imposture, que lorsqu'il y sera poussé par
des affections ou des intérêts assez puissants pour
entraîner la volonté libre en sens contraire[2]. » Enfin,
il faut rechercher laquelle des deux tendances a prévalu, a eu chance de prévaloir dans le cas étudié.
Impossible de décider de ceci *a priori* et par quelques réflexions vagues sur les dangers de la croyance.

1. Trop peu d'intérêt pour les faits observés est même une cause d'erreur, signalée dans les manuels de critique historique. L'observation
aura été « négligente » si « les faits à observer n'intéressaient pas » le
témoin. (Langlois et Seignobos, *op. cit.*, p. 147.)
2. P. Ch. de Smedt, *Des règles de la critique historique*. *Études* 1869,
p. 699.

Que l'on compare, dans les œuvres historiques, les résultats où mène l'application de ces deux systèmes de critique, et l'on sera édifié sur leur valeur. L'historien de saint Bernard trouve, dans les documents de la vie de son héros, un *Liber miraculorum* rédigé par des hommes graves et d'une grande autorité parmi leurs contemporains. « Divers d'origine, d'éducation, de goûts, d'habitudes,... étrangers l'un à l'autre avant leur rencontre auprès de l'abbé de Clairvaux », ils l'accompagnent pendant un voyage, témoins immédiats de tout ce qui se passe, et toujours leurs tablettes à la main pour le noter[1]. Or, ils relatent des prodiges. Il faut admettre, — au moins pour la substance des faits et sauf à en réserver l'interprétation, — ce témoignage revêtu de toutes les qualités requises et qu'en aucune autre matière on n'oserait récuser. Cela seul établit la cohérence et la vraisemblance dans l'histoire. C'est ce que fait M. Vacandard en écrivant la vie de l'abbé de Clairvaux. Au contraire, chose étrange chez un esprit si délié et si épris d'harmonie, Renan est conduit, par sa mésestime intransigeante des témoignages de croyants, à accepter de grosses incohérences psychologiques, des contradictions invraisemblables dans les caractères, de véritables prodiges moraux, plus étonnants que n'importe quel miracle physique. Jeanne d'Arc est, à ses yeux, une « innocente fille », et pourtant elle use, pour se faire croire, de trucs et de menteries[2]. Le Christ lui-même, dont la hauteur

---

1. Vacandard, *Vie de saint Bernard*. Introduction, p. xxxiii, xxviii, etc.
2. *Vie de Jésus*, 13ᵉ édit. Préface, p. xxv.

morale et la transparente sérénité d'âme forcent
l'admiration du critique, devient par intervalles,
dans ses ouvrages, un vulgaire charlatan [1].

Il suffit. Nous pouvons nous attendre à trouver
parmi les croyants plus d'un naïf et peut-être plus
d'un menteur, mais la simple équité, disons moins,
le bon sens élémentaire, nous commande de ne point
étendre dans l'universel ces pronostics défavorables.

§ V. — Les non-professionnels

Nous avons rencontré, en examinant les conditions
relatives aux faits, certaines exigences déraisonnables sur le contrôle du miracle [2]. Parmi elles, plusieurs
concernaient également les témoins : c'est à leur
sujet que nous devons compléter ici, par un mot très
bref, ce que nous avons dit plus haut. On a entendu
Voltaire et Renan formuler les prétentions des savants, ou des simples lettrés, à être seuls compétents
pour l'examen du miracle [3]. Ces prétentions ne sont
nullement abandonnées : au contraire. Elles se sont
fait jour en de récentes polémiques sur les guérisons
de Lourdes. En discutant le cas de Pierre de Rudder [4], le docteur Aigner, de Munich, n'a pas craint

1. *Vie de Jésus*, p. xxiv, xxv, 96, 262 à 264, 467, etc.
2. Ci-dessus, p. 317 sq.
3. *Ibid.*
4. Voir la note 3 de la page 316.

d'énoncer ce principe : « Tous les témoins non-médecins doivent être récusés comme incompétents[1]. » A la séance de la *Société des Médecins de Metz*, où l'on s'occupa de la guérison de Mme Rouchel[2], le docteur Müller posa la question suivante au docteur Boissarie, président du Bureau des constatations à Lourdes : « Je demande à M. le docteur Boissarie si lui-même, le jour de cette guérison, avait visité auparavant Mme Rouchel. A-t-il vu la fistule le matin ? Si tel n'est pas le cas, nous ne pouvons nous occuper de cette guérison. Des laïques (*sic*)[3], ne sont jamais en état de remplacer les témoignages des médecins. Si aucun médecin n'a visité Mme Rouchel immédiatement avant sa guérison, nous ne pouvons pas attacher de valeur aux autres témoins, pas même à celui de sœur Sophie [l'infirmière], bien qu'elle ait une certaine pratique dans les soins à donner aux malades, car elle est aussi à classer parmi les témoins laïques non initiés à la science[4]. » Une fois entré dans ce chemin, on ne trouve plus de raison pour s'arrêter. Que certains malades aient été examinés médicalement avant et après leur guérison, on distinguera entre médecins

---

1. Deschamps, *Le cas Pierre de Rudder*, p. 59.

2. Mme Rouchel, de Metz : « perforation de la joue et du voile du palais, guérie le 5 septembre 1903 ». Boissarie, *L'œuvre de Lourdes*. Edition de 1909, p. 245.

3. Par « laïques » le docteur Müller entend toutes les personnes qui ne sont pas médecins. La science est, à ses yeux, un sacerdoce. Le docteur Christel, de Metz, se sert de la même expression. Voir ses paroles ap. Bertrin, *Ce que répondent les adversaires de Lourdes*, p. 96.

4. Docteur Boissarie, *op. cit.*, p. 258.

et médecins : « Qui a vu ces cas ? dira-t-on, des médecins peu connus, aucune illustration médicale[1]. » Voilà bien des témoins récusés ! Et maintenant, quel arbitre fixera le degré d'« illustration » qu'il faudra atteindre pour être enfin un observateur idoine ?

Sans doute, des expériences nombreuses sur la matière même qu'il s'agit d'observer, la connaissance de la signification des divers symptômes[2], la précision et la rigueur que confère à l'esprit la culture scientifique augmenteront la valeur d'une observation. Ainsi préparé, le témoin verra mieux, non pas tout, mais certains détails ; il scrutera son objet d'un regard plus aigu. Mais enfin, l'absence de ces qualités ne vicie pas radicalement l'observation, ne la rend pas nulle. Et même, nous venons de l'insinuer, il y a des phénomènes si immédiatement visibles que les qualités susdites n'aideront pas à les mieux voir. « Certains événements extérieurs, simples et frappants, ne nécessitent pas une culture spéciale pour être constatés[3]. »

Prenons des exemples concrets, tirés précisément des cas à propos desquels on formule de telles exigences. Une jambe si bien cassée qu'elle pivote sur elle-même, et qu'on peut la tourner le talon en avant,

---

1. Objection du docteur Bayla, de Milan, ap. Deschamp, *op. cit.*, p. 97.
2. Notons que ces deux avantages n'appartiennent pas exclusivement aux médecins, et que des infirmiers exercés les possèdent aussi, souvent dans une large mesure. Or, l'exception opposée à tous les « laïques » porte spécialement sur ceux-ci. Voir le texte du docteur Müller cité plus haut.
3. Bros, *art. cit.*, p. 256, 257.

des perforations dans les tissus, des fistules ouver-
tes et suppurantes, qu'on est obligé de boucher avec
des tampons de ouate « gros comme le petit doigt[1] »,
sont des objets susceptibles d'être perçus et décrits
avec exactitude par le premier venu dont les facultés
sont intactes, en particulier par les personnes qui,
sans être médecins, ont soigné les malades. Et c'est
à propos de phénomènes de ce genre qu'un des praticiens les plus distingués des hôpitaux de Paris a
dit ce joli mot : « Il n'est pas besoin d'être tailleur
pour voir qu'un habit a des trous [2]. »

Le savant est seul compétent pour interpréter les
apparences, du moins de façon complète, mais non
pour les percevoir. On s'en remettra à lui pour dire
si les phénomènes sont explicables par quelque loi
naturelle, pour en faire l'analyse technique et précise.
Mais autre chose est d'analyser, d'expliquer, de traduire les faits en langage scientifique, de couler la
matière de l'expérience dans les compartiments de
la théorie ; autre chose est d'enregistrer simplement
les apparences évidentes. M. le chanoine Bertrin
distingue fort opportunément le témoignage médical et le témoignage historique. « Dans une maladie,
écrit-il, on peut chercher à découvrir la *nature* même

1. Bertrin, *op. cit.*, p. 96 et *Histoire critique des événements de Lourdes* (Édit. de 1910), p. 357. Cf. Boissarie, *op. cit.*, p. 251 sq. — Inutile
de répéter que nous entendons ne rien affirmer ici sur la réalité des faits.
Nous disons simplement : *s'ils sont tels*, il n'est pas nécessaire d'être
médecin pour s'en rendre compte.

2. Docteur Tennesson, médecin de l'hôpital Saint-Louis, *ap.* Boissarie,
op. cit., p. 270. On voit qu'il serait injuste de prêter à tous les hommes
de science les ridicules prétentions de quelques individus.

du mal, ou se borner à en constater *l'existence*. Ainsi je vois un malade vomir du sang. Je ne me préoccupe pas de savoir d'où vient ce vomissement, quelle en est la cause. Si on me demande ensuite : « Avez-vous « vu en réalité le sang sortir de la bouche ? » je répondrai : « Oui, je l'ai vu. » Et ce sera un simple témoignage *historique*. Au contraire, un médecin, qui se trouve là, considère la couleur du liquide et note toutes les circonstances capables de le renseigner sur la nature du mal qui a provoqué l'accident. C'est un examen *médical*. Cette distinction est essentielle[1].» On ne saurait parler avec plus de bon sens. Les médecins eux-mêmes font état des renseignements fournis par les non-professionnels. Ils ne peuvent pas tout voir, se trouver toujours là pour être témoins de ce qui se passe. Et ce sont les observations du malade lui-même et de son entourage qui fondent pour moitié leur diagnostic. Écoutons encore un médecin que nous avons cité : « Pour établir l'exactitude [des faits], il faut tenir compte des commémoratifs fournis par [le] malade et par son entourage. C'est ce que tous les médecins font, tous les jours, dans leur pratique. Sans doute, ils n'acceptent les renseignements fournis que sous bénéfice d'inventaire : et la critique de ces renseignements doit être indépendante de toute considération extramédicale. Mais il n'y a pas de raison pour soumettre la critique médicale à un régime d'exception quand il s'agit des malades de Lourdes[2]. »

1. Bertrin, *Ce que répondent les adversaires de Lourdes*, p. 92.
2. Dr Tennesson, *ap.* Boissarie, *op. cit.*, p. 269.

Au reste, toutes les sciences pourraient avoir des exigences semblables à celles que l'on formule au nom de la médecine. Et comme la chimie, la physique, la biologie, la psychologie, la morale, la métaphysique, la science sociale, etc., sont intéressées dans les événements en question, ce n'est pas une spécialité qui devrait être représentée au tribunal de constatation, mais toutes[1]. Disons même, comme elles sont intéressées dans l'universalité des événements humains, il faudrait les faire intervenir au grand complet pour attester le moindre fait historique. Nous allons ainsi tout droit à l'absurde. Et c'est à quoi l'on ne peut manquer d'aboutir si, outre les qualités communes, nécessaires pour un contrôle tout extérieur et non scientifique, on commence à requérir du témoin d'histoire certaines cultures particulières. La fantaisie seule ou les besoins de la cause pourront ici poser une limite.

Qu'on n'objecte pas que, quand un fait est moins croyable *a priori* que les autres, la prudence commande d'exiger un contrôle plus rigoureux. Cette remarque, nous l'avons faite ici même[2]; mais elle ne prouve pas que les spécialistes seuls soient qualifiés pour un tel contrôle. Il s'agit, en effet de savoir si le phénomène a été vu et décrit tel qu'il était. Du moment que la preuve de ceci est faite, la profession des témoins n'importe plus. Si la qualité de savant confère des aptitudes spéciales à bien voir et à bien décrire, elle n'est ni nécessaire, ni suffisante pour

1. De fait, Renan semble les requérir. Voir ci-dessus p. 318.
2. Liv. II, ch. ii p. 281 sq.

cela. De même qu'un médecin, en dépit de ces aptitudes, peut être distrait, regarder superficiellement
ou de travers, et mal noter ce qu'il perçoit, de même
un profane peut mettre en œuvre un coup d'œil sagace et une attention scrupuleuse.

§ VI. — Les foules : contagion mentale et hallucinations collectives

L'infériorité critique des foules peut être envisa-
gée à deux points de vue différents. On peut se
plaindre que le contrôle des faits y soit difficile,
parce que l'observateur s'y trouve noyé, parce que
les rumeurs y naissent, indéfinies et vagues, susceptibles de grossir en circulant. Il n'y a là qu'un ensemble de phénomènes *normaux*. Ces inconvénients
d'ailleurs ne sont ni universels ni insurmontables.
Certains événements sont assez visibles pour qu'un
nombre considérable de personnes puisse s'en assurer à la fois ; bien souvent d'ailleurs, chacun peut
les revoir à loisir et les vérifier en son particulier ;
et même dans une foule, — nous en avons tous fait
l'expérience, — un homme avisé n'est point fatale-
ment entraîné par le courant des nouvelles diffuses,
dont l'origine lui échappe. La multitude a d'ailleurs
certaines supériorités sur les témoins isolés. Si les
individus qui la composent demeurent dans leur état
normal, ils constituent un tribunal, où des juges
nombreux, divers d'opinions et de caractères, font

des critiques indépendantes qui se contrôlent l'une l'autre, où la publicité même de l'épreuve est une garantie contre la fraude.

Mais la pathologie des foules nous ouvre un autre point de vue. Elle nous signale l'éclosion dans les multitudes de phénomènes *anormaux*. Certains auteurs donnent à ce point de vue une portée universelle et une rigueur sans atténuation. La pathologie devient tout uniment « la psychologie des foules ». Selon le docteur Gustave Le Bon, la foule est un être *sui generis*, différent de la somme des individus qui la composent, incapable d'observation et de réflexion, sujet à la suggestion et à l'hallucination. Et cela est fatal. Du moment qu'une personne raisonnable et clairvoyante est plongée dans une foule, elle se dépersonnalise : cette immersion fait disparaître toutes ses qualités, elle devient aveugle et folle. Citons. « Dès que quelques individus sont réunis, ils constituent une foule, et, alors même qu'ils seraient des savants distingués, ils prennent tous les caractères des foules pour ce qui est en dehors de leur spécialité. La faculté d'observation et l'esprit critique possédés par chacun d'eux s'évanouissent aussitôt. » Par ailleurs, « il n'est pas besoin qu'une foule soit nombreuse pour que la faculté de voir correctement ce qui se passe devant elle soit détruite, et les faits réels remplacés par des hallucinations sans parenté avec eux[1] ». Dans la foule « la personnalité consciente s'évanouit, les sentiments et les idées de

---

1. Le Bon, *Psychologie des foules*, p. 31.

toutes les unités sont orientés dans une même direction[1]. »

Au point de vue des facultés intellectuelles, les foules présentent donc des tares spéciales. Ce sont la contagion mentale et la suggestibilité[2]. Les idées et les images se propagent d'un cerveau à l'autre, tout autrement que par les moyens rationnels de persuasion, un peu à la façon des ondes circulaires qui gagnent de proche en proche toutes les molécules d'une surface liquide dont un point a été touché. Ceci n'a pas lieu seulement dans les grandes masses populaires. La théorie entend par « foules » même des groupes restreints et composés de personnes cultivées. Par exemple, la soi-disant découverte des rayons N, qui fit tant de bruit en 1903 et 1904, est un beau cas de contagion mentale et de suggestion[3]. On connaît les faits. Plusieurs professeurs de l'Université de Nancy crurent apercevoir des effluves, émis par diverses substances, qui formaient une tache lumineuse sur un écran phosphorescent. Quatorze observateurs garantirent l'existence des rayons N. Malheureusement, en refaisant les expériences, d'autres observateurs ne voyaient rien[4]. « La *Revue scientifique* ouvrit une grande enquête, à la suite de laquelle les physiciens [de Nancy] durent reconnaître qu'ils avaient été victimes d'une illusion collective créée par la suggestion et qu'ils ne pouvaient

1. *Psychologie des foules*, p. 12.
2. *Ibid.*, p. 18.
3. M. Le Bon l'a donnée comme telle dans un article du *Matin* reproduit par l'*Echo du Merveilleux*, 15 mars 1908.
4. Voir la *Revue scientifique*, octobre, novembre, décembre 1904.

plus voir les rayons perçus si facilement par eux quand ils étaient sous l'influence de cette suggestion [1]. »

Si telle est la puissance de la contagion dans un cénacle scientifique et parmi des gens de sens rassis, à quels effets n'atteindra-t-elle pas dans des multitudes exaltées par le sentiment religieux? « C'est le propre des états de l'âme où naissent l'extase et les apparitions, écrit Renan, d'être contagieux. L'histoire de toutes les grandes crises religieuses prouve que ces sortes de visions se communiquent : dans une assemblée de personnes remplies des mêmes croyances, il suffit qu'un membre de la réunion affirme voir ou entendre quelque chose de surnaturel, pour que les autres voient et entendent aussi [2]. »

La cause de ces hallucinations est ce que l'on appelle « l'attention expectante [3] ». « L'attente, dit Renan, crée d'ordinaire son objet [4]. » Et M. Le Roy répète : « L'attente fiévreuse du prodige est mère d'hallucinations collectives [5]. » A l'appui de cette loi, on cite un certain nombre de faits. Le cas des rayons N en est un. Il y en a d'autres plus dramatiques. Les matelots de la *Belle Poule*, à la recherche de l'équipage d'un navire perdu, croient apercevoir un radeau chargé d'hommes signalé au loin par la vigie: quand on s'approche, ce n'est qu'un amas de

1. Le Bon, *art. cit.*
2. *Les Apôtres*, ch. I, p. 16. Cf. E. Le Roy, *Essai sur la notion du miracle*, II, p. 171, 172, et Zola, *Lourdes*, p. 90 et 113.
3. Le Bon, *Psychologie des foules*, p. 28.
4. *Op. cit.*, p. 22.
5. *Loc. cit.*

branches feuillues flottant à la dérive[1]. Les soldats du
régiment de la Tour d'Auvergne (46ᵉ de ligne) arrivent harassés, après une marche de dix-neuf heures
dans une abbaye que l'on dit hantée. A minuit, ils
croient voir le diable, sous la forme d'un gros chien
noir, passer dans leur dortoir[2].

Dans ces théories, il y a incontestablement une
part de vérité. L'attention expectante est la cause de
certaines hallucinations, plus fréquentes qu'on ne
le croirait tout d'abord[3]. La contagion mentale est
un fait, et bon nombre des remarques du docteur
Le Bon sur l'âme commune des foules et sur leur
impressionnabilité sont de la plus grande justesse.
Toutefois, nous devons nous rappeler en pareil sujet
que la psychologie collective n'est pas une science
constituée, et que ses « lois » ne peuvent guère prétendre à la précision et à la rigueur[4]. Aussi est-on
étonné de les voir prendre, sous la plume du docteur Le Bon, l'apparence rigide et fatale des lois
physiques. Cette rigueur ne leur est acquise qu'aux
dépens de la vérité. Il n'est pas vrai que des personnes normales, par le seul fait qu'elles font partie

1. Le Bon, *op. cit.*, p. 31.
2. Docteur Surbled dans *Revue des Questions scientifiques*, de Bruxel-
les, 1899, p. 408 sqq. Cf. de Bonniot, *Le Miracle et les Sciences médicales*,
p. 280.
3. Voir J. de la Vaissière, *Éléments de psychologie expérimentale*,
p. 156 : « Dans les manœuvres de torpilleurs, on signale fréquemment
la présence d'un torpilleur ennemi qui n'existe pas. »
4. *Ibid.*, p. 339, 340.

d'une foule, perdent leur don de voir et de juger
pour devenir aveugles et hallucinées. La personnalité ne s'abolit point dans ce milieu ; les opinions
divergentes y subsistent. L'affluence des croyants
dans les lieux où le miracle est censé s'opérer ne
suffit pas à en évincer les incroyants. C'est ce que
nous voyons de nos jours à Lourdes. Zola et Huysmans s'y sont mêlés aux foules enthousiastes, sans
que leur faculté critique y ait subi la moindre éclipse,
sans que la contagion de la foi ait atteint le premier.
Au sein de ces foules, à côté d'une piété exaltée, on
rencontre, en très forte proportion, la simple curiosité, le dilettantisme avide d'impressions neuves,
le scepticisme très profane, parfois dédaigneux, et
enfin, moins souvent, l'hostilité nette. Même chez
des croyants profondément sincères, l'enthousiasme
populaire éveille souvent une réaction prononcée de
répugnance et d'antipathie[1]. Et ce qui se voit à
Lourdes s'est vu de tout temps. Les miracles du
diacre Pâris suscitaient autant de contradictions que
d'adhésions. Les « libertins » plaisantaient déjà aux
exorcismes de Loudun. Ce serait une grosse erreur
de croire que le personnage du sceptique et de
l'esprit fort fût inconnu même au moyen âge. Les
anciens hagiographes laissent souvent deviner qu'ils
l'ont rencontré et ils jugent utile de se prémunir
contre ses objections possibles. Si nous en croyons
les évangiles, Jésus-Christ était entouré de certains
personnages qui n'eussent pas été fâchés de le

1. Cf. J. de Tonquédec, *l'Eucharistie à Lourdes. Etudes* 1909. Tome III,
p. 454. J. de Beaucorps, *Lourdes : les Pélerinages*, p. 141.

prendre en défaut, et de le trouver à court de puissance : témoin l'insistance qu'ils mettent à lui demander le prodige à leurs yeux décisif, le « signe du ciel[1] ». Les multitudes, même religieuses, n'imposent donc point à tous leurs membres cette mentalité unique dont on nous parle ; leur contagion n'est pas assez puissante pour fondre en une seule les âmes diverses. Une foule peut être divisée. Dans ces grandes nappes humaines circulent souvent des courants de sens contraire, aussi puissants les uns que les autres. Et alors les affirmations des croyants exaltés se heurtent à des oppositions fortes et à des contrôles dépourvus d'indulgence[2].

En outre, l'attention expectante ne provoque l'hallucination collective que dans des circonstances spéciales[3]. Les rayons N n'étaient censés produire qu'une petite tache faiblement lumineuse et difficile à apercevoir, de l'aveu même de ceux qui y croyaient. Encore la majorité des observateurs fut-elle réfractaire à la contagion[4]. La nature d'un objet lointain

1. Cf. par exemple *Marc*, VIII. 11, etc.
2. Par une contradiction inaperçue avec les passages que nous avons cités de ses ouvrages, le docteur Le Bon écrit ceci : « Ce n'est pas par le seul fait que beaucoup d'individus se trouvent accidentellement côte à côte qu'ils acquièrent les caractères d'une foule organisée. » *Op. cit.* p. 12. Cela est contradictoire, dis-je, avec les lignes transcrites plus haut. Car il revient au même de dire : « plusieurs hommes peuvent ne pas faire une foule, » ou « dans une foule, plusieurs hommes peuvent ne pas présenter les caractères de la foule ». Ces deux formules correspondent également à la pensée que nous soutenons ici. Si on l'accepte, on ne pourra plus dire, avec M. Le Bon : « Dès que quelques individus sont réunis, ils constituent une foule » et leurs facultés personnelles « s'évanouissent aussitôt ».
3. Ce que nous disons ici de l'hallucination collective s'applique évidemment à l'hallucination individuelle.
4. Cf. *Revue scientifique*, 29 octobre 1904, p. 547.

qui flotte sur la mer n'est pas aisément discernable. Des jeux d'ombre dans la nuit peuvent affecter toutes les formes. Des hommes affaiblis par une fatigue exceptionnelle sont prédisposés aux troubles sensoriels[1]. Bref tous les exemples que l'on allègue sont susceptibles de quelque explication particulière, et leur ensemble ne suffit en aucune façon à établir cette loi que l'attention expectante soit capable, par elle-même et à elle seule, de créer son objet. — Au contraire, des exemples inverses prouvent qu'une foule où domine l'enthousiasme religieux le plus intense, où l'attention expectante atteint son paroxysme, échoue complètement à voir ce qu'elle attend. Il n'y a que Renan pour risquer, d'une plume alerte, ce gros aphorisme que « l'attente crée *d'ordinaire* son objet ». Combien de fois n'avons-nous pas vu à Lourdes, à la procession du Saint Sacrement, le désir le plus impérieux du miracle et les supplications les plus enflammées n'aboutir à rien! On désirait voir avec passion et on ne voyait pas. Pour ma part, je n'ai jamais entendu la foule crier au miracle dans ces circonstances, avant qu'un mouvement anormal *réel*, par exemple quelque effort pour se lever et marcher, fût aperçu chez les malades. Encore le murmure qui se produisait d'abord était-il, beaucoup moins qu'une acclamation, une rumeur de curiosité, un bruit confus de questions et de réponses, signifiant simplement que peut-être il se passait quelque chose. Nous

---

1. Voir ce que nous avons dit plus haut des hallucinations amenées par la fatigue. Liv. II, ch. 1, p. 261.

sommes donc, on le voit, infiniment loin de pouvoir établir une relation constante et scientifiquement constatée entre l'attention expectante et la vision hallucinatoire de son objet.

Enfin, que l'attente aboutisse à l'hallucination, ce n'est qu'un cas particulier et accidentel dont il ne faut pas universaliser la formule. Admettons, sous bénéfice d'inventaire, tous les faits que l'on nous cite. Ils ne constituent, à tout prendre, que des exceptions, des anomalies. Une foule est bien plus souvent non hallucinée qu'hallucinée. Et l'absurdité de la supposition contraire éclate, si l'on fait réflexion que la prétendue loi est censée s'appliquer à des groupes aussi restreints qu'une quinzaine de professeurs d'Université. A ce compte, tout groupe d'hommes quelconques, réunis par quelque préoccupation commune, serait suspect d'hallucination collective. Même la commission scientifique, imaginée par Renan pour la constatation du miracle, ne fournirait plus aucune garantie [1]. Ne renversons donc pas les termes : c'est l'état normal qui est l'état normal et c'est l'hallucination qui est l'anomalie. Les professeurs de Nancy ont été le jouet d'une illusion : soit. On ne soupçonnera point pour cela tous les savants d'être collectivement hallucinés lorsqu'ils font des expériences de physique. Que l'on applique la même règle aux réunions religieuses. La vigie et les matelots de la *Belle Poule* se sont

1. Qu'on n'objecte pas qu'il s'agirait là de spécialistes opérant dans les limites de leur spécialité. Les professeurs de Nancy étaient cela, et aussi les matelots de la *Belle Poule.*

trompés : soit. Il est cependant bien probable *a priori* qu'une embarcation, aperçue en mer par plusieurs personnes, est plutôt une embarcation qu'un amas de branches. Et s'il s'agit de phénomènes plus facilement visibles, la probabilité de l'erreur décroît infiniment. Traitons par ces mêmes règles circonspectes les affirmations qui émanent d'une foule de fidèles. Il faut une raison spéciale pour supposer la présence de l'hallucination : si cette raison manque, elle devient improbable. Il n'y a pas moins de naïveté à admettre sur une large échelle cette anomalie psychologique que des anomalies physiques. Ce n'est qu'un caprice de l'esprit, entêté de quelques observations curieuses, qui peut conduire à l'ériger en règle universelle. Si on le fait, il n'y a pas de témoignage historique qui puisse tenir. On pourra tout nier en se référant à l'hallucination collective. La concordance même des observations, loin d'être une garantie, deviendra une raison de se méfier. Et alors on sera amené à la conclusion paradoxale, mais toute naturelle, du docteur Le Bon : « Il découle clairement de ce qui précède qu'il faut considérer comme des livres d'imagination pure les livres d'histoire... Gâcher du plâtre est faire œuvre bien plus utile que de perdre son temps à écrire de tels livres[1]. »

1. *Op. cit.* p. 38.

REMARQUE SUR QUELQUES INDICES D'ERREUR
OU DE FRAUDE

La critique historique connaît plusieurs marques
de la fiction littéraire. De la plupart il n'y a rien à
dire qui concerne spécialement la question du merveilleux. Mais sur deux d'entre elles on peut, en
pareille matière, se méprendre gravement, et il
importe de les caractériser ici avec soin.

1° *Le brillant des événements rapportés.* — Un
auteur peut avoir altéré les faits pour les rendre plus
intéressants. Il les aura transformés selon son idéal.
Le critique devra rechercher cet idéal et se demander si les passages qui y sont conformes ne portent
aucune trace d'artifice [1]. — Mais faudra-t-il en conséquence réputer inventé tout ce qui fait le brillant
d'une scène historique? et proscrire de l'histoire,
comme quelques-uns semblent le proposer, les attitudes nobles, les paroles éloquentes ou piquantes,
les sentiments intenses, les événements dramatiques
ou extraordinaires [2]. A ce compte, le sort du miracle
est réglé. Comme il est, par nature, une chose brillante, et très apte à servir d'ornement, comme il
entoure celui qui l'opère d'une gloire surnaturelle,
c'est entendu, il ne peut être qu'une invention, un
effort, naïf et gauche, d'idéalisation.

1. Langlois et Seignobos. *Introduction aux études historiques*, p. 144.
J'use à dessein, on va voir pourquoi, de formules moins absolues que
ces auteurs.
2. *Ibid.* et p. 145.

Le travail d'idéalisation porte de préférence sur les grands hommes. Tous ont leur légende. Il suffit qu'un nom ait gardé du relief dans la mémoire de l'humanité pour qu'autour de lui se groupent des histoires admirables. Il en va ainsi, en particulier, du fondateur ou des héros d'une religion. Au souffle ardent de la foi, le miracle éclora dans leur histoire en floraison luxuriante. — Ceci est évidemment une possibilité, une vraisemblance, dont le critique aura à tenir compte, et dont il devra épier les indices de réalisation. S'ensuit-il cependant que sa tâche consiste à dépouiller la vie des grands hommes de toute circonstance extraordinaire et à n'en retenir que les événements les plus communs ?

Non vraiment. A manier les documents de cette façon brusque et raide, on risque d'en faire tomber la vérité qu'ils contiennent. Je ne puis, pour ma part, m'empêcher de trouver exagérée cette « règle », que MM. Langlois et Seignobos avouent eux-mêmes « paradoxale, qu'on doit tenir une affirmation pour suspecte d'autant plus qu'elle est plus intéressante au point de vue artistique [1] ». L'artifice, nous l'avons vu, peut apparaître dans les morceaux de ce genre, et c'est lui qu'il faut s'appliquer à discerner. Mais il y a loin de cette recommandation circonscrite dans son objet à la méfiance d'ensemble qui suspecte toute histoire par le seul fait qu'elle est belle ou intéressante. Ce qui inspire une telle méfiance ne peut être qu'une vue du monde qui l'aperçoit tout entier

1. *Ibid.*

banal et médiocre. Or les yeux qui voient tout en gris sont des yeux malades. Il arrive parfois ici-bas des scènes poignantes ou superbes, où les âmes sont montées à un ton éclatant, et des mots pittoresques ou sublimes naissent par improvisation. S'il y a des visionnaires, comme Saint-Simon ou Michelet, qui colorent et dramatisent tout, il y a aussi des personnes dont les facultés d'observation sont assoupies par le trantran de la vie quotidienne. Dans une scène qui se passe sous leurs yeux, elles n'aperçoivent pas ce qui est original. Et l'expérience montre que le récit le plus terne n'est pas toujours le plus exact. « L'idéal, dit Renan, est quelquefois le vrai. Athènes offre l'absolu du beau dans les arts, et Athènes existe. Même les personnages qu'on prendrait pour des statues symboliques ont pu, à certains jours, vivre en chair et en os [1]. » Et d'autre part, certains traits, qui sentent positivement l'enflure et l'artifice, peuvent être le fait des acteurs et non celui du narrateur. Dans la Rome antique par exemple, comme dans l'Italie moderne, comme dans nos assemblées révolutionnaires, les attitudes étaient facilement pompeuses et les paroles déclamatoires.

En ce qui concerne les grands hommes, l'admiration qu'ils ont excitée peut certes être la cause d'embellissements dans leur histoire. Mais cet enthousiasme avait peut-être aussi une cause proportionnée. Ceux qu'on a si fort admirés présentaient apparemment quelques traits extraordinaires. Des érudits

1. Renan. *Les Evangiles* (1877), p. 87 et 88.

modernes ont voulu rabaisser César au niveau de
l'humanité moyenne. « Mais ceux qui l'ont connu
étaient précisément frappés de ce fait qu'il ne ressemblait à personne. Ses soldats, qui lui étaient
dévoués jusqu'à la mort, ses lieutenants dont la valeur personnelle semblait multipliée sous ses ordres,
les peuples qu'il dompta et ceux qu'il séduisit
n'eurent jamais la pensée que César était un homme
comme un autre... On n'est pas dans la vérité en
rayant de l'histoire les grands hommes, sous prétexte qu'on n'en a pas vu de semblables dans le présent [1]. » Pareillement, si les foules se sont pressées
sur les pas d'un thaumaturge, si même elles lui ont
attribué des prodiges qu'il n'a pas accomplis, c'est
peut-être qu'il a paru être l'auteur de quelques faits
vraiment inexplicables. Si l'on publie des miracles
de Lourdes qui n'ont aucune réalité, la réputation
de Lourdes peut être tout de même fondée sur des
guérisons réelles. Le proverbe populaire, qui dit
qu'on ne prête qu'aux riches, pourrait bien avoir
son application jusque dans la critique historique.

Enfin, — et nous touchons ici la question partout
fondamentale en ces études, — du moment que l'on
admet que le miracle est possible, on n'a plus le
droit de l'expulser de l'histoire, sous prétexte que
son éclat le rend suspect ; car *son éclat, c'est sa nature même.* Une fois qu'il a pris rang, avec ses carac
tères distinctifs, parmi les choses possibles, il est
trop tard pour y rien changer ; et il ne s'agit plus

---

1. Laurand : *Remarques sur la méthode historique. Plus de grands
hommes ! Études,* 5-20 novembre 1914, p. 230 et 231.

que de vérifier ses titres à l'existence de fait. Le
remplacer par des phénomènes incolores est un procédé aussi arbitraire que de réduire au niveau
moyen, avant de les accueillir dans l'histoire, les
personnages ou les événements qui le dépassent. La
critique digne de ce nom arrive, par les méthodes
légitimes dont nous avons dit quelque chose, à distinguer les surcroissances légendaires des branches
solides de l'histoire ; et nous ne pouvons décider
d'avance qu'ayant coupé les premières, elle ne trouvera point, engagé parmi les secondes, le rameau
d'or du merveilleux.

2° *Les répétitions d'événements semblables.* —
Nous l'avons indiqué plus haut, en parlant de la critique d'interprétation[1] et des procédés historiques
du moyen âge[2], certains récits de miracles consistent
en des plagiats, ou en des adaptations de thèmes
préexistants. Le fait est prouvé dans bien des cas
par la similitude de détails multiples et caractéristiques, par la marche parallèle des narrations, quelquefois même par l'identité des expressions[3]. Toutefois il ne faudrait pas conclure précipitamment de
ceci qu'une similitude, même très accusée, soit un
signe infaillible de fiction.

En effet, un même événement peut se répéter[4],

---

1. Ci-dessus ch. III, section III, *d* et *e*, p. 306 sq.
2. Ci-dessus p. 333 sq.
3. Cf. Delehaye. *Op. cit.*, pp. 30 à 41 et 110 à 120.
4. J'entends évidemment cette identité au sens large, de certaines
lignes générales : des détails infinitésimaux, et que l'histoire laisse tomber, différencient tous les cas concrets.

parce que la nature des choses reste la même, que
les circonstances se ressemblent, et que les institutions, les coutumes, les mœurs et les idées durent.
Cette remarque trouve son application jusque dans
la question du merveilleux. Supposons par exemple
que les miracles de Jésus-Christ soient réels. Ses
fidèles étant animés de son esprit, et les misères humaines restant identiques, s'ils font eux aussi des
miracles, ce seront des miracles analogues à ceux du
Maître : par exemple des malades guéris, des vivres
multipliés, etc. Supposons que plusieurs personnages vraiment envoyés de Dieu se succèdent parmi
les hommes : il n'y aura rien d'étonnant à ce que leur
histoire se ressemble, spécialement dans sa partie
merveilleuse. Ils ont en effet le même rôle à jouer,
et il est convenable que Dieu les désigne et les glo-
rifie de la même façon surnaturelle. Sans doute, c'est
de ces convenances mêmes que les faussaires s'auto-
riseront pour rendre vraisemblables des récits de
pure imagination : elles n'en sont pas moins réelles.
De même que, dans les divers cultes, des cérémo-
nies pareilles ne sont nullement l'indice infaillible
d'une filiation ou d'un emprunt, mais procèdent
souvent de l'attitude spontanée de l'homme en face
de Dieu, de même des similitudes de miracles peuvent provenir de l'attitude, si l'on ose dire, naturelle
de Dieu à l'égard de l'homme.

Même si aucune raison d'ordre général ne se présente pour expliquer la répétition des événements,
il faudra y regarder à deux fois, avant d'en supprimer
quelqu'un pour la seule raison de similitude. Car,

en définitive, la répétition de détails caractéristiques ne paraît pas absolument impossible *a priori*. Ce sera donc, la plupart du temps, par d'autres moyens, — analyse des procédés littéraires, découverte des sources exploitées, renseignements sur l'âge respectif des divers documents, sur le caractère et la situation des écrivains, etc., — que l'on arrivera à prouver l'emprunt. Ainsi encadrées et éclairées par d'autres indices, les similitudes deviendront très significatives. A défaut de ce commentaire, elles resteront souvent sans portée. Et au cas où les autres indices seraient favorables, je me demande même comment on s'y prendrait pour en tirer la conclusion indiquée.

Mais plus impressionnantes encore que ces considérations générales sont les raisons d'expérience nous montrant *a posteriori* que la réalité se répète, même quelquefois dans ses détails les plus rares et les plus extraordinaires. « Il y a parfois, écrit le P. Delehaye, des coïncidences vraiment déconcertantes et je veux en citer un remarquable exemple. Si on lisait que le même jour l'Eglise fait la fête de deux saints, morts en Italie ; que la conversion de l'un et de l'autre fut amenée par la lecture de la vie des Saints ; qu'ils fondèrent chacun un ordre religieux sous le même vocable, et que ces deux ordres furent supprimés par deux papes homonymes, on pourrait se croire en droit de dire, en s'en tenant à ces traits caractéristiques, qu'un seul et même personnage a été dédoublé et qu'il est inscrit deux fois au martyrologe sous des noms divers. Et pourtant il existe deux saints parfaitement historiques, et même

relativement modernes, à qui s'appliquent toutes ces
particularités. Saint Jean Colombini, mort près de
Sienne le 31 juillet 1367, ramené à la pratique des
vertus chrétiennes par la lecture de la vie des Saints,
fonda l'ordre des Jésuates supprimé par Clément IX.
Saint Ignace de Loyola, mort à Rome le 31 juillet 1556, fut touché de la grâce en lisant les vies des
Saints qu'on lui avait passées pour charmer les
ennuis de sa convalescence ; il fonda l'ordre des
Jésuites, supprimé, comme chacun sait, par un autre
pape Clément [1]. » — Voici un autre exemple, tiré des
annales de la sorcellerie. L'histoire d'Urbain Grandier est la réplique, à trente ans de distance, de celle
de Louis Gaufridy [2]. De part et d'autre, on trouve un
prêtre, de mœurs douteuses, accusé d'avoir, par ses
sortilèges, produit une possession diabolique. Les
possédées sont des femmes appartenant à une congrégation d'Ursulines [3]. Les procédés du maléfice
sont analogues : là des « roses musquées », ici une
« noix charmée ». Les sentiments, fort complexes,
des possédées à l'égard du magicien, se ressemblent.
Suivent des scènes d'exorcismes absolument identiques, qui font grand bruit dans le pays. Le prêtre
suspect est mis à la question, convaincu de sorcellerie, et condamné à être brûlé vif par arrêt d'un

---

1. *Op. cit.*, p. 112, 113.
2. Voir Dr Legué: *Urbain Grandier et les possédées de Loudun*. Char-
pentier, 1884 ; et Jean Lorédan : *Un grand procès de sorcellerie au*
xviie siècle. L'abbé Gaufridy et Madeleine de Demandolx. Perrin, 1912.
3. L'Ordre des Ursulines duquel font partie les religieuses de Loudun
n'est cependant pas identique à la Congrégation de Sainte-Ursule dont
Madeleine de Demandolx est membre. Mais l'identité de vocable et la
ressemblance des règles (instruction de la jeunesse, etc.) subsiste.

représentant du Parlement local[1]. — L'histoire du
Bouddha présente certaines ressemblances curieuses avec celle de Jésus-Christ : il y a, de part et
d'autre, une annonciation, une conception miraculeuse, une tentation, etc. Cependant la plupart des
critiques refusent avec raison d'admettre l'hypothèse
d'une dépendance littéraire des deux récits, et cela,
abstraction faite de toute idée préconçue sur la réalité des faits ou sur le miracle. Car plusieurs, pour
qui les événements indiqués ne sont que des fic-
tions, pensent que leur ressemblance est due à l'analogie des situations [2]. Renan nous fournit un exemple plus remarquable encore, en rapprochant deux
histoires qu'il estime authentiques l'une et l'autre,
celle de Jésus-Christ et celle du Bâb, le réformateur persan de l'Islam (1825 à 1855 ?) « Le bâbisme,
qui est un fait de nos jours, offre dans sa légende
naissante des parties qu'on dirait calquées sur la vie
de Jésus; le type du disciple qui renie, les détails
du supplice et de la mort du Bâb, semblent imités
de l'Evangile ; ce qui n'empêche pas que ces faits se
soient passés comme on les raconte... Ces histoires
se passent, en effet, selon des espèces de patrons
réglés par la nature des choses, si bien que toutes
se ressemblent [3]. »

1. Les institutions demeurant les mêmes, les deux affaires, une fois
mises en train, devaient suivre un cours semblable. Mais ceci ne rend
pas compte des coïncidences du début.
2. Cf. entre autres, Oldenberg, dans *Theologische Litteraturzeitung*,
4 février 1905 : recension d'un ouvrage intitulé *Indische Einflüsse auf
Evangelische Erzählungen* par Van der Bergh vom Eysinga ; et, du même
Oldenberg : *Indien und die Religionwissenschaft*, analysé dans la même
revue, octobre 1906, p. 572.
3. *Les Evangiles*, p. 88.

Le Merveilleux. 27

Beaucoup plus souvent que des ensembles aussi détaillés et aussi vastes, certaines scènes ou circonstances isolées se reproduisent. Dans la famine classique, les mères mangent leurs enfants. Ce trait monstrueux, qui pourrait sembler inventé par l'imagination exaltée de quelque écrivain et reproduit comme un détail obligé dans diverses histoires, s'est pourtant répété durant une famine du XIXᵉ siècle, en Algérie [1]. La source miraculeuse, jaillie à la prière d'un saint ou d'un thaumaturge, est un lieu commun en hagiographie. Pourtant il y a à Lourdes une source bien réelle, dont la découverte, miraculeuse ou non [2], eut lieu pendant les extases de Bernadette. Sans doute, si ces événements n'étaient point datés et récents, certains professionnels de la « haute critique » les mettraient sur le compte de la légende. Dans l'Evangile de saint Marc, il y a deux multiplications des pains, où la plupart des circonstances sont identiques [3]. « Si le premier récit se trouvait dans un auteur, le second dans un autre, tous deux assez éloignés des faits, on pourrait très bien, dit le P. Lagrange, conclure que le fait est unique. Mais il s'agit d'un même auteur, de Marc, qui puise aux meilleures sources et à des souvenirs immédiats et

1. « Ici des malheureux en sont arrivés à ce point qu'ils se sont plusieurs fois nourris de chair humaine. Une femme a mangé son enfant. Lettre du lieutenant-colonel de Sonis commandant du cercle de Laghouat, 1867. Ap. Baunard : *Le Général de Sonis*, p. 247.

2. Sur ce point, consulter Estrade : *Les Apparitions de Lourdes*, chapitres XVII, XVIII et appendice.

3. Inutile de répéter que nous réservons ici, comme de coutume, l'explication des faits.

qui n'aurait certainement pas conservé les deux récits
s'il n'avait cru les faits distincts. Les règles de la
critique obligent donc à conclure à deux événements
distincts [1]. » En voilà assez, ce semble, pour nous
prémunir contre une simplification arbitraire des
données historiques.

1. Lagrange, *Evangile selon saint Marc*, p. 194. Dans un même ouvrage,
issu d'une compilation, des doublets peuvent résulter de la mise en
œuvre de deux documents relatant les mêmes faits. Mais alors l'existence de ces documents est signalée d'ailleurs par des indices lexico-
graphiques, littéraires, etc., ce qui n'est point ici le cas.

CONCLUSION

Nous nous trouvons maintenant en possession d'une méthode complète pour étudier les faits d'apparence merveilleuse et les documents qui les mentionnent. Méthode réfléchie, longuement élaborée, dont tous les détails ont été discutés à part et justifiés en eux-mêmes, elle nous gardera de ces improvisations de principes, trop fréquentes en pareille matière, que l'on exécute au hasard des occasions, et qui ne sont que le reflet des préjugés inconscients ou des circonstances.

Peut-être cependant quelque lecteur, rendu au terme de cet ouvrage, en contestera-t-il précisément le caractère objectif. Cet examen des principes pour eux-mêmes, dira-t-il, n'a été qu'un semblant ; nous les avons façonnés tout exprès pour qu'ils s'adaptent aux miracles d'une certaine religion. Notre méthode est transparente : on voit à travers elle, tout le long de cet ouvrage, la matière qui la double, les faits qu'elle va légitimer et ceux qu'elle va discréditer. Bref, elle est construite pour justifier exclusivement le merveilleux chrétien catholique ; elle fournit tout juste les arguments qu'il faut pour montrer qu'aucune autre doctrine ne peut alléguer en sa faveur la confirmation de miracles à la fois réels et divins ; elle n'est que le décalque abstrait, en couleurs neutres, des jugements de l'Église sur le merveilleux concret. Entre les faits et les principes l'accord est trop intime pour n'être pas artificiel.

Certes, nous ne ferons aucune difficulté de l'avouer, — nous l'avons dit dès la préface de ce livre, et nous serions plutôt tenté de nous en faire un mérite que de nous en excuser, — c'est soutenu par une documentation aussi large et aussi variée que possible, et toujours l'œil sur la réalité, que nous avons dressé cette méthode. Une théorie ne surgit pas solitaire dans un désert de faits. Elle naît des faits eux-mêmes, qui sont pour ainsi dire la matrice où elle est conçue et où elle prend sa forme. Et peut-être, en effet, est-ce en méditant sur l'histoire du merveilleux que nous avons aperçu, du même coup, la théorie et ses applications. Mais ceci importe peu et ne rend pas la théorie elle-même artificielle ou fautive. Car dans l'ensemble concret qu'elle forme avec les phénomènes qu'elle interprète, — pouvant leur être simultanée ou même postérieure, — elle ne leur est pas, en droit, subordonnée. La chronologie ne fait rien à l'affaire : la logique seule est ici en cause, et logiquement, la théorie élaborée ne dépend pas des faits. Les principes et les applications sont en relation intime : mais les premiers valent par eux-mêmes, s'ils valent quelque chose. Nous les avons établis sans présupposer la réalité d'aucun miracle ni même

celle du merveilleux en général. Si l'on conteste ce
point, il est indispensable de montrer les endroits de
ce livre où se dessinerait le cercle vicieux, de déceler,
en nos arguments d'apparence indépendante, la
prémisse d'expérience particulière qui y serait dissimulée.

S'il y a des principes philosophiques et critiques
qui s'accordent avec le point de vue catholique, cela
n'est un indice défavorable ni pour les premiers ni
pour le second. Surtout cela ne prouve pas que ces
principes soient en eux-mêmes débiles ou vicieux,
ou fondés sur ce qu'ils prétendent prouver. Autrement, il faudrait supposer les mêmes défauts en tous
les principes qui trouvent à s'appliquer quelque part,
et cela d'autant plus que leurs applications seraient
plus nombreuses ou plus exactes. Ce serait la raison
à l'envers. Celui qui cherche sincèrement s'il y a des
motifs de croire ne saurait en vérité se plaindre
qu'on lui en propose qui s'accordent trop bien avec
une certaine religion. Il ne peut que les examiner
avec toute son intelligence, les méditer avec toute sa
loyauté et ensuite y adhérer, s'il les trouve solides.
C'est cela seul que nous avons demandé à ceux qui
nous ont suivi jusqu'ici ; nous ne demanderons rien
de plus à ceux qui poursuivront l'enquête dont cet
ouvrage a esquissé le plan.

APPENDICE I

LES IDÉES DE SPINOZA SUR LE MIRACLE

1° Pour une philosophie panthéiste et déterministe, comme celle de Spinoza, le miracle ne pouvait être qu'un élément inassimilable. D'après elle en effet, il n'existe qu'une substance : Dieu, avec ses attributs et ses modes[1]. « Les choses particulières ne sont rien que des affections des attributs de Dieu, autrement dit des modes[2]. » La détermination de ces modes provient des nécessités de l'essence divine[3]. La contingence est donc bannie de la réalité. Il n'y a point deux catégories d'effets, les uns attribuables à la nature, les autres à des volitions divines particulières, puisque les lois de la nature sont des décrets divins et qu'il n'y a pas d'autres décrets divins que les lois mêmes de l'essence divine[4].

On remarquera que ces opinions ne s'opposent

1. *Ethique* I. Prop. 14.
2. *Ibid.* coroll. de Prop 25.
3. *Ibid.* Prop. 16. cf. Prop. 11.
4. *Tractatus theologico-politicus*, cap. 6. : « ... Sequitur leges Naturæ universales mera esse decreta Dei, quæ ex necessitate et perfectione naturæ divinæ sequentur... Potentia naturæ [est] ipsa divina potentia et virtus, divina autem potentia [est] ipsissima Dei essentia. » (Edition Van Vloten et Land. T. II, p. 24.)

point particulièrement à l'idée du miracle, et qu'elles atteignent aussi bien l'idée de la création considérée comme un acte libre. Elles partent en effet de
ce principe, qu'un événement contingent ne peut avoir
sa raison suffisante dans un être nécessaire. Et l'on
pourrait accommoder l'objection à une philosophie
dualiste. Pour la réfuter dans son fond, il faudrait
faire voir que le contingent, loin de requérir du changement dans toutes les causes dont il dépend, requiert
au contraire une première cause, immuablement identique à elle-même, et cela sous peine de régression
à l'infini dans la série des causes[1] ; puisqu'une réalité distincte de l'être premier ne peut être que contingente.

2º Mais Spinoza ne se contente pas d'exclure le
miracle de sa philosophie. Il veut battre les tenants
du miracle avec leurs propres armes et montrer qu'ils
ruinent l'idée de Dieu qu'ils prétendent appuyer. Il
suppose d'ailleurs, à tort, que l'argument du miracle
a, chez eux, comme rôle essentiel, de démontrer
l'existence de Dieu. Quoi qu'il en soit, voici ses raisons[2].

Ou bien, dit-il, on entend le miracle comme un effet
qui, en réalité, ne ressortit point aux lois de la nature ;
ou bien, simplement, comme un événement que
notre intelligence ne réussit pas à expliquer. — Si
nous le prenons dans le second sens, nous n'en
pourrons rien tirer pour prouver quoi que ce soit sur

1. J'entends les causes propres, celles que l'Ecole appelle *per se*.
2. *Tractatus theologico-politicus* cap. 6. ad 1ᵘᵐ et ad 2ᵘᵐ.

Dieu : car l'inintelligible est infécond. La méthode
cartésienne requiert partout, comme fondement du
raisonnement, des « idées claires et distinctes ».
— Si nous entendons le miracle dans le premier
sens, l'inconvénient est encore plus grand. Car nous
avons besoin, pour démontrer l'existence de Dieu, de
notions, non seulement claires et distinctes, mais
nécessaires. Nous devons penser qu'elles cadrent
absolument avec la réalité[1]. Et si nous les croyions mo-
difiables par quelque puissance que ce fût, tout notre
édifice mental branlerait sur sa base ; nos conclusions sur Dieu en particulier ne tiendraient plus[2].

Cette exigence de la nécessité en tout, cette vue
grossissante pour laquelle le miracle est partout dès
qu'on l'introduit quelque part, rappellent les défiances de Renan, affirmant que la possibilité du miracle
rendrait toute science impossible[3]; — ou celles de
Kant, déclarant que cette possibilité détruirait jusqu'à
la morale individuelle, car « dans un monde enchanté,..
on ne sait plus si, à notre insu, il ne se produit pas,
même dans les mobiles moraux, par miracle, des
changements dont nul ne saurait décider s'il doit
les attribuer à lui-même ou à une autre cause impénétrable »[4].

---

1. Cf. *Ethique* I. Prop. 7.
2. « Nam si possemus concipere ipsas notiones ab aliqua potentia,
quæcumque demum ea fuerit, mutari posse, tum de earum veritate du-
bitaremus, et consequenter etiam de nostra conclusione, nempe de Dei
existentia, nec de ulla re unquam poterimus esse certi. » (*Tractatus theol.*
Edit. cit. II, p. 26.)
3. Voir ci-dessus p. 71.
4. *La religion dans les limites de la raison.* Trad. Tremesaygues p. 105 note.

Toutes ces difficultés dénaturent l'hypothèse pro-
proposée. Elles enferment une inconcevable *ignora-
tio elenchi*. La possibilité du miracle n'est pas conçue par ceux qui l'admettent comme le règne universel
du caprice. Elle laisse subsister, — est-il besoin de
le dire ? — comme critères suprêmes, les évidences
de la raison et de la conscience. Et elle n'inclut pas
nécessairement la supposition toute cartésienne que
quelque malin génie pourrait s'amuser à fausser tout
cela. Les notions claires et distinctes, les principes
fermes et nécessaires, dont on se sert pour prouver
l'existence de Dieu, ne subissent, de son chef, aucune
atteinte. De plus, bien que conçu comme une exception, le miracle, pour être admissible, doit s'inté-
grer harmonieusement dans un système général du
monde[1]. — En elle-même, la notion de miracle
inclut, il est vrai, un tréfond mystérieux, et ce n'est
pas une de ces idées dont l'esprit déploie à sa guise
et fouille tous les plis. Mais elle a une partie bien
éclairée et significative, d'où peut-être quelques
conclusions pourront sortir[2].

1. Voir ci-dessus Livre I, ch. v.
2. *Ibid.*

APPENDICE II

Nous plaçons ici, comme n'intéressant pas directement notre enquête, quelques détails sur les doctrines mentionnées dans le chapitre III du livre I,
afin que le lecteur puisse les envisager dans leur
ensemble.

I. — M. Maurice Blondel

Nous résumerons brièvement la partie constructive, — et en majeure partie récente, — des théories
de M. Blondel. L'auteur de l'*Action*, catholique sincère, se sent obligé de faire à l'argument du miracle
une place dans l'économie de la religion. L'ayant
donc dépouillé de sa valeur spéculative, il lui gardera, — comme à l'idée et au raisonnement en général, — une valeur pragmatique. C'est-à-dire qu'il en
fera, non point un système de représentations correspondant à la réalité des choses [1], mais un moment

---

1. Voir ce que M. Blondel pense de cette correspondance de la pensée aux
choses : *Immanence*, p.26, 27, 79 sq.

de l'action. Faux et vain comme preuve particulière,
l'argument reprendra un sens comme phase de la
vie religieuse, comme étape de la marche vers la
foi. Inféconde par elle-même, la dialectique servira
à promouvoir et à développer l'action. — Ce n'est
pas tout. M. Blondel, — au moins dans l'édition
remaniée de sa théorie, — reconnaît à une espèce
de pensée le droit d'utiliser le miracle. Cette espèce
de pensée, aussi proche de l'action que de la connaissance, et que M. Blondel nomme « prospection »,
est la pensée directe, pratique, qui ne regarde les
choses qu'en s'en servant, qui ne réfléchit ni sur soi,
ni sur son objet considéré en lui-même et à part des
fins de l'action[1]. Elle ne définit pas le miracle ; elle
n'en fait point la théorie (elle cesserait d'être elle-
même, si elle se rendait un compte explicite des formes qu'elle emploie) ; mais elle s'en sert, elle y trouve
un stimulant pour des démarches ultérieures. Ainsi,
on n'aboutit pas à construire, sur le miracle, une thèse
d'apologétique efficace. « Si les faits naturels servent d'appui solide à une démonstration de la Cause
Première, le miracle n'est pas un point de départ
analogue pour la démonstration chrétienne[2]. » Pour
la science et la philosophie, il est inexistant[3]. Mais

1. Cf. *Le point de départ de la recherche philosophique* I, p. 340
2. Bernard de Sailly : *La notion et le rôle du miracle. Annales de philosophie chrétienne*, juillet 1907, p. 357. M. Blondel s'est référé plusieurs
fois à cet article comme à l'expression exacte de sa propre pensée.
3. « Le miracle, qui n'est pas écrit dans la langue des savants, n'est pas
écrit non plus dans celle des philosophes : ce n'est pas plus le métaphysi-
cien que le physicien qui, en leur compétence propre, ont à en fournir le
diagnostic ou la définition. Ici ils se retrouvent simplement *hommes*. »
M. Blondel, *Bulletin de la Société française de philosophie*, séance du
20 Juillet 1911, p. 143. (*Vocabulaire philosophique*, au mot *Miracle*.)

il existe dans le domaine des « apparences anthro-
pomorphiques », des « constatations communes » et
des « inférences spontanées » [1].

Pour la discussion et l'appréciation de ces théories,
on voudra bien se reporter à notre ouvrage *Immanence*, III° partie, ch. II, section II, p. 199 sq [2].

II. — M. Edouard Le Roy

Les études de M. Le Roy sur le miracle, la première surtout, constituent une véritable somme des
difficultés que l'on peut faire à ce sujet. M. Le Roy
les a recueillies de tous côtés et la plupart ne lui
appartiennent pas en propre. Ce n'est donc pas à propos de lui qu'il convient de les examiner. Pour ce
qui est des difficultés spéciales à l'auteur de *Dogme
et critique*, et surtout de la partie constructive de son
travail, on en a donné ci-dessus un résumé. Mais
on n'en a discuté que ce qui allait directement contre le but que l'on se propose en cet ouvrage. Peut-
être quelques lecteurs aimeront-ils à trouver ici
quelques indications critiques sur le reste.

1°. Toute la théorie de M. Le Roy consiste, en
somme, à placer, derrière des explications assez banales, une toile de fond métaphysique, qui les met
dans une perspective nouvelle. Partant d'un système

---

1. *Ibid.* et p. 144. Cf. séance du 28 Décembre 1911, p. 152 sq.
2. Dans les interventions de M. Blondel et de ses amis à propos de
cet ouvrage, nous avouons n'avoir trouvé jusqu'ici aucune raison de le
modifier. Voir *Revue pratique d'Apologétique*, 15 janvier 1913, et *A propos
d'une brochure récente de M. M. Blondel*. Paris. Beauchesne, 1913.

récent et compliqué, on aboutit à des conclusions anciennes et simples. En effet, il n'y a pas en elles autre chose que la vieille explication de Charcot, par *la foi qui guérit*. Au fond, c'est toujours le même postulat, que nous rencontrons sans cesse : rien n'intervient dans le monde que les éléments constitutifs du monde lui-même. La philosophie de la contingence, qui semblait avoir des ailes, retombe ici au niveau du déterminisme mécaniste. Elle montre, comme lui, le parti pris de tout réduire à une stricte régularité. Le miracle n'est pas pour elle un véritable affranchissement : il n'est que l'expression très accusée d'une loi. « Le miracle est une loi et il y a une loi du miracle [1]. »

2°. C'est une loi au sens le plus grossier, une loi, pourrait-on dire, physique. Car c'est de *l'intensité* et non de la *perfection* de la foi que dépend le miracle [2]. La foi est donc considérée comme une cause quasi matérielle : elle agit « comme la force de l'épouvante qui fait trembler et choir. Elle est... semblable aux forces qui sont dans l'eau et dans le feu [3]. » Elle opère par réaction physique sur les organes et les choses matérielles, — et cela, abstraction faite de

1. *Essai sur la Notion du Miracle*, III, 248. C'est donc l'exact renversement des notions usuelles. D'ordinaire, on considère le miracle comme une exception à des lois. M. Le Roy, lui, supprime les lois de la nature et en revanche érige en loi l'exception. Pour être juste il faut ajouter que la loi nouvelle ne fonctionne pas avec la périodicité et l'uniformité des anciennes.

2. *Ibid.*, p. 250, note 1.

3. Paroles de Fogazzaro, citées par M. Le Roy comme expression de sa propre pensée.

sa pureté comme foi, de sa justesse, de sa noblesse, de sa valeur spirituelle. Alors, au fond, ce n'est pas la foi, vertu de l'esprit, qui entre en jeu, mais son accompagnement sensible, émotionnel.

M. Le Roy a senti qu'il y avait là, dans sa théorie, une incohérence, et il a tenté une suture. « L'histoire dit-il, montre bien qu'une éminente sainteté s'accompagne toujours de facultés exceptionnelles. Seulement ces facultés peuvent ne pas s'orienter spécialement vers l'action sur le monde physique : il y a plusieurs types de vocations [1] ». — J'estime cependant qu'il faut choisir, et que cette explication hâtive, — qui a tout l'air d'avoir été improvisée pour boucher une fente aperçue après coup, — n'introduit ici que des équivoques. De deux choses l'une en effet. Ou bien il faut dire que les facultés merveilleuses sont le corrélatif constant et nécessaire de la sainteté ; et alors l'explication ne cadre plus avec les doctrines qu'elle veut servir, car les théologiens, les ascètes et les mystiques catholiques n'ont qu'une voix pour affirmer que les « grâces gratuites (*gratis datæ*) », c'est-à-dire les dons extraordinaires, ne sont pas le corollaire obligé de la perfection intérieure. Ou bien, il faut dire que les facultés en question croissent indépendamment de la sainteté, et proportionnellement à la secousse nerveuse et psychique imprimée à l'être humain par des émotions religieuses quelconques. Et voici de nouveau surgir les théories matérialistes que M. Le Roy veut éviter.

1. Le Roy. *Ibid.*, p. 250, note 1.

Le Merveilleux.   28

En outre, quels sont les fondements expérimentaux de l'assertion lancée par notre auteur? En dépit d'un appel courageux à « l'histoire », on ne voit pas assez sur quelles constatations elle s'appuie. Qui sondera en effet le mystère des âmes? Qui dira quelles sont *les plus saintes?* Qui même discernera, dans l'ensemble et de façon complète, quelles sont les saintes? Qui estimera au juste leurs degrés de perfection? Ce serait pourtant un des termes à connaître exactement avant d'établir le rapport dont on parle. On n'osera pas, sans doute, présenter comme un fait établi en « histoire » la progression rigoureusement parallèle des « facultés extraordinaires » et de la foi. On se sent obligé d'avouer que l'éclosion ou du moins l'exercice des premières n'est point « prévisible à coup sûr [1] ». C'est pourtant ce qui devrait arriver, si la théorie était vraie, dans le cas de la sainteté prouvée par ailleurs. Ces facultés, dit-on, peuvent ne pas « s'orienter vers l'action sur le monde physique ». Je le veux bien ; néanmoins, si elles se manifestent à l'extérieur, elles sont de l'ordre du miracle; sinon, je demande comment on a fait pour les constater.

3o. Enfin, cette explication du miracle par l'action de l'esprit sur la matière court risque de se trouver insuffisante pour le but auquel on la destine. On ne peut l'étirer indéfiniment sans la faire craquer. Il est sûr en particulier qu'elle ne recouvre pas tout ce que M. Le Roy veut lui donner à abriter. Le merveilleux

---

1. Le Roy. *Ibid.* note 4.

catholique ne tient pas derrière elle. Le pouvoir de
l'esprit sur la matière, l'efficacité de la foi ont sans
doute des limites qu'on ne peut, pour les besoins
d'une cause, placer n'importe où. Et franchement, la
croyance robuste de M. Le Roy en la valeur universelle de son explication, l'assurance avec laquelle il
la pousse et la développe en invraisemblables fantai-
sies, par exemple à propos de la Résurrection de Jésus,
est déconcertante. Cela donne l'impression d'une
griserie métaphysique, d'une débauche intellectuelle.
Ce ne sont pas les seuls croyants qui en ont jugé
ainsi. Voici ce que M. Loisy écrivait à l'auteur de
l'*Essai sur la notion du miracle* : « Considérée en
elle-même, votre théorie du miracle peut se résumer
dans l'action naturelle, mais exceptionnelle, de
l'esprit sur la matière. Quoi qu'on pense de l'esprit,
quoi qu'on pense de la matière, cette action peut produire, en certaines occasions, des effets surprenants.
Mais elle a pourtant des limites, impossibles à fixer
théoriquement[1], moins difficiles peut-être à déterminer pratiquement. Ainsi la résurrection de Lazare,
dont la non-réalité peut se démontrer par la critique historique, doit dépasser la mesure de violence que la foi peut exercer sur les contingences
de ce monde. La résurrection du Christ lui-même,
que l'Eglise entend bien maintenir comme un miracle de l'ordre sensible, se présentera dans des
conditions analogues : on ne pourrait l'attribuer
raisonnablement ni à la foi de Jésus, ni à celle des

1. Ce point est examiné au ch. ɪᴠ du Livre I, p. 230 sq.

disciples. Comme je crois vous l'avoir déjà écrit, il
ne vous restera que le fretin des miracles, des guérisons dans le genre de celles qui arrivent à Lourdes,
et qui arrivaient autrefois dans les temples d'Esculape[1]. »

.*.

Ces quelques remarques n'ont pas pour but de juger au fond la théorie de « la foi qui guérit ». Elle

1. *Quelques lettres*, p. 60. M. Le Roy, répondant à cette objection, en
admet le bien fondé : « Mettons, si vous voulez, qu'en tête de ma communication, j'aurais dû inscrire comme titre : « Sur une classe de miracles... » Il entend néanmoins justifier ses exclusions : « Ce « menu
fretin » a été appelé « miracle »; et de tous les faits qui ont reçu ce
nom, ce sont sans aucun doute, sinon les principaux, du moins les plus
accessibles, ceux qui soulèvent le moins de difficultés préliminaires
quant à leur constatation actuelle ou à leur attestation historique. Il
me semble donc d'une bonne méthode de commencer par l'examen de
ces faits-là... Les autres faits, ceux dont je ne m'occuperai pas, ce sont
par exemple la plupart des miracles bibliques ou évangéliques. » (*Le
Problème du miracle*, p. 89.) Voilà un rétrécissement assez inattendu du
sujet. Quiconque a lu l'*Essai sur la notion du miracle* a eu l'impression
d'une étude beaucoup plus ample, abordant par endroits, tranchant même
les problèmes de critique, et tâchant d'embrasser la question du merveilleux dans son ensemble.
Par son nouvel exposé, qui ne diffère pas substantiellement de l'ancien
(« ma conférence d'aujourd'hui expose les mêmes idées que mes articles
de 1906 ». *Ibid.*, p. 162), M. Le Roy veut encore fournir une explication
générale du miracle, de tous les miracles qui seront jugés réels. C'est
donc, semble-t-il, une méthode bien discutable que de pratiquer des sup-
pressions dans la matière à examiner. Avant de risquer une théorie, il faut
savoir à quoi s'en tenir sur l'ensemble des faits. Et il est étrange de
faire d'abord abstraction de ce qui est l'objet principal du débat entre
partisans et adversaires du miracle : savoir le merveilleux évangélique
et biblique. Sans doute, comme nous l'avons indiqué, des présupposés
d'ordre philosophique guideront le critique, qui devra avoir pris parti,
de façon réfléchie, sur certaines questions de possibilité; mais la méthode
de vérification ainsi organisée devra aboutir à des jugements d'existence,
qui précèdent logiquement et conditionnent toute tentative d'explication.
Si la théorie se bâtit hâtivement sur un fondement artificiellement ré-
tréci, elle croulera quand celui-ci reprendra ses proportions réelles. Et

n'est pas propre à M. E. Le Roy, et nous ne voulions qu'appeler l'attention sur les corrections qu'il lui a fait subir. En elle-même, elle ne concerne, — répétons-le — qu'une question de fait. C'est à l'expérience de nous dire ce que la foi guérit. Ce genre de questions est hors de l'objet du présent volume.

si l'on veut, malgré tout, la maintenir debout, on sera tenté d'arranger les faits à sa mesure. Au fond, cette méthode est grosse d'un préjugé. Si M. Le Roy circonscrit ainsi sa matière, c'est qu'il suppose qu'une fois la question critique résolue, tout le merveilleux réel s'expliquera comme les miracles de Lourdes. En effet, pour d'autres phénomènes assez difficilement «accessibles », tels que les miracles d'Esculape ou ceux des fakirs de l'Inde, il passe avec facilité sur la question préalable. Il déclare rapidement qu'ils « paraissent également attestés ». Pourquoi ? parce qu'ils sont « semblables » à ceux dont il croit tenir l'explication. De même, après avoir écarté le merveilleux biblique ou évangélique, il se ravise, et nous dit qu'il « n'exclut pas ce qui, dans cette masse, serait assez analogue à ce qu'on observe aujourd'hui, pour qu'il n'y ait pas de difficulté de principe à en admettre sans discussion l'existence. » (*Le Problème du miracle* p. 89 à 91.) Les faits sont choisis pour la théorie. Ce que M. Le Roy nous présente comme une explication, postérieure à la constatation des faits, est en réalité une vue *a priori* qui n'est autre que le postulat du naturalisme.

APPENDICE III

SUR LE MOT « LOI »

Peut-être n'est-il pas inutile de faire remarquer que si la notion du miracle proposée au début de ce livre s'est éclaircie et précisée par l'analyse et la discussion, du moins elle ne s'est pas élargie ni restreinte. En laissant passer çà et là dans des citations, ou en employant nous-même les expressions de « dérogation à une loi », d'« exception à un ordre régulier », nous n'avons prétendu rien y ajouter. Nous n'entendons par là rien que l'intervention extraordinaire de la liberté divine dans le monde sensible. De toute évidence, cette intervention, étant différente du jeu des forces naturelles contenues dans le monde, implique l'entrée en scène d'une influence nouvelle, non attribuable aux éléments préexistants de l'univers, et qui y change, y arrête ou y produit quelque chose. Par là elle nous semble mériter le nom d'exception, de dérogation à une règle ou, si l'on veut, à une « loi ». Cette dernière expression, empruntée à la langue du droit[1], peut, à la vérité, être

---

1. Cf. de Bonniot : *Le Miracle et ses contrefaçons*, 2ᵉ édition, p. 18; *Vocabulaire philosophique*, élaboré par la *Société française de philosophie*, au mot *Loi*.

critiquée comme impropre et prêtant à la confusion[1]. Nous n'y tenons aucunement. Nous ne l'avons employée ou tolérée chez autrui que pour faire court et pour éviter une dispute de mots. Afin de prévenir absolument tout malentendu, nous ajoutons ici (quoique la chose doive paraître superflue au lecteur attentif), que nous ne prenons pas la « loi » au sens mathématique, — ce qui rendrait l'idée même d'exception contradictoire et vraiment « impensable[2] », — mais comme équivalent à cet *ordre de la nature* auquel tout le monde, même les plus rigoureux contingentistes[3], reconnaît des caractères de stabilité et d'uniformité, et sur lequel tranchent les interventions de la liberté.

---

1. Cf. de Bonniot : *op. cit.*, p. 18 à 23 ; de la Barre : *Faits surnaturels et forces naturelles,* p. 53 ; Sortais : *La Providence et le Miracle,* p. 70 à 92 ; Le Roy : *Essai sur la notion du miracle,* I, p. 21 ; *Le Problème du miracle,* p. 63 et 98-99.
2. Le Roy : *Le Problème...,* loc. cit.
3. Cf. ci-dessus, p. 120, 121.

APPENDICE IV

Il existe, d'après W. James, une réalité d'ordre psychique, foncièrement unie et cependant supérieure à la conscience humaine. On peut, si l'on veut, lui donner le nom de Dieu[1]. Cette réalité est-elle une ou multiple? Y a-t-il un ou plusieurs dieux? Nous ne sommes pas en mesure de rien affirmer sur ce point[2]. Une chose est certaine, c'est que la réalité suprême est finie. « La conscience surhumaine, si vaste qu'elle puisse être, se trouve elle-même environnée d'êtres extérieurs à elle; elle est par conséquent finie[3]. » En particulier, la science de Dieu a des bornes: il ignore, par exemple, ce que fera la liberté humaine placée en telles et telles circonstances, et il joue avec elle, pour arriver à ses fins, comme un joueur d'échecs habile avec un novice, réglant son jeu sur celui de son partenaire[4].

---

1. *L'expérience religieuse*. Traduction Abauzit p. 433.

2. « The outlines of the superhuman consciousness thus made probable must remain, however, very vague, and the number of fonctionnally distinct « selves » it comports and carries, has to be left entirely problematic. It may be polytheistically or it may be monotheistically conceived of. » *A pluralistic universe*. Lect. VIII, p. 310.

3. « The superhuman consciousness, however vast it may be, has itself an external environment, and consequently is finite. » *Ibid*. p. 311. Cf. p. 44.

4. *The Will to believe : The dilemma of Determinism*, p. 181.

La substance divine est la même que la nôtre[1]. Seulement, dans la vie ordinaire, nous ne nous apercevons pas de cet unité. Dieu reste voilé, en deçà du seuil de notre conscience, « subliminal ». Mais à certains moments exceptionnels, il fait irruption dans la région claire de notre intérieur. Ces moments sont ceux des expériences religieuses privilégiées, telles que la conversion, « la communion par la prière ». « L'impression ressentie par le sujet dans ce phénomène est qu'un principe spirituel, qui en un sens fait partie de lui-même et qui cependant en est distinct, exerce sur son foyer d'énergie personnelle une influence vivifiante et régénératrice, qu'on ne peut comparer à aucune autre. Admettons qu'il y ait une sphère d'existence que notre conscience ordinaire ne peut atteindre et dont l'action ne s'exerce sur nous que par intermittence..., nous aurons les éléments d'une théorie que semblent vérifier les phénomènes de la vie religieuse[2]. »

De plus, nous pouvons savoir que ce « principe spirituel » travaille dans le monde hors de notre conscience personnelle. Des miracles se produisent. Non pas nécessairement des miracles « de la grosse espèce qui charmait nos pères..., des signes et des prodiges, des convulsions de la terre et des cieux » : le miracle peut aussi bien exister sous la forme de détails « invisibles, infinitésimaux, qui s'additionnent lentement » pour arriver à produire l'effet

1. « The philosophy of the absolute agrees with the pluralistic philosophy .. in that both identify human substance with the divine substance. » *Ibid* p. 34.
2. *L'expérience religieuse*: loc. cit.

voulu par Dieu. « Nous pouvons nous les représenter comme des actions humaines inspirées par lui pour en contrarier d'autres[1]. » — C'est de cette façon particulière que W. James se range parmi les tenants de ce qu'il appelle le « supranaturalisme grossier », c'est-à-dire parmi ceux qui ne trouvent point absurde, comme Kant, « l'intervention directe d'une cause *nouménale* [dans le] monde des phénomènes[2]. »

1. « This of course means « miraculous » interposition, but not necessarily of the gross sort our fathers took such deliight in representing... [not] signs and wonders and convulsions of the earth and sky.. We may think of the reserved posibilities God keeps in his own hand, under as invisible and molecular and slowly self-summating a form as we please. We may think of them as counteracting human agencies which he inspires *ad hoc*. » *The Will to believe*, art. cit. p. 182, note.

2. *L'Expérience religieuse*, p. 430.

APPENDICE V

Un fragment de Newman sur le miracle [1]

En s'étendant si largement sur la question des lois de la nature [les écrivains rationalistes] oublient du même coup l'existence d'un système moral. Nous ne comprenons, il est vrai, ce système qu'en partie, et son autorité ne s'exerce que d'une façon générale sur les agents libres; cependant il est aussi intelligible dans ses lois et dispositions que le système du monde matériel. Certains instincts de notre esprit se rapportent à ce gouvernement moral : la conscience, le sens de la responsabilité, l'approbation donnée à la vertu, un désir inné de connaître, un sentiment presque universel de la nécessité des observances religieuses, et dans l'ensemble, les récompenses accordées à la vertu, les punitions infligées au vice. Et quoique nous rencontrions ici plusieurs anomalies frappantes, il est évident que ce ne sont que des anomalies, et encore peut-être seulement des anomalies apparentes, provenant de ce que nous sommes incomplètement renseignés.

Ces deux systèmes, le Physique et le Moral, sont

---

1. *Essays on miracles. Essay I*, p. 16 à 22. Edition de 1901, Longmans Green.

quelquefois en harmonie et quelquefois en conflit. Et
de même que l'ordre de la nature se trouve parfois
opposé à l'opération des lois morales (comme par
exemple quand les hommes vertueux meurent prématurément ou que les dons de la nature sont pro-
digués aux méchants), de même il n'y a rien qui choque la vraisemblance dans l'idée qu'un grand objet
moral pourrait être réalisé par une interruption de
l'ordre physique. Bien plus, quoique les lois physiques puissent embarrasser l'action du système moral,
néanmoins, dans l'ensemble, elles le servent. Car il
est certain qu'elles contribuent au bonheur et aux
convenances de l'homme, qu'elles lui procurent le
bien de l'esprit comme la jouissance sensible, et
que parfois même elles apportent des correctifs à ses
désordres moraux. Si donc l'économie de la nature
est en relation si constante avec un plan ultérieur,
un miracle est une dérogation dans le système
subordonné, au profit du système supérieur. Et par
conséquent, il est bien loin d'être improbable, quand
un grand but moral ne peut être atteint qu'aux dépens
de la régularité physique. Du reste cette interférence
nécessaire des deux ordres n'est pas un motif pour
taxer d'imperfection les plans divins. Car nous devons
envisager le système de la Providence comme un tout ;
et ce tout n'est pas plus imparfait, pour avoir des
parties réagissant les unes sur les autres, qu'une
machine ne le serait parce que des roues séparées
s'y mettraient mutuellement en mouvement.

(P. 16 à 18.)

. . . .

Si l'on rapproche les différentes objections que
des esprits ingénieux ont élevées contre le miracle,
on trouvera que presque toutes naissent de l'oubli
de ce fait qu'il existe des lois morales. Dans leur
zèle à vouloir pour la matière des lois parfaites, ces
esprits négligent, d'une façon fort peu philosophique, un système plus sublime, qui nous révèle, non
seulement l'existence, mais la volonté de Dieu. [*Ici,
citations de Hume, de Voltaire, de Bentham*]... On
dirait que ceux qui raisonnent ainsi partent de la
supposition suivante : quand nous faisons entrer
l'action divine en ligne de compte pour expliquer
des miracles, nous introduisons illogiquement une
cause inconnue, nous faisons appel à un vain mot
qui nous vient peut-être des superstitions populaires ; ou du moins nous nous référons à une cause qui
ne peut être connue que par le moyen de la création physique. Et de là vient que les auteurs en
question considèrent la religion comme fondée uniquement sur la faiblesse ou l'excentricité de l'esprit,
et non point sur les indices de fait d'un gouvernement divin, qui sont contenus dans le monde moral.
Impatients, ce semble, de pénétrer un système qui
ne se dévoile qu'en partie, ils estiment les lois du
monde matériel seules dignes de retenir l'attention
d'une intelligence scientifique ; et ils se débarrassent
de l'importunité que leur causent les prétentions
thaumaturgiques, en laissant de côté toutes les circonstances qui en établiraient la probabilité antécédente... Quand on fait opposition à cette procédure
partiale, les objections *a priori* des sceptiques

perdent du coup toute leur force. Les faits ne sont improbables que tant qu'on ne peut les ranger sous aucune règle générale ; au contraire si les miracles de l'Ecriture réclament notre attention, c'est comme parties d'un système réalisé, comme résultant des attributs divins que nous connaissons, comme se trouvant en harmonie avec les dispositions ordinaires de la Providence. Comme simples événements détachés, ils pourraient déjà légitimement exciter la révérence à l'égard du mystérieux Auteur de la nature. Mais ils se présentent à nous, non point comme des accidents sans lien et sans signification, mais comme tenant une place dans un vaste plan de gouvernement divin, comme complétant le système moral, comme reliant l'homme à son Créateur et le mettant à même d'assurer son salut dans une autre et éternelle condition d'existence.

(P. 20 à 22.)

APPENDICE VI

I

Les nécessités de la discussion nous ont obligé à disperser les arguments de ces deux auteurs. Pour que le lecteur puisse en avoir une idée d'ensemble, nous en présentons ici la synthèse. Ils s'ordonnent selon quatre plans.

1°. *Elimination du merveilleux par induction.* — Le merveilleux doit être rejeté, parce que nous avons contre lui le témoignage d'une « expérience uniforme » (Hume), d'une « induction complète » (Stuart Mill). — Ce point est discuté ici, Livre I, Ch. II, p. 38 sq. et Ch. IV. Section II. § 2. 4° p. 145 sq.

2°. *Elimination du merveilleux à cause du caractère des preuves qui l'appuient.* — La preuve alléguée en faveur d'une intervention surnaturelle dans

---

1. Hume : *Essays and treatises on several subjects. An inquiry concerning human understanding.* Vol. II. Section X : *of Miracles* (Edinburg, 1809, p. 115 sq).

Stuart Mill : *Système de logique.* Liv. III, ch. 25 : *des raisons de non-croyance.* Trad. Peisse. Tome II, p. 161 sq. — *Essais sur la Religion* (dernier ouvrage de l'auteur, paru en 1874) : *Le Théisme*, 4° partie : *La Révélation.* Trad. Cazelles, p. 198 sq.

le monde étant d'ordre spéculatif, ne peut valoir contre des preuves empruntées à l'expérience. Bien plus, dans son ordre même, cette preuve du miracle est imparfaite, — soit parce que nous n'arrivons pas à exclure avec certitude l'hypothèse d'une cause naturelle inconnue, — soit parce qu'elle imagine en Dieu une action qui ne cadre pas avec ses attributs. — Ce point est discuté ici, Livre I, Ch. IV. Sect. II. § 2, 4°, p. 148 sq.

3°. Elimination du merveilleux par balance des probabilités en critique historique. — En faisant la critique des témoignages, on doit choisir l'hypothèse qui les explique le mieux. Or l'hypothèse du merveilleux est moins probable que celle de l'erreur ou de la fraude. Elle doit donc être rejetée. — Ce point est examiné ici, Livre II, Ch. II, II° p. 271 sq.

4°. Elimination du merveilleux par insuffisance des témoignages. — Les témoignages allégués en faveur du miracle sont, en fait, de mauvaise qualité. Ils émanent de gens crédules, ignorants, passionnés. Ils se contredisent les uns les autres. — Ce point est examiné ici, en ce qui concerne certaines catégories de témoins : Livre II, Ch. IV, II°, p. 324 à 408. Mais l'objet du présent volume n'est pas de discuter aucun témoignage en particulier.

II

Ce que Stuart Mill a ajouté à Hume. — *1°.* Il a amélioré le premier argument ci-dessus. En corrigeant l'un des « points faibles » de la théorie de

Hume, il s'est efforcé de maintenir le caractère universaliste de l'expérience qui exclut le miracle.

2°. La correction du second « point faible » de Hume, — l'examen des preuves en faveur du miracle, — a fourni à Stuart Mill le second argument qui est tout entier de lui.

3°. Le troisième argument est au contraire de Hume seul et Stuart Mill n'y a rien changé.

4°. Le quatrième argument est développé également par les deux écrivains.

TABLE ALPHABÉTIQUE DES NOMS PROPRES[1]

ABUL-MAKARIM 287.

AGOBARD 340 à 342.

AIGNER 393, 394.

ALBERT LE GRAND 288.

ALLARD (Paul) 298, 329.

ALLO 245, 246.

ALZONNE 57.

AMANN 300.

APÔTRES (Actes des) 182, 190, 220.

ARC (Jeanne d') 362, 363, 392.

ARMOISES (Jeanne des) 362, 365, 366.

ARNOLD (Matthew) 33 ; 77, 78, 220.

AUGUSTIN (S.) 79, 138, 184, 201, 202.

BAB (le) 417.

BAILLARGER 262.

BAINVEL 215, 231 à 233.

BARLAAM et JOSAPHAT (SS.) 308.

BARRE (de la) 134, 439.

BAUNARD 418.

BAYLA 395.

BEAUMONT (Christophe de) 187, 188.

BERGSON 89 à 94 ; 105.

BERNADETTE 259, 418.

BERNARD (S.) 392.

BERNARD (Claude) 64 à 67.

BERNHEIM 296, 311.

BERTHELOT (Marcellin) 17, 64.

BERTHELOT (René) 37.

BERTRIN 394, 396, 397.

BLONDEL (Maurice) 28, 29 ; 32, 89 ; 100 à 103 ; 113, 114, 120, 126 ; 178 ; 429 à 431.

BOISSARIE 394, 396, 397.

BOISSIER (Gaston) 327 à 329 ; 330, 331, 332.

BON (Jeanne) 319, 320.

BONNIOT (de) 42, 43, 403, 438, 439.

BROS 219, 220, 388, 395.

BOUDDHA 2, 308, 417.

CAMPBELL (Rev. R. J.) 24, 25.

CAMPBELL (Dr) 279.

CATHERINE de SIENNE (Ste) 385.

CHIDE 319, 320.

CHRISTEL 394.

CICÉRON 325, 326 ; 329 à 332.

COLNAGO 289.

COLOMBINI (S. Jean) 416.

1. Quand des références nombreuses sont indiquées pour le même sujet, les principales sont imprimées en chiffres plus grands.

CONDAMIN 301, 335.

CROOKES 254, 258.

DAUBENTON 365.

DELEHAYE 295, 307, 308, 333, 334, 335, 413, 415, 416.

DEMANDOLX (Madeleine de) 416.

DESCARTES 225.

DESCHAMPS 316, 317, 393, 394.

DESGENETTES 255.

DUBOUCHÉ (Théodelinde) 255, 256.

DURKHEIM 18, 33.

ECCLÉSIASTE 335.

EMBRTON 338.

ESCULAPE 2, 436, 437.

ESTRADE 368, 418.

EVANGILES 304, 306, 358, 404, 405.

EUSÈBE de CÉSARÉE 329.

FARSIT (Hugues) 339.

FOGAZZARO 26, 27, 432.

FONSEGRIVE 279.

FOUCAUX 299.

FOURIER (S. Pierre) 265.

FRANCE (Anatole) 18, 33, 137.

GAUFRIDY 416.

GEBHART (Emile) 336 à 338; 346, 349.

GEROH de REICHERSBERG 344, 345.

GLABER (Raoul) 336 à 338 ; 346, 347, 385.

GOBLOT 67, 68, 206.

GOLDZIHER 287.

GORE 25.

GRANDIER (Urbain) 416.

GRATRY 38.

GUIBERT (S.) 339.

GUIBERT de NOGENT 342 à 344 ; 345.

GUILLAUME de S. BÉNIGNE 346.

GURNEY, MYERS et PODMORE 350.

HAKLUYT-EGERTON 72, 202.

HARNACK 291.

HASTINGS (Dictionnaire biblique) 134, 357.

HEGEL 14, 37.

HERVÉ (S.) 287, 288.

HULST (d') 256.

HUME 38 à 40; 145 à 147; 270 ; 271 à 278 ; 279, 281, 290 ; 359, 360 ; 447 à 449.

HUXLEY 15 à 17; 32, 34.

HUYSMANS 404.

IGNACE de LOYOLA (S.) 416.

JACQUES (Protévangile de) 300.

JAMES (William) 125, 440 à 442.

JEAN (S.) 220.

JEAN (Moine) 308.

JOB (Livre de) 366.

JOSÈPHE (Flavius) 357 à 359.

JOSUÉ (Livre de) 301.

JUGES (Livre des) 302.

KANT 192, 193, 205, 427.

LAGRANGE, 302, 309, 358, 418, 419.

LALITAVISTARA 299, 300.

LANGLOIS et SEIGNOBOS, 197; 267 à 271 ; 297, 311, 313, 351, 382, 383, 385, 391, 409, 410.

LAURAND 326, 327, 329, 332, 412.

LEBLOND (Marius et Ary), 352, 353.

LE BON 400 à 408.

LEGOY de la MARCHE 362, 366.

LE DANTEC 68, 69, 70, 206.

LEFÈVRE – PONTALIS (Germain) 362, 366.

LEGUÉ 416.

LE ROY (Edouard) 25, 26, 28, 31, 32, 33; 89 à 100; 105, 106, 114, 117, 119, 120, 121; 166 à 174; 175 à 184; 204 à 206; 239, 315, 316, 320, 321, 362, 402: 431 à 437; 439.

LICHTENBERGER 19.

LITTRÉ 42 à 44.

LOISY 29, 78, 130, 132, 435, 436.

LORÉDAN 416.

LOUDUN (Possession de), 404, 416.

LOURDES 319, 367, 368, 381; 393 à 399; 404, 406, 412, 418.

LUGO 239.

MACHABÉES (Livre des) 357.

MAHOMET 214.

MALEBRANCHE 80, 224, 225.

MARC (S.) 306, 358, 418, 419.

MARIE-THÉRÈSE (Mère). Voir DUBOUCHÉ.

MARILLIER 256, 260.

MARTIN (Jules) 202.

MAURY 262.

MÉNÉGOZ 22, 23, 146.

MILLE ET UNE NUITS 304.

MOISANT 125.

MONOD (Bernard) 342.

MONTAIGNE 297.

MORTRT (Ch. et V.) 266.

MÜLLER (D') 394.

NEWMAN 127, 197; 208 à 212; 216 à 218; 240, 241; 443 à 446.

NIEBUHR 297.

OLDENBERG 417.

OLLÉ-LAPRUNE 233, 234.

PAPUS 240.

PARIS (Diacre) 404.

PASCAL 184, 386.

PAUL (S.) 314, 358, 359.

PAUL et THÈCLE (Actes de) 303, 366.

PAULLINUS 289.

PÉCAUT (Félix) 193.

PINGAUD 365.

POLYBE 327.

PORTALIÉ 365.

PROTÉVANGILE de JACQUES 300.

QUICHERAT 362, 366.

QUINTILIEN 307, 325, 329, 331.

RABIER 281.

RAOUL de FLEURY 347, 384.

RAYMOND de CAPOUE 336, 385.

REGIS (S. François) 365.

RENAN xv; 40 à 45; 64, 71, 72, 76, 78, 109, 192, 313; 318, 319; 353 à 359; 360, 361; 363; 366, 392, 393, 398, 402, 406, 407, 411, 417.

RICHARD de S. VICTOR 239.

RICHET 253, 254, 258.

ROIS (Livres des) 146, 356.

ROQUES (P.) 37.

ROUCHEL (Mme) 394.

ROUSSEAU (Jean-Jacques) 164; 184 à 191; 194.

RUDDER (Pierre De) 316, 319, 320, 393.
RUSKIN 87, 88.
SABATIER (Auguste) 22, 23, 129, 132.
SAILLY (de) 120, 430.
SALIMBENE (Fra) 338.
SANDAY (W.) 25, 33.
SCHIFFINI 219.
SCHLEIERMACHER 19 à 21.
SÉAILLES 139 à 145; 175.
SEIGNOBOS 309. Voir LANGLOIS et SEIGNOBOS.
SERAPIS 2.
SERTILLANGES 67.
SIGEBERT de GEMBLOUX 339.
SMEDT (de) 266; 282 à 284; 291, 391.
SONIS (de) 418.
SORTAIS 139, 439.
SPINOZA 37, 126, 192, 425 à 428.
STUART MILL 38 à 40; 62, 144; 145 à 166; 207, 253, 257, 270; 271 à 278; 279; 447 à 449.

SUAREZ 233.
SUÉTONE 327.
SURBLED 403.
TACITE 2, 306, 327 à 329.
TAINE 61, 62, 261, 262.
TAXIL (Léo) 362, 365.
TENNESSON 396, 397.
TERTULLIEN 366.
THOMAS d'AQUIN (S.) 240.
THUCYDIDE 326, 327.
TYRREL 30, 130, 132.
VACANDARD 392.
VAISSIÈRE (de la) 403.
VAUGHAN (Diana) 362, 365.
VERZIER (Mlle) 319.
VESPASIEN 2.
VOLTAIRE 125, 136, 139, 318.
WARFIELD 25.
WILKE-GRIMM 220.
XÉNOPHON 327.
ZOLA 402, 404.

TABLE DES MATIÈRES

Pages

PRÉFACE..................................... I

Note préliminaire......................... XIII

LA QUESTION DU MERVEILLEUX.............. I

LIVRE I

LES ATTITUDES PHILOSOPHIQUES PRÉSUP-
POSÉES A L'ÉTUDE DES FAITS.............. 8

CHAPITRE I

Attitudes philosophiques exclusives du
miracle. — Les philosophies naturalistes   11

§ I. Exposé, p. 11. — § II. Critique, p. 30.

CHAPITRE II

Le déterminisme : L'induction contre le
miracle................................... 36

Préambules et Historique, p. 36 à 46.

I. INDUCTION CONSIDÉRÉE COMME UN SIMPLE RÉSUMÉ DU PASSÉ,
SANS CONCLUSION, p. 46.

II. INDUCTION PROPREMENT DITE, INTRODUISANT DES CONCLUSIONS
RIGOURREUSES, p. 47.

§ I. — *Etude générale de l'objection*

a) Induction fondée sur l'expérience ordinaire, p. 47 à 5o. — *b*) Induction fondée sur l'expérience des faits d'apparence merveilleuse. Face positive et face négative de l'induction, p. 5o à 6o. — Conclusion : la nature intime de l'induction, p. 6o à 64.

§ II. — *Une forme spéciale de l'objection*

Le principe du déterminisme scientifique : le merveilleux et la science expérimentale, p. 64 à 76.

III. — INDUCTION IMPROPREMENT DITE, AMENANT DE SIMPLES CONJECTURES, p. 76 à 85.

CHAPITRE III

Les philosophies de la contingence et de la continuité............................ 86

§ I. — UNE POSITION RADICALE, p. 87

§ II. — LES PHILOSOPHIES DE MM. BERGSON, E. LEROY ET M. BLONDEL, p. 88

I. MM. Bergson et Le Roy. — A. La contingence d'après M. Bergson, p. 89 à 93; — B. La continuité d'après M. Bergson. p. 93; — C. Corollaire : Les lois de la nature : M. Le Roy, p. 94 à 95; — D. Application au miracle, p. 96 à 100.

II. M. M. Blondel. — A. La contingence, p. 100 et 101; — B. La continuité, p. 102 et 103.

§ III. — CRITIQUE

A. La contingence, p. 104 à 112; B. La continuité, p. 112 à 121.

CHAPITRE IV

Attitude adoptée................................ 122

SECTION I. LES EXPLICATIONS NATURELLES

Erreur ou fiction. — Forces naturelles connues. — Forces
naturelles inconnues, p. 123 et 124.

SECTION II. LES EXPLICATIONS SURNATURELLES

1° Dieu

La croyance en Dieu et la croyance au miracle : leur indépendance, p. 125. — Comment la croyance en Dieu s'harmonise avec la croyance au miracle, p. 128 sq.

*Partie négative : les objections contre l'intervention de
Dieu dans le monde*............................ 128

1° Le miracle rabaisse Dieu au rang des causes secondes
(A. Sabatier, Tyrrel, M. Loisy), p. 129. — 2° Le miracle
implique en Dieu mutabilité ou impuissance (Voltaire,
M. A. France), p. 136. — 3° Le miracle implique en Dieu
un manque de sagesse ou de dignité (Voltaire, M. Séailles),
p. 139. — 4° Le témoignage de l'expérience infirme la probabilité d'une intervention divine (Hume, Stuart Mill),
p. 145. — 5° De la toute-puissance de Dieu on ne peut
conclure à la possibilité positive du miracle (M. E. Le Roy),
p. 166. — 6° Garantir une révélation par des prodiges est un
procédé indigne de Dieu, parce que trop simple, trop
brutal, trop extrinsèque à la vérité proposée et à l'esprit
auquel il s'adresse (MM. M. Blondel et E. Le Roy), p. 175.
— 7° Le miracle, étant lui-même un argument douteux, ne
saurait garantir avec certitude une révélation (J.-J. Rousseau), p. 184. — 8° Le miracle ruinerait les fondements de
la certitude et de la moralité. Dieu ne saurait donc l'opérer.
(Spinoza,Kant, Renan, etc.), p. 192.

CHAPITRE V

Attitude adoptée (suite) 196

SECTION II. LES EXPLICATIONS SURNATURELLES

1° Dieu (suite)

Partie positive : la conception du monde où s'encadre le merveilleux divin.............................. .. 197

Question préalable, p. 198.
§ I. La possibilité physique et la cause efficiente du miracle, p. 200. — § II. La possibilité morale et la cause finale du miracle, p. 207. — § III. Comment se ferait l'application des principes posés à des cas concrets, p. 218 à 239. — 1° Les conditions requises pour l'attribution du prodige à Dieu, p. 218. 11° L'attribution même : ses procédés et sa valeur : A) Les procédés, p. 222. B) Les caractères et la qualité de la certitude acquise : *a*) Le minimum de certitude, p. 228. *b*) Le maximum de certitude, p. 229. *c*) C'est une certitude morale. Rôle de la volonté, p. 233. *d*) Le lien du miracle et de la vérité qu'il atteste, p. 236.

2° Agents surnaturels inférieurs, p. 239

SECTION III. LES CAS SANS EXPLICATION, p. 244

Conclusion de ce chapitre et du précédent, p. 245.

LIVRE II

LA MÉTHODE POUR CONSTATER LES FAITS MERVEILLEUX............................... 249

CHAPITRE I

Les faits dont nous serions nous-mêmes les témoins............................. 251

A. Préjugés négatifs. — La possibilité de l'hallucination, p. 252. — Discussion, p. 256.
B. Préjugés positifs. — Crédulité, exaltation, p. 262

CHAPITRE II

Les faits attestés par le témoignage d'autrui La critique historique du merveilleux... 264

Première partie. —- *Règles générales*

Quel rôle doivent jouer, dans la critique du merveilleux, les notions de possible et d'impossible, de probable et d'improbable?

1ʳᵉ RÉPONSE. — Le miracle écarté au nom des notions de *possible* et d'*impossible*, fournies par les sciences expérimentales, quels que soient les témoignages qui l'attestent, p. 267.

2ᵉ RÉPONSE. — Le miracle écarté de même au nom des notions de *probable* et d'*improbable*, p. 271.

3ᵉ RÉPONSE. — Dans la critique du merveilleux, on ne doit tenir aucun compte de ces notions, mais seulement de la valeur des témoignages, p. 278.

4ᵉ RÉPONSE. — Ces notions doivent se combiner avec l'estimation de la valeur des témoignages, 279 à 291.

a) Jugements de probabilité, p. 283.
b) Jugements de possibilité, p. 284.

CHAPITRE III

Les faits attestés par le témoignage d'autrui
La critique historique du merveilleux *(suite)*

Deuxième partie. — *Règles particulières aux diverses espèces de critique*..................................... 2g3

SECTION I. — *Critique textuelle*, p. 2g4.

SECTION II. — *Critique littéraire externe eu critique de provenance*, p. 2g6.

SECTION III. — *Critique littéraire interne ou critique d'interprétation*, p. 3o1 à 3io.

CHAPITRE IV

La critique historique du merveilleux *(fin)*

Deuxième partie. — *Règles particulières* (suite)   3ii

SECTION IV. — *Critique historique proprement dite ou critique du témoignage*, p. 3i2.

Iᵒ CONDITIONS RELATIVES AUX FAITS, p. 3i3 à 324.
A. Exigences fondées, p. 3i3.
B. Exigences déraisonnables, p. 3i7.

IIᵒ CONDITIONS RELATIVES AUX PERSONNES, p. 324 à 4o8.
§ I. Les Anciens, p. 325.
§ II. Le Moyen Age, p. 333.
§ III. L'Orient, p. 352.
§ IV. Les Croyants, p. 35g à 3g3. — I. Pas de connexion nécessaire entre la foi et l'erreur ou la fraude, p. 364. — II. Rapports des croyances religieuses avec l'erreur et la fraude, p. 36g. — 1ʳᵉ Hypothèse : croyance au miracle qui fait l'objet du témoignage, p. 370. — 2ᵉ Hypothèse : croyance à des miracles antérieurs, p. 372. — A. Concessions, p. 372. — B. Solution : 1ᵒ Croyance vraie, p. 376; 2ᵒ Croyance quelconque : α. Appréciée en elle-même,

p. 381; β. par comparaison avec l'incroyance, p. 387;
3° Conclusion, p. 390.

§ V. Les non-professionnels, p. 393.

§ VI. Les foules : contagion mentale et hallucination collective, p. 399.

Remarque sur quelques indices d'erreur ou de fraude :
1° Le brillant des événements rapportés, p. 409.
2° Les répétitions d'événements semblables, p. 413.

CONCLUSION...................................... 421

APPENDICE I. — Les idées de Spinoza sur le miracle.... 425

APPENDICE II. — Note additionnelle sur les philosophies
de la contingence.................................... 429

APPENDICE III. — Sur le mot « loi » 438

APPENDICE IV. — La divinité et le miracle d'après
W. James.. 440

APPENDICE V. — Un fragment de Newman sur le miracle 443

APPENDICE VI. — Exposé d'ensemble des théories de
Hume et de Stuart Mill sur le miracle................ 447

TABLE ALPHABÉTIQUE DES NOMS PROPRES........ 451

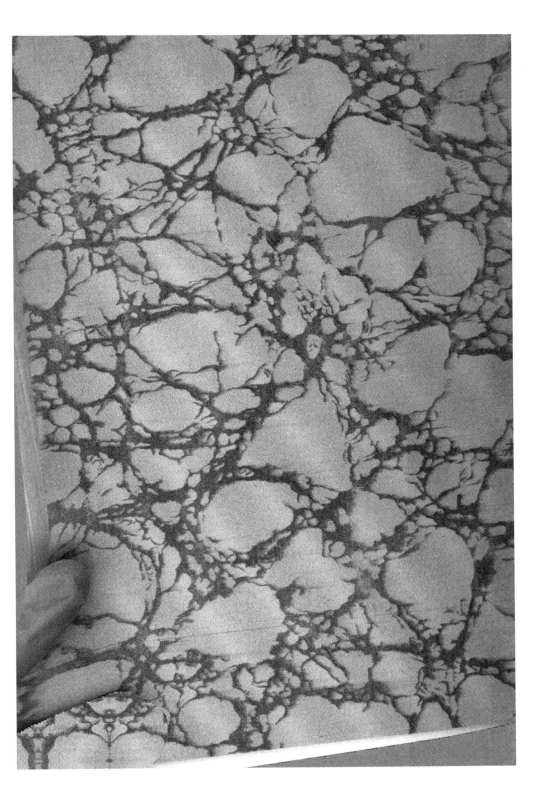

CPSIA information can be obtained
at www.ICGtesting.com
Printed in the USA
LVHW080319140323
741533LV00010B/421

9 781017 779639